前言

自20世纪五六十年代信息网络技术出现以来，人类社会的知识系统发生了两大变化：一是人类记忆的载体发生了革命性变化，传统介质越来越多地被光磁介质所取代；二是人类的阅读方式发生了革命性变化，远程虚拟共享逐渐取代了实地翻阅卷宗。信息技术在大大拓展人类信息获取能力的同时，其固有的脆弱性也给人类记忆的长期保存带来了空前的挑战。当作为人类记忆的数字档案需要保存的期限超过了它所依赖的信息软硬件技术的寿命时，相应的问题也摆在了人们面前，在久远的将来如何能够真实可靠地复读今天的记录？当海量的信息空间里电子文件与数字档案不断增加时，如何对这些人类珍贵的记忆财富进行有效管理、长期保存和高效利用？

信息网络技术在带来挑战的同时，也带来了空前的机遇，数字档案馆应运而生。在由数字图书馆、数字博物馆以及各种数字化资源构成的信息资源环境中，数字档案以其独特的凭证价值和长期保存价值，占有举足轻重的地位。数字档案馆是一个复杂的系统，包括资源、管理、技术、制度、环境、应用等多种要素。这些要素相互联系、相互作用，形成一个开放、有序的信息空间，使得以数字化形式存在的人类记忆得以保存、传承和开发利用。对于人类社会而言，数字档案馆的确是一种全新的档案管理方式。

从本质上来讲，近年来电子政务、电子商务、电子银行等的迅猛发展直接促进了电子文件与数字档案的产生。政府与各类社会组织的信息化程度不断提高，在管理与业务活动中产生了大量的电子文件。从 1970 年美国国家档案和文件管理署（NARA）接收第一批电子文件开始到现在，电子文件管理成为各国档案管理部门必须面对的课题。1988 年 NARA 建立了电子文件中心，用以收藏具有永久保存价值的联邦电子文件。与此同时，随着网络技术的普及应用，人们不仅希望通过网络查阅电子文件，同时也希望通过网络查阅传统档案文件。传统档案文件的数字化成为档案馆资源建设的新任务。进入 21 世纪之后，档案数字化进程进一步加快，电子档案文件与传统档案的数字化成果共同构成了档案馆的数字资源空间，传统档案馆逐渐向数字档案馆转型。

数字档案馆建设所面临的挑战来自管理、技术、制度环境三个方面，具体包括：电子文件与数字档案资源的序化组织、电子文件的管理标准、档案信息系统的功能、档案信息网络的安全、数字档案的长期存储、数字档案馆法律管理制度的建立健全等等。十几年来，人们对这些问题的实践探索和理论研究日臻成熟，逐渐形成了稳定的研究队伍和学科范式，涌现出越来越多的研究成果。随着该领域知识积累的日渐丰富，对相关知识成果的系统梳理成为数字档案馆学学科建设的重要任务。自 1999 年以来，一些档案学者陆续开始数字档案馆教材的编写工作，并取得了一定的成果。但是当前数字档案馆理论与实践都正处于一个快速发展的阶段，不断遇到新的问题，与其他学科的交互渗透不断深入，新的知识不断产生。实践的成熟与理论的发展一方面为数字档案馆学学科体系的成熟与完善提供了条件，另一方面也对大学档案学专业的人才培养和课程教学提出了新的要求。对于理论与教育工作者而言，对数字档案馆领域新知识的吸收和整理刻不容缓。为此，本书努力总结最新的实践经验和理论研究成果，试图从学科建设的角度去挑选和组织知识，致力于形成“数字档案馆学”的知识框架。我们不仅重视各国实践经验的总结，也重视数字档案馆学理论框架与知识体系的建设；不仅重视档案学专业本科生和研究生的教学特点和培养要求，也希望能够为档案馆业务人员、管理人员、数字档案馆系统的开发人员、维护人员以及其他对数字档案馆学知识感兴趣的读者提供一个理论与实践并重的知识空间。

屈指算来，编写本书的准备工作从 2005 年就已经开始了。那时，作为南开大学信息资源管理系档案学专业电子政务方向的硕士生导师，我主要为研究生讲授“电子政务研究”和“数字档案馆建设”课程。到 2008 年，我系本科生也开设了“数字档案馆”课程。在近几年的课程建设过程中，我们积累了大量国内外的研究文献与案例，同时对天津市档案馆、天津泰达档案馆、美国麻省大学安姆赫斯特校区（UMass Amherst）档案馆的数字档案馆建设进行了实地调研，不断调整优化课程讲义，丰富知识内容，为这本《数字档案馆学》的编写奠定了基础。但是，作为一门跨学科、实践性强、不断发展的综合性学科领域，数字档案馆学涉及的知识面很广，由于编写者知识的局限，难免会有疏漏和不当之处，敬请读者批评指正。

一本书就是一个知识空间，编写者就是这个空间的建筑师。本书的架构体系最初由我确定，大部分内容基于我为南开大学信息资源管理系档案学专业研究生与本科生准备的课堂讲义。但是书稿的最终完成要归功于所有编写者、审阅者与编辑的辛勤工作。

参与本书初稿编写的还有北京大学档案馆郭鹏、中国科学院计算机网络中心张丽丽、辽宁抚顺师专张庆莉、黑龙江武警边防总队李玲玲、赛迪集团郭英、中国航天科工集团第二研究院档案处郝放辉、国核工程有限公司王向女，以及南开大学信息资源管理系研究生陈永波、谷群、周平平、常龙、牛丽丹、王俊平、谢丽娜，北京师范大学研究生杨倩等。他们或者参与了资料收集，或者参与了案例整理，或者参与了具体问题的研究。编写组成员的具体分工如下：

第一章 王芳

第二章　王芳，谷群（案例编写）

第三章　郭鹏，王芳，谷群（案例编写），李玲玲（案例编写）

第四章　王芳，王小丽

第五章　王芳，陈永波

第六章　王芳，杨倩

第七章　王芳，张庆莉

第八章　王芳，谷群（案例编写）

第九章　王芳，王向女

第十章　王芳，郭鹏

第十一章　郝放辉，王芳

第十二章　张丽丽，王芳

第十三章　周平平，常龙，牛丽丹，王俊平，谢丽娜，王芳

另外，郭英参与了第六章的资料收集工作，翟丽娜参与了第八章的资料收集工作。初稿完成之后，由我进行了统一的修改和调整。为保证书稿质量，部分章节或者重写，或者修改幅度较大。在此，对所有编写者们表示衷心的感谢！

在本书定稿之前，得到了北京大学赖茂生教授、北京师范大学耿骞教授、南

开大学伍振华教授与冯湘君博士、天津市档案馆高级研究员林学奇处长的审阅，他们提出的宝贵意见和建议对本书的完善有着重要作用。赖老师对于全书框架定位提出了建议；耿骞教授就数据库技术与档案MARC相关问题提出了重要建议；伍振华教授提出了关于电子文件管理的意见；林学奇研究员有着丰富的数字档案馆实践经验，他针对电子文件中心与数字档案馆关系及其他一系列问题提出了自己的思考和建议；冯湘君博士提出应增加档案数字化之前鉴定的相关内容，以及一些文字细节方面的建议。这些意见和建议都被吸纳到修改稿中，对本书的最终成稿至关重要。在此我谨向他们表示诚挚的感谢！

为了更好地编写这本教材，我们吸纳了大量相关领域专家学者的研究成果。为了尊重知识产权，我们将所引用和参考的内容，尽可能在书中以当页脚注的形式标出。在此对这些专家学者表示感谢！对于一些基础性和公共性的知识，无法一一列出来源，在此对知识的贡献者们一并表示感谢！

本书的最终完成还要感谢中国人民大学出版社人文分社社长潘宇编审与龚洪训编辑以及本书的责任编辑，正是他们的卓著远见、热情鼓励和辛勤工作才使得这本书能够最终和读者见面。

今天是2010年新年的第一天，一个全新的开始，而我正在大洋彼岸静静聆听新年的钟声。在美国访学的这段时间，为了书稿的修改与统稿，与编写者、审阅者和编辑们有多达数百次的邮件和实时交流。虽然远隔千山万水，却几乎感觉不到空间距离。书稿编写中的许多交流工作都是通过互联网完成的，这正是数字技术激动人心的魅力所在。我也因此更加相信数字档案馆在未来人类知识管理中的重要价值，并为本书的最终完稿感到欣慰。

王芳

2010年1月1日

写于美国麻省大学安姆赫斯特校区

目　录

第一章
导　论

【本章要点】

通过与相关概念的比较对数字档案馆概念进行了辨析；分析了数字档案馆的特点、组成要素、功能与建设模式；梳理了数字档案馆的基础理论原理；介绍了数字档案馆的产生背景与发展历程；最后勾画出数字档案馆学的知识体系框架。

【关键词】

数字档案馆○定义○功能○建设模式○理论原理○发展历程○范式○知识体系

在数字化时代，如何保证公共记录的安全并使其为公众与政府所利用，成为档案馆面临的重要问题。数字档案馆是一种新型的档案管理模式，是档案学专业的重要知识领域，是未来档案管理的发展方向。自 20 世纪 90 年代以来，世界各国的数字档案馆建设迅速发展，取得了很多重要的经验，也提出了需要进一步研究的理论问题。在过去的 10 多年间，数字档案馆的实践发展与理论研究相互促进，逐渐形成了独立、完整的知识体系。

第一节　数字档案馆概念辨析

数字档案馆概念是在不断总结实践经验的基础上逐渐成熟的，同时，它也受到其他相关概念的影响，最后形成了独具内涵的专业术语。在数字档案馆概念的演变过程中，曾经出现过不同的表述形式。这些表述从不同侧面反映了数字档案馆的特点，也反映了人们对于数字档案馆这一新事物的认识不断深化的过程。

一、数字档案馆的概念

在数字档案馆概念的演变过程中，曾经出现过许多不同的表述形式，比如电子档案馆、虚拟档案馆、无墙档案馆以及网络档案馆等。随着数字档案馆实践的发展，这些概念逐渐统一，概念的内涵也逐渐明晰起来。

电子档案馆的提法出现在数字档案馆发展的早期，是在档案馆自动化管理的基础上发展起来的，强调了馆藏档案的电子化形式，当时人们还未完全清晰地预见档案网络化管理的未来。与之类似，在数字图书馆发展的早期，也曾有“电子图书馆”的提法，但时至今日“数字图书馆”已经成为图书馆实践者和研究者们普遍认可的专业术语。

虚拟档案馆概念的出现，与网络技术发展早期虚拟现实（virtual）技术的普遍应用密切相关，类似的概念还包括“虚拟光驱”、“虚拟内存”、“虚拟资本”等等，以示与实体对应物的区别。“虚拟档案馆”强调了在网络环境下档案资源可以不依托于实体档案馆存在并可提供利用的特征，使之与实体档案馆明显区别开来。但是今天看来，虚拟档案馆无法与实体档案馆完全分离，而且就档案资源而言，“虚拟”一词也并不完全符合其本质特征。

无墙档案馆则强调了在网络环境下，档案资源不局限于“一馆”、“一室”的互通互联与开放利用的特征。从现阶段档案资源的管理和利用制度来看，完全实现“无墙档案馆”还需要相当长的一段时期。

上述概念虽然各有侧重，但它们的指代基本上是相同的。“数字档案馆”概念的出现，涵盖了上述各种表述所强调的电子化、网络化、开放性与共享性等特征，同时也不完全排除在相当长的一段时期内其与实体档案馆同时存在的可能性，因此，此表述形式很快得到了较为普遍的认可。

数字档案馆作为一种新兴事物，人们对它的认识与理论抽象是在分析、比较、思考、辩论的过程中不断深入的。许多专家学者从不同的角度对数字档案馆概念的内涵进行了界定，包括资源角度、技术角度、机构角度、服务角度与环境角度等。相应地，数字档案馆概念的表述大致也可以分为如下几类。

1. 知识信息中心与信息仓库说

这一类定义强调数字档案馆的资源内容与存储特征，认为数字档案馆实质上是一个超大规模的知识信息中心或信息仓库。2000 年 12 月 28 日，深圳市数字档案馆项目课题组提出："数字档案馆是采用现代高新技术所支持的数字档案信息系统，它是档案信息组织模式，代表的是一种信息环境和基础设施构建，是超大规模的、便于使用的、没有时空限制的知识信息中心。"① 这个定义侧重于档案资源组织的信息技术特征，在当时的条件下具有前瞻意义，但是对于数字档案馆不同于其他信息资源的独特性还没有深入的把握。

我国档案学者傅荣校教授认为："数字档案馆是一个电子化信息的仓库，能够存储大量各种形式的信息，用户可以通过网络方便地访问它，以获得这些信息，并且其信息存储和用户访问不受地域限制，它能把包括多媒体在内的各种信息的数字化、存储管理、查询和发布集成在一起，使这些信息得以在网络上传播，从而最大限度地利用这些信息。"② 这个定义不但关注数字档案馆的信息技术特征，也关注其网络化应用，但是却忽略了数字档案资源的独特性，从而使其与数字图书馆或其他信息仓库无法区别开来。

2. 数字档案馆群体说

这一类定义重视数字档案馆所依托的实体档案馆。邱晓威认为，数字档案馆是一个档案馆群体，是一个集档案、未归档的各类电子文件、图书、资料以及实物信息的数字集合。它是包含在办公自动化系统、计算机辅助设计和管理系统、公共信息数据管理系统等大系统中的一部分，不仅为档案管理服务，更是面向全社会提供服务。③ 这个阐释从系统论的思想出发，揭示了数字档案馆的网络化、系统化、服务化和资源多样化的特征，也表明了数字档案馆与电子政务系统之间的联系，但是它并没有明确地将这样的概念抽象出来，而是隐含在对数字档案馆特征的描述之中。

3. 信息系统说

这一类定义注重数字档案馆的技术特征。从计算机信息系统的角度入手，将数字档案馆视为一个超大规模、分布式的电子文件和档案信息系统。何嘉荪教授认为："数字档案馆不仅仅是馆藏得到数字化以及管理工作实现了信息化的档案馆和档案馆群体；它实质上是一个通过计算机互联网络有序处理和集成管理在结

---

① 方燕：《数字档案馆的研究与开发》，载《档案学通讯》，2001（5）。

② 傅荣校：《关于数字档案馆的思考》，载《档案学通讯》，2001（5）。

③ 参见邱晓威：《数字档案馆及其建设模式》，载《中国档案》，2001（10）。

构各异的多种信息平台上产生的多样的电子文件、档案以及其他信息，确保这些数字信息资源的真实性、完整性和持久有效性，并实现上述信息资源跨库共享的超大规模、分布式和可扩展的数字信息系统。”① 类似的定义还有：“数字档案馆是一个数字化的信息系统，它将分散于不同载体、不同地理位置的信息资源以数字化方式存储，以网络化方式互相连接，从而提供及时利用，实现资源共享。”②这类定义强调了数字档案信息系统有序、开放、互联、分散的特点，将数字档案馆所利用的信息技术放在中心地位。

4. 信息服务提供方式说

这一类定义强调了数字档案馆信息服务提供的方式。冯惠玲教授等认为，数字档案馆是“利用电子网络获取档案文件信息的一种方式”③。这从档案用户的角度强调了数字档案馆利用计算机网络提供档案文件信息服务的功能，突出了数字档案馆用户相比于传统档案馆用户所得到的便利。

潘连根教授将数字档案馆定义为：“数字档案馆是在传统档案馆的基础上，依据统一的标准和规范，将有价值的馆藏档案信息资源数字化和通过各种途径收集、捕获的有价值的电子文件信息，在加工处理后以数字化形式进行存储，并一直以检索技术为手段，提供统一友好的检索界面，利用先进的信息处理技术和互联的计算机网络，向用户提供多媒体数字信息服务。”④ 这个定义以传统档案馆的功能为基准，描述了数字档案馆的工作环节。

5. 信息空间与信息环境说

这一类定义注意到数字档案的空间构建与环境功能，将数字档案馆视为一种有序信息空间和开放的信息环境。这意味着其将数字档案用户放在了主体的位置。李国庆认为，广义的数字档案馆是指存储和利用档案信息资源的信息空间，是一个由众多档案资源库群、档案信息资源处理中心、档案用户群构成的数字档案馆群体，是一个以有序的信息空间和开放的信息环境为特征，面向对象的分布式网状结构模式。狭义的数字档案馆指其中的个体档案馆，其功能包括信息采集、整理、存储、检索、传递、保管、保护、利用、鉴定和统计等全过程，代表的是一种信息环境和信息基础设施。⑤ 类似的定义还有：“数字档案馆是用二进制编码的数字方式

① 何嘉荪：《保存电子文件背景信息的重要手段——再论全宗、案卷形态的异化》，载《档案学通讯》，2001 (5)。

② 王宇晖：《21 世纪数字档案馆发展之我见》，载《档案与建设》，2000 (3)。

③ 冯惠玲、张辑哲主编：《档案学概论》，北京，中国人民大学出版社，2001。

④ 潘连根：《数字档案馆研究》，北京，中国档案出版社，2005。

⑤ 参见李国庆主编：《数字档案馆概论》，北京，中国档案出版社，2003。

存储、处理档案信息内容，应用计算机、通讯和多媒体技术，提供电子网络检索和服务的档案信息系统，它是一个有序的信息空间，一个开放的信息环境。”①

分析上述定义，可以发现，目前档案学界对数字档案馆的定义大致可以分为三类。第一类将信息网络技术放在数字档案馆的中心位置，强调数字档案馆的信息化与网络化特征，如信息仓库说、信息系统说，可以称之为“偏技术论”。偏技术论的定义出现在数字档案馆发展初期，对信息技术的重视促进了档案馆自动化以及信息网络技术在档案馆中的应用。第二类则偏重档案管理工作的基本流程，如信息服务提供方式说，可以称之为“偏管理论”。偏管理论定义将档案管理放在核心位置，对于数字档案馆的建设、管理和资源组织具有指导意义。第三类则强调信息资源的多样性与空间分布特征，如信息空间说与数字档案馆群体说，可以称之为“偏资源论”。偏资源论定义面向未来，指明了在网络环境中各类信息资源跨越空间、无缝共享的发展方向。

为了体现数字档案馆的技术先进性、资源独特性和管理规范性，本书将数字档案馆定义为：数字档案馆是指以档案管理的基本原理为前提，以信息网络基础设施为基础，以数字化长期保存、资源共享与远程服务为目的，通过信息管理系统与档案网站，对由传统档案资源经过数字化转换、由电子文件归档形成的数字档案资源以及档案馆收藏的其他数字资料进行管理的新型档案管理方式，其实质是一种序化的数字信息空间。它超越了传统单个实体档案馆的界限，以数字档案馆联盟的形式和网络化服务为特征，大大提高了档案信息资源共享与开发利用的效率。

二、数字档案馆与相关概念的比较

从发展历史、资源特征或技术特征来看，数字档案馆与实体档案馆、电子文件中心以及数字图书馆之间有着密切的联系。将数字档案馆同这些概念进行比较分析，将有助于我们更深入地理解数字档案馆的内涵。

（一）数字档案馆与实体档案馆

尽管对于数字档案馆持乐观态度的人们更多地强调了其“虚拟化”与“网络化”的特点，但是数字档案馆与实体档案馆之间的关系却是相互融合、难以分离的。档案是人类历史的原始记录，从远古时代到现在保存的珍贵档案已经成为人类重要的精神和文化财富，有些档案将会永久保存下去。因此，数字档案馆不可能完全取代实体档案馆而独立存在，二者只能同时存在，相互补充、相互支持。如今在世界各国逐渐发展起来的政府或商业性电子文件中心，似乎预示了“纯数

① 张晓霞、王宇晖、王萍：《数字档案馆——21世纪档案馆的新发展》，载《兰台世界》，2000（1）。

字档案馆”的前景，但是其数量还非常少，而且大部分仍是在实体档案馆的基础上发展起来的。数字档案馆与实体档案馆之间的关系可以归纳如下。

1. 实体档案馆为数字档案馆提供信息资源支持

数字档案馆最初是在实体档案馆计算机辅助档案管理系统的基础上发展起来的。大部分数字档案馆在建设初期，主要通过计算机系统或档案馆门户网站提供针对馆藏实体档案资源的目录检索服务。当数字档案馆发展到全文检索阶段时，实体档案馆为之提供了充分的信息资源支持。绝大部分数字档案资源来源于传统档案资料的数字化转换。

2. 数字档案馆扩展了实体档案馆的信息资源

实体档案馆以传统纸质档案、声像档案、缩微胶片档案等为主要收藏对象。数字档案资源除了由传统档案数字化转换而来之外，还包括新兴的由办公自动化系统产生的电子文件。数字档案馆的出现大大扩展了实体档案馆可供利用的资源范围。目前，许多实体档案馆通过网站提供远程数字服务。

3. 数字档案馆改变了实体档案馆信息资源管理与开发利用的模式

数字档案馆技术改变了传统实体档案馆的信息管理模式，拓展了档案信息资源开发利用的途径。实体档案馆的服务方式主要包括阅览、外借、复制、制发档案证明、档案编研、档案咨询等方式，对于档案用户的身份、地域、时间都有一定的要求，在一定程度上限制了档案信息资源开发利用的广度和深度。而数字档案馆则突破了档案原件唯一性的局限，可以同时为多人提供快速的信息查询与远程传递，节省了档案管理成本，提高了档案管理效率，从而更加有效地发挥了档案信息资源的价值。从 2004 年到 2008 年，我国外交部曾先后三次公开解密档案，一时间吸引了众多的查阅者。为了使这些珍贵历史档案得到更为广泛的利用，解密档案全部数字化，并通过馆内局域网提供阅览服务。

4. 实体档案馆与数字档案馆互为安全保证

由于信息系统与数字资源所固有的脆弱性，在现有信息技术条件下，电子文件的长期可读性和有效性难以确保。在特定情况下，与之相对应的传统载体档案可以成为其真实性与可靠性的保证。我国早在 2005 年 4 月就颁布了《电子签名法》，但是因为无法确保电子签名长期的有效性和电子文件的真实性，迄今为止仍然实行纸质、电子文件的双轨制管理。

另外，数字档案占用物理空间小，备份成本低，可异地存储，这些特点也为危机情况下实体档案馆的安全提供了保证。2003 年 4 月，在萨达姆政权倒台后不久，伊拉克合二为一的国家图书馆和档案馆经受了两次大火，档案资料损失 60%，珍本图书损失 95%，手稿损失 25%。由于大部分档案资料是传统载体，复本极少，而且是集中保存，因此大部分被毁档案无法再恢复。[①] 如果当时这些珍贵档案有异地存储的数字化备份，就可以得到更好的恢复。

（二）数字档案馆与电子文件中心

从目前国内外的情况来看，电子文件中心与数字档案馆之间有着极其密切的联系，很难将二者截然分开。电子文件中心一般是指专门接收、保管电子文件并提供利用的机构。数字档案馆是在传统档案馆基础上发展起来的档案管理模式，是数字信息技术在档案馆全方位应用的结果，既对具有档案保存价值的电子文件进行接收与保管，也对传统纸质档案进行数字化并加以保管利用。二者最大的区别是电子文件中心既保管数字化的档案文件，也保管现行与非现行电子文件，而数字档案馆则以永久保存数字化的档案文件为主。就二者的关系来讲，目前各国的发展情况和管理制度各不相同，关于世界几个主要国家的情况，将在本书最后一章进行详细介绍。

从我国实际来看，电子文件中心既是电子政务系统的重要组成部分，也是数字档案馆的有机组成部分，是连接电子政务系统和数字档案馆的桥梁和纽带。数字档案馆与电子文件中心的区别在于，电子文件中心以实现电子文件鉴定、在线归档、在线移交、在线利用为主要特征，主要针对现行、半现行电子文件进行管理和提供利用。数字档案馆则对具有长久保存价值的电子档案进行接收和永久保存，对馆藏档案进行数字化转换，并通过网络互联扩展资源范围，为用户提供跨越时空的档案信息服务。可以说，电子文件中心是数字档案馆的前端和入口。目前我国学术界对于二者之间的关系有多种不同的观点，有的认为数字档案馆包含电子文件中心，有的认为电子文件中心包含数字档案馆，有的认为二者相互独立前后衔接，一时难有定论。

根据世界各国的发展情况来看，电子文件中心与数字档案馆之间的关系大体呈现出如下几个特点。

1. 电子文件中心先于数字档案馆而产生

由于电子文件的产生早于数字信息技术在档案馆的全面应用，因此电子文件中心先于数字档案馆而产生。从世界各国的情况来看，早期的电子文件中心是档案馆的一个组成部分。最早的电子文件中心基本上都是应档案馆接收并管理电子文件的需要而建立起来的。1988 年，美国国家档案与文件管理署（NARA）建立了电子文件中心，以收藏具有永久保存价值的联邦电子文件，负责对已经移交到 NARA 的电子文件进行鉴定、著录、保存、保护并提供利用。同样地，随着

① 参见刘静一：《战后的伊拉克国家档案馆概述》，载《云南档案》，2008（12）。

电子文件的出现，澳大利亚国家档案馆被联邦政府委托来推动电子文件保管，并成为联邦政府电子文件管理规范的主要制定者和实施的指导者。①

2. 电子文件中心与数字档案馆有融合之势

随着电子政务的迅猛发展，电子文件中心与数字档案馆呈现出相互融合之势。截至2009年年底，我国已有十多个省市建立了省级及市区级电子文件中心。2004年12月28日，我国第一家电子文件中心——江苏常州市电子文件中心在常州市档案局正式挂牌并开通运行。② 目前我国电子文件中心的主要任务是制定统一的电子文件交换格式和存档格式，利用电子政务网络平台，对相关单位政务活动中产生的、对国家和社会具有保存和利用价值的各类电子文件，实行集中管理、永久保存与在线利用。③ 从目前我国的情况来看，省级电子文件中心与市区级电子文件中心有所不同。前者担负着对接收来的电子文件进行集中管理、永久保存的任务，更接近于数字档案馆的功能。后者主要是实现电子公文实时归档、对归档数据进行移交等功能，更接近于机关数字档案室的功能。另外，随着信息技术在档案馆的深入应用，数字档案数据库与电子文件数据库渐有融合之势。在某些数字档案项目中，二者被置于统一的检索平台之下，同时通过档案馆网站提供信息服务。

（三）数字档案馆与数字图书馆

受政治体制与国家制度的影响，各国的档案管理制度有较大的差异。在某些国家，相当数量的档案馆是图书馆的一个组成部分。比如澳大利亚早期的档案机构一直依附于图书馆，直到1961年《国家图书馆法》颁布，档案机构才正式脱离国家图书馆而独立；伊拉克国家图书馆和档案馆曾经合二为一；美国许多大学图书馆和公共图书馆内都设有档案馆。20世纪90年代，数字图书馆发展迅速，美国很多数字图书馆研究项目将数字档案馆作为一个重要的组成部分。1995年5月，美国国会图书馆联合国家档案和文件管理委员会、纽约公共图书馆和12所大学图书馆，提出“全美数字图书馆联合倡议”，目标是到2000年提供1 000万卷历史档案资料的数字化服务。受此影响，数字档案馆研究领域大量借鉴了数字图书馆已有的概念和技术，比如元数据、互操作、信息系统分析与设计、数据库、网站技术、信息检索技术等。

在我国，档案馆和图书馆归属于不同的行政管理部门。各级公共图书馆由国

---

① 参见章燕华：《澳大利亚政府电子文件规范质量评估体系建设》，载《档案学通讯》，2009（1）。

② 参见《常州市电子政务环境下的电子文件中心系统通过验收》，常州市档案信息网，http：//www.czdaj.gov.cn/html/Qikan/Czda/2008-1-23/1102317690.html，2008-01-23。

③ 参见《安徽启动全国首家电子文件中心建设》，中国国际招标网，http：//www.chinabidding.com/zxzx-detail-360319.html，2005-10-21。

家文化部门管理，而档案管在国家档案局的领导下，与政府机构有着更为密切的关系。近年来，一些档案馆的工作人员转变为国家公务员编制，更加强化了这种联系。大学、企业或其他社会组织的档案馆受国家档案管理部门的业务指导与监管，与图书馆的关系也远不如国外档案馆那么紧密。因此，我国数字档案馆的发展受数字图书馆影响较小。目前我国数字图书馆体系已经十分发达，许多县级图书馆都可以提供一定程度的数字化服务，但是数字档案馆的发展还处于较低的层次。这一方面是由于档案馆对信息技术的引进比较缓慢，另一方面也因为档案资源的特殊性和对信息安全的更高要求所致。目前，我国数字档案馆与数字图书馆之间的交流有增加之势，一些数字档案软件提供商同时也是资深的数字图书馆服务商。

第二节　数字档案馆的特点、功能与建设模式

通过以上的学习，我们已经初步了解了数字档案馆的发展途径、基本内涵以及和实体档案馆、电子文件中心及数字图书馆之间的关系。本节将主要介绍数字档案馆的特点、组成要素、功能和建设模式。

一、数字档案馆的特点

通过对数字档案馆与其他相关概念的比较分析，结合数字档案馆近年来的发展，现将数字档案馆的特点总结如下。

1. 数字档案信息资源的海量与异构性

作为容量巨大的数据仓库，数字档案馆包括大量不同来源、不同格式、不同技术标准的电子文件和数字档案，其中相当一部分是非结构化数据。在数字档案馆信息系统的设计过程中需要充分考虑这些特点，借助于元数据著录标准，实现高效的存储与检索。

2. 档案信息传递的网络化

网络化是数字档案馆的重要特征。数字档案馆可以借助于网络向用户提供24小时不间断的远程服务，从而降低了档案信息获取的成本，扩大了档案信息资源的利用范围，提高了档案信息资源的利用效率。

3. 数字档案馆之间的互联性

在网络环境中，数字档案馆不仅限于一馆资源，还和其他数字档案馆与电子文件中心相互连接，形成“数字档案馆”群。根据连接的紧凑程度可以分为互操作式、网站群式、网站连接式与互联网搜索引擎式四种模式。目前，我国数字档案馆的互联建设还停留在第三、第四种模式，随着信息技术与管理制度的成熟，

将会逐步发展到第一和第二种模式。

二、数字档案馆的组成要素

数字档案馆由多种要素组成，包括数字档案信息资源、计算机信息系统、网络基础设施、法规与标准、人员、经费以及其他办公设施。下面分别加以介绍。

1. 数字档案信息资源

数字档案信息资源是数字档案馆管理的对象。就综合性的数字档案馆而言，数字档案信息资源的来源包括以下几个方面。

（1）由电子文件归档而来。文件形成机构将已经办结的电子文件通过电子公文归档系统传递给电子文件中心，在完成半现行价值之后再由电子文件中心移交到数字档案馆。需要注意的是，这里所提到的电子文件中心和数字档案馆并不像传统档案管理方式那样，具有严格的时间先后顺序。业务机关、电子文件中心和数字档案馆可以同时在同一平台上共享文件信息资源，数字档案只是电子文件中具有长期或永久保存价值的子集合。因此，数字档案馆更加注重资源的长期可用性，而电子文件中心则更多地关注电子文件的鉴定及其归档的及时性和完整性。

（2）由传统载体的档案转化而来。这是目前数字档案信息资源的主体，由纸质、缩微、声像、实物及其他载体的档案及资料通过专门的技术设备转变为数字资源。它不仅包括档案资料内容，也包括目录、索引、摘要等相关的检索工具。一般来讲，检索工具的数字化要先于档案全文的数字化。在数字档案馆发展初期，主要是对档案目录及检索工具进行计算机管理，以快速获得查找实体档案的线索。

（3）通过档案信息网络共享的其他档案馆、博物馆、图书文献与情报资料信息。作为一个互联、开放的信息空间或信息环境，数字档案馆、数字图书馆、数字博物馆、政府机构之间互联互通，可以共享部分甚至全部信息资源，从而使数字档案馆信息资源更加丰富。用户可以通过档案网站或档案信息系统获取多种信息资源。

（4）由企业、社会机构或个人委托管理的数字档案信息资源。这类信息资源一般受到所有权、知识产权或个人隐私权的制约，在使用权限上有较为严格的限制，只有在征得委托人同意的情况下，才能提供给特定的用户使用。

2. 计算机信息系统

数字档案馆信息系统是一个包含多个子系统的复杂系统，具体包括档案馆管理子系统 MIS、电子公文归档子系统、档案资料管理子系统、决策支持子系统 DSS、财务子系统、网站子系统等。其中，档案资料管理子系统又包括数字化扫描子系统、数据库或数据仓库子系统、知识管理子系统、检索子系统、安全子系统、元数据管理子系统、互操作平台子系统、内容管理系统、客户关系管理子系统 CRM 等等。

3. 网络基础设施

网络基础设施是数字档案馆得以运行的重要条件。数字档案馆的网络基础设施包括局域网、电子政务内网（或称公务网）、电子政务外网以及互联网。档案馆局域网主要用于档案馆内部的行政管理、档案整理与检索利用等。为保证涉密电子文件与数字档案的安全，政务内网与政务外网间物理隔离。在互联网网站上发布的则主要是开放档案的信息内容。

4. 法规与标准

作为新兴的档案管理模式，数字档案馆法规与标准的建设十分重要。各国数字档案馆的发展都是在国家法律、法规和政策的推动下得以实现的。而标准的制定，对于数字档案馆系统的网络布局、硬件购置、软件开发、资源管理、互联互通与安全保密等有着十分重要的意义。标准化意味着提高不同信息系统之间的匹配能力和互联能力，降低由于标准不统一所带来的技术障碍和管理成本。

5. 人员、资金和办公设施

人员、资金和办公设施是任何一个社会功能单位正常运转必不可少的条件。就数字档案馆系统而言，人员主要包括数字档案馆管理人员和用户。其中，管理人员包括档案业务人员，如扫描、著录、标引、检索咨询人员等；计算机技术人员，如系统开发人员、维护人员、网络工程师等；行政管理人员，如指挥、协调、人事、财务管理人员等。数字档案馆的用户根据其组织性质可以划分为政府机构、企业、非营利组织与其他事业机构以及个人。数字档案馆用户具有地区的分散性、身份的多样性、需求的复杂性、使用时间的非同步性、使用权限的差异性等特点。充足的资金投入是保证项目成功实施和顺利运行的基本条件。目前看来，数字档案馆项目的经费来源以政府投入为主，辅之以少量的企业、社会团体或个人捐赠。

三、数字档案馆的功能

数字档案馆的功能可以分为数字档案管理功能与社会功能两大类。

（一）数字档案管理功能

关于数字档案馆的档案管理功能，已经有一些学者进行了总结。杨公之（2003）认为，数字档案馆的功能包括档案接收、档案管理、档案利用与系统维护[①]。这种观点以传统档案管理模式为基础，将数字档案馆看做是基于计算机系统的档案管理过程，并不能全面概括数字档案馆出现的新问题以及与之相对应的新功能。李国庆（2003）提出，数字档案馆建设应该完成以下业务[②]：(1) 接收

① 参见杨公之主编：《档案信息化建设实务》，北京，中国档案出版社，2003。

② 参见李国庆主编：《数字档案馆概论》，北京，中国档案出版社，2003。

应归档的电子文件及其元数据；（2）将现有馆藏档案数字化；（3）支持对馆藏各种档案实体的自动化管理；（4）支持以网络连接行业、政府信息资源库及不同档案馆的数字化馆藏；（5）组织对数据的有效访问和查询。

通过总结近几年的发展经验，可将数字档案馆的档案管理功能归纳为：（1）归档电子文件的鉴定与接收；（2）标准与业务规范的制定，对电子文件形成机构以及电子文件中心进行业务指导；（3）数字档案的组织管理，包括数字扫描、元数据著录与标引、全文标引、统计管理、开放鉴定等；（4）数字档案的提供利用，包括机读目录检索、全文检索、网站内容管理、资源共享等；（5）安全维护，包括资源备份、用户权限管理、信息加密、系统安全防护；（6）档案数据挖掘与决策支持。

（二）数字档案馆的社会功能

数字档案馆是信息社会档案馆新的存在形式，它的社会功能与传统档案馆没有太大的区别。但是，由于信息网络技术的广泛应用和档案信息资源的空前丰富，它发挥作用的范围更广，效率更高。数字档案馆的社会功能，可以概括为如下几个方面。

1. 保存信息社会的人类记忆

在信息社会，人们在管理、生产、科研等种种活动中，不仅产生了传统载体形式的文字记录，而且产生了大量的电子文件和数字资源。档案馆是保存人类记忆的重要制度发明，数字档案馆则是信息社会保存人类记忆的重要方式。

2. 保管电子法律凭证

随着政府、银行及社会各行各业电子文件的不断增加，电子文件开始作为法律凭证发挥作用。目前，许多国家已经立法承认电子文件的法律凭证作用，我国的《数字签名法》也为电子文件与数字档案发挥凭证作用提供了法律支持。为了充分发挥电子文件的法律凭证作用，需要权威的专门机构来管理电子文件并提供利用。数字档案馆作为传统档案馆的自然传承，应当承担保管电子形式法律凭证的职能。

3. 是政府信息公开的重要途径

从20世纪60年代开始，许多国家纷纷出台了政府信息公开法律。我国于2007年颁布了《中华人民共和国政府信息公开条例》，并于2008年5月1日正式实施。国家档案馆是重要的政府信息管理机构，相应地，数字档案馆以其网络化与开放性特征成为政府信息公开的重要途径。

4. 为科学决策提供数据支持

文件和档案是政府、企业与社会组织管理、生产、科研、财务等重要活动的记录，也是各类组织决策的重要依据。数字档案馆拥有超越传统馆藏的海量档案信息资源，可以凭借信息网络技术和知识挖掘技术，以快速、便捷的方式为决策者提供支持。

四、数字档案馆的建设模式

关于数字档案馆的建设模式，可以从不同的角度加以描述。从建设主体间合作关系的角度可以划分为自主开发、业务外包与联合开发三种模式。所谓自主开发是指数字档案馆的系统开发、标准制定主要由本馆的研发力量承担，我国深圳档案馆的建设就是这种模式的代表；业务外包是指将数字档案馆的技术开发与资源建设工作外包给专业服务商，目前我国大多数档案馆的建设属于这类情况；联合开发就是集各馆力量，联合开发信息系统或业务标准，比如美国加利福尼亚数字档案馆项目 OAC，就联合多个档案馆共同开发了美国的数字档案馆元数据标准 EAD。

从数字档案网络的规划方式来看，数字档案馆的建设模式可以分为："自顶向下"的建设模式与"自下而上"的建设模式。所谓"自顶向下"的建设模式又被称为"顶层规划"模式，是指由省或市级档案局进行本省或本市数字档案馆的统一规划，各下属档案馆按照统一的标准进行建设，形成"档案馆群"与"档案网站群"。上海数字档案馆就是这种模式的典型代表。这种模式的优点是标准化程度高，资源共享容易，总体建设成本低。缺点是对于一些条件有限的地区来说，难以在一开始就全面实现档案的数字化管理。所谓"自下而上"的模式，是指一个地区的档案馆各自建设本馆的数字档案馆项目，然后在此基础上实现网络互联和资源共享。这种模式的优点是，各馆在资金、人力有限的条件下，可以由点到面，逐步实现数字化；缺点是由于技术规范不同，软硬件设备规格不同，资源描述标准不统一，导致资源共享困难，容易造成资源浪费。目前第二种情况在我国比较常见，先试点后普及是我国数字档案馆的发展思路，在建设过程中需要进一步解决资源共享所面临的技术与管理问题。

数字档案馆建设的根本目标是实现资源共享与网络化服务。从资源共享的角度，可以把数字档案馆的建设模式划分为以下五种，这五种模式的资源共享功能依次增强。

1. 档案馆计算机辅助管理模式

档案馆的计算机辅助管理模式是数字档案馆发展的初级阶段，又被称为"档案自动化管理"。其特征是：实现了目录级的计算机管理，只能进行馆内目录查询；由工作人员帮助手工存取实体档案文件；可以提供复印服务；没有档案馆网站，或者只有简单的网页介绍，不具备远程查询功能。目前，由于经费、技术与人力的局限，我国许多规模较小的综合档案馆以及一些专门档案馆，如市县级档案馆或一些企事业单位的档案馆，主要采用这种模式。

2. "一馆""一网""一站"模式

所谓"一馆""一网""一站"模式，是指档案馆建立了较为完整的馆藏数据库，建有馆内局域网，并在互联网上建立了面向公众服务的档案馆网站。其主要特点是：实现了部分馆藏和全部目录的数字化，建立了馆内局域网，可以通过馆内局域网终端同时为多人提供目录或部分档案全文的检索与下载；建有功能较为齐全的档案馆网站，用户可以通过网站查询部分或全部开放档案目录，并可通过网络办理预约手续。目前我国具有一定规模的综合档案馆一般采取这种模式。

3. 档案信息网模式

这种数字档案馆模式不仅限于一馆，而是通过顶层规划设计，对同一地区范围内的档案馆进行统筹规划，建设统一的档案信息网络。在我国常常是以省馆或市馆为中心，将所属区县的档案馆、政府机构的电子文件中心连接成为一个网络共享平台。世界上的档案信息网络化项目有：欧盟档案共享网络 EUAN①，建立在 ISAD 标准基础上，可进行跨库全宗层次的检索；苏格兰档案网络项目 SCAN②；加拿大档案信息网络 CAIN③；澳大利亚档案网络 NOAN④；瑞典的档案网络 NAD⑤；欧洲的 LEAF⑥（Linking and Exploring Authority Files）等。

欧盟档案共享网络 EUAN 的理念是公民应当可以利用网络获得欧盟其他国家的国家档案信息。EUAN 项目包括多家合作伙伴：苏格兰国家档案馆、瑞典国家档案馆、意大利国家档案馆、阿姆斯特丹社会历史国际学院与苏格兰档案网络有限公司。EUAN 拥有 11 世纪到 20 世纪的大量信息资源，包括从政府文件到著名人士收藏的私人文件，从第二国际的记录到苏格兰的产权登记，从瑞典的外交信函到意大利盟国管制委员会的文件记录。该项目为所有这些顶级文件开放查阅途径。

4. 档案互操作模式

档案互操作项目的特点是：参与计划的各馆并不一定采用相同的元数据标准，而是通过元数据互操作协议 OAI-PMH 将其转化为相同的元数据然后为用户提供统一的检索平台。目前，世界上真正利用 OAI-PMH 的档案馆项目并不多，主要有

---

① See European Union archive Network (2006-11-10), http://www.euan.org/.

② See An introduction to the work of the Scottish Archive Network (2006-11-10), http://www.slainte.org.uk/files/pps/cosmic/ec2003/j_cutts.pps.

③ See Archives Canada (2006-12-12), http://www.archivescanada.ca/index2.html.

④ See Phillip Dermody. The development of a National Online Archive Network for Australia (2006-12-12), http://www.naa.gov.au/recordkeeping/rkpubs/fora/ICA_Oct03/summary_Phillip_Dermody.pdf.

⑤ See National Archives of Sweden (2006-12-12), http://www.ra.se/nad/datkat2/se_ead.htm.

⑥ See Max Kaiser. LEAF: Linking and Exploring Authority files (2006-12-12), http://www.onb.ac.at/koop-litera/termine/archivtagung2002/kaiser_2002.ppt.

UIUC、伦敦的AIM25、英国的档案获取项目A2A（Acess to Archives）与澳大利亚的Bright Sparcs[①]项目等。其中，AIM25项目为大伦敦地区100多个高等教育机构、学术团体、文化组织、同业公会的档案馆提供全宗著录级别的电子获取[②]。A2A项目是英国档案网的一个组成部分。A2A数据库对英格兰与威尔士地区档案馆从18世纪到现在的档案进行分类描述。Bright Sparcs由澳大利亚科学档案馆项目主管，是澳大利亚籍和在澳大利亚工作的科学家的传记和书目数据库，内容包括书信、日记、收据、论文草稿、报告、笔记、报纸、剪报、录音等等。[③]

5. 档案信息的网络聚合模式

档案信息的网络聚合模式不仅仅提供借助于网络平台的共享服务，而且运用相同的元数据标准对来自不同馆藏的档案文件进行描述，通过档案著录进行增值服务。它是一种高度共享的数字档案联盟形式，如美国加利福尼亚档案在线（The Online Archive of California，OAC）[④]，得克萨斯档案资源在线（the Texas Archival Resources Online，TARO）[⑤]等。目前，我国还没有真正意义上的档案信息网络聚合项目。

OAC建立于2002年，由加州大学伯克利分校发起。它是美国编码档案著录元数据标准（Encoded Archival Description，EAD）发展的直接产物。由于基于相同的元数据描述（EAD），公众可以免费利用OAC信息资源的详细著录。这些信息资源包括来自加利福尼亚州的图书馆、特种馆藏机构、档案馆、历史协会、博物馆等150多所机构以及加利福尼亚州十所大学所保存的资源。

第三节　数字档案馆的理论原理

数字档案馆是一个集技术创新与理论创新于一体的新事物，其内在的规律和逻辑架构既包括对传统档案学理论的继承，也包括理论的创新和发展。其中，文件和档案管理理论在数字环境中仍然发挥着基础性作用，并且增加了新的内涵。这些理论包括：档案有机联系理论，包括来源原则、全宗原则与事由原则；文件运动理论，包括文件生命周期理论与文件连续体理论；档案价值理论，包括宏观职能鉴定论等。

---

①② See AIM（2006-12-12），http：//www. aim25. ac. uk/.

③ See A2A：Acess to Archives（2006-12-12），http：//www. a2a. org. uk/.

④ See OAC：The Online Archive of California（2006-12-12），http：//www. oac. cdlib. org/.

⑤ See TARO：Texas Archival Resources Online（2006-12-12），http：//www. lib. utexas. edu/taro/index. html.

一、档案有机联系理论

档案文件之间的有机联系是指档案文件之间具有保存价值的历史联系或内容联系。不同门类的档案，其有机联系各有侧重。文书档案强调档案的来源、立档单位的职能、档案之间以及立档单位之间的关系。科技档案不但要关注项目的来源单位，还需要关注研究主题和研究过程的完整性，保证其从立项、研究开发到结项完成的全过程各类文件的齐全完整。电算化会计档案，则应尊重财务信息之间特有的联系规律。其他如设备档案、城建档案、医疗档案、家谱档案等，相互之间都有其特殊的内在联系。

在档案管理的发展历史上，来源原则、全宗原则与事由原则占据了极为重要的地位，在相互继承和不断否定的过程中得到完善和发展。从本质上来讲，这三个原则都试图揭示并保存档案文件之间最有价值的联系。它们反映了不同时期人们对档案有机联系的不同认识。无论载体如何变化，保持档案文件之间的有机联系对于人们全面了解历史的真实过程都有着重要意义。可以说，档案文件之间的有机联系是档案管理原则的理论基础。

全宗原则是档案管理最为重要的原则。其基本原理是：为保持档案文件之间的有机联系，档案文件应该按照相同的来源形成全宗，同一来源的文件不可分散，不同来源的文件不可混淆。为最大可能地保持档案文件之间的有机联系，德国的"登记室原则"要求在档案整理中保留档案在形成机关的原始顺序和整理标记。今天，全宗原则对于数字档案馆的管理也有着重要的指导作用。

来源原则与全宗原则具有相同的内涵。来源原则由尊重来源、尊重全宗的完整性、尊重全宗内的原始整理联系三个基本内容组成。可以说，全宗原则是来源原则的外化形式，来源原则是全宗原则的实质。来源原则是在逐步否定事由原则的过程中产生发展起来的。事由原则是指按照档案的主题内容进行整理的原则。1789 年法国档案工作改革中建立的法国国家档案馆是世界上第一个国家意义上的综合性档案馆，在其成立之初所采用的档案整理方法——"卡缪—多努分类法"使用了事由原则。此分类法将法国国家档案馆的馆藏按其内容主题划分为四大类二十四小类。这种事由分类法在法国国家档案馆沿用了半个世纪后，使得馆藏中绝大多数全宗被拆毁，给档案管理利用造成了极大困难，档案的整体联系无法保持。而且按主题分类受人为因素的影响比较大，分类标准难以客观把握。对事由原则反思的结果是全宗原则的重新确立。

到了 20 世纪 70 年代，信息技术革命对档案工作造成巨大影响，来源原则受到新的冲击。档案工作者更多地注重计算机技能和信息内容管理，而对文件的来源联系有所忽视。1985 年，美国档案学者理查德·莱特和戴维·比尔曼在加拿大档案工作者协会会刊《档案》上发表了论文《来源原则的力量》。呼吁重新重视来源原则的力量。文章的主要思想是通过了解文件形成者职能和文件格式来提高来源原则检索信息内容的能力，建议档案人员不要局限于对档案主题内容的关注，而应重视对文件形成者和文件格式的研究，通过了解文件形成的背景知识来理解文件的信息内容，从而建立起一种反映机构职能、组织结构以及其他特征的来源索引。这种来源索引优越于传统的主题索引[①]。

电子文件与数字档案的产生使人们重新开始思考来源原则的实现方式。由于数字资源的易复制性和强大的数据库检索功能，可以同时按来源和主题对数字档案文件进行分类组织，并且不必像实体档案那样重复占用大量的物理空间。这使得数字档案之间的内容联系和历史联系可以同时得到保存，人们称之为“保持数字档案之间的有机联系”。数字档案文件之间的联系不必像传统档案那样依靠在物理空间存放的相邻位置来保持，而是通过档案文件的元数据加以描述。复杂的元数据结构可以较为充分地描述数字档案文件之间的来源或事由联系。在北美比较通用的编码档案著录标准 EAD 具有复杂的等级结构，既可以表现数字档案来源机构的层级关系，也可以通过主题标引实现同一事由档案文件的集中。

基于保持档案文件之间有机联系的出发点，还出现了电子文件的“后保管模式”[②]。加拿大档案学家库克认为，由于电子文件具有非人工识读性、系统依赖性、流动性、非实体性和不稳定性等种种特性，迫使档案人员“把工作方向由档案内容转向档案来源，由最终成果转向最初的意图，也就是说由档案实体转向其形成过程，从而转向那些过程背后具体的举措、规划、职能关系等等”。为此，“传统的工作——档案实体保管，将被新重点——关注档案的来源、形成过程、制作目的、档案之间及立档单位之间的联系、立档单位的职能关系、档案形成者范围等所取代或（至少是）加强。所有这些远远超出了简单的实体保管，而这就是档案的后保管”[③]。冯惠玲教授指出：“在后保管模式中，重视档案文件中所包含的有效信息——知识，要甚于文件实体；重视文件的形成和运转经过，要甚于已经形成的文件本身；重视联系，要甚于每一份具体的文件；重视文件所体现的职能，要甚于研究人员对文件的各种需求”[④]。为此，档案人员在管理日益增多

---

① 参见冯惠玲、张辑哲主编：《档案学概论》，北京，中国人民大学出版社，2001。

② 潘连根：《试论数字档案馆产生的现实背景及思想理论基础》，载《绍兴文理学院学报》，2005(9)。

③ [加] 特里·库克：《电子文件与纸质文件观念：后保管及后现代主义社会里信息与档案管理中面临的一场革命》，载《山西档案》，1997 (2)。

④ 冯惠玲：《电子文件时代新思维》，载《档案学通讯》，1998 (6)。

的电子文件时，必须“把注意力从它本身转向它的过程，从实体转向它所包含的信息，从个体管理转向宏观管理，从事后管理转向前端控制。唯有如此，档案人员才能获得主动，才能真正把握住电子文件。”①

二、档案价值理论

贯穿于档案文件管理全过程的另一个重要理论是档案价值理论，从归档鉴定到销毁的各个环节，都体现了这个理论的具体应用。档案价值理论是档案有机联系理论的基础，也是文件运动理论的基础。档案有机联系理论探索档案管理原则如何最大限度地保存档案的价值，是档案价值理论的具体体现。文件运动理论，包括文件生命周期理论与文件连续体理论，则是档案价值运动的结果。何嘉荪教授认为，文件生命周期理论的基础是由文件价值所决定的。“文件价值是由推动文件向前运动的文件属性与人们主体需求之间的基本矛盾决定的，所以文件价值就成了观察文件运动状态、划分运动阶段的重要标准或标志，根据文件价值的不同表现与变化，决定我们的管理方案。”②它将文件价值划分为四种类型：(1) 第一价值与第二价值；(2) 现行价值与非现行价值；(3) 暂时性价值与永久性价值；(4) 潜在价值和直接价值。因此我们可以认为，文件价值是文件运动的动力源泉，是文件生命周期理论的基础。③

档案鉴定是档案价值理论在实践中的具体反映。在数字环境下，“宏观职能鉴定论”被认为是用于判断电子文件价值的一种新方法。“宏观职能鉴定法”是以文件形成机关的职能为基础的鉴定方法，即“鉴定首先并不是集中在文件或单份文件上，而是集中在生成文件的政府职能、任务或活动上。”具体来说，“首先要关注的是机构活动的有机联系，其次是分析和鉴定政府职能、计划、活动和业务的重要性。这样得出的鉴定结论在最终确定之前必须经过检验。但是这种检验只有在宏观层次上的职能鉴定完成之后，通过有选择地注释‘阅读’实际文件‘文本’才能进行”④。需要注意的是，职能鉴定方法是在文件数量激增的条件下，对传统档案逐份鉴定方法的补充而非完全的替代。近些年来，电子文件数量增长迅速，逐份阅读每一份电子文件变得十分困难，可以在鉴定机构职能的基础上来评估

---

① 冯惠玲：《电子文件时代新思维》，载《档案学通讯》，1998 (6)。

② 何嘉荪、傅荣校：《文件运动规律研究——从新角度审视档案学基础理论》，北京，中国档案出版社，1999。

③ 参见何达多、金更达：《新文件生命周期理论与文件连续体模式同一性探讨》，载《档案学研究》，2005 (3)。

④ 国家档案局、中央档案馆：《第十三届国际档案大会文件报告集》，北京，中国档案出版社，1997。

电子文件的价值，但鉴定结果必须通过实际查阅部分电子文件来加以验证。[①]

三、文件运动理论

文件运动理论揭示了文件从产生到销毁的社会运动规律，反映了档案文件的价值变化，包括文件生命周期理论与文件连续体理论。

文件生命周期理论在档案管理领域具有重要影响，与全宗理论、档案价值理论一起被何嘉荪教授并称为档案学领域的三大基础理论。文件生命周期理论强调文件的线性运动规律，将文件从产生到永久保存或销毁的过程划分为不同的生命阶段。从活动状态来看，文件的线性运动经历了文件制作形成、现行、半现行和永久保存或销毁阶段；从文件运动所依附的组织机构来看，依次经历了制作形成单位、现行使用单位、文件中心或机关档案室、档案馆四个阶段。文件生命周期理论用线性模型的方式直观地表述了文件在时间、空间上的运动阶段，对于我们理解文件生命运动的基本过程具有重要帮助。尽管它在阶段划分上过于明显，并且隐含着文件运动阶段不可逆的假设，对于电子文件的管理而言有一定的缺陷，但它仍然是帮助我们理解电子文件运动规律、指导我们管理电子文件的重要理论基础。目前影响较大的电子文件前端控制思想，其理论基础实质上是文件生命周期理论。

随着电子文件与数字档案的产生，文件生命周期理论已不能完全满足电子文件控制和管理的需要。实践的变化催生理论的变革，在澳大利亚传统的档案思想、后保管主义以及结构化理论的影响下逐渐形成了文件连续体理论[②]。文件连续体理论（The Records Continuum）是20世纪80年代，继文件生命周期理论之后提出的一个新的文件运行基础理论。1996年出版的澳大利亚国家档案标准将文件连续体定义为："从文件形成（包括形成前文件管理系统的设计）到文件作为档案保存和利用的管理过程中连贯一致的管理方式。"文件连续体理论不仅极大地丰富和完善了传统的以纸质文件为主的文件管理和模式，而且更适合电子文件环境并能够给电子文件管理工作带来许多便利。澳大利亚档案学者弗兰克·阿普沃德（Frank Upward）构建了文件连续体模型，如图1—1所示。

文件连续体理论用平面坐标系的四个象限表示了文件管理活动中的"产生（Create）、捕获（Capture）、组织（Organize）到聚合（Pluralize）"四个维度，用平面分割而非线性序列的表达方式说明这四个维度在时空上的连续性和延展性。横坐标轴左边为来源轴，揭示文件的来源，由小到大体现了文件的形成者、

---

① 参见潘连根：《试论数字档案馆产生的现实背景及思想理论基础》，载《绍兴文理学院学报》，2005(9)。

② 参见叶显智：《文件生命周期理论与文件连续体理论的异同点》，载《科技档案》，2006(3)。

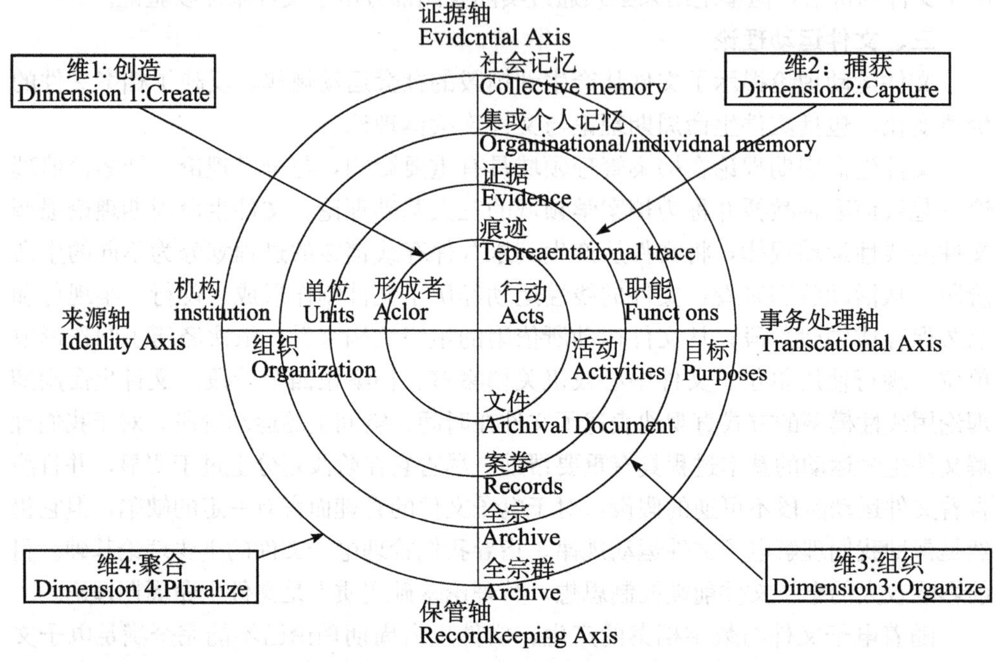

图 1—1　文件连续体理论模型

形成者所属的单位、单位所属的组织及其社会公共机构；横坐标轴的右边为事务处理轴，表明文件管理在其来源机构的行为、活动、职能和目的中所发挥的作用。整个横坐标轴表明了文件在现行和半现行活动阶段的两个重要属性：来源和功能；纵坐标轴上部为证据轴，表明了文件对于形成者、单位、组织及机构而言的价值，从业务记录、单位证据、组织记忆直到社会记忆的价值。下部为保管轴，它的四个组成部分包括形成中的文件、案卷、全宗、全宗群，表明了文件形式从个体到积聚的过程。整个纵坐标轴表明了从文件到档案的价值运动规律。

文件连续体模型同时还是一个精致的同心圆，从微观到宏观向外辐射，每一层次的同心圆在来源、证据、事务处理与保管四个维度上具有统一性。最小的同心圆描述了文件形成者的行动、具有代表性的记录及其需要保管的档案性文件；第二层次的同心圆描述了文件形成单位的活动和凭证及其形成的案卷；第三层次的同心圆描述了文件来源组织的职能和组织或个体记忆及其形成的全宗；第四层次的同心圆描述了公共机构的目的、集体记忆及其形成的全宗群。这四个同心圆表达了从文件到全宗群的积聚过程，组织机构的联系不断扩大、活动不断扩展、价值不断累加延伸的过程。

文件连续体模型描述了文件的多重属性在时空中的变化规律，尤其是淡化了文件运动的时序性和空间上的迁移性，强调了文件运动过程作为一个统一体的立体、多维的特点，揭示了其逆向运动、螺旋式运动以及跳跃式运动的可能性，更好地适应了电子文件运动的特点，因此产生了广泛的影响。

第四节　数字档案馆建设的发展历程

档案作为人类社会发展历史的原始记录，是最为重要的信息资源之一。数字档案馆作为现代档案信息资源的管理模式，它的产生、发展与成熟有其历史必然性。

一、数字档案馆产生的背景

数字档案馆的产生，与计算机技术的发展、档案信息资源的载体变革、社会对于档案信息资源的需求不断增长以及政府的大力推动密不可分。这些因素的共同作用，使数字档案馆一经产生，就迅速发展并不断地完善。

1. 技术背景：计算机网络技术在档案管理领域的应用

信息技术的迅速发展，使得与信息资源管理相关的业务得到了革命性的发展。20 世纪 70 年代开始的“信息资源管理革命”正是基于计算机技术的深入应用而提出的。政府文件的计算机管理与无纸化办公成为信息资源管理革命的重要推动力量。早在 1970 年，美国国家档案和文件管理署就接收了第一批电子文件。

随着计算机信息技术的迅速发展，传统档案馆开始不断引入计算机管理。最初的“档案馆管理自动化”在我国始于 20 世纪 90 年代初期。由于信息基础设施和技术条件的限制，大多数档案馆停留于计算机辅助手工管理的局部性和工作性研究。1995 年北京市档案馆启动了档案信息化建设方案，并于 1996 年在首都经济信息网上开辟了档案馆网页。随着信息网络技术的深入应用，档案管理的网络化便自然而然地产生了，档案馆也进入了数字档案馆发展的新时期。1998 年北京档案馆正式建立网站，通过互联网向社会介绍馆藏特点，开展档案信息服务。

2. 资源背景：电子文件与数字档案的产生

社会组织机构信息化的直接结果是电子文件的产生与数字信息资源的积累。2006 年，我国国家档案局组织的一项调查表明，中央和国家机关、中央企业已有将近 80%的单位采用了办公自动化或电子政务系统，共产生各种类型电子文件近两亿件，成为各项工作真实记录的重要组成部分。[①] 当电子文件在完成了管

---

① 参见杨冬权：《贯彻王刚同志重要批示精神，以建设电子文件中心为突破口全面建立有中国特色的电子文件管理体系——在全国电子文件中心建设经验交流会上的讲话》（2007-04-27），http：//law.baidu.com/pages/chinalawinfo/9/16/1f5f8709ff54c83d087419fe2c9f0381 _ 0.html。

理、科研、生产、市场交易等种种社会职能之后，其中具有历史保存价值的一部分资源需要长期存储，就形成了数字档案。随着时间的推移，电子文件与数字档案大量积累，只能借助于数字信息技术对其进行长期存储与有效管理。于是，数字档案馆便成为一种必需的档案管理模式。

3. 需求拉动：社会公众对档案资源远程利用的需求不断增加

提供利用是档案馆建设的重要目标。随着国家信息基础设施的不断完善，社会公众与政府机构对档案信息网络化传递的需求日益迫切。美国的“9·11”数字档案馆由美国国会图书馆发起，不仅收藏政府文件，还收集与“9·11”事件有关的个人经历和感受，网络技术为政府与社会公众之间的互动交流提供了平台。截至2004年，在北京档案馆网站的访问者中，中外读者各占一半，显示出用户对档案信息远程利用的巨大需求。社会公众对于档案资源远程获取的需求促使档案馆加快档案资源的数字化转化与档案馆网站的建设，这在客观上拉动了数字档案馆的发展。

4. 政府推动：国家信息化的重要组成部分

数字档案馆建设需要大量的资金、人才与技术支持，在政府推动下，各国数字档案馆建设迅速发展。我国的《全国档案事业发展“十五”计划》明确提出要加快档案信息化进程。2002年11月25日，国家档案局与中央档案馆联合下发了《全国档案信息化建设实施纲要》（简称《纲要》），提出“适应国家信息化建设和档案事业发展的要求，把档案信息化纳入国家信息化建设的总格局，以档案网络建设为基础，以档案信息资源建设为核心，以扩大档案信息资源开发利用为目标，加快推进档案资源数字化、信息管理标准化、信息服务网络化的进程，促进档案事业持续快速健康发展，为改革开放和现代化建设服务。”《纲要》还提出，“首先在中央档案馆、中国第一历史档案馆、中国第二历史档案馆，以及北京、天津、辽宁、上海、江苏、安徽、广东、重庆、陕西、青岛、杭州等省、市档案馆开展档案数字化工作试点，实现馆藏重要全宗纸质档案和照片、录音、录像档案的数字化，并在馆内建设数字化综合应用平台。”在这些政策的有力推动下，我国数字档案馆建设发展迅速，逐渐形成了“试点突破、全面发展”的良好局面。

二、数字档案馆建设的发展历程

数字档案馆的发展过程就是档案馆信息化不断深入的过程。所谓档案馆信息化，是指信息网络技术在档案信息资源管理、档案馆行政管理、财务管理等各个部门不断得到应用的过程。这个过程开始于20世纪80年代末90年代初，一直持续到现在，大致可以分为档案自动化管理、档案信息化与档案信息网络化建设三个阶段。

1. 档案自动化管理阶段

档案自动化管理阶段是缩微技术、计算机辅助管理技术与光盘存储技术在档案馆逐步得到应用的阶段，以档案馆办公自动化与计算机辅助档案管理为主要表现形式。我国的档案缩微工作起步于20世纪70年代末期，开展了大量的缩微复制与阅览服务工作。我国计算机辅助档案管理工作起始于20世纪80年代初期，包括通过研制档案微机管理系统实现档案目录自动化检索、实现主题词智能标引、开发文档一体化计算机辅助管理系统与条形码技术档案管理系统等工作，提高了档案管理和检索效率。光盘技术的应用适于90年代初期，逐步实现了多媒体档案信息的高密度存储管理。

2. 档案信息化发展阶段

档案信息化是我国信息化建设的重要组成部分。《全国档案信息化建设实施纲要》提出，“在‘十五’期间，全国档案信息化建设的目标和主要任务是：加快档案信息化基础设施建设，加强电子文件归档和电子档案的规范化管理，推动馆藏档案的数字化与数据库建设，在部分中心城市建设示范性数字档案馆，开展公众网查询档案信息服务，加快推进档案信息化标准体系、安全保障体系和人才队伍建设。”在《纲要》的推动下，目前许多试点城市已经初步完成了数字档案馆建设，数字档案管理系统的功能不断增强，应用日益广泛。《纲要》还提出要制定一系列档案信息化标准和管理规章，包括《中国档案机读目录格式》、《电子文件名词术语》、《电子文件归档与管理规范》（国家标准）等。这些标准与办法的陆续出台，为数字馆建设提供了统一的业务与管理规范，保证了我国档案信息化工作的顺利进行。

从1996年开始，我国北京、上海等发达地区的档案馆进入信息化发展阶段。这一阶段的主要特征是：档案馆对于信息化的认识逐步加深，需求逐步增强；对档案基础设施和信息资源建设投入力度加大；档案应用软件得到进一步推广，标准化程度加深；档案数字化建设进一步深化，全文档案数据库系统开始应用。上海市在这一阶段先后形成了“档案多媒体全文数据库系统”、“上海档案信息网站”、“神夹文档一体化通用软件”、“光典电子文件归档及管理系统”等一批重要的档案信息化建设成果。①

3. 档案信息网络化建设阶段

档案信息网络化是数字档案馆的高级发展阶段。《全国档案信息化建设实施

① 参见赵嘉庆、王玮：《关于上海档案信息化建设的初步研究》（2006-11-09），http://www.soft6.com/tech/6/61198.html 。

纲要》(2002)指出,“到‘十五’末,各省、自治区、直辖市档案部门要努力建设并投入使用一批内部局域网,基本实现档案管理现代化和办公自动化;依托当地电子政务建设工程,建立为各级党政机关服务的档案目录信息中心,为逐步构建中国档案文献数据库创造条件;依托公众信息网,建立面向社会、服务公众的档案网站,逐步构建全国档案工作信息网。”档案信息网络化建设阶段的主要特征是档案网络体系逐步成型,通过网络连接形成档案馆联盟与档案网站群,实现档案信息资源的交换与共享;档案馆推进网络服务,通过档案网站提供远程档案信息服务;档案网络系统成为电子政务网络的重要组成部分,通过政务内网与政务外网实现电子文件的归档,并且为政府机构提供有效的档案服务。我国的档案信息网络化建设始于2000年以后。如今,北京、上海等地已经初步建成了安全可靠的档案工作信息网络体系,可以提供基础的档案信息网络化服务。

第五节　数字档案馆学的知识体系

根据库恩提出的科学知识增长模式,学科的发展过程为:前学科(没有范式)→常规科学(建立范式)→科学革命(范式动摇)→新常规科学(建立新范式)。[①] 范式是库恩在《科学革命的结构》一书中提出的重要概念,与“科学共同体”这一概念密切相关。按照库恩的理解,科学共同体是指不同国家、不同地区、不同机构的科学家,通过学术交流,能够在共同的研究领域,追求共同的目标,使用共同的价值标准,具有共同的科学观点,从而形成科学共同体。[②] 所谓范式,是指科学共同体就某一专业或某一学科所拥有的理论或方法上的共同信念,这种共同信念包括共同的基本理论、基本观点、价值、技术手段、研究方法,为科学提供了共同的理论模型和解决问题的框架,从而形成了一种共同的科学传统,规定了共同的发展方向,限制了共同的研究范围。[③] 在库恩看来,范式是学科成为科学的标志。

通过总结目前关于数字档案馆的研究可以发现,在国际与国内学术刊物上,数字档案馆是一个热点问题,在近几年取得了丰富的研究成果;大学的档案学专业已经开设了独立的数字档案馆课程;来自档案学、情报学、计算机科学、信息

---

① 参见郑杭生、李霞:《关于库恩的范式:一种科学哲学与社会学交叉的视角》,载《 广东社会科学》,2004 (2)。

② 参见韦文荣:《库恩的范式理论及其人文意义》,载《哈尔滨学院学报》,2005 (8)。

③ 参见刘放桐等:《现代西方哲学》,北京,人民出版社,1990。

资源管理领域的学者，在研究与交流的过程中，逐渐形成了对于数字档案馆的基本理论、基本观点、技术手段、研究方法的共同认识。可以说，数字档案馆的学科范式已经形成，数字档案馆学已经跨越了其前学科阶段，逐渐进入常规科学阶段。

数字档案馆学是一个跨学科的知识体系，涉及档案管理学、电子文件管理、档案法、计算机科学、信息资源管理、知识产权、信息安全、网站建设、项目管理、知识管理等多个学科或知识领域。作为一本概论性质的教材，本书注重理论与实践相结合，将数字档案馆学科的知识模块大致划分为：基础理论模块、资源建设模块、技术支撑模块、服务与开发利用模块、管理与制度建设模块以及实践发展模块。这六大知识模块之间并没有严格的界限，而是有机融合成数字档案馆学知识体系。

1. 基础理论模块

基础理论模块是统领数字档案馆学知识体系的理论基础，贯穿数字档案馆学知识领域的各个部分。在本书中，其主要集中在第一章。这一章篇幅较长，涵盖内容较多，介绍了数字档案馆学的基础理论和本书的内容架构。

2. 资源建设模块

作为海量的“信息中心”、“信息仓库”或“信息空间”，资源建设是数字档案馆存在的根基。数字档案馆资源建设模块包括：档案数字化、电子文件的接收与归档、元数据与目录体系的建设等。在本书中，这一模块的知识阐述集中在第二、三、四章。

3. 技术支撑模块

信息技术是数字档案馆的支撑。数字档案馆技术系统的知识模块包括：信息系统的开发与设计、数据库建设、信息检索技术、档案网络化技术、数字档案保存技术、信息安全技术等。在本书中，这一模块的知识主要包括第五、六、七、八、九、十章的相关内容。

4. 服务与开发利用模块

数字档案馆的服务与开发利用模块主要包括档案信息检索与网络化服务两个部分。这一模块的知识主要包括在第七、八两章的相关内容中。

5. 管理与制度建设模块

数字档案馆是一个复杂的系统，既涉及资源管理与技术管理，也涉及长期保存与项目管理。同时，数字档案馆建设与国家政治、经济、文化记忆的长期保存密切相关，关系着国家安全，因而具有强烈的制度规范特点。制度建设是推动数字档案馆发展的最重要的力量。数字档案馆的管理与制度建设模块包括数字档案的元数据管理、数字资源的存储、数字档案的安全管理、数字档案馆的项目管理、数字档案的法律法规建设等内容。这一模块的知识主要包括在本书的第四、九、十、十一、十二章的相关内容中。

6. 实践发展模块

注重案例教学是管理学科的重要特点。数字档案馆是一门注重实践的学科，其理论探索是在不断总结实践经验的基础上发展起来的。为了让读者更清晰地了解数字档案馆在实践中的发展情况、取得的经验和教训，本书非常注重中外各国案例的学习。本书的案例或以举例的方式出现在某些专门的章节，或者自成独立的小节，如北京、上海、深圳、青岛、胜利油田等数字档案馆建设的介绍，而美国、英国、加拿大、澳大利亚与日本数字档案馆建设的情况介绍，则在第十三章集中呈现。

本书内容丰富，篇幅较长。针对不同的教学对象，教师可以选取适当的内容进行讲解：首先，基础理论模块、资源建设模块、服务与开发利用模块以及实践发展模块是数字档案管理的基础知识，是各个层次的读者，包括档案学专业的本科生、研究生、档案馆业务人员、档案信息系统开发人员都应掌握的内容。其次，管理与制度建设模块以及国内外数字档案馆的建设实践内容，应该成为数字档案馆业务管理人员培训课程的重点内容。最后，技术支撑模块的技术性和理论前瞻性较强，可以根据授课对象与课时长短进行取舍。对档案学专业的本科生或档案业务人员，教师可以跳过这一部分，或选择部分与档案业务关联密切的内容进行讲解；对于数字档案馆方向的研究生、数字档案馆开发人员或者计算机专业的学生而言，则应深入学习这部分内容，并进行扩展阅读。

【本章小结】

随着数字档案馆实践的不断发展与理论研究的不断深入，数字档案馆的特点、组成要素、功能、理论基础不断为人们所认识，数字档案馆概念也在与相关概念的不断比较中逐渐成熟。随着相关领域知识的系统化，数字档案馆学科范式逐渐成熟，数字档案馆学成长为独立的学科，形成了完整的知识体系。

【本章关键术语中英文对照】

档案	Archive，Archives
文件	Records
电子文件	Electronic Records
数字档案	Digital Archive，Digital Archives
案卷	File

全宗	Fonds，Collection（美）
档案馆	Archives
数字档案馆	Digital Archives
数字图书馆	Digital Library
电子文件中心	Center for Electronic Records
文件连续体	Records Continuum
文件生命周期	Records Lifecycle
美国国家档案和文件管理署	National Archives and Records Administration NARA
美国电子文件档案馆	Electronic Records Archive ERA
国际档案理事会	Internationa Council on Archives ICA

【讨论题】

1. 什么是数字档案馆？它与电子文件中心是什么关系？
2. 为什么说档案文件的有机联系是数字档案馆的重要理论原理？
3. 文件连续体理论对于数字档案管理有什么指导意义？
4. 我国数字档案馆的发展过程是什么？
5. 为什么说数字档案馆学已经成为一门独立的学科？

第二章
档案信息数字化

【本章要点】

分析了档案信息数字化的作用、对象、方式以及数字化前的鉴定等相关问题；分别介绍了纸质档案、缩微胶片档案、传统声像档案数字化的基本原理、要求、流程和步骤；分析了青岛市数字档案馆的建设情况及其在传统档案数字化方面所取得的成就。

【关键词】

传统档案○数字化○纸质档案○缩微胶片档案○传统声像档案○档案整理○扫描○图像处理○图像存储○目录建库○数据挂接○数据验收○成果管理○青岛市数字档案馆

信息资源建设是数字档案馆的基础。数字档案信息资源最为重要的两大来源是传统载体档案的数字化和转换电子文件的归档。在数字档案馆建设初期，传统载体档案的数字化是主要任务之一。传统载体档案包括纸质、缩微胶片、声像、实体等多种载体形式，其中纸质档案所占比重最大。通过数字化转换技术形成档案信息资源数据库，可以利用信息检索技术和远程传递技术，实现异地存取和异地备份，从而提高档案信息资源的检索和共享利用的效率。

第一节 档案信息数字化的基本问题

所谓档案信息数字化，是指通过计算机录入、高速扫描技术、缩微与声像档案的数字转换技术、影像技术、数据库技术、数据压缩技术、数字存储技术等，将传统载体档案的目录与内容（包括文字、图像、声音、实物）等转换成计算机可以识别的数字形式，形成档案信息数据库的过程。

一、档案信息数字化的作用

具体地讲，档案信息数字化的作用在于：

1. 提高档案管理工作效率

通过档案的数字化转换，档案的整理、查询、保护都可以借助于计算机信息系统进行，较之传统的手工作业方式大大提高了工作效率。

2. 压缩存储空间，实现异地备份

为了减轻灾难发生时对档案实体可能造成的不可挽回的损失，需要对珍贵的档案文件进行异地备份。运用数字化转换技术，可以以较低的成本获得档案的数字化备份，而且档案数据库占用的物理空间很小，因此对于实现异地备份十分有利。目前，考虑到尽管数字化技术检索效率高，但缩微胶片比磁盘光盘等载体保存时间更长，保真性能更好，一些学者提倡为档案原件同时建立缩微胶片备份与数字化备份，以减少在档案长期保存中可能发生的损失。

3. 扩大档案利用范围，充分发挥档案价值

档案数字化所带来的最大好处莫过于可以为更多的用户提供本地或远程档案信息服务。经过数字化之后，一份档案文件信息可以通过计算机检索系统同时为多人提供阅览服务，还可以借助于档案网站、电子邮件以及其他网络传输技术，为异地用户提供远程服务。

4. 促进档案开放，提高档案馆的公共服务能力

数字化大大加快了档案的开放步伐，使得更多的开放档案可以通过网络为公众提供服务，从而提高了档案馆的公共服务能力，使档案信息资源可以更多地为社会政治、经济与文化事业服务。

二、档案信息数字化的对象

对于档案馆（室）而言，档案信息数字化工作包括：纸质档案的数字化，缩微档案的数字化及其与数字档案之间的相互转换，声像档案的数字化以及实体档案的影像化处理。不同载体档案的数字化，需要不同的硬件设备与软件系统。无

论是哪种载体形式档案的数字化工作，都应遵循规范性、标准化、安全性、经济性原则，以保证数字化档案信息真实、完整地忠实于档案原件。具体地，应保证工作流程的科学性，业务要求的标准化，工作过程与信息系统的安全性，保证档案数字化项目管理的质量与效率。

档案信息数字化的对象包括馆藏目录、档案文件全文以及馆藏资料全文。其中，档案目录的数字化是数字档案馆建设的第一步，也是实现档案自动化管理的基础。通过对目录条目的数字化，可以实现对实体档案文件的计算机检索，方便用户查找实体档案文件，提高档案管理人员的工作效率。档案文件与档案资料的全文数字化是数字档案馆建设的目标，是实现对档案全文信息进行计算机管理和检索的条件，是实现档案网络化传递和共享的基础。档案文件种类繁多，数量巨大，而且具有不同的密级和开放范围，因此要慎重选择数字化的对象，分析判断提供数字化利用的范围，比如：是进行目录级的数字化还是全文级的数字化？是提供馆内全文检索还是提供网上全文检索？从而有重点、分阶段、分步骤地进行馆藏开放档案的全文数字化工作。

三、档案信息数字化的方式

在档案数字化过程中，各档案馆根据各自的实际条件，常常采用不同的工作方式。有的档案馆将数字化转换工作外包给专业公司；有的档案馆则自己购买数字化设备，成立专门的部门进行数字化工作；也有的档案馆与专业公司合作，派出本馆的专业人员与承包公司合作完成任务。从目前我国的情况来看，第三种形式比较常见。天津高新技术开发区泰达档案馆，其数字档案馆建设工作起步较早，于 2003 年 6 月建成，主要由天津 e-泰达公司和馆内业务人员共同组成开发团队，进行软件开发和数字化工作。

就档案数字化项目而言，根据我国法律规定，凡 10 万元以上的政府采购项目，须经过公开招标来选择项目承包商。比如，2009 年 9 月，广东省机电设备招标公司受广州市番禺区档案馆的委托，就该馆纸质档案及声像档案数字化加工项目向国内投标人进行招标。招标内容是对 80 万页纸质婚姻档案和5 000张照片档案进行数字化加工，财政预算为人民币 24 万元。投标形式为密封投标，要求投标人必须为国内注册的独立事业法人或注册资金不少于人民币 50 万元的独立企业法人。①

档案数字化是一项工作量大、质量要求高的工作，由专业机构来承担可以保证工作质量和项目进度，有利于工作的顺利完成。在档案信息数字化之前，应当

---

① 参见《档案馆纸质档案及声像档案数字化加工招标公告》，中国采招网，http://www.bidcenter.com.cn，2009-09-10。

就馆藏档案数字化的范围、结构、数量进行选择和鉴定。

四、馆藏档案数字化之前的鉴定

数字化是一项需要花费较多人力物力和时间的工程，成本较高。在有限的条件下，一个档案馆不可能把全部档案数字化，而只能选择其中的部分档案进行数字化。因此，在一个档案馆开始馆藏档案数字化之前，应当进行系统规划，确定将要进行数字化的档案种类、数量、范围和结构，这就需要对馆藏档案进行鉴定，筛选出准备进行数字化的那部分档案。

档案数字化之前的鉴定与传统的档案价值鉴定既有相似之处，又有不同之处，需要遵循特定的原则。对此，有学者提出了精练原则、存史原则与使用优先原则①；也有学者提出了利用价值性原则、抢救性原则、主体原则、原貌与系统性原则②。结合上述观点，馆藏档案数字化鉴定的原则包括以下几条。

1. 开放原则

数字化意味着档案内容的复制与传播都变得更加容易，加之数字档案系统容易经受各类攻击，较之传统档案管理方式存在更高的安全风险。因此，在现有的信息安全技术条件下，馆藏档案的数字化应优先考虑开放档案。对于未开放甚至是保密的档案，则应根据需要慎重对待。

2. 利用价值原则

档案数字化的价值之一是可以为用户提供跨越时空的档案信息服务。在经费有限的条件下，档案馆应优先选择利用率高的档案进行数字化，以满足用户的需要。目前我国不少市县级档案馆优先选择将公民查阅频繁的民生档案数字化，正是出于这样的考虑。

3. 抢救原则

通过网络和计算机设备为用户提供数字档案的查阅服务，可以减少对原始档案的翻阅次数，从而减少原始档案的磨损。这对于那些形成时间久远的珍稀档案或者已经破损的档案尤其重要，是一种替代性的档案保护方法，既可以提高珍稀档案的利用率，又可起到对原始档案的保护作用。

4. 历史联系原则

经过筛选准备数字化的档案应该系统完整，保持档案之间的历史联系，能够真实反映历史原貌，而不应该出现零散抽取、结构不完整的情况，这样就失去了档案应有的价值，甚至造成对历史的歪曲。

① 参见李翠平：《综合性档案馆馆藏档案数字化鉴定探讨》，载《黑龙江史志》，2006（4）。

② 参见刘璐：《论档案数字化之前的鉴定》，载《档案学通讯》，2007（1）。

第二节　纸质档案的数字化

纸质档案在所有载体形式的档案中所占比重最大，年代跨度久远，内容涉及范围广泛。有相当一部分纸质档案是已经开放的档案，还有一些是珍稀档案。通过数字化可以促进纸质档案的利用，保护档案原件，因此纸质档案数字化是档案数字化的重点。目前，纸质档案数字化的技术已经较为成熟，主要通过高速扫描技术与数据库技术来实现。我国于2005年颁布了《纸质档案数字化技术规范》（DA/T 31－2005）的行业技术标准。

根据中华人民共和国档案行业标准《纸质档案数字化技术规范》（DA/T 31－2005），纸质档案数字化（Digitization of Paper-based Records）是指采用扫描仪或数码相机等数码设备对纸质档案进行数字化加工，将其转化为存储在磁带、磁盘、光盘等载体上并能被计算机识别的数字图像或数字文本的处理过程。

纸质档案的数字化加工流程大致包括：确定数字化档案文件范围、准备档案目录、纸质档案分解和整理、数字化扫描、文字录入、文字校对、纸质档案的复卷装订、数据刻录存储、导入数据库等工作环节。一个典型的档案数字化加工流程如图2—1所示。

档案扫描设备是影响纸质档案数字化效率和质量的重要因素，包括数码相机和扫描仪。为保证高质量的扫描效果，要选择合适的扫描设备。扫描仪分为一般扫描仪与高速扫描仪。在选购高速扫描仪时，需要先了解文件的纸张特性，包括：所有纸张厚薄差别范围及各自数量，纸张大小差别范围及各自数量，不能拆卸的装订和粘连的数量等。根据待扫描档案的数量、纸张的性能特点以及扫描的质量要求，选择不同参数值的扫描设备。

根据《纸质档案数字化技术规范》，纸质档案数字化基本要求如下。

（1）基本原则：纸质档案数字化的基本原则是使档案信息资源准确、方便、快捷地提供利用，使可以公开的档案信息资源得到共享，以满足社会对档案利用的需求。

（2）数字化对象的确定原则：应当对所要进行数字化的对象按照一定的原则和方法进行确认，只有符合一定要求的纸质档案文献才能进行数字化。首先要符合国家法律法规的原则。纸质档案的数字化，必须符合国家档案开放规定以及有关规定。其次是价值性原则。属于归档范围且应永久或长期保存的、社会利用价值高的档案可列入数字化加工的范围。

（3）纸质档案数字化的基本环节主要包括：档案整理、档案扫描、图像处

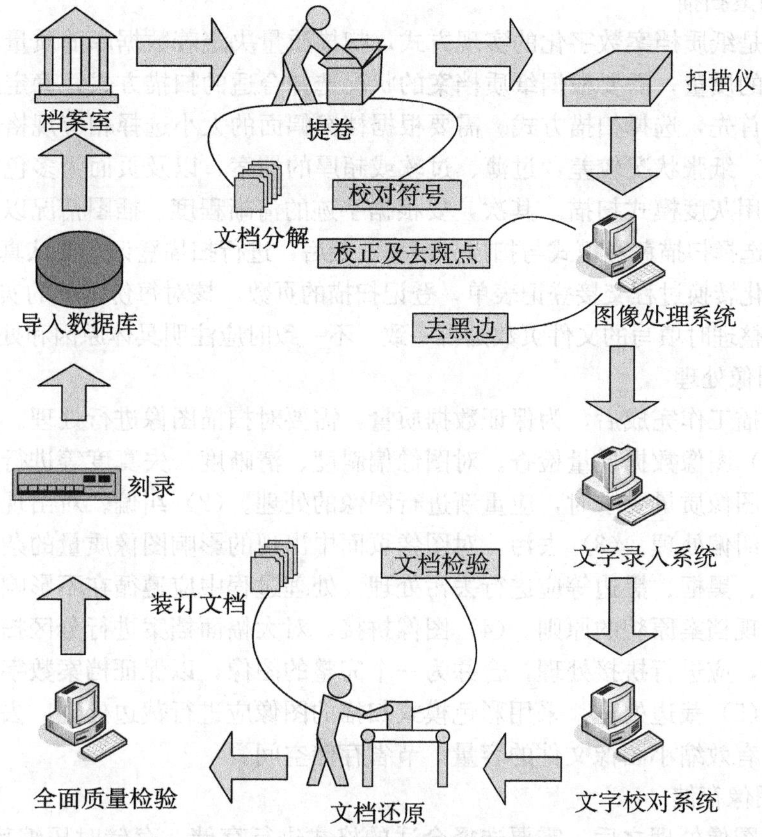

图 2—1　纸质档案数字化加工流程图

理、图像存储、目录建库、数据挂接、数据验收、数据备份、成果管理等。

（4）过程管理。首先，应加强纸质档案数字化各环节的安全保密管理机制，确保档案原件和数字化档案信息的安全。其次，纸质档案数字化的各个环节均应进行详细的登记，并及时整理、汇总，装订成册，在数字化工作完成的同时建立起完整、规范的记录。

根据《纸质档案数字化技术规范》，纸质档案数字化包括以下具体步骤。

1. 档案整理

为确保档案数字化的质量，在纸质档案的扫描过程中，需要按步骤对档案进行整理，并视需要作出标识。这些整理步骤包括：（1）目录数据准备；（2）拆除装订；（3）区分扫描件和非扫描件；（4）页面修整；（5）档案整理登记；（6）扫描后装订复原。

2. 档案扫描

扫描是纸质档案数字化的实现方式，扫描质量决定着数据库的质量。为保证扫描数据的质量，需要根据纸质档案的状况选择合适的扫描方式，确定最佳的扫描参数。首先，选择扫描方式。需要根据档案幅面的大小选择相应规格的扫描仪进行扫描。纸张状况较差，过薄、过软或超厚的档案，以及页面为多色文字的档案，可采用灰度模式扫描。其次，要根据字迹的清晰程度、插图情况以及文字颜色情况，选择扫描色彩模式与扫描分辨率。最后，进行扫描登记。要认真填写纸质档案数字化转换过程交接登记表单，登记扫描的页数，核对每份文件的实际扫描页数与档案整理时填写的文件页数是否一致，不一致时应注明具体原因和处理方法。

3. 图像处理

当扫描工作完成后，为保证数据质量，需要对扫描图像进行处理。处理过程包括：(1) 图像数据质量检查。对图像偏斜度、清晰度、失真度等进行检查。发现不符合图像质量要求时，应重新进行图像的处理。(2) 纠偏。对出现偏斜的图像应进行纠偏处理。(3) 去污。对图像页面中出现的影响图像质量的杂质，如黑点、黑线、黑框、黑边等应进行去污处理。处理过程中应遵循在不影响可懂度的前提下展现档案原貌的原则。(4) 图像拼接。对大幅面档案进行分区扫描形成的多幅图像，应进行拼接处理，合并为一个完整的图像，以保证档案数字化图像的整体性。(5) 裁边处理。采用彩色模式扫描的图像应进行裁边处理，去除多余的白边，以有效缩小图像文件的容量，节省存储空间。

4. 图像存储

完成图像处理之后，需要选择合适的格式进行存储。存储时压缩率的选择，应在保证扫描图像清晰可读的前提下，尽量减小存储容量为原则。另外，为方便图像文件的查找利用，应以相对应的纸质档案的档号为图像文件命名。多页文件可采用该档号建立相应的文件夹，按页码顺序对图像文件命名。

5. 目录建库

图像存储之后，应按照《档案著录规则》(DA/T18－1999) 或所选定的其他元数据标准进行著录，建立档案目录数据库。目录建库应选择通用的数据格式，所选定的数据格式应能直接或间接通过 XML 文档进行数据交换。目录数据库建立之后，应采用人工校对或软件自动校对的方式，对目录数据库的质量进行检查，核对著录项目是否完整、著录内容是否规范和准确，发现不合格的数据应进行修改或重录。

6. 数据挂接

目录数据库建成之后，需要将目录数据与关联的数字图像进行挂接。数据挂接包括数据关联与汇总挂接。数据关联是指通过检查每一份图像文件的文件名与档案目录数据库中该份文件的档号的一致性和唯一性，建立起一一对应的关联关系，为实现档案目录数据库与图像文件的批量挂接提供条件。汇总挂接是指将质检合格的目录数据库与图像数据库通过网络及时加载到数据服务器端进行汇总。最后要进行交接登记，认真填写纸质档案数字化转换过程交接登记表单，记录数据关联后的页数，核对每一份文件关联后的页数与档案整理、扫描时填写的页数是否一致，不一致时应注明具体原因和处理办法。

7. 数据验收

数据验收是对扫描存储的数据的总体质量进行检查确认。常用数据抽检的方法，一般要求一个全宗的档案，数据验收时抽检的比率不得低于5%。验收指标一般规定为，一个全宗的档案，其数字化转换质量抽检的合格率达到95%以上（含95%）时，予以验收“通过”。其中合格率=抽检合格的文件数/抽检文件总数×100%。然后进行验收审核，验收“通过”的结论，必须经分管领导审核、签字后方有效。最后进行验收登记。

8. 数据备份

为保证数据安全，要进行数据备份。备份载体的选择应多样化，可采用在线、离线相结合的方式实现多套备份，并注意异地保存。对于备份数据也要进行数据检验，主要包括备份数据能否打开、数据信息是否完整、文件数量是否准确等。数据备份后应在相应的备份介质上做好标签，以便查找和管理。最后要填写备份登记表单。

9. 数字化成果管理

为确保纸质档案数字化成果的安全、完整和长期可用，应加强管理。提供网上检索利用时，应有制作单位的电子标识，并根据具体情况分别采用可下载或不可下载的数据格式。根据我国《电子文件归档与管理规范》（GB/T18894－2002），对用文字处理技术形成的文本电子文件，收集时应注明文件存储格式、文字处理工具等，必要时同时保留文字处理工具软件。文字型电子文件以XML、RTF、TXT为通用格式。

第三节　缩微胶片档案的数字化

缩微胶片档案是一种保存时间长、性能稳定的档案类型。对于一些珍贵的档案、文献和资料，有些档案馆没有保存原件，而只保存有缩微胶片。为提高这些缩微胶片档案的检索速度和利用效率，使其能够在更大范围内得到利用，需要对它们进行数字化处理。

一、缩微胶片档案的数字化与数字档案的缩微化

缩微技术最早起源于1838年，英国摄影师丹赛用摄影方法通过显微镜第一次把一张20英寸的文件拍成1/8英寸的缩微影像，至今已有172年的历史。1955年，我国中央档案馆设立缩微复制机构，到20世纪80年代，我国各级各类档案馆已普遍开展缩微技术。缩微模拟影像保真度高，更改困难。1990年11月，国家档案局发布的《中华人民共和国档案法实施办法》第二十一条规定："各级各类档案馆提供利用的档案，应当逐步实现以缩微品代替原件，档案缩微品和其他复制形式的档案载有档案收藏单位法定代表人的签名或者印章标记的，具有与档案原件同等的效力。"这就为档案原件的再生性保护提供了法律依据。①

尽管缩微胶片档案有许多其他载体档案难以比拟的优点，但是它也有其不足之处，包括：属于线性检索，检索速度慢；信息的编辑、处理与随机存储不方便；"用一件提一盒"的现象很普遍，影响了档案利用的安全保密性；保存条件要求高，不便于信息传递等。② 数字化技术正好可以弥补这些不足，使缩微档案信息资源得到更充分的利用。

缩微胶片档案的数字化（Digitization of Microfilm Records）是指采用缩微胶片扫描仪等设备将缩微胶片上的影像转换为存储在磁盘、磁带、光盘等载体上并能被计算机识别的数字图像或数字文本的处理过程。③ 缩微胶片档案的数字化，可以提高档案的检索和利用效率，实现档案信息资源的网络化共享。

另外，缩微胶片也具有不可比拟的优势：保存寿命长，醋酸片的寿命可达100年以上，聚酯片的寿命可达500年以上；体积小，节省空间；存储文献安全可靠，缩微品可以永久保存，且不受病毒、技术进步、设备更新换代和其他突变因素的影响；缩微品和原件具有同等的法律地位，因而可以替代原件使用。这些都是数字存储设备所不具备的优点，磁盘和光盘的寿命仅在10～20年之间。因此，出于长期保存的考虑，有些机构建立了档案的数字备份和缩微胶片备份双套保存制度。

数字信息缩微化是缩微信息数字化的逆过程，是指利用缩微摄影技术将数字信息转存到缩微载体的过程。这个过程被称为COM（computer output microforms），它将缩微技术的优点与数字信息的优点结合在一起，实现既能长期保存又能方便利用档案信息的目标。据报道，全世界850家大型金融机构出于安全考

---

①② 参见樊兵：《档案缩微技术与数字技术结合应用的研究》，载《档案学通讯》，2004（3）。

③ 参见《缩微胶片档案数字化技术规范》，http：//www. saac. gov. cn/upload/filepath/1199083192706. doc。

虑，将计算机内需要保存10年以上的数据全部通过COM系统保存在缩微胶片上。这就是所谓的数字信息缩微化。康奈尔大学图书馆开展的《数字信息缩微化的示范项目》就是对数字信息缩微化的一个实验，并已取得了一定的实验成果。该项目证明在数字和缩微双套混合保存的实验中，先扫描后缩微，比先缩微后扫描的费用要少。①

二、缩微数字影像技术简介

缩微数字影像技术是一种缩微技术与计算机网络技术相结合的复合技术，该技术通过由扫描仪、影像转换、数据处理、管理、数据还原等一系列的设备和计算机管理软件构成的一个系统，把缩微胶片上的模拟影像转换成数字影像，然后对其进行数据处理、存储和还原。它集中和发挥了缩微模拟影像系统和数字电子影像系统的优点，通过计算机管理软件实现信息的网络检索、数据传输、原文再现与还原复制等功能。②

缩微数字影像技术系统的硬件部分主要由计算机、缩微胶片扫描仪、同步翻拍扫描仪等组成，而其核心设备是缩微胶片扫描仪。缩微胶片扫描仪用于将缩微胶片上的内容扫描记录到光盘或磁盘上，使模拟信息转换成数字信息，它可以迅速地将缩微胶片上的模拟影像信息扫描转换成计算机能接受的数字信息。中央档案馆选择了1 247个案卷近14万页16mm缩微影像进行缩微影像数字化的课题研究。根据实验数据，14万页16mm缩微影像可储存在16张650MB容量的光盘中，平均每盘存储近9 000页影像。③ 在选择胶片扫描仪时，应定位于性价比最优的产品。总装备部档案馆存有800余盘（200多万画幅，均为16mm卷片）胶片与7 000张开窗卡，数字化时要求机器每天扫描处理2万画幅，同时要求图像处理软件符合档案数字化的标准和规范。在对美能达、柯达、佳能等主流厂商及产品的性能指标和软件系统进行充分论证和调研的基础上，最终采用了美能达MS7000缩微胶片扫描仪。④

同步翻拍扫描仪是将缩微摄影和扫描仪结合在一起的信息处理设备，主要用于为纸质档案同时制作缩微胶片备份和数字化备份。在利用缩微摄影机把原件拍到缩微胶片上形成模拟影像的同时，又通过扫描仪对原件进行数字化处理后存到光盘或磁盘上形成数字化影像。这样既可以形成数字备份，又可以形成缩微胶片备份。前者易于使用计算机检索，可以通过网络进行远程传递。后者则具有缩微

① 参见王积磊：《数字信息缩微化的发展现状及相关标准讨论》，载《数字与缩微影像》，2009（3）。

②③ 参见张波：《公共图书馆缩微影像数字化技术研究》，载《图书馆学研究》，2002（4）。

④ 参见樊兵：《档案缩微技术与数字技术结合应用的研究》，载《档案学通讯》，2004（3）。

胶片性能稳定、保真性好、存储时间长的优点。

缩微资料数字化管理软件系统由三个子系统构成，分别是缩微资料数字化生成软件、数据库管理软件与检索软件。其中，缩微资料数字化生成软件的主要功能是扫描控制、著录、图像编辑、图像显示、图像压缩、图像存储与打印等。①

三、缩微胶片档案数字化的原则

2007年10月国家档案局中央档案馆办公室完成了《缩微胶片档案数字化技术规范》（征求意见稿）。② 根据该意见稿，缩微胶片档案数字化的基本要求如下：

（1）基本原则是指保护档案原件，减少数字化工作环节，提高工作效率，使档案信息资源方便快捷地提供利用，使可以公开的档案信息资源得到共享，以满足社会对档案利用的需求。

（2）数字化对象的确定原则是指应确认档案的内容可以进行数字化；应确认缩微胶片影像质量符合本规范；应选择第二代或第三代缩微胶片进行数字化。

四、缩微胶片档案数字化的步骤

根据《缩微胶片档案数字化技术规范》（征求意见稿，2007），缩微胶片档案数字化的具体步骤如下。

1. 缩微胶片检查

在扫描之前，对缩微胶片进行检查，以确保其数字化的质量。检查内容包括：缩微胶片物理形态无卷曲、变形、脆裂、粘连、乳剂层脱落等情况；缩微胶片密度、解像力等技术指标无变化；缩微胶片无可见性微斑、变色、生霉等情况；无影响缩微胶片影像可读性的情况。

2. 缩微胶片档案整理

在扫描缩微胶片档案之前，需对缩微胶片档案进行整理，包括下列工作。

（1）检查并记录档案情况，包括：检查需扫描档案的完整性，对存在的问题加以记录和说明；检查档案有无漏拍、补拍、分幅、合幅、双幅、重复拍照等情况并进行记录，以便提醒工作人员在扫描时按要求进行处理；检查档案的页号顺序和页数，对照档案目录逐条记录页号、页数。

（2）目录数据准备。按照《档案著录规则》（DA/T18－1999）的要求，规范档案中的目录内容，包括确定档案目录的著录项目、字段长度和内容要求。

---

① 参见孙永盛等：《缩微资料数字化管理系统的开发与应用》，载《数字与缩微影像》，2008（3）。

② 参见《缩微胶片档案数字化技术规范》，http：//www.saac.gov.cn/upload/filepath/1199083192706.doc。

（3）扫描后的整理。扫描工作完成后，再次整理缩微胶片，应保持原排列顺序不变，做到齐全、准确、无遗漏。

3. 缩微胶片档案扫描

（1）缩微胶片的保护。从库房取用缩微胶片时应按有关规定进行温度、湿度平衡调整；扫描过程中，注意对缩微胶片的保管和保护，注意防火、防水、防光；扫描过程中，工作人员应戴洁净的棉质薄手套，轻拿缩微胶片的边缘。

（2）倍率选择。根据缩微胶片幅面的尺寸选择相应的倍率进行扫描。

（3）扫描方式选择。根据缩微胶片扫描设备的型号和图像质量，选择自动扫描和手动扫描。当使用的缩微胶片扫描设备具有自动扫描功能的，在一盘（张）缩微胶片里影像的密度、解像力、幅面尺寸基本一致时，可选择自动扫描方式。当使用的缩微胶片扫描设备不具有自动扫描功能的，或在一盘（张）缩微胶片里影像的密度、解像力、幅面尺寸不一致时，在扫描过程中需要对对比度、曝光亮度、画幅大小进行调整，应选择手动扫描方式。

（4）对比度选择。在扫描过程中，应根据缩微胶片影像的密度、解像力进行调整和设定。

（5）曝光亮度选择。在扫描过程中，应根据缩微胶片影像的密度、解像力进行调整和设定。

（6）色彩模式选择。字迹清晰的影像采用黑白二值模式进行扫描；字迹清晰度差或带有插图的影像，可采用灰度模式扫描。

（7）分辨率选择。分辨率的选择以扫描后的图像清晰、完整、不影响利用效果为准；扫描分辨率应不低于 200dpi。特殊情况下，如文字偏小、密集、清晰度较差等，可适当提高；需要进行 OCR 汉字识别的图像，扫描分辨率应不低于 300dpi。

（8）图像文件命名。用缩微胶片档案目录中的档号作为文件夹名；文件夹内的图像文件，按页码顺序命名。

（9）扫描情况登记。按照档案目录逐条核对实际扫描的页号、页数与档案整理时的页号、页数是否一致，不一致时应注明原因和处理办法。填写扫描登记表单，记录工作种类、缩微胶片盘（张）号、胶片种类（银盐、重氮）、代数、扫描时间、设备型号、技术参数、出现的问题、处理情况以及责任人等。

4. 扫描数据处理

扫描完成后的数据处理工作与纸质档案数字化过程相同，包括图像处理、图像存储、目录建库、数据挂接、数据验收、数据备份与成果管理等环节。

第四节　传统声像档案的数字化

声像档案（Audio-visual Archives）又被称为视听档案，是指国家机构、社会组织以及个人从事政治、军事、经济、科学、技术、文化、宗教等活动中形成的对国家和社会有保存价值的照片（包括底片、反转片）、影片（正负片）、唱片、录音带、录像带等以视听符号为主，并辅之以文字说明的历史记录。声像档案是档案家族中非常重要的一种形式，具有直观、形象、真实、细致等特点，可以真实再现档案内容发生时的场景。一张照片、一节录像、一段录音，往往具有其他类型档案实体无法替代的佐证功能和凭证价值。

在数码技术出现以前，声像档案以模拟信号为主。在数码摄影摄像技术出现以后，声像文件直接以数字化的形式存在，可以运用声像处理软件进行加工处理。在数字化时代，磁带录音机、录像机、摄像机等正逐步退出人们生活的舞台，传统的模拟音像信息正逐渐被数字音像所取代，各个档案馆保存的传统的音像档案将面临利用上的困境。传统的以模拟信号为记录载体的录像、录音档案，需要通过数字化技术进行转换，变成可以通过计算机网络技术进行利用的资源。

传统声像档案的数字化，是指借助于声像信号数字化转换技术，将模拟信号的声像档案转换成计算机可以识别的数字信号，然后提供利用的过程。声像档案数字化的作用包括：出版声像档案光盘，建设多媒体档案数据库，构筑档案网站，进行网络专题图片与音像展览，借助局域网或广域网进行展示宣传，实现远程声像档案查询与共享，延长声像档案寿命等等。声像档案数字化处理的设备主要有电脑、录像机、磁带播放器、声卡、视频采集卡、刻录机及相关编辑软件等。声像档案的数字化包括照片档案、录像带档案、录音带档案、缩微胶片档案的数字化。下面分别进行介绍。

一、照片档案的数字化

照片档案的数字化主要采用数字扫描的方式，对不同介质的照片档案，如缩微胶片、照片底片、照片进行数字化处理。数字化后的档案信息直接进入声像档案资源库。已经数字化的图像文件，如通过数码相机拍摄的数码照片，可以直接导入声像档案资源库。照片的扫描包括灰度和彩色两种方式。以大庆油田总医院信息中心档案室为例，它要求彩色照片扫描输出类型采用“数百万种颜色”模式；黑白照片扫描输出类型采用“256 个灰度级”模式。照片扫描的分辨率不低于 400dpi，文件存储格式为 JPEG 或 TIFF，缩放比例为 100%。照片档案的数字化流程，可以简单表示如图 2—2 所示。①

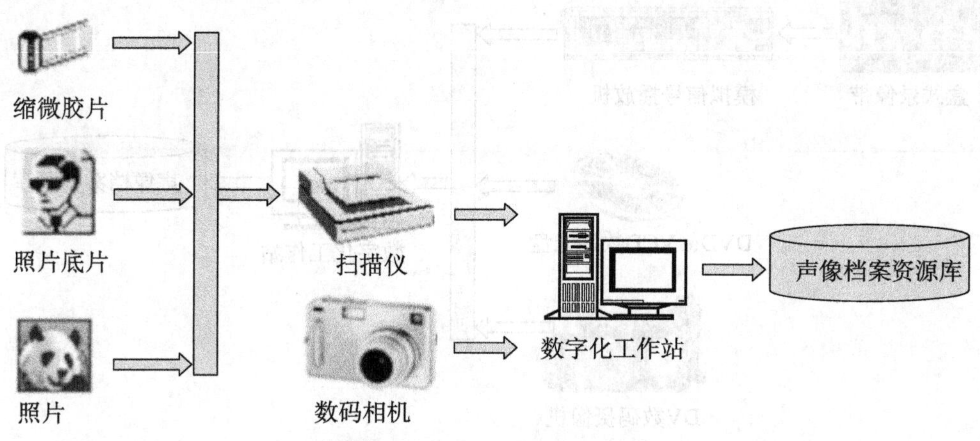

图 2—2 照片档案的数字化流程

照片档案数字化后，可以采用 TIFF 和 JPG 两种数据存储格式。TIFF 格式可以用于存档，JPG 格式可用于预览。

二、视频档案的数字化

视频档案材料的数字化，主要是利用计算机、放像设备及视频采集卡将录像带中视频信号（可同时包含音频信号）转化为计算机可识别的数字信号。视频档案材料的数字化采集是通过视频采集软件进行的。首先将视频采集卡安装于电脑中，同时将录像机与电脑连接，利用视频采集卡，将录像带信息采集到电脑硬盘中，实现数字化转换。视频档案数字化的流程如图 2—3 所示。②

我国《电子文件归档与管理规范》（GB/T18894－2002）规定，对用视频或多媒体设备获得的文件以及用超媒体链接技术制作的文件，应同时收集其非通用格式的压缩算法和相关软件。视频和多媒体电子文件以 MPEG、AVI 为通用格式。

三、音频档案的数字化

音频档案的数字化主要是利用计算机、录音机和声卡将录音带中的模拟音频信号转化为计算机可识别的数字音频信号。音频资料数字化转录方式有很多，常用的是 Windows 内置录音机，软件方面则有众多免费软件可以选用。数字化音频资料对声音信号记录、存储、播放的保存质量取决于以下三个方面的因素：一

①② 参见《声像档案管理系统——声像档案数字化流程》，http：//www.anansoftware.com/doc/da_data.htm。

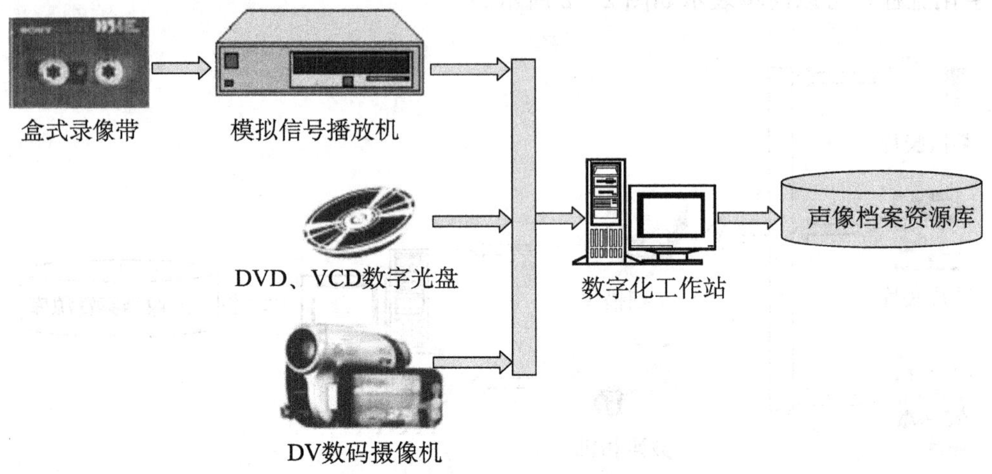

图 2—3　视频档案的数字化流程

是音频声音的质量状况；二是声卡等硬件设备的质量；三是数字化过程中音频文件压缩存储格式的确定。① 音频档案的数字化流程如图 2—4 所示。②

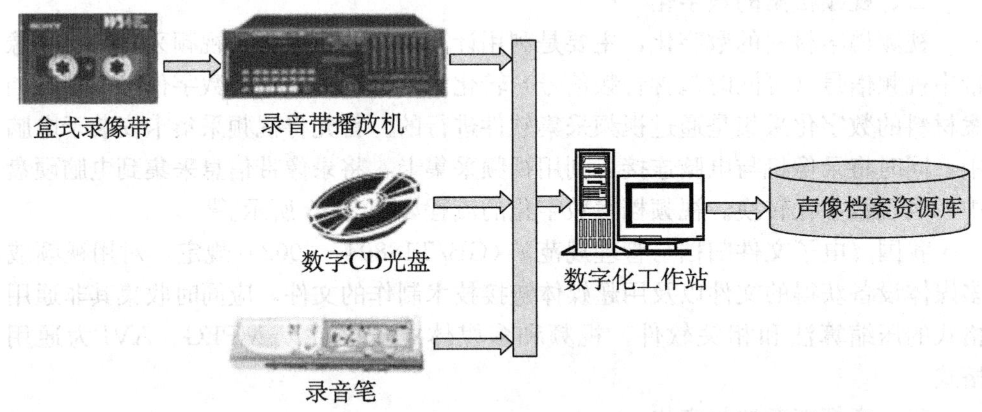

图 2—4　音频档案的数字化流程

音频档案的数字化成果可以采用两种格式进行存储。存档格式一般采用高保真的 WAV 格式，预览格式可以采用 MP3 或其他压缩格式。我国《电子文件归

① 参见钱万里：《传统声像档案的数字化处理》，载《档案与建设》，2007（8）。

② 参见《声像档案管理系统——声像档案数字化流程》，http：//www.anansoftware.com/doc/da_data.htm。

档与管理规范（GB/T18894－2002）》规定，对用音频设备获得的声音文件，应同时收集其属性标识、参数和非通用格式的相关软件。

第五节　案例：青岛市数字档案馆

2003年8月，青岛市数字档案馆在全国率先建成并正式投入运行，这标志着青岛市档案信息化建设迈上了一个新的台阶。青岛市数字档案馆建设工作从2000年开始筹划，到2009年年底先后完成青岛市数字档案馆（2001—2003年）、青岛市数字（电子）文件中心（2004年）、电子公文和档案信息共享系统（2008—2009年）三个项目（阶段）建设，逐步实现了馆藏档案数字化、机关文书档案在线移交及全文数字化、电子公文和档案信息网络共享三个阶段性目标，即“存量数字化、增量电子化、资源共享化”。数字档案馆的建立对青岛市的档案工作和档案事业发展产生了较大的推动作用，也进一步推进了我国数字档案馆理论和实践的研究。目前，青岛市数字档案馆运行正常，用户可以分别通过公众网、政务网、局域网查阅一定范围内的档案信息，档案管理水平和服务水平有了明显提高，取得了显著的社会效益和经济效益。

一、青岛市数字档案馆建设背景

青岛市是我国综合经济实力较强、信息产业发展迅速的沿海开放城市之一，也是我国档案信息化建设的试点城市之一。为促进档案信息化建设向更高层次迈进，青岛市档案局于2000年年底提出建设数字档案馆的设想，得到了市委、市政府有关部门的重视和支持，并且列入了《青岛市信息化建设和信息产业发展“十五”规划》和《青岛市国民经济和社会发展第十个五年计划纲要》。

2001年下半年，青岛市正式启动数字档案馆工程，按照建设要求进行了详细的调研论证，厘清了数字档案馆的基本内涵、目标、方法、步骤以及功能设计等，确定工程项目分两期建设，一期投资230万元，二期投资184万元。2001年1月15日，该项目完成一期工程并开始实施二期工程。2003年6月，青岛市计委、财政局、信息办对项目工程部分进行了联合验收。[①] 2003年8月20日，青岛市数字档案馆通过了国家档案局组织的科技成果鉴定，鉴定认为，该研究课题的完成，进一步推动了我国数字档案馆理论和技术的研究、应用。课题研究成果在档案信息化建设领域达到了国内领先水平，对数字档案馆的工程建设起到了

① 参见朱小怡等编著：《数字档案馆建设理论与实践》，上海，华东师范大学出版社，2007。

示范作用，具有较高的推广应用价值。[①] 当天，青岛市数字档案馆在国内第一个正式投入使用，受到了国内媒体的关注，得到了国内同行的认可。

2004年12月，青岛市档案馆建成数字（电子）文件中心，并投入使用，实现电子政务环境下档案文件的实时归档、资源整合。2007年9月15日，由青岛市档案局承担的“数字档案馆建设指南”、“数字档案搜索引擎”两个科技项目，通过了国家档案局技术部组织的专家鉴定。[②] 这是青岛市档案局对数字档案馆建设项目理论、方法和技术的总结和升华，是对新时期数字档案如何应用的进一步探索。2008年，根据青岛市档案信息化发展要求，市档案馆投资500万元实施“电子公文和档案资源共享工程”。

二、数字档案馆的建设内容

青岛市数字档案馆建设涉及范围广，其主要内容包括硬件基础设施的建设、数字档案馆网络环境建设、数字化档案信息资源的建设以及应用系统的建设。

（一）硬件基础设施的建设

要建立一个功能齐全的数字档案馆，首先应该配备先进的硬件设备，包括数字化输入设备、计算机、存储设备、编辑设备等。从2000年开始，青岛市政府就先后分两次拨付400余万元专项资金用于青岛市数字档案馆工程的建设，有了资金的支持，各种硬件设备便能够迅速到位并逐步投入使用。截至2006年年底，青岛市数字档案馆硬件设备主要包括服务器8台、光盘镜像服务器1台、交换机8台、缩微胶片数字化设备1套、视频音频信息采集设备1套、数码摄像机3台、数码照相机3台、计算机106台、扫描仪20台，以及相关的编辑、喷绘、光盘刻录等设备，同时对计算机中心、信息处理工作间、扫描工作间、喷绘工作间等进行了专门的改造装修，有关部门还专门铺设了连接市委、市政府计算机中心及国际互联网的光缆。[③] 可以说，所有这一切都为青岛市数字档案馆的建设奠定了有利的基础，提供了良好的硬件基础。

（二）数字档案馆网络环境的建设

1. 以档案馆网为核心的内网

内网类似于我们经常所说的局域网，它主要负责对接收和采集来的目录数据和全文数据进行加工、组织和存储，向馆内用户发布信息，并提供检索、演示等

---

① 参见青岛市档案局（馆）：《青岛市区数字档案馆建设方案》，2003，www.qdda.gov.cn/front/downloadCenter/，2003。

② 参见《青岛市档案局两个科技项目通过鉴定》，http：//www.fusong.gov.cn/daj/ShowArticle.asp? ArticleID=1865，2007-10-19。

③ 参见青岛市档案局（馆）：《青岛市档案馆数字档案馆建设构想与实践》，载《中国档案》，2003（3）。

服务；支持档案部门自身的日常办公自动化；进行网络、数据和用户的管理与维护。总之，这个内网是数字档案馆全部网络体系中最重要、最繁忙的网络，它要担负起数字档案馆的几乎所有功能。

2. 与政府政务相关的机关网

近几年，随着国家实施的“政府信息化现行”战略的不断深入，电子政务已在中央政府以及部分发达地区各级政府中得到了逐步推行，青岛市也不例外。而青岛市档案馆作为青岛市政府的一个职能部门，为了适应电子政务带来的归档方法、技术等方面的变化，在建设数字档案馆的过程中加强了与政府之间的联系，用以搭建了一个与党政机关相连接的网络，来进行电子文件的在线或离线接收、提供面向机关的在线利用以及网上信息的发布。

3. 与互联网的连接

信息化的不断发展，使得国际互联网的地位和影响与日俱增，因此青岛市数字档案馆本着为公众提供服务的宗旨，积极与国际互联网连接，从而实现档案信息的在线检索利用、档案信息的发布以及通过互联网采集有价值的信息。

（三）数字化档案信息资源的建设

与传统档案馆相比，数字档案馆的馆藏形式发生了很大的变化，不再收集纸质档案文献，而是通过智能检索的方式以数字信息资源的形式向用户提供网上服务。这就对数字档案馆的建设提出了一个基本的要求：建设大容量的数字化档案信息数据库。这是建设数字档案馆的核心和必不可少的条件，也是耗费人力物力最多、建设周期最长的一项工程。青岛市数字档案馆在具备了硬件设施条件之后，迅速投入人力、物力、财力，根据数字档案信息的特点开始数字化和数据库的建设，以满足数据的存储、加工和利用，其中主要包括：

1. 目录数据库

青岛市目录中心数据库的建设早在数字档案馆建设之前就已经开始了，它主要包括档案资料案卷级、文件级目录，人名索引，多媒体档案目录，照片档案目录等，主要数据来源包括馆藏档案目录数据、各区市档案馆目录数据、各进馆单位未进馆档案目录数据，用于满足用户检索利用的需要，主要靠手工录入实现。截至 2009 年 7 月，青岛市数字档案馆运行的目录数据达 1 200 万条，其中案卷级目录数据 50 万条，文件级目录数 700 万条，人名索引 300 万条，其他信息目录 100 万条。[①] 新中国成立

---

① 参见潘积仁：《数字档案馆建设探索与实践》，http：//www. qdda. gov. cn/expertLibrary. do?method=viewingArticle&articleId=1248698698905193800l&subject _ id=1225937622000176100l&resumeId=124869541456112770Ol，2009-07-27。

后的档案已全部实行文件级检索，在近几年的档案利用中发挥了重要作用。

2. 全文数据库

档案全文数据库包括纸质档案资料数字化形成的图像数据、缩微胶片数字化形成的图像数据以及移交进馆的电子档案数据，主要通过录入、扫描、缩微胶片转换、OCR 技术识别和网络采集实现，并与目录数据对接，主要用于通过网络直接检索利用档案全文信息。在机关文书档案全文数字化的工作中，青岛市档案馆负责接收各机关移交的具有永久、长期保存价值的文书档案全文数字化数据，并且为各单位提供档案全文数字有偿加工服务。全文数据库的建设工作从 2002 年下半年开始，截至 2003 年 7 月底，扫描档案 50 万页，通过缩微胶片转换 17 万页，接收电子档案5 000多件，到 2009 年年底，馆藏数字化档案全文信息达到 2 000 万页。①

3. 照片档案数据库

由于照片档案具有真实性、审美性和易传播性的特点，自产生以来就得到了广泛使用，也是数字档案馆建设不可忽视的档案类型。青岛市档案馆存有数万张各个历史时期的照片，加上不断收集进馆的照片档案，经过整理和数字化扫描之后成为照片档案数据库的主要数据来源，到 2009 年年底青岛市数字档案馆已存有 30 万张照片。②

4. 多媒体数据库

多媒体数据主要包括从各单位接收、通过网络接收、档案馆主动拍摄和征集进馆的各种多媒体信息。具体包括四部分：一是历史上形成的馆藏，二是近几年主动拍摄的反映青岛重大活动和重大事件的录像及青岛市的城市面貌，三是从社会上接收、征集、购买的影像资料，四是通过网络接收的每日《青岛新闻》和专题节目。2003 年青岛市实施“城市记忆工程”，将青岛市的基本面貌拍摄下来，为后人留下宝贵的反映城市历史面貌的音像档案资料。到 2003 年 7 月底，已接收和形成各种多媒体档案 2 000 多张光盘，累计 5 万多分钟。③到 2009 年年底，馆藏多媒体档案信息已达 20 000 分钟。④

经过几年的努力，目前，馆藏新中国成立后档案、照片档案和音像档案已基本完成数字化处理；馆藏档案全部实现文件级计算机检索，报刊资料基本实现篇目级计算机检索。

---

①② 参见孙立徽、何畏、郭懿峰：《青岛市档案局数字档案馆建设情况考察报告》，云南档案信息网，http：//www. ynda. yn. gov. cn/ynda/2740722947743285248/20100510/29293. html，2010-08-20。

③ 参见青岛市档案馆：《数字档案馆建设构想与实践》，载《中国档案》，2003（3）。

④ 参见孙立徽、何畏、郭懿峰：《青岛市档案局数字档案馆建设情况考察报告》，云南档案信息网，http：//www. ynda. yn. gov. cn/ynda/2740722947743285248/20100510/29293. html，2010-08-20。

（四）应用系统的建设

青岛市数字档案馆及其相关项目是"数字青岛"项目的组成部分，各项建设依托青岛市电子政务"金宏工程"开展实施，青岛市电子政务办、市委市政府计算机中心、区（市）计算机中心直接参与相关工作。机关电子文件归档、电子文件中心等文档管理软件模块与电子政务"金宏办公系统"完全融为一体，由电子政务OA系统的设计企业根据档案局要求统一研制开发。数字档案馆模块嵌入"金宏办公系统"，依托青岛电子政务网"金宏网"向市级、区级单位1万余个电子政务用户提供服务。电子政务用户使用自己的用户名和口令登录到"金宏办公系统"后，就可以根据权限进行机关文件归档操作，直接查阅青岛市档案馆电子文件中心、数字档案馆提供的电子文件与电子档案。2010年，约50余家单位实现了实时归档，另外50余家单位目前实行次年归档，今后逐步达到实时归档。[①] 青岛市数字档案馆的应用系统大致包括以下几个组成部分。

1. 接收、采集系统

该系统的主要功能包括接收各进馆单位整理归档的电子档案以及相关的电子目录信息，通过网络采集和处理各网站上有价值的档案信息，通过网络采集多媒体信息，通过互联网发布征集档案资料、实现网上管理等。

2. 管理存储系统

该系统的主要功能包括档案资料编目、著录标引、档案资料动态管理、档案数字化管理、办公自动化管理、档案事业信息管理、数据安全、维护等。

3. 传输利用系统

该系统功能包括用户信息的登记、利用情况自动统计分析、档案信息加工、编排和档案信息网站的管理和维护等，最终实现通过网络查阅利用档案信息。

三、数字档案馆的建设成果

从2003年正式运行到现在，青岛市数字档案馆在档案的数字化建设和网站的运行方面已经取得了很大的成绩，这既顺应了信息化社会的发展趋势，也满足了人民群众日益增长的档案利用、信息共享方面的需求，在各个方面都发挥了巨大的作用和价值。

（一）档案数字化

到2009年为止在青岛所属12个区（市）档案馆中，已经有10个初步建成数字档案馆，形成了具有全市规模的数字档案馆集群；在全市范围内实现了档案

① 参见孙立徽、何畏、郭懿峰：《青岛市档案局数字档案馆建设情况考察报告》，云南档案信息网，http：//www.ynda.yn.gov.cn/ynda/2740722947743285248/20100510/29293.html，2010-08-20。

增量电子化，市、区两级 1 000 多个机关从 2002 年开始实施纸质文件和电子文件同步整理、同步归档，电子文件归档率和向档案馆移交率均达到 100%，到 2009 年市档案馆接收电子文件总量达 31.6 万份。①

（二）网站建设

从 2009 年 9 月 1 日起，社会各界可以通过青岛档案信息网（www.qdda.gov.cn）主页，或者在浏览器地址栏中直接输入 Ditigal.qdda.gov.cn 进入青岛数字档案馆。网站基本情况如下。

1. 栏目划分

点击进入网页后可以看到九大导航栏，主要包括馆藏介绍、利用制度、利用指南和利用效果四个介绍性栏目，以期方便用户了解档案馆的基本情况；查档咨询、查档预约、在线查档等栏目提供了用户与档案馆之间的在线交流和在线查档功能。

2. 检索功能

青岛档案信息网向用户提供一键式检索服务，只要在关键字输入框中输入想要检索的关键词，就可以检索到符合要求的档案信息。

为方便用户检索，主页上还设置了按照区域范围、档案类别、档案来源、文件文号、成文时间等非常方便的检索途径；提供了各级档案馆依据馆藏档案编制的专题目录和档案馆主动向社会公布的档案原件，用户只需要点击相应按键即可得到想要检索的档案信息。

首批可以检索利用的档案信息资源包括：档案文件目录、资料目录（图书、报纸、期刊、地图等）、照片目录、视频档案、现行公开文件（含全文），各种目录数据约 100 万条。截至 2009 年 9 月 26 日，青岛市数字档案馆的总访问量约 1 500万人次，网站访问量约 1 100 万人次，城市档案论坛访问量约 380 万人次。

四、经验总结

青岛市数字档案馆建设的成果为我国数字档案馆建设提供了宝贵的经验，可以简单总结为以下两个方面。②

（一）稳步推进

从 2000 年年底开始，青岛市档案局就把“推进全市档案工作的信息化、数字化和网络化建设”作为重要奋斗目标之一。到 2009 年年底历时 10 年，投资约 1 410余万元。2001 年，根据数字档案馆的建设特点又明确提出了档案信息化建设的四个主要目标，即初步实现档案信息管理设施现代化、馆藏重点档案资源数字

①② 参见于新华：《建设全国首家数字档案馆的实践与体会》，载《中国档案报》，2009-06-22。

化、电子文件归档规范化、档案信息利用网络化。一直到 2003 年 6 月数字档案馆的建成，每走一步，都是扎扎实实，稳步推进，严格按照论证目标和步骤来建设。

（二）人才为先

数字档案馆要求馆内业务人员不仅要具备传统档案管理的技术、技能，还要掌握现代化、数字化、网络化管理的基本技能，拥有较高的信息化管理水平。为达到这些要求，青岛市档案馆引进并培养了一批计算机技术人员，其中重点培养他们的网络和应用系统管理维护、数据库应用技术、档案资料数字化技术、多媒体采编技术等等；各区市局馆也对计算机管理人员进行了培训。青岛市建立起的这样一支与数字档案馆工作要求基本相适应的人才队伍，为全市档案数字化建设打下了坚实的基础。

【本章小结】

传统档案数字化是现阶段数字档案馆信息资源的重要来源。针对不同载体的传统档案，需要相应的数字化转换技术。为保证数字化档案数据的质量，经扫描转换后所得的档案数字图像需要经过一系列的处理过程。作为我国最早的数字档案馆建设试点单位之一，青岛市数字档案馆在传统档案数字化方面取得了一定的成绩，值得借鉴。

【本章关键术语中英文对照】

数字化	Digitization
纸质档案数字化	Digitization of Paper-based Records
扫描	Scan
声像档案	Audio-visual Archives
缩微胶片档案数字化	Digitization of Microfilm Records
数字信息、缩微化	Computer Output Microforms，COM

【讨论题】

1. 谈谈档案信息数字化的含义。

2. 纸质档案数字化的加工流程是什么？

3. 缩微档案数字化与数字档案缩微化各有什么价值？

4. 声像档案包括哪些类型？传统声像档案数字化各需要哪些关键技术？

5. 分析在青岛数字档案馆建设中，传统载体档案的数字化建设取得了哪些成果？

第三章 电子文件的归档与鉴定

【本章要点】

电子文件的归档与鉴定关系着数字档案的保存价值与数字档案馆的管理质量，是数字档案馆学知识体系的重要组成部分。本章介绍了电子文件归档的理论基础、归档要求、归档步骤以及移交与接收等问题，阐述了电子文件内容鉴定与技术鉴定的重要理论，分析了胜利油田与某机关数字档案馆的建设情况及其在电子文件归档过程中取得的经验和教训。

【关键词】

电子文件○归档○真实性○逻辑归档○物理归档○技术鉴定○内容鉴定理论○职能鉴定理论○胜利油田档案信息化建设○机关档案室信息化

第一节 电子文件的归档

电子文件是数字档案馆信息资源的重要来源，是数字档案馆管理的主要对象。具有长期或永久保存价值的电子文件经鉴定归档之后成为数字档案。国际档案理事会前主席王刚曾经指出："电子文件的产生，改变了传统观念中对档案的理解，也改变了对档案的形式、特征、特性、意义的认识。电子文件的产生、形成、归档及传送、存储、保存等管理均与传统的纸质档案所用的方法不同，这是文件管理的一场革命。"归档是电子文件管理的重要环节。电子文件归档质量的优劣直接影响着数字档案馆的管理和数字档案价值的发挥。

一、电子文件归档的理论基础

归档是指机关、团体、企业、事业和社会各组织在工作活动中不断产生的文件材料处理完毕之后，不得由承办单位或个人分散保存，必须由文书部门或业务部门整理立卷，定期移交给单位档案室保存。影响电子文件归档的理论基础主要有前端控制思想、全程管理理论与文件连续体理论。

1. 前端控制思想

前端控制思想是现阶段电子文件归档的重要理论基础之一。"前端控制"是指对电子文件的管理要从文件运转的全过程着眼进行通盘规划，在文件形成和维护阶段进行监督，即在电子文件的形成阶段就要鉴定其档案价值，根据需要加上归档标识，以防文件被修改或删除。这一理念对于电子文件的归档具有重要的指导意义。

"整体规划、全程监控、业务提前、及时修改"是前端控制流程理念的概述。国际档案理事会电子文件委员会制定的《电子文件管理指南》（草案）详细阐述了重新考虑电子文件生命周期及在其生命周期中进行干预的时机的重要性。其中，该指南将"干预的时机"确定在电子文件管理系统的设计阶段，把原来纸质文件管理系统中的许多"后控制"手段提到了最前端，主张"在文件形成前采取行动"。我国档案学家冯惠玲将这一思想称为"电子文件时代的新思维"。

2. 全程管理理论

电子文件归档的另一重要理论基础是电子文件的全程管理理论。所谓全程管理，是指对电子文件从产生到永久保存或销毁的整个生命周期进行全过程管理。具体来说，从电子文件形成之时就开始进行过程控制，将形成、流转、收集、归档、整理、保管等工作环节有机地联系在一起，按照统一的规范和标准进行业务流程重组，并将保证文件属性的需求嵌入到业务流程中，使文件流程与业务流程有机地融合在一起。在业务流程结束后，能够及时借助信息技术将需要保存的电子文件完整安全地移交到文件中心，然后再将需永久保存的电子文件移交到数字档案馆。简单地说，全程管理的要旨包括三个方面：首先，从纵向上看，用电子文件本身生命运动特征的全方位、无缝管理代替职能管理，将"文书—档案"工作看成一个过程，一切工作环节都围绕信息的顺畅流通、事务的顺利处理而进行；其次，从横向上看，在保存文件内容信息的同时保存文件形成和使用过程的背景信息和元数据，并保持两者间的有机关联；最后，以事前管理代替事后监督，管理的切入点提前至电子文件形成之时甚至是形成之前。

根据全程管理理论，电子文件从其形成到最后销毁或作为档案永久保存是一个完整的生命过程，整个过程不容随意割断。由于信息技术存在的缺陷，电子文件信息始终存在安全性问题。为确保形成的电子文件能有效地推动社会实践活动的开展，并发挥应有的证据价值，在电子文件正式形成后的整个生命运动过程的每一个阶段和环节，都必须确保电子文件信息内容不允许有任何改变。这就要求必须对包括归档在内的电子文件生命运动的全过程进行管理。

3. 文件连续体理论

文件连续体理论（The Records Continuum）强调跨越文件保存机构间的合作，尤其是在有紧密联系但又互相隔离的档案管理和文件管理业务方面的合作，对推进电子文件的归档管理也具有重大的理论指导意义。在文件连续体理论中，文档转化可以发生在文件运转中的任何一点，它打破了文件生命周期理论中文件工作的固有顺序，模糊了文档管理的界限。在电子信息技术手段管理环境下，文件的阶段性已经模糊，它不像过去文件就是文件，档案就是档案，现在当一份档案需要时还可以重新回到文件运动中来。

二、归档电子文件的真实性保证

上述三个理论都强调了对电子文件整个生命周期进行管理的重要性。归档是保证电子文件真实性、完整性和有效性的重要环节。归档管理不仅仅始于文件办理完毕之后，而是从文件形成之时就已经开始了。我国《电子文件归档与管理规范》GB/T 18894－2002规定，为保证电子文件的真实性、完整性和有效性，需要做到以下几点。

（1）应建立规范的制度和工作程序并结合相应的技术措施，从电子文件形成开始就不间断地对有关处理操作进行管理登记，保证电子文件的产生、处理过程符合规范。登记的内容包括：第一，处理过程中相互衔接的各类责任者（如起草者、修改者、审核者、签发者等）。第二，处理过程中的各类操作者（打字者、发文者、收文者、存储管理者等）。第三，处理过程中产生的责任凭证信息（批示、签名、印章、代码等）。第四，电子文件传递、交接过程中的其他标识。

（2）应采取可靠的安全防护技术措施，保证电子文件的真实性。具体包括：第一，建立对电子文件的操作者可靠的身份识别与权限控制。第二，设置符合安全要求的操作日志，随时自动记录实施操作的人员、时间、设备、项目、内容等。第三，对电子文件采用防错漏和防调换的标记。第四，对电子印章、数字签署等采取防止非法使用的措施。

（3）应建立电子文件完整性管理制度并采取相应的技术措施采集背景信息和元数据。

（4）应建立电子文件有效性管理制度并采取相应的技术保证措施。

（5）电子文件的处理和保存应符合国家的安全保密规定，针对自然灾害、非法访问、非法操作、病毒侵害等采取与系统安全和保密等级要求相符的防范对策，主要有：网络设备安全保证；数据安全保证；操作安全保证；身份识别方法等。

从上述规定可以看出，电子文件的归档管理涉及电子文件的形成、处理操作、事务办理直至归档的全过程，充分体现了前端控制、全程管理与文件连续体理论的指导思想。

三、电子文件的归档范围

原则上说，凡是反映本单位工作活动，具有查考利用价值的电子文件及其背景信息、支持软件和相关元数据，都在归档范围之内。电子文件除了与纸质文件一样要参照执行国家关于文件归档的有关规定外，因为其自身的独特性质，还需要制定详细的特别归档范围，这是确保单位电子文件齐全完整的关键。归档范围具体包括以下内容。

1. 本单位活动中形成的各种有查考利用价值的文本文件

文本文件是指用文字处理技术形成的文字形式的文件。通常类别代码为 T。其中包括需要保存草稿的重要文件，在修改后应通过拷贝保留原文，加版本号后积累，与定稿一并归档。我国《电子文件归档与管理规范》GB/T 18894－2002 规定，“记录了重要文件的主要修改过程和办理情况，有查考价值的电子文件及其电子版本的定稿均应被保留。正式文件是纸质的，如果保管部门已开始进行向计算机全文的转换工作，则与正式文件定稿内容相同的电子文件应当保留，否则可根据实际条件或需要，确定是否保留。”

2. 本单位在 CAD/CAM 系统中形成的各种有查考利用价值的图片文件

图片文件是指采用扫描仪、数码相机等设备生成的静态图像文件，包括各种设计模型、图纸、照片、图形等，通常类别代码为 I。

3. 本单位制作的各种重要数据文件

数据文件是指用计算机软硬件系统进行信息处理等过程中形成的各种管理数据、参数等，包括各种重要的数据库。通常类别代码为 D。大型数据文件大多是动态的，其数据在不断更新变化，这种数据文件应定期拷贝，作为一个数据集另行归档，不再更改。

4. 与文本文件、图像文件、数据文件有关的各种计算机程序文件

计算机程序文件是指在使用或在某一软件平台上自行开发设计的系统软件、支持软件和应用软件的源程序及其开发、编译工具，包括各种软件。通常类别代码为 P。本单位自行开发的软件，既是本单位的科研成果，与本单位的业务活动息息相关，也是支持相关电子文件运行的必要条件，应予归档；外购的软件，基于电子文件长期可读性的考虑，也应备份归档。我国《电子文件归档与管理规范》GB/T 18894 - 2002 规定，“对用文字处理技术形成的文本电子文件，收集时应注明文件存储格式、文字处理工具等，必要时同时保留文字处理工具软件。”“专用软件产生的电子文件原则上应转换成通用型电子文件，如不能转换，收集时则应连同专用软件一并收集。”

5. 计算机各种设备运行所需要的操作系统

由于计算机运行的操作系统是产生电子文件的场所，电子文件生成的环境不同的操作系统形成的电子文件在版本、格式、外观上会有一定的区别，将操作系统一并保存对于数据恢复、备份和迁移都有极为重要的意义。

6. 计算机超媒体链接文件

这种文件是指用计算机超媒体链接技术制作的文件。这些超链接是日后电子文件可读的重要保证，要同电子文件一起归档。我国《电子文件归档与管理规范》GB/T 18894 - 2002 规定：“对在网络系统中处于流转状态，暂时无法确定其保管责任的电子文件，应采取捕获措施，集中存储在符合安全要求的电子文件暂存存储器中，以防散失。”

7. 与电子文件有关的各种纸质文件

这类文件主要有两种：一是计算机硬件的随机文件如计算机技术说明书、图纸、使用说明书、操作手册等；二是软件开发中产生的纸质文件，如系统设计和可行性研究报告、程序设计说明书和程序框图、源程序、测试报告和鉴定验收文件等。这些文件与电子文件的正常运行有密切联系，应予归档保存。

8. 归档电子文件的元数据

元数据对于电子文件的管理至关重要，在归档过程中，应同时收集归档电子文件的背景信息与元数据。我国《电子文件归档与管理规范》GB/T 18894 - 2002 规定，要从电子文件形成开始不间断地对有关处理操作进行管理登记，“对用计算机辅助设计或绘图等设备获得的图形电子文件，收集时应注明其软硬件环境和相关数据”；“对通用软件产生的电子文件，应同时收集其软件型号、名称、版本号和相关参数手册、说明资料等”；“计算机系统运行和信息处理等过程中涉

及的与电子文件处理有关的参数、管理数据等应与电子文件一同收集”；“对套用统一模板的电子文件，在保证能恢复原形态的情况下，其内容信息可脱离套用模板进行存储，被套用模板作为电子文件的元数据保存”；“电子文件登记表如果制成电子表格，应与电子文件一同保存，永久保存的电子表格应附有纸质等拷贝件并与相应的电子文件拷贝一起保存”等等。这些规定清楚地规定了应该与电子文件同时归档的各类重要的元数据。

四、电子文件的归档方式

电子文件一般采用两种方式进行归档：物理归档和逻辑归档（实际工作中又称为“预归档”）。

物理归档是指将电子文件拷贝到脱机保存的载体上向档案部门移交。这种方法主要是利用存储介质传输。所谓存储介质包括磁盘、光盘等。具体的业务部门先把需要归档的电子文件复制到存储介质上，由专门的人员送到档案部门，实现归档。这种归档方式跟纸质档案归档并没有本质的区别。

逻辑归档是指在单位内部已实现网络化，各部门和档案部门都已成为网上一个节点的条件下，各部门将本部门形成的电子文件通过网络传输到档案部门，或按档案部门的要求加工后进入网络规定地址，在线归档后供本单位各部门查阅。这种方法是利用计算机网络技术进行传输，使得电子文件的归档不再受地理和人力的限制，传输速度也大大加快。“实时归档”使得电子文件的齐全完整性得到了空前的提高。

一个单位的电子文件采用物理归档方式还是逻辑归档方式，取决于该单位的业务规模、计算机系统的配置情况和档案部门存储器的容量。一般说来，若单位只配置若干台微型计算机，并未设置内部局域网，档案部门又没有设置大容量存储器（光盘、磁带）的情况下，宜采用物理归档；反之，如果单位的业务范围很广，涉及跨地区的多个部门，内部局域网的建设已经初具规模并有大量存储器，则可采用逻辑归档。但是，逻辑归档不能单独使用，逻辑归档是一种实时归档的方法，为了保证电子文件的安全，在经过档案部门鉴定后仍要采用物理归档，将具有查考价值的部分向档案馆移交。这种逻辑归档与物理归档相结合的方式，一方面便于计算机信息系统的开发，完善与OA系统的对接，另一方面，从以往的“分散各异”转向“集中统一”，便于规划、统筹本单位信息管理工作。

五、电子文件的归档时间

原则上讲，逻辑归档可实时进行，也就是通常所说的“实时归档”。物理归档应按照与纸质文件相同的规定期限完成，一般在第二年的上半年向档案部门移交。

由于电子文件可以随时变换载体，或被不留痕迹地改动，所以为保证电子文件的真实性，在采取专门技术措施的同时要严格掌握好电子文件的归档时间。要求既不能由于归档的时间设置过早，导致文件尚未正式形成或办理完毕，收集不到具有备以查考价值的文件；也不能由于归档时间过晚而导致有些重要的文件得不到及时归档而丢失。电子文件归档应当合理分工，明确主次，以避免重复归档，尽量减少重份电子文件（即内容完全相同的同一份电子文件）。解决这一问题的基本思路就是按照文件的产生部门，实行“谁形成，谁归档”、“以我为主”的电子文件“随办随归”的方式，这样可以保证档案馆收集到的档案的原始性和真实性，有效地避免在流转过程中对电子文件的更改和删节；还可以有效避免文件的丢失，保证档案的齐全、完整。

具体说来，凡实行电子文件和纸质文件双套制保存的单位，电子文件的物理归档应与纸质文件的归档相协调，以便它们之间的对应处置和对应查找。例如，管理性文件在次年年初归档，技术文件、科研文件等在项目完成后归档。

由于电子文件易于复制，归档后并不影响形成部门的日常工作查考利用，因此一般不必延迟归档时间。相反，在系统允许的条件下，电子文件的物理归档可以提前进行。凡真正实现了计算机文档一体化管理系统的单位，电子文件应采用逻辑归档和物理归档并行。逻辑归档，即文件形成之时也就是归档之时，也就是说，当有关领导在正式批准签署文件时，该系统自动将文件归档。在文件办理完毕以后，将电子文件同相关的背景信息、元数据和存储介质、载体一同移交给档案部门，实现物理归档。至此为止，才算真正完成了电子文件的归档工作。

六、电子文件归档的具体步骤

根据《中华人民共和国档案法》和《电子文件归档与管理规范》GB/T 18894-2002 的规定：凡是反映本单位工作活动，具有查考利用价值的电子文件都应该收集归档。就科技类电子文件而言，其收集工作必须将电子文件正本及其背景信息、元数据一同收集，以保证电子文件的齐全、准确、完整、有效。

（一）电子文件归档的准备

首先，档案部门应该在本单位具体的归档文件范围中说明需要归档的电子文件的种类、格式。电子文件必须由形成部门按照统一格式编目整理后，传输给档案部门，不能由档案部门自行从网上下载，所传输文件推荐采用 XML 格式，现阶段也可以收集 PDF 格式。由于 PDF 格式文件的不可修改性，它不会携带病毒，可以保证电子文件形成对其数据的真实性、准确性和原始性负责。

其次，需要确定归档的方式。相对于纸质文件而言，电子文件的载体稳定性差、易损坏，因此归档方式的选择至关重要。实践证明，利用磁盘脱机采集数据的介质移交方式容易造成数据丢失。如遇质量较差的磁盘，会影响文件的可读性。为防止数据丢失需制作多份备份盘存档，这不仅加大了工作量，也增加了存贮磁盘的数量。简便而安全的方式是采用逻辑归档，即通过网络移交归档并利用光盘存贮，在规定的时间进行物理归档。

（二）逻辑归档的步骤

在具体的归档工作流程中，第一步是“逻辑归档”。逻辑归档是一种在线归档，又称为预归档。我国《电子文件归档与管理规范》GB/T 18894－2002规定，逻辑归档就是将电子文件的管理权从网络上转移至档案部门，在归档工作中，存储格式和位置暂时保持不变。

1. 逻辑归档的方式

逻辑归档的方式主要有：借助信息管理网络在各业务管理机构与档案部门之间开通电子文件收集专递服务器以及相关网线，建立网上直接接收电子文件的专用子系统，将具有保存价值，符合归档要求的电子文件通过此系统传输给档案部门。随着各单位计算机信息管理网的建立与发展，越来越多的重要文件被传输上网。这些文件反映了职能活动的概貌，上网前又按档案部门的统一要求进行了文件格式的转换，在一定程度上保证了数据的可靠性和通用性，这是归档的重点。对那些未输送到计算机信息管理网上的具有保存价值的电子文件，应由电子文件形成部门编目整理，也可以利用网络技术向档案部门传输。

2. 逻辑归档的主体

逻辑归档的主体主要包括两部分：首先，形成电子文件的机关单位熟悉各项管理业务，了解电子文件形成的规律和历史联系，是承担归档工作的主要责任者。其次，档案馆掌握收集归档的原则、方法，又了解全局情况，是各项归档范围、鉴定、著录等标准的制定者，发挥着把关和统筹的作用。二者在电子文件的逻辑归档中都发挥着主体作用，共同构成了电子文件归档的集中统一体。只有二者相互协调、扬长避短，发挥各自的优势，才能真正形成质量高的电子档案。

3. 逻辑归档的内容

传统的纸质文件在归档时一般主要应用的是来源原则，按照文件形成业务机构职能的重要程度立卷。由于电子文件具有容易复制的特点，在逻辑归档时可以在来源原则的基础上引入事由原则，按照文件涉及的事件内容主题归档，也可以同时按照时间归档。也就是说，可以将传统的一维线性归档转化为多维的空间发散形归档。但是物理归档时还是需要采用与纸质文件相同的一维线性归档方式。

4. 逻辑归档的具体流程

本单位的具体业务处室作为逻辑归档的主体，在档案部门制定的各项归档范围、归档文件格式、著录项的统一要求下，通过权限认证进入本单位计算机信息管理系统中的档案归档子系统中，各个处室的工作人员只具有进入本处室的子系统进行上传文件的权限。由档案部门按照归档范围的要求规定其必须上传的文件范围。如果遇到归档范围中没有涉及的，但与相关事件有重大关系的电子文件，可以酌情放入“备注项”中，以附件的形式发送。在上传的过程中，既可以以单份文件的形式逐一上传，也可以以数据包的形式成批导入。

对于文件级的著录，需要由档案部门提出相关的著录项目、格式和标准（如项目题名、项目号、负责人、起始时间等），由本单位的具体处室进行实际操作，并在著录完成之后进行原件的挂接。在挂接原件时，同样要由档案部门事先提出提交原件的类型、格式、参数、背景信息、元数据等内容。一般要求进馆的电子文件须采用 XML 形式，在目前的技术条件下也可以采用 PDF 格式。关于 PDF 的版本、扫描议设置的相关参数等内容，必须由档案部门统一规定。如果特殊的无法转换为通用格式的电子文件，应同时收集其特殊的软硬件环境、压缩算法和其他相关数据。最后，对某一机构的原件挂接和文件级著录的时间、人员、操作日志也应该有相应的记录和控制，须确认电子文件及相关的信息和软件无缺损而且未被非正常改动，电子文件与相应的纸质文件内容相同而且表现形式一致，处理过程没有差错。

关于电子文件的真实性、完整性和有效性的检验，应在归档前由文件形成单位按照规定的项目进行，并由负责人签署审核意见，检验和审核结果填入《归档电子文件移交、接收检验登记表》。归档后的鉴定由本单位的档案部门进行，包括技术鉴定和内容鉴定两种，主要是监督、检查在档案馆的相关规定、条例中列举的归档范围内的电子文件是否收集齐全，如果有遗漏，那么档案人员应该及时与相关处室联系（必要的情况下可以直接和负责人沟通），追缴缺失的档案。其次档案人员还要检查原件挂接是否正确，著录是否符合规范。对出现错误的地方在与业务部门沟通后进行修改。这些工作都结束之后，通过数据库归档接口将需要归档的电子文件纳入对应的数据库，并给予归档标识，表示该文件已经归档。最终，通过耐久性高的存储介质，由物理归档转存到档案馆的内网中。

（三）物理归档的步骤

“物理归档”是一种卸载归档，是归档工作的重中之重。我国《电子文件归档与管理规范》GB/T 18894－2002 规定，凡在网络中予以逻辑归档的电子文件，均应定期完成物理归档。其具体步骤如下。

(1) 把带有归档标识的电子文件集中，拷贝至耐久性好的载体上，一式三套，一套封存保管，一套供查阅使用，一套异地保存。对于加密电子文件，则应在解密后再制作拷贝。

（2）推荐采用的载体，按优先顺序依次为：只读光盘、一次写光盘、磁带、可擦写光盘、硬磁盘等。不允许用软盘作为归档电子文件的长期保存载体。

（3）存储电子文件的载体或装具上应贴有标签，标签上应注明载体序号、全宗号、类别号、密级、保管期限、存入日期等，归档后的电子文件的载体应设置成禁止写操作的状态。

（4）特殊格式的电子文件，应在存储载体中同时存有相应的浏览软件。

（5）将相应的电子文件机读目录、相关软件、其他说明等一同归档，并附《归档电子文件登记表》。

（6）对于需要长期保存的电子文件，应在每一个电子文件的载体中同时存有相应的机读目录。

（7）归档完毕，电子文件形成部门应将存有归档前电子文件的载体保存至少一年。

七、归档电子文件的整理

归档电子文件的整理是电子文件归档环节的重要工作，关系到档案数据库的建设质量和利用效率，需要按照《中华人民共和国档案法》、《电子文件归档与管理规范》GB/T 18894－2002 的相关规定进行。我国《电子文件归档与管理规范》GB/T 18894－2002 规定：

（1）归档电子文件以件为单位整理。

（2）同一全宗内的电子文件按照年度—保管期限—机构（问题）或保管期限—年度—机构（问题）等分类方案进行分类。

（3）按电子文件类别代码相对集中组织存储载体。

（4）电子文件的著录应参照《档案著录规则》（DA/T 181999）进行著录，同时按照保证其真实性、完整性和有效性的要求补充电子文件特有的著录项目和其他标识（如责任者、操作者、背景信息、元数据等）。

（5）将著录结果制成机读目录和纸质目录。

八、归档电子文件的移交、接收与保管

我国《档案法》等相关法律规定，各机关、团体、企事业单位和其他组织，必须将本单位公务活动中形成的具有长期和永久保存价值的档案向各有关档案馆移交，由档案馆按规定进行档案的安全维护和对档案资源的开发利用。《机关档案工作条例》明确指出：省级以上机关应将永久保存的档案在本机关保存 20 年左右；省辖市（州、盟）和县级以下机关应将永久、长期保存的档案在本机关保存 10 年左右，连同案卷目录（一式三份）和有关的检索工具、参考资料，一并向有关档案馆移交。

电子文件的移交是数字档案馆资源建设的重要环节。为了保证电子文件的真实性、完整性、有效性，需要按规定进行接收检验。我国《电子文件归档与管理规范》GB/T 18894－2002规定，移交、接收与保管归档电子文件，应按有关规定进行认真检验。在检验合格后将其如期移交至档案馆等档案保管部门，进行集中保管。在已联网的情况下，归档电子文件的移交和接收工作可在网络上进行，但仍需履行相应的手续。移交与接收检验的内容如下。

1. 移交前的检查

文件形成单位在移交电子文件之前，档案保管部门在接收电子文件之前，均应对归档的每套载体及其技术环境进行检验，合格率达到100％时方可进行交接。

2. 检验与验收

检验项目包括：载体有无划痕，是否清洁；有无病毒；核实归档电子文件的真实性、完整性、有效性检验及审核手续；核实登记表、软件、说明资料等是否齐全；对特殊格式的电子文件，应核实其相关的软件、版本、操作手册等是否完整。检验结果分别由移交单位、接收单位填入《归档电子文件移交、接收检验登记表》的相应栏目。档案保管部门应按照要求及检验项目对归档电子文件逐一验收。对检验不合格者，应退回形成单位重新制作，并再次对其进行检验。

3. 移交手续完备

移交手续为：档案保管部门验收合格，完成《归档电子文件移交、接收检验登记表》的填写、签字、盖章环节。登记表一式两份，一份交电子文件形成单位保存，一份由档案保管部门自存。

4. 保管要求与条件

归档电子文件的保管，除了应符合纸质档案的要求外，还应符合下列条件：(1) 归档载体应做防写处理。避免擦、划、触摸记录涂层；(2) 单片载体应装盒，竖立存放，且避免挤压；(3) 存放时应远离强磁场、强热源，并与有害气体隔离；(4) 环境温度选定范围：17℃～20℃；相对湿度选定范围：35％～45％。

5. 定期检查

为保证归档电子文件的有效性，在归档后还需要定期做如下检查。

(1) 归档电子文件的形成单位和档案保管部门每年均应对电子文件的读取、处理设备的更新情况进行一次检查登记。设备环境更新时应确认库存载体与新设备的兼容性；如不兼容，应进行归档电子文件的载体转换工作，原载体保留时间不少于三年。保留期满后可擦写载体清除后重复使用，不可清除内答的载体应按保密要求进行处置。

(2) 对磁性载体每满两年、光盘每满四年进行一次抽样机读检验，抽样率不低于10%，如发现问题应及时采取恢复措施。

(3) 对磁性载体上的归档电子文件，应每四年转存一次。原载体同时保留时间不少于四年。

(4) 档案保管部门应定期将检验结果填入《归档电子文件管理登记表》。

6. 安全保密措施

在电子文件提供利用时，应注意安全保密，包括：(1) 归档电子文件的封存载体不应外借。未经批准任何单位或人员不允许擅自复制电子文件。(2) 利用时应使用拷贝件。(3) 利用时应遵守保密规定。对具有保密要求的归档电子文件采用联网的方式利用时，应遵守国家或部门有关保密的规定，有稳妥的安全保密措施。(4) 利用者对归档电子文件的使用应在权限规定范围之内。

7. 鉴定销毁

归档电子文件的鉴定销毁是电子文件生命周期的最后环节，包括以下内容：归档电子文件的鉴定销毁，应参照国家关于档案鉴定销毁的有关规定执行，且应在办理审批手续后实施；属于保密范围的归档电子文件，如存储在不可擦除载体上，应连同存储载体一起销毁，并在网络中彻底清除。不属于保密范围的归档电子文件可进行逻辑删除。

8. 统计

同传统载体档案一样，统计是电子文件管理必不可少的环节。档案保管部门应及时按年度对归档电子文件的接收、保管、利用和鉴定销毁情况进行统计。

九、归档过程中应注意的几个问题

(一) 电子文件的背景信息和元数据问题

电子文件的背景信息是指伴随该文件的生成和运作过程而产生的人员、机构等方面的信息。对于传统纸质文件而言，一般原件上附带有这种背景信息，即文件本身包含有背景信息，如附在定稿上的发文稿纸就记载有该文件制作过程的背景信息（该文件的拟稿单位、拟稿人、审核人、签发人、校对人、印制人等），文件正本所附的文件处理单或文件的天头、地尾空白处记载有领导批办情况和承办机构（或承办人员）的处理情况。而电子文件的背景信息常常与文件内容分离保存，如果在归档时丢失了背景信息，则会直接影响电子文件的凭证作用或价值，因为只有将电子文件与其背景信息放在一起，电子文件才具有证据价值。元数据是关于电子文件描述的数据，如著录数据、格式信息、字形、字体、逻辑和物理模式、系统平台与软件等一切与生成和恢复电子文件有关的数据。元数据由于具有隐含性而使人往往忽视了它的存在，可一旦元数据丢失或被破坏，电子文件的原始形态就会改变，甚至失去可读性。可见，保存背景信息和元数据的完整性是至关重要的。

（二）电子文件的软硬件环境说明问题

电子文件都是在一定的软硬件环境中生成的。为了提高工作效率，文件形成单位常会编制适合本单位的程序。为保证电子文件的可读与共享，文件形成单位在归档时应同时提供关于文件形成和读取的软硬件环境说明，以便档案部门对归档电子文件的格式进行转换。

（三）电子文件的查毒问题

由于各单位常要用到网络和各种存储介质，电子文件随时都有染上病毒的可能。档案部门在接收物理归档的电子文件时，一定要经过一道严格的查毒程序，以确保归档电子文件的安全。

第二节　电子文件的鉴定

凯瑟琳·加沃尔在《电子文件引起的理论困惑》一文中说道："鉴定是全部档案工作职能中最具生命力的一种职能。档案馆应该严格把好电子文件的鉴定和归档环节。通过这样的加工，使文件的价值得到识别。"[①] 可见，无论是纸质档案还是电子档案，鉴定都是其管理中最困难也最具挑战性的环节。为了保证电子文件的齐全完整、真实可靠，保证归档电子文件可以充分发挥其参考凭证价值，鉴定工作需要完成两项判断工作：其一，文件所含内容信息的有用程度，有多长时间的保存价值，即内容鉴定；其二，文件的技术状况是否可以保证电子文件的价值实现，即技术鉴定。二者合称"双重鉴定"，前者是鉴定工作的核心；后者是其他工作顺利开展的保障。

一、"双重鉴定"理论

"双重鉴定"理论是为了适应电子文件信息的"易变性"、"对特定设备和标准的依赖性"以及"与其特定载体的可分离性"等特点而产生的。1984 年，哈罗德·瑙格勒撰写了一份关于机读文件鉴定问题的"文件与档案管理规划（RAMP）"调研报告，指出鉴定时除了应分析电子文件的内容外（也叫内容鉴定），还应从文件的记录方式和载体性质出发对电子文件进行技术鉴定。

对于纸质文件而言，由于其信息和载体是紧密结合的，只要对其内容进行鉴

① 凯瑟琳·加沃尔：《电子文件引起的理论困惑》，载《中国档案》，1995（2）。

定，判断其信息的有用程度，是否具有或者具有多长时间的保存价值并加以适当的保存条件，基本上都可以满足长期利用的需求。因此，对于纸质文件的鉴定，只强调对于文件内容的分析，即内容鉴定。而电子文件则大不相同，由于其信息的易变性等特点，使得电子文件的真实性、完整性鉴定显得尤为重要。鉴定时如果对其长期可利用性不做要求，将可能出现具有保存价值的电子文件在保存一定时间后不可利用而成为“死档”的现象。因此，除进行内容鉴定外，还要对电子文件的利用价值是否处于可利用的状态进行鉴定，即技术鉴定，故电子文件的鉴定是内容鉴定与技术鉴定并重的“双重鉴定”，其中内容鉴定是核心，技术鉴定是保障。最终将两方面的鉴定结果联系起来，才能综合、正确地判断电子文件的保存价值。

二、电子文件的内容鉴定

基于“双重鉴定”理论的内容鉴定与传统的内容鉴定法是两个不同的概念。在北美地区，特别是美国得到广泛应用的内容鉴定法只是电子文件内容鉴定的方法之一，此外还有职能鉴定法等诸多方法。

（一）电子文件内容鉴定的内容

档案是备以查考的文献。面对大量庞杂的电子文件，只有备以查考价值的文件才需要归档保存。而电子文件是否具有保存价值，是否需要保留，首先是由其信息内容决定的。内容鉴定就是对文件所含的内容信息的有用程度、有多长时间的保存价值进行判断。其鉴定原则、标准与纸质文件相同，可参照纸质文件。电子文件的鉴定具体包括以下几个方面的内容。

1. 鉴定保存价值，划定保管期限

这是鉴定环节最主要的工作内容，也是最难把握的部分。手工环境下，鉴定掺入了人们大量的主观因素，如鉴定人员的文化程度、知识水平、敬业精神、个人偏好等，严重影响了价值鉴定的客观性，无法真实反映公众意向、用户需求和历史研究趋势。进入电子化时代以后，计算机的广泛应用和电子政务的迅速崛起形成了大量的电子文件，其数量远远超过档案人员的想象和承载能力，无论是文书人员还是档案人员都无法对内容一一进行鉴定。因此，人们普遍把目光集中到“计算机自动鉴定”上，即在设计文档管理系统软件时，可以根据机关或部门职能的重要程度编写鉴定程序，由系统自动给出电子文件的保管期限。系统可以在电子文件保管期限表的支持下，通过“批处理”的方式自动进行电子文件的鉴定。

2. 鉴定内容是否齐全

鉴定电子文件的内容是否齐全、真实、完整、准确，办文手续和图纸修改审批手续是否齐全等。如果电子文件有多种版本，要确定选留和删除的版本（类似纸质文件中草稿、修改稿、定稿及汇合数据材料的选留）。中外档案学者认为，为实施对电子文件内容质量的有效保护和监管，必须在电子文件生命周期开始之前，就进行积极的干预和必要的“前端控制”。根据电子文件的全程管理理论，这种干预最好的时机是在系统开发阶段，“这不仅仅是一个鉴定文件的战略方法，而且也是整个档案工作的战略方法”。所以，在系统设计时，档案人员应该积极介入，将需要的电子文件保管期限表纳入管理系统，这是自动鉴定得以实现的关键环节，可以最大限度地保证所收集的电子文件齐全、完整。

当然，这部分鉴定工作和前面一部分鉴定工作之间必然存在着此消彼长的关系。也就是说，如果过于突出强调电子文件收集的齐全、完整，就必然增加所收集的电子文件的冗余程度，许多保存价值不大甚至没有保存价值的电子文件就会被归档；而鉴定本身就有主观性，如果完全依靠系统自动鉴定，则过于刻板、教条，也必然会影响文件价值的判断。系统设计只能接近智能化，作简单模糊判断，其最终的决定权还应归于业务人员和档案人员手中。而且过分强调鉴定的工作效率，单纯依赖计算机的自动鉴定，也必然使电子文件的齐全性、完整性和准确性受影响。这就需要档案人员在它们之间寻找一个最佳的平衡点。

以浙江电力公司设计的文档一体化软件为例，运用该软件首次鉴定就是由系统按职能自动完成的：一般本单位的文件列为长期保管；外单位的来文相当一部分不需要保存，默认暂存。但是电子文件的二次鉴定由文件拟稿人和承办人承担，系统首次鉴定结果不合理就修改保管期限。最后，鉴定工作即保管期限到期时由档案人员负责到期鉴定。

3. 划定使用范围

根据文件内容划定使用范围，如有保密内容应确定密级。以上是对电子文件生成时的内容鉴定，即归档鉴定。在归档以后还需要定期对电子文件进行复查鉴定，及时调整保管期限，以适应不同条件下的利用需求。

4. 销毁鉴定

对保管期已满或失效的电子文件进行鉴定，提出无保管价值的文件，即销毁鉴定。这类鉴定可用“淘汰法”拣出无用文件存于另外的光盘，经复查后报上级单位审查，得到批准后再做销毁处理。

（二）电子文件内容鉴定的原则

电子文件内容鉴定的原则和档案的鉴定原则是一致的。具体来说，包括以下几个方面。

1. 全面性原则

第一，全面分析档案（文件）的各方面属性，从档案的来源、内容、时间、文本、外形特征等方面综合判定档案价值。在决定档案价值时档案文件的各种属性具有不同的意义，因而既要根据它们的重要性来确定它们的权重，又要适当判定原先次要因素会在哪些场合下成为重要的价值判断因素。第二，全面把握被鉴定文件与其他文件的联系，把价值鉴定放入一种相互联系的文件整体中去。只有在一定范围内将有关的文件联系起来，才能准确理解其中每份文件的内容与用途，从而对档案的价值做出正确的判断。第三，全面地预测社会对档案利用的需求。社会需求往往表现为一种潜在的利用趋势，这种利用趋势可以从长期的利用实践中进行综合，得出规律性的衡量标准。

2. 历史性原则

在鉴定及制定鉴定标准工作中要遵循历史性原则，充分考虑档案价值的时效性或社会历史性。这一条也是遵循我国档案学论著所强调的历史的观点，即“要与文件形成环境联系起来判断文件的价值。”

价值关系的表现及实现过程是随着整个社会的历史发展而改变的。电子文件作为社会活动原始的历史记录，它的产生总是同一定的历史条件联系着。因此，在鉴定和分析档案价值时，必须要把档案放在它所在的历史环境中去分析，这就是电子文件鉴定的历史性原则。

3. 发展性原则

发展性原则中所说的“发展”，包括两个相互联系的方面：一是鉴定要着眼于档案价值关系的发展；二是档案价值鉴定及其标准本身也要不断发展。

对档案价值进行鉴定的一个重要特点就是：鉴定的作用在于指出档案价值关系运动的后果，预见未来。如果鉴定只限于指出某些过去的结果以及这些结果好坏的原因，那么鉴定也就失去了它的特殊意义和存在的必要。因此，在对电子文件进行鉴定时，首先要指出它对主体发展的现实的、直接的意义，同时还要进一步指出发展了的主体所需要的，或能够在实践中提供的新的价值，也正是由于后者这种基于社会实践的发展观点和预见功能，鉴定才能成为一种必要的、有意义的活动。

4. 效益性原则

在鉴定活动中遵循效益原则，有两方面的含义：第一，鉴定档案价值必须以一定档案价值关系中现实的或必然的客观结果为依据，以实践为最高标准形式。这时效益原则就表现为实效原则，即注重实际效益的原则。第二，在鉴定中要适当注意档案保存的成本，这时的效益原则表现为经济效益原则。

（三）电子文件内容鉴定的方法

仅就内容鉴定成员而言，它与鉴定方法、载体、技术无关。长期以来，无论是纸质文件、甲骨档案、金石档案、照片档案，还是实物档案，鉴定成员都是档案人员、业务人员和有关领导组成的鉴定组合体。进入20世纪以后，随着电子文件管理系统自动鉴定功能的加强，这种鉴定组合的任务逐渐由具体的“逐份鉴定文件内容”变得抽象化，即由具体鉴定每一份文件的价值转向制定完善的可自动执行的计算机自动鉴定系统、电子文件保管期限表和处置表，相同的是其主体都是档案人员。但是针对不同的鉴定方法，这种鉴定小组的内部分工又是有所区别的。

1. 内容鉴定法

内容鉴定法主要应用于美国，又称“直接鉴定法”，就是从微观角度逐份审阅文章的内容，确定其保管期限。这种鉴定方法需要开列详细的“文件归档范围和保管期限表”，并以此为标准，根据文件的文种、内容确定取舍和保管期限。如果文件不在保管期限表的条款之列，进行“处置”需经过申请批准。这也是传统的纸质文件鉴定方法。

随着电子文件的迅猛增长，逐件鉴定文件价值的内容鉴定法变得不切实际，来不及鉴定的电子文件可能会丢失或积压，从而造成难以挽回的损失。为了解决这个问题，1990年美国政府采用了“选留法”，政府将电子文件鉴定工作交给了电子文件中心来做，可以统一制定或以授权的形式分别制定鉴定标准。这种做法拓宽了对所鉴定文件的背景信息的理解。在鉴定时不仅可以全面看到同一机构形成的有关文件以及产生文件的法律基础、组织及其职能等方面的背景信息，而且可以从机关之间和整个政府活动的更广泛的角度来看待电子文件。因为现代文件产生和保存的背景信息越来越多地超越了组织机构的界限。这种超越可能来自许多方面，包括机构之间的合作，一个机关对另一个机关的专家、资源和能力的依赖，对特定的政府职能和共同责任领域的法律托管，以及某些特殊情况，如自然灾害、武装冲突等。

“选留法”在一定程度上缓解了档案馆鉴定的压力，同时可以充分发挥电子文件中心中专业人员较多的优势，因地制宜，有针对性地制定鉴定标准。但是也存在着由于鉴定标准不统一而造成的一系列问题。而且在电子文件单体存在并且结构显示不明确的状态下，很难也没有必要逐份审阅，于是以内容分析为基础的内容鉴定法难以发挥更大的用处。基于此，一些学者主张采用以职能为基础的方法对电子文件进行鉴定。

2. 职能鉴定法

加拿大、德国、荷兰和澳大利亚等国采取职能鉴定法进行电子文件的鉴定。为了避免单纯套用内容鉴定法带来的问题，1989年加拿大国家档案馆决定采用新的宏观鉴定战略。传统档案鉴定法着眼于文件的内容，着眼于反映公众意向、用户需求和历史研究趋势，新的宏观鉴定战略则着眼于更为广泛或宏观的文件的背景联系。这种联系通过文件形成机构的职能、计划、活动、办理情形表现出来。布姆斯于1991年提出，档案社会价值的鉴定最好不要通过研究社会基础活动、公众意见来直接进行，而应通过了解主要文件形成机构的职能来间接进行。档案工作者应当对文件形成部门的职能进行有效的分析，从而把文件需要和文件本身联系起来。

这种鉴定方法是一种“职能结构研究模式”，即职能鉴定法，这种方法简单说来就是按照机构职能对其生成的互有联系的电子文件进行宏观鉴定。职能鉴定法“以文件前后历史联系为基础，以文件的来源为中心”。它主要从客观世界的现实存在状态出发，在承认和接受客观事实的基础上，全面、统一、综合性地理解和把握客观世界真实的总体，而不去纠缠对“主体需求”的漫无边际的主观猜测。如果说内容鉴定法注重微观层次的话，职能鉴定法则是宏观的，它是对卡林斯基提出的“职能鉴定法”的继承和发展。传统的“职能鉴定法”仍然以逐份逐页审阅文件内容为中心，只是充分考虑到文件形成的职能因素。而现代电子文件环境下的“职能鉴定”，所关注的重点是文件形成机构的职能、规划、所参与进行的活动及活动的有机联系和其业务活动的重要性。换言之，职能鉴定法所面对的不是单份的文件内容，而是某种职能的一批文件，正常表现为一种“批处理”的方式。职能鉴定法在一定程度上克服了鉴定过程中的主观性和随意性，增加了鉴定的客观性，也有效地克服了人们面对电子文件的惊人数量无法逐件逐页阅读的尴尬处境。同时，由于职能鉴定法注重在深入研究文件的背景之外，把结果向未来开放，所以，还增加了鉴定的透明度，使我们的后代了解到我们为什么留给他们这样的记忆遗产。

职能鉴定法之所以被人们所广泛接受，其原因在于：它从宏观的角度出发，因而可以以所有的利用者（即社会公众）的利用需求为出发点，对电子文件的内容价值进行鉴定。社会的运转、各项实践工作的开展都需要通过各机构职能的履行来实现。所以，各个组织机构在其业务活动中形成的文件就是职能活动的最真实的原始记录。文件价值的大小取决于职能活动的重要程度。反过来，机构职能的重要性也可以决定文件价值的大小。如果组织机构在整个社会中的地位高、作用重要，那么它形成的文件价值整体上就高于地位低、作用次要的机构形成的文件的价值。因此，以“机构职能”为标准鉴定文件能较为客观地反映各个历史时期社会的真实状态。这种方法以文件产生的原因为基础，而不是基于部分利用者的利益或兴趣（比如历史学家的利用需求），从而克服了鉴定过程中的主观性和随意性，避免因迎合那些游说声音最大的利用团体或档案工作者个人的偏好（如最愿意合作的学科的需要）而导致的“文件储存落后于研究者新的要求”的局面，实现“利用紧随而不是领先于鉴定”，最终使电子文件的鉴定结果最大限度地满足全体公众的利用需求，为整个社会的发展服务。

职能鉴定法不仅适用于宏观角度的电子文件鉴定，也同样适用于微观层次，一个机关内部的主要职能和重要活动中形成的文件价值整体上高于非主要职能和一般活动中形成的文件价值。

对于职能鉴定法的正确运用还必须建立在“充分明确归档范围”的基础上。将职能鉴定法的思想作为指导，使其成为整批划定电子文件保管期限的依据。此外还必须将其与办公自动化系统或各类业务结合起来，作为文件形成人员粗略划定（或“二次鉴定”）保管期限的依据，以提高电子文件鉴定工作效率。

（四）内容鉴定法和职能鉴定法的关系

职能鉴定法和内容鉴定法并不是完全对立的。总体来说，职能鉴定法是基础，内容鉴定法是补充。职能鉴定法侧重于明确有保存价值和无保存价值文件的界限，是一种粗放型的鉴定方法。重要的职能活动以及具有代表性的次要职能活动中形成的文件一般具有保存价值，而大多数次要职能活动中形成的文件或者不具有保存价值，或者具有较小的保存价值。内容鉴定法则侧重于对有保存价值的文件进行进一步分析，剖析其中深层的价值，适用于判断形成于同一职能活动的不同文件可能具有不同保存价值的情况。

美国国家档案馆琳达·J·亨利指出：“职能并非电子文件鉴定唯一重要的标准”。她认为“抽象地判断一项职能活动所形成的文件是否需要保存，而不必阅读文件内容”[①]，职能鉴定法在操作上难免有所疏漏。所以，把内容鉴定法作为职能鉴定法的辅助方法是明智的。为了从浩瀚的文件宇宙中确定一部分档案，档案工作者需要进行初始性的研究，发现历史和当前的那些或具有代表性或具有特殊性的职能组织以及关键人物，在研究文件形成的背景因素及其在政府架构中地位的基础上，就可锁定那些最具档案价值潜力的真实文件或文件系列。在完成宏观的职能鉴定后，面对具体的文件时，则可用内容鉴定法对其进行有针对性的微观考察，包括内容的实用程度、历史研究价值、完整性、保管的费用等等。只有将其两者集合起来，才能对电子文件做到全面、综合的分析，才能最准确地判断其价值。

---

① ［美］琳达·J·亨利：《谢伦伯格理论在网络时代的生命力》，载《档案》，2001（1）、（2）。

（五）我国对两种鉴定方法的取舍

以上是国外的档案馆对接收电子文件的两种做法。我国在电子文件内容鉴定中采取什么方法应根据实际情况来定，由于传统的纸质文件鉴定已有明确的制度和具体的保管期限表，而且目前在具体的业务活动中又采用电子文件和纸质文件并行的“双轨制”；在归档时，又采用纸质文件和电子文件同时保存的“双套制”，因此对于电子文件的鉴定无论是沿用“个件”的内容鉴定法还是“批处理”的职能鉴定法都是可行的。可以在电子文件形成时标出是否归档及其保管期限，由计算机自动识别处理。对一些机关职能的电子文件和工程项目的成套文件进行“系统的和整体的”鉴定也是可以的。选用哪一种可以根据具体的情况而定，不应过于教条刻板。但是在客观条件允许的情况下，最好的办法是将两种鉴定方法结合起来，优势互补，这样可以达到最佳的效果。

从我国电子文件的产生和流通领域来看，不同性质和不同来源的电子文件在宏观鉴定方面也会有不同模式，如职能模式（政府及其他职能管理机构电子文件的鉴定）、阶段模式（商务电子文件的鉴定）、系统模式（统计、检测、调查、科研等电子文件的鉴定）、项目模式（工程、产品、技术文件的鉴定）、组配模式等等。在电子文件的内容鉴定中有三种文件必须划分清楚：第一种是剔除件（重复的，不生效的，临时性、过程性的不需归档件或会引起信息混淆的非正式件等），这些文件在鉴定时要做剔除标记，可以置入文件系统中的“垃圾箱”或另外存储。第二种是需要永久保存或者保存数十年的文件，这些文件的生命期大大超过载体的使用寿命（包括软硬件条件），出于安全考虑，一般应当将其转存为纸质档案保存。第三种是证据性文件，一般也应转存为纸质载体，应注意内容形式上的完整性和原始性，有日期、签章及其他相关的法定标记。因此，从某种意义上来说，电子文件的宏观鉴定仍要与微观鉴定相结合，即要把内容鉴定法和职能鉴定法相结合，综合考虑。

在我国，电子文件的内容鉴定需要经过以下工作：（1）对鉴定对象的整体状况应做全面调查了解，包括背景、结构、性质、职能、文件生成状况和使用状况等。（2）档案部门要与文件形成部门和使用管理部门建立合作关系，商定鉴定标准和控制文件、选留档案的办法，签订合作协议，健全有关制度和工作程序，明确电子文件管理的操作人员岗位责任，操作人员要熟悉相关的文件鉴定处置标准。（3）对内容鉴定的目标要明确，鉴定过程的控制措施要落实。（4）电子文件的宏观鉴定是对电子文件进行整体性的批量鉴定，即根据职能、项目、阶段、性质、效用等对整批文件划定保管期限，所以对每个文件的价值大小不作仔细比较和具体划分，事实上对同一批归档又存储在同一张光盘上共存亡的文件也没有必要逐件进行价值分析。

三、电子文件的技术鉴定

技术鉴定直接关系到归档电子文件是否能继续保存与利用，它是内容鉴定的基础和保障。只有把内容鉴定和技术鉴定的结果联系起来，才能综合确定文件的保存价值。如果由于技术状况不佳或技术更新换代而导致电子文件无法识读，即使它再有价值，保存的再完好也无法为人们提供利用，从而也就失去了保存的意义。电子文件的技术鉴定是一项专业性很强的工作，涉及的因素比较复杂，而且在电子文件生命周期过程中需要多次进行。

所谓电子文件的技术鉴定是指“对电子文件的各方面技术状态进行全面的检查，包括对信息真实、可靠、完整、可读性的认定和对文件载体、性能的检测”①。技术鉴定不仅需要了解电子文件自身的内容和形成原因，还需要掌握电子文件的形成环境、技术状况以及载体情况。

目前无论是国内还是国外都没有成熟的电子文件技术鉴定的专项标准，鉴定者也缺少经验，大都处于摸索阶段，但是在“收集的电子文件版本是否为最终稿（版）本，与电子文件相配套的操作手册的软件、相关电子文件、文字材料是否齐全完整，核实归档或迁移时软硬件环境以及在制定的工作平台上电子文件能否读出，文件信息的存储格式是否符合归档要求，文件是否携带病毒，文件载体是否过时，是否符合相关标准，是否清洁，能否正常运转”等鉴定问题上，鉴定者们已经达成了普遍的共识。总体来看，电子文件的技术鉴定可以分成两个方面：有关硬件的技术鉴定和有关软件的技术鉴定。

（一）硬件技术鉴定

电子文件硬件方面的鉴定主要是对载体、网络连接等状态的检测。载体质量的好坏直接关系到储存信息的质量，因此，必须确认磁盘、光盘是否有物理损坏、有无霉斑、质地是否良好（如光盘表面有否划伤，磁带、磁盘黏合剂的质量如何）等。对网络连接状况检查的重点是网络服务器的接口卡，因为网络服务器上的接口卡若出现问题，常常会使服务器停止运行，而造成被打开的文件受到损坏。

（二）软件技术鉴定

电子文件软件方面的技术鉴定比较复杂，主要包括：可读性鉴定、可靠性鉴定、完整性鉴定、无病毒鉴定和载体状况鉴定。

---

① 冯惠玲：《电子文件的双重鉴定〈拥有新记忆——电子文件管理研究〉摘要之三》，载《档案学通讯》，1998（3）。

1. 电子文件的可读性鉴定

电子文件的可读性鉴定是电子文件技术鉴定的重要内容，是电子文件能够准确识读，不致丢失和出现误码、错码的技术保障。尤其是对一些专业性较强的应用软件系统中产生的电子文件来说，更需要有专业人员和档案人员合作，对其格式和性质进行专门的技术鉴定。根据我国有关标准的规定，内容鉴定划定了电子文件的保存价值，而技术鉴定的首要任务就是对构成电子文件的支持软件、记录方式等进行检测。要保证归档的相应程序文件、元数据文件、数值文件的完整；要特别关注容易疏漏的元数据，如果残缺将难以显示文件原貌。如果电子文件是带有密级的，还应另外提供相应的密钥。要在适当的设备上全面检查软件功能是否达到要求，能否顺利、准确、完整地显示电子文件的内容，图形是否能清晰保真，文件的存取和检索是否顺畅等等。

在实际工作中，第一，应当检查与电子文件相配套的软件、相关的电子文件（产生和形成电子文件的环境）以及相应的文字材料是否齐全、完整，对加密文件，要检查其密码是否有效，并加以妥善保存；第二，检查电子文件的信息存储格式是否符合归档要求；第三，核实归档或迁移时所填写的《电子档案接受检验登记表》，判断文件运行的软硬件环境、版本号是否正确；第四，检测在指定的环境平台上能否准确地读出电子文件。这里不仅要确认文件在当时的工作平台上可以识读，同时还必须分析其是否具备日后多次无差错读出的技术性能。由于在电子环境下，系统的更新换代速度异常迅速，缺少了对其长期可读性的分析鉴定，一旦系统对原可读文件不兼容，即使保存的文件有极大的价值也变得毫无意义了。

2. 电子文件的可靠性鉴定

有些学者也将这部分鉴定工作称为“真实性鉴定”。无论哪种称谓，都不是指文件内容信息的真实可靠。因为对于文件和档案而言没有绝对意义上的“对与错”，不能说哪份文件的信息是真的、对的，也不能说哪份是假的、错的，毕竟文书人员和档案人员不是历史学家。电子文件的可靠性鉴定所研究的“内容的真实与完整”是指避免技术上的疏忽，主要是检测电子文件的可信度。

在实际工作中可以从版本的鉴定入手，首先，判断电子文件是否由文件的形成者当时当事形成的，即文件是否按照预先确定的标准格式和模式编辑；其次，依据电子文件管理系统记载的文件形成、修改的时间，分析文件是否为生成时的最终版本；再次，检查文件管理系统对文件生成和处理过程的记录，分析是否有非法和违规操作的发生；最后，分析在文件迁移和著录标引过程中是否准确，有无对真实性造成损害。非正式最终的版本是不具有法定的证据价值的，而电子文件的易操作性使得计算机系统通常同时保存同一文件的多种不同版本。这就需要在鉴定时要保证有关电子文件的背景信息和元数据的安全，不易被修改破坏。

3. 电子文件的完整性鉴定

完整性鉴定包括两层含义，其一，是指同一项目中所有文件是否收集齐全；其二，是指除文件的实际内容以及计算机系统自动加上的信息，如文件的地点、时间、人名、主题、字体、行间距外，是否还有文件形成必须标明的内容，如网络传输过程的时间差、作者的身份等。因此，对于电子文件的完整性鉴定和纸质文件是不同的，这不仅是数量上的问题，更是质量上的差别。电子文件的形成者十分分散，一套电子文件可能由分布在不同地方的多个部分组成，其形成的时间也不统一。因此，在进行技术鉴定时，要保证同一项目中所有的电子文件收集齐全就显得尤为重要。同时，还要注意是否还有一些有关该份电子文件的辅助信息即有关元数据被遗漏，否则将影响该文件日后的利用价值。

在实际工作中，主要从文件的相关性入手，检查电子文件的要素以及这些要素的记录方式是否有效，其中最重要的一部分就是判断元数据是否齐全完整。

4. 电子文件的无病毒鉴定

无病毒鉴定是指对接收进馆的电子文件须首先使用杀毒软件进行检查并消除病毒。无论是电子文件中心还是档案馆，其收集的电子文件的来源都十分分散，相比一个业务部门、一个机关其受病毒侵害的概率大大增加，一旦感染病毒，不但影响该文件的使用，有时还会影响到其他文件的存储和利用，更有甚者会将整个文件中心或档案馆的电子文件管理系统击溃，其后果不堪设想。所以，无论是以网络形式还是其他介质形式接收的电子文件，都应使用最新的查毒软件进行多次、反复的检测和处理，一旦发现问题就要进行杀毒处理。

5. 电子文件的载体状况鉴定

电子文件的载体是信息最直接的“生存环境”。载体质量发生问题会直接影响到存储在上面的信息。可在有关设备上演示或检测，确认归档文件载体质量良好，运转正常。电子文件的载体状况鉴定时需要对载体质量和性能进行检测。首先是检查载体表面是否有物理损坏和变形，是否清洁，然后对载体上的信息进行读取校验，确认归档载体质量好，才能归档。以后要定期复查，如检测出错，要查明原因。

对于电子文件而言，不论是硬件鉴定还是软件鉴定都不是一蹴而就的，而是一个长期的过程，需要多次复查。每次进行迁移后都需要对文件信息和载体状况进行检查分析，这就意味着即使是永久保存的文件，也因技术环境的改变需要不断地鉴定其可利用的状态，并根据具体情况做出适当的处理，保证电子文件的长期可用。

四、电子文件鉴定的程序与人员构成

（一）电子文件鉴定的程序

电子文件的内容鉴定和技术鉴定是结合在一起分阶段进行的，第一阶段是电子文件形成和使用阶段的鉴定，由形成部门负责。电子文件不可能像纸质文件那样等到文书处理程序完毕之后再进行鉴定，根据全程管理理论和前端控制原则，电子文件的鉴定可以提前到信息系统设计阶段，也就是在设计电子文件的管理系统软件时，就把有关鉴定的标准和程序编入系统软件之中，由计算机自动对电子文件进行鉴定。初期的鉴定主要是对电子文件的内容鉴定和技术鉴定中有关硬件的鉴定。

第二个阶段是归档移交鉴定，由形成部门和档案部门共同负责。这次鉴定的内容既包括内容鉴定，也包括技术鉴定（主要是针对软件的鉴定）。

第三阶段是归档后，进入维护保管阶段的复查鉴定，由档案部门负责定期进行。这一阶段的鉴定工作从理论上讲应该在档案馆定期进行，以技术鉴定为主。为了保证储存在光盘、磁带中的电子文件其数字信息能长期存取，电子文件需要不断地定期迁移复制。因此，往往可以将内容鉴定和技术鉴定两者结合起来，在复制前对电子文件再作一次内容鉴定，确保有继续保存价值的电子文件才复制，否则可删除销毁。

第四阶段是保管期满后的鉴定，由档案部门负责，在文件的保管期限已满时，再次对其内容进行鉴定，确认没有保存价值的电子文件报上级批准，经审议通过之后销毁。

（二）电子文件鉴定人员的构成

无论是内容鉴定中的内容鉴定法和职能鉴定法，还是技术鉴定中的硬件鉴定和软件鉴定，电子文件的鉴定人员都是一个组合体。这个组合体包括三个部分：档案人员、技术人员和业务人员。

档案人员和业务人员的职责与纸质文件鉴定时是一致的，而技术人员的引入则是电子文件鉴定的一个突出特点。由于档案人员对新兴的信息技术比较陌生，承担电子文件的技术鉴定有一定的难度，因此需要借助计算机技术人员的力量。通过与计算机部门的大力合作，完善电子文件的技术鉴定要求、方案、步骤等内容，以保证电子文件技术鉴定的质量和效率。

第三节　案例：胜利油田档案信息化建设

随着人类逐步迈向信息社会，信息化已经成为世界经济和社会发展的重要趋势之一，而企业作为推动国民经济和社会发展的重要力量，其信息化建设任重道远，信息化的成果直接决定了企业综合竞争力的强弱，成为企业生存和发展的命脉。目前，我国的很多企业都在积极开展信息化建设。

一、胜利油田信息化建设情况

（一）信息化建设总体概况

胜利油田是我国以油气生产为主的特大型企业，它集勘探、开发、施工作业、后勤辅助生产和多种经营、社会化服务为一体，地跨山东省境内多个市县。胜利油田根据自身点多、面广、专业门类齐全的特点，按照“强化基础、源头做起、应用主导、注重实效”的信息化原则，不断推进油田信息化建设。

胜利油田的信息化建设大致经历了三个阶段：“八五”前的技术单项应用阶段、“八五”期间的建设初创阶段和“九五”以来应用于生产经营管理的阶段。目前，油田信息化建设进入了全面推进阶段，网络实现油区范围内主要二级单位与油田主干网的光纤宽带连接；油田的5个驻外办事处也实现网络连接，网络已成为油田生产经营管理的“神经”。在硬件上，油田拥有以IBM－SP2为代表的大型并行机和各种大中型计算机近60台（套），各类上网计算机1.5万台左右。软件上油田引进大型软件10多套、近百个应用模块，自行开发应用软件480余套。2002年胜利软件公司成立，使全局软件开发更加专业化，建成勘探、开发、采油工程、钻井、地面建设、物资供应、技术检测及标准化、综合管理八大数据库，各类数据近3万项。随着油田信息化建设的不断推进，信息化技术被广泛应用于油田生产经营管理的各个层次和环节。勘探上的信息技术利用保证了油田在勘探开发后期仍能保持每年探明储量1亿吨以上；开发上的信息技术利用确保油田老区不断有新的发现，促进三次采油水平的不断提高。在生产过程中，原始数据、第一手材料部分做到了源头自动采集、现场处理、实时传输，230多个采油队和所有作业队实现源头数据现场采集，油气集输系统的部分集油站、氢烃站实现现场采集和生产过程自动控制，并对跨采油厂的长输管线实时监测。经营管理上的财务管理信息、基层生产单位耗材的结算以及油田物资采购供应系统的需求计划提报、需求计划处理、物资领用结算，都可在网上进行。另外，信息化管理在计划统计、机动设备、节能改造、物业管理、办公自动化等方面也都得到推广和应用。

在整个信息化建设过程中，无论是公司的上层领导，还是基层的工作人员都深深地认识到，要想更好地发挥信息的价值、提高网络的应用水平、切实发挥网络应有的效用，必须大力加强办公自动化应用体系的建设。为此，胜利油田充分利用综合信息网对外宣传油田产品和技术，对内进行情况交流及上传下达。同时，利用网络提高办公自动化水平，实现网上协同办公。

（二）数字档案馆的建设

胜利油田档案馆和信息中心非常重视数字档案馆的建设，并专门成立了项目组进行此项目的规划和设计。2005 年 8 月，项目组开始研究数字档案馆的建设问题，经过一系列的考察、论证、实施、评审等，2008 年 12 月 4 日，建设的油田数字档案馆正式启用。数字档案馆的运行，对整个油田的信息化建设起到了至关重要的作用。

油田数字档案馆按照“整体规划、统一管理”的原则，建立和完善了全油田范围内统一的档案管理体系（包括管理架构、管理流程和标准规范）和统一的档案管理平台，实现了广域范围内多立档单位（油田机关 30 多个职能处室和 13 个直属单位、局属 60 个二级单位、506 个三级单位）的统一档案管理，建构起包括油田二级和三级单位的高度统一的数字档案管理网络，并建立了包括文字、资料、语音、视频、音频等多种形式在内的各类档案信息资源库，并适应油田下属单位的专业化要求，达到馆室之间的无缝连接。[①]

油田灵活高效的运行机制以及办公自动化和网上协同办公的不断发展，使得短时间内产生了大量的党务、行政类电子文件和资料，如果档案部门仍以传统的档案管理方式管理这些档案资料，很容易导致一些档案的分散、流失，无法达到全程监控，也不利于信息的完整和准确。而数字档案馆的开通，密切了与企业办公自动化系统的联系，建成了全面、及时和严谨的档案采集系统，构建了档案管理平台与其他信息系统的数据一体化采集接口，使档案综合管理系统成为全公司各类应用系统信息的最终汇入点，全面、完整、及时、高效地采集档案相关信息，进而建立全面完整的信息体系，实现了档案信息的可利用性和共享性。

胜利油田在科研、生产过程中形成了大量的、记载油田科学研究、技术推广及其管理活动全过程的科技档案，它们全面地反映了油田科技发展的一般规律，是广大科研人员参阅大量文献，经反复实验及调研后所撰写的研究成果，是衡量油田科研人员理论水平、科研能力的重要标志，具有较高的学术价值和实用价值，而且数据、资料翔实，信息量大，是油田开展科学技术研究、各级领导进行

---

① 参见葛红：《石油石化企业数字档案馆的建设与应用》，载《山东档案》，2009（3）。

科学决策的重要依据。因此，在油田数字档案馆的建设过程中，建设人员通过建立方便、快捷、高效的科技档案全文数据库，满足不断增长的科研人员和技术攻关的需要，服务科研生产，改变了过去检索困难、低效，浪费大量的时间和精力，部分纸质文献极易丢失、损毁而无法利用的状况，提高了档案管理水平，实现档案信息资源的存储数字化、管理自动化、利用网络化。

对于油田来讲，档案信息资源中包含了丰富的价值，对企业的科研生产、核心竞争力的提高具有十分重要的作用。在整个油田信息化的建设过程中，各个部门都加大了对信息的海量化、实时性的处理，档案部门作为各类信息的最终汇入点，应当加强档案信息资源的数字化以及数字档案馆的建设，积极地参与到整个企业信息化的建设过程中。

二、油田综合管理信息系统中的电子图档资料管理

油田综合管理信息系统旨在规范管理工作、提高工作效率、共享管理信息，目前已经在油田管理工作中发挥了重要的作用。其中的电子图档资料管理对油田的设计、管理和科研更是起着十分重要的作用，因为档案是各类信息的最终汇总点，通过这样一个系统，可以建立全面完整的信息体系，方便油田领导及员工进行信息的查询，从而实现档案信息的可利用性和共享性。

电子图档资料是指项目完成之后，以电子文件形式存储的，需要归档的所有图纸和文档，不包含设计过程中动态产生的图档和正在修改、校审过程中的动态文档。这一系统的主要功能包括：编目及归档管理、图档借阅管理、图档报废管理、图档检索、查询与浏览、统计报表等。这里重点介绍它的归档功能和检索查询功能。

(一) 归档管理功能

胜利油田实施的文档一体化管理方式，使得档案部门可以从源头控制电子文件的归档质量，从归档的角度主动参与电子文件的形成与管理过程。在本系统中，图档归档方式主要有两种。

一是由设计流程模块直接归档。胜利油田自 1997 年开始推广办公自动化系统，经过十多年的发展，初步形成了网上协同办公，极大地促进了办公自动化的发展，行政办公效率也有了极大的提高。档案管理系统也逐步实现了与办公自动化系统的无缝连接，实现文档一体化。电子文件在制作部门、文件收发部门完成办公流转后，通过办公自动化系统，自动流转到档案管理系统，完成电子文件的归档。流转过程中形成的相关信息如发文信息、流转信息、流程信息、修改信息等的直接转换归档，保证了电子文件真实、完整、齐全，是目前电子文件的主要归档方式。

二是由档案人员进行手工归档。系统提供了添加新编目、修改编目、删除编目、发布/撤销发布编目、拷贝编目以及作废编目的管理功能。这种情况下，在进行图档的归档前首先需要建立或编辑图档存储的目录结构（即编目）。一般来说，编目的实质是建立项目的图档存储结构（该层次结构一般由客户事先指定），如项目—设计阶段—设计专业。

（二）检索查询功能

系统主要提供以下三种图档查询功能。

(1) 编目查询：用户可以根据“项目”、“设计人”、“专业”等项目的编目结构进行图档的搜索及浏览。

(2) 快速查询：用户可以根据“图档名称”及“关键字”进行图档的快速搜索。

(3) 高级查询：用户可以根据“图档名称”、“设计人”、“专业”等任意属性进行条件组合查询。

除此之外，系统还提供了自然查询及多种形式任意组合的查询方法，而且提供了模糊查找功能以及 Internet Web 方式的查询界面。用户可以按照权限浏览 PCX 或 JPG 图像及 DWF、DXF、DWG 等图形文件和 WORD、EXCEL、RTF、PDF、TXT 等格式的文件，也可按用户需求提供其他格式的文件浏览。

在这个档案管理系统中，还可以进行一些标准规范等的查询与检索，相关生产、设计人员可以方便地利用各类成果，随时查阅标准、参考规范，以提高工作效率。系统会提供按照编目结构或者标准规范文件两种方式进行查询；所有查询支持多条件组合模糊查询。用户可按照标准类别、专业或标准规范名称查询，点击后将会出现全文（如果有的话）或目录。打开的标准规范只是可读文件，经审批后方可打印或下载。

三、“数字油田”建设对档案工作的新要求

随着我国“数字油田”建设的不断深入，信息技术必将在推动油田持续稳定发展中发挥更大的作用，为提升油田企业经济效益和核心竞争力做出积极贡献。数字油田的实现将大大提升油田生产、管理水平，为油田生产发挥巨大的效益。可以预见，数字油田建设将是未来中国油田信息化建设的主旋律。在这样的大背景下，胜利油田也积极地进行改革，不断推进信息化建设的发展。在油田信息化工作会议上，胜利油田将 2009 年确定为“信息化提升年”，其首要任务是要建立油田数据中心，完成对油田生产经营管理所需数据的集中存储和全面应用，为管理和决策提供可靠依据，从而实现信息增油、信息创效和信息惠民。

档案部门要积极适应油田的信息化建设，加紧开展档案信息化的工作。在当前的信息社会中，企业的竞争焦点已落在了对信息资源的开发利用上。档案作为一种重要的信息资源，涵盖了公司各个阶段的全部活动内容，最具权威性和说服力，因此在企业各类信息资源中的核心地位和作用特别突出。档案部门要不断地完善档案信息管理系统，加快数字档案馆的建设步伐，建立信息共享交流和知识学习平台，并将其纳入企业信息化系统之中；要统一思想认识，把档案核心信息资源管理理念寓于企业管理流程再造的全过程，既要把历史记录数字化、又要有效接收、整合新的信息资源；要实现统一管理，做到统一规划、统一控制，挖掘显性、隐性知识，完成静态档案向动态信息的转变；要搭建统一的软件平台，做到统一配置、统一分类、统一流向，保证有价值的信息资源永久珍存；打破信息壁垒，打造信息共享平台，支持大数据量信息的传递和多点查询；提供系统的、准确的在线服务，更好地为领导决策服务、为日常生产和经营管理服务。

第四节　案例：某机关档案室的计算机辅助管理

本案例在我国基层行政机关数字档案馆的发展模式中具有较强的代表性，但是由于所涉及的机关具有保密性质，故在以下的叙述中隐去其行业和名称，以“本机关”指代。

一、档案室的计算机管理软件

本机关单位于2004年建立档案室，配备档案管理专用电脑。在此之前从立卷归档到目录登记、借阅、检索等完全是手工操作。2004—2008年间，档案室主要的数字化工作是将档案目录输入电脑，在检索速度上有了进步。

2008年以来，档案室安装并使用了档案管理软件。目前使用的档案管理软件是由上级机关推广的。由于保密形势严峻，按要求都是单机操作，不允许连接到任何一种网络上，无论是互联网还是局域网。硬件配置主要是主机、显示屏、打印机、扫描仪、刻录机等，随后将继续配备扫描枪和条码打印机等。档案管理软件的功能包括文书档案、专业档案、声像档案、会计档案、科技档案、实物档案、干部档案、纪检档案八类档案的保管，以及借阅、编研、统计、档案室管理情况（如温湿度登记、每天档案出入库情况）的管理等，使用较为方便灵活。档案管理软件的具体操作如下。

打开软件界面，会显示“文件管理”和“档案管理”两个指令。点击“档案管理”就会出现八类档案的名称，再点击相应档案类别就进入某一类档案的管理模式，可以根据检索需要录入相关的目录信息。档案目录录入后，先是使用软件备份程序将之备份到硬盘，再刻录成光盘保存，年终按电子文件归档。

录入的档案目录可同时保存到借阅模块里，比如有人借阅某份档案，在相应目录上做标识登记，包括借阅时间、借阅人、文件密级、审批人、归还日期等项目，到期如未归还，打开软件就会有提示。

编研功能主要用于管理档案编研成果，比如保存本单位史志、年鉴等，管理方法类似于普通文书档案。

统计时可先输入想要统计的条件，再点击统计命令指令即可。如果需要统计2008年永久保存的文书档案，输入时间条件即可统计出结果。

档案室管理功能包括档案库房每天的温湿度登记、档案出入库情况、“十防”（防火、防盗、防潮、防水、防高温、防虫、防鼠、防紫外线、防日光、防有害气体）情况等。

二、电子文件的归档管理

在本机关档案室的实际工作中，电子文件同声像类档案的归档方法相同。

声像档案包括声音文件、影像文件和照片。声音文件的主要来源是大型会议或重大活动领导讲话录音，载体形式主要是磁带和光盘。影像文件即按声像档案管理规定需保存的录像，载体形式包括录像带、光盘。档案管理软件包括声像档案归档功能。归档时，先确定保管期限，然后将其他载体一律转化成光盘，防止将来磁带和录像带无法读取。然后在同一保管期限内根据内容进行分类，贴上标签，输入目录。以便实现检索、统计等基本管理。软件也支持挂接原文，即可将声像内容挂接到相应的目录下，这样不需查阅载体就可以通过软件调阅声像档案。但是考虑到保密需要，而且为了避免大量声像档案的保存占用空间太大，影响软件运行，目前还没有进行挂接处理。

照片档案管理使用专门的照片档案管理装具。部分老照片有底片，要将底片一起保存。由于现在多数使用数码相机拍摄，所以只保存照片并录入文字说明元数据即可。文字说明包括六个要素：时间、地点、人物、事件、拍摄时间、拍摄人。

电子文件主要包括本机关当年度所形成的文件电子版以及一些图片影像资料等。首先由本级机关的档案工作领导小组，依据国家档案局及上级机关档案管理相关规定（如档案保管期限分类表）等，对这些文件进行鉴定，确定是否需要归档保存。对于有保存价值的电子文件进行保管期限分类，按永久、长期、短期（新的分类方法是永久和定期）进行分类记录，然后刻录到光盘进行保存。一般先按来源然后再按保管期限进行保管。可以通过计算机管理软件实现文件检索。为了延长光盘保存年限，防止数据丢失，档案室配备了防磁柜。按照声像档案管理规定，还应对光盘文件进行定期转存。

三、对电子文件归档管理的思考

（一）计算机档案管理取得的成绩

计算机档案管理所取得的成绩包括：第一，规范了各类档案的管理，使之更科学化；第二，方便档案库藏统计；第三，提高了档案检索效率；第四，有利于文档一体化的实现。从总体上讲，使用计算机管理档案标志着档案管理现代化的初步实现。

（二）计算机档案管理存在的问题

（1）进度较慢。历史档案量大，使用计算机软件管理后，不仅要对现在和将来的文件进行管理，还要将历史档案录入计算机进行管理，需要大量时间。由于体制变更的原因，本机关档案室的历史文件不是特别多，目录已录入大部分，但尚未挂接原文。基层一线单位的档案室要比本机关档案室的工作量大。

（2）人力有限。由于本机关没有专职的档案员编制，多数档案员身兼数职，不能全身心投入一项工作。由于其他工作大多比档案工作具有更强的时效性，因此档案员常常需要挤出时间来做档案工作，再加上部分档案员未经专业培训而且人事调整较快，不可避免地影响了档案工作进程。

（3）软件的稳定性和灵活性难以协调。从客观来讲，软件的稳定性与灵活性是矛盾的，不容易统一。比如说，录入档案目录时，室编件号一项是系统自动生成，也就是说，归档人需从始至终一件不差地排好顺序逐个录入，如果中间有一个出错将影响到后面的排序。假如 2008 年文书档案永久类共 100 件，第 10 件后来发现归档错了，把它抽出来，后面的文件自动地提前一个数字，原来的 11 号会变成 10 号，这样一来就与实际档案不相符，给查询造成困难。再比如，若发现有单份的文件属于某个成套性文件，按要求应该加进来，但如果前面已经归档录入完就加不进来了，除非后面的全部重新录入。很多情况下档案归档工作很难一次性完成。档案部门一般是在接收到其他部门移交的文件后才进行归档，有时个别文件归档较晚。由于软件程序上的局限，难以手动生成室编件号，结果在归档时出现麻烦。

（4）电子文件的真实性难以保证。由于电子档案数据的不稳定性及易被改动性，很难保持历史档案的原貌，这一点与文字和实物类的档案无法相比。为了保证电子文件的真实可靠，主要采取以下措施：一是从保存装具上使用防磁柜；二是文件定期转存，防止数据损坏；三是对光盘加密并加强管理，防止被修改。

（5）制度不够健全。电子档案是一种新生事物，相应的管理方法和管理制度还不是十分健全。

（6）部分单位经济状况不佳或领导重视不够，相应的硬件设施很难配齐全，影响了档案工作的进程。

（三）今后的发展方向

（1）文档一体化管理。目前所使用的软件具有文档一体化管理功能，即对文件的管理，包含了从收发、传阅到处理的整个流程。如果文件处理部门使用同一软件的话，文件不需要存入光盘，归档时可以通过网络将文件按保管期限直接提取过来即可。但是由于目前这个软件只在档案部门使用，其他业务部门均未使用，因此无法实现直接归档。

（2）目录检索计算机化。即将档案室所存各类档案目录全部录入计算机，可以通过计算机进行档案统计和检索。

（3）使用扫描枪归档。目前，本机关的档案室已安装了二维码程序软件，在配备扫描枪和条码打印机后，归档速度将会得到提高。

（4）档案管理数字化。在将档案目录全部录入计算机之后，下一步要做的是将部分档案全文录入计算机进行管理。

【本章小结】

电子文件的归档与鉴定环节十分重要，关系着电子文件的真实性、可靠性与完备性。目前，电子文件归档与鉴定的管理方法还在摸索和完善之中，已经初步形成了相关的管理标准，并开始用于指导实践。通过胜利油田与某机关档案室信息化建设的案例，我们可以了解到电子文件管理的重要性、存在的问题以及在实践中相应的解决办法。

【本章关键术语中英文对照】

电子文件	Electronic Records
归档电子文件	Archival Electronic Records
背景信息	Context
元数据	Metadata
逻辑归档	Logical Filing
物理归档	Physical Filing
真实性	Authenticity
完整性	Integrity
有效性	Utility
捕获	Capture

【讨论题】

1. 为什么说前端控制思想、全程管理理论与文件连续体理论对于电子文件的归档具有指导作用?

2. 什么是电子文件的逻辑归档? 什么是电子文件的物理归档? 二者有什么区别与联系?

3. 谈谈电子文件的归档范围。

4. 谈谈电子文件内容鉴定与技术鉴定之间的区别与联系。

5. 谈谈内容鉴定法与职能鉴定法之间的区别与联系。

6. 结合案例和相关资料，分析胜利油田电子文件归档的过程与特点。

第四章 数字档案馆元数据体系

【本章要点】

简要论述了元数据的一般知识；介绍了国内外主要的电子文件与数字档案元数据集的构成和应用情况；分析了档案元数据互操作的基本原理、存在的问题以及国外的进展情况。

【关键词】

元数据〇电子文件元数据〇数字档案元数据〇EAD〇ISAD（G）〇ISAAR〇EAC〇DC〇元数据互操作〇OAI-PMH

第一节　元数据的一般知识

元数据是信息资源管理的有力工具，广泛应用于数据库与数据仓库、软件构造、图书馆、档案馆、博物馆、地理信息系统等各个领域。元数据最先是作为计算机科学领域的专用术语出现的，从狭义上讲，主要针对数字资源和网络环境下的资源描述。由于它的本质含义是关于数据或资源的描述，因此，与传统载体的资源描述著录有着内在的相通之处。无论是传统载体还是数字化的信息资源，都需要对资源与数据的外部与内容特征进行揭示与描述，才能得到有效的序化组织。对于海量、异构、分布的政府信息资源而言，元数据标准的制定对资源的定位、发现、检索与共享利用至关重要。数字档案是政府信息资源的重要组成部分，具有不同于图书、期刊、论文等信息资源的特征，因此其元数据标准的制定也具有独特的规律。为了全面认识数字档案元数据特点、规律与应用，在学习档案与电子政务元数据之前，我们先来学习一些元数据的一般知识。

一、元数据的含义

一般而言，元数据（Metedata）被认为是关于数据的数据，其主要功能是描述数据以及数据环境。从广义上讲，元数据是一种标准化的框架，用来描述和表征某一类信息资源的基本特征，对资源进行定位和管理，为用户提供获取该信息资源的线索。从狭义上讲，元数据主要指网络环境下，针对数字资源进行描述的元数据。信息资源的管理、开发、利用、维护、挖掘与共享离不开元数据标准的支持。事实上，网络信息资源的海量、异构与分布模式，以及网络资源共享的内在要求，使得元数据的重要性大大增加。

二、元数据的分类

元数据有着广泛的应用，不同的商品、资源或服务有着不同的元数据。同时，每种元数据内部的结构也不尽相同，或繁或简。根据不同的分类标准，元数据可以划分成不同的种类。

（一）根据应用领域的划分

根据应用领域的不同，可以将元数据划分为图书资料元数据、电子公文元数据、数字档案元数据、手稿资料元数据、艺术品元数据、数字博物信息元数据、地理空间信息元数据、气象信息元数据、数据库元数据、软件构建元数据、商品元数据、服务元数据等等。具体来说，如美国政府信息定位服务元数据 GILS（the Government Information Locator Service），都柏林核心元数据集 DC（DublinCore），美国联邦地理数据委员会元数据标准 FGDC（Federal Geographic Data Committee），ISOTC211 的空间元数据标准，美国编码档案著录标准 EAD（Encoded Archival Description），档案、个人论文和手稿规范 APPM（Archives, Personal Papers, and Manuscripts），文本编码项目 TEI（Text Encoding Initiative），机读目录格式 MARC（Machine-Readable Cataloging Format），视觉资料核心类目 VRA（Core Categories for Visula Resources Association），艺术作品著录类目 CDWA（Categories for the Description of works of Art）等等。

(二）根据功能的划分

在一套元数据体系内部，不同的元数据元素承担着不同的功能。根据元数据的应用需求，王浒等人将元数据划分为内容元数据和服务元数据。[①] 内容元数据主要是以一种特定的形式描述资源本身的内容。服务元数据是对信息资源所提供的服务的描述，包括信息资源的连接方式、服务内容和联结参数，如何有效地管理这些服务信息，就是服务元数据的任务。

档案文件是政府信息资源的重要组成部分。约翰·罗伯茨与安德鲁·威尔逊根据电子政务元数据的功能，将文件记录元数据分为以下几类：发现元数据（Discovery Metadata）、管理元数据（Administrative Metadata）、记录保持元数据（Recordkeeping Metadata）、资源管理元数据（Resource Management Metadata）以及其他相关的元数据，比如存储元数据等。[②]

总结各类信息资源元数据的一般特征，根据一套元数据体系内不同元数据元素所承担的不同功能，本书将信息资源元数据划分为：

1. 资源内容元数据

资源内容元数据主要描述资源的内容特征，包括题名、文摘、主题词或关键词以及相互参照等，是任何一个元数据体系所必不可少的组成部分。对于特定的信息资源，如化学文献信息资源、空间地理信息资源等，还有一些特殊的揭示资源内容特征的栏目，比如分子号、空间域等。

2. 资源责任元数据

对于信息资源而言，责任者的描述是十分重要的，这关系到资源的知识产权法律状态、凭证效力或政策效力，尤其是政务信息与档案信息资源。为了确保资源描述的准确、真实与可靠，需要对各类相关的责任者进行详尽描述。

3. 资源表示元数据

所谓资源表示，是指关于信息资源的数据结构、文本格式、载体形态、文体风格、文种与语言等的不同形式。为了保证资源长期的可获取性，必须对资源的表示特征属性进行充分描述。

---

① 参见王浒、李琦、承继成：《数字城市元数据服务体系的研究和实践》，载《北京大学学报》（自然科学版），2004 (1)。

② See John Roberts, Andrew Wilson. Report for DC-AB on Recordkeeping/Records Management Initiatives. International Recordkeeping/Records Management metadata Initiatives: Report and Recommendations for DC Advisory Board, 2002-04-23, http://dublincore.org/groups/government/dcmi_resource_management.pdf, 2005-12-10.

4. 资源获取元数据

公众在获取信息资源时常常遇到获取途径、资源来源、使用限制等一系列问题，比如资源密级、隐私权与版权保护、资源阅读需要的硬软件条件件等。为帮助公众有效地获取资源，需要对这类元数据进行描述。

5. 资源管理元数据

为了使资源得到长期保存，保证其原始记录性并对资源价值进行评价，需要对资源的使用、备份、升级、更新维护等管理活动的信息进行记录，其实质是对资源管理属性的描述。资源管理元数据是政府信息资源元数据必不可少的组成部分，又被称为文件保持（Recordkeeping）元数据。澳大利亚文件管理标准（Australian Standard AS4390：Records Management，Part I-General）称，文件保持是以记录信息的方式完整、准确、可靠地把商业交易记载并保存下来的凭证。记录保持包括记录管理与档案管理。包括有记录保持元数据的元数据项目有：澳大利亚的SPIRT文件保持元数据、新西兰基于DC的元数据发现标准、英国公共记录局PRO制定出英国政府电子政府元数据标准、美国政府信息定位服务GILS等。

6. 元数据管理元数据

管理元数据是关于元数据的元数据。它包括元数据的责任者、元数据发布日期、元数据的流通与使用状态等描述，对于元数据的有效管理十分重要。这类元数据间接地支持着资源本身的管理。比较有影响的元数据管理元数据项目A-CORE在草案中声明，“关于元数据的元数据指的是像A-CORE这样代表关于描述元数据的其他集合的存储、管理的信息。”①

三、元数据的标准化

信息资源的元数据标准体系，不仅是网络环境下公众和企业迅速定位和检索信息资源的重要目录体系，同时也是跨地区、跨部门信息资源交换与共享的互操作描述标准。由于元数据在信息资源交换与共享中承担着关键作用，因此，标准化成为元数据体系发展的必然选择。

在信息化发展初期，信息孤岛造成了不同资源拥有单位的封闭与相互隔离，即使是同类信息资源，共享程度也很低。每个资源拥有单位常常根据各自的需要选择元数据著录项目，比如在我国电子政务的发展过程中，种类繁多的政府资源元数据给电子政务的互联互通与资源交换共享造成很大的困难。随着信息网络技术的发展，异地、异构的信息资源之间的交换共享要求日益迫切，比如现行文件与档案文

① A-Core：Metadata about content metadata，http：//metadata.net/admin/，2010-08-20.

件之间的共享要求、不同国家或地区间的图书信息资源的共享要求等等。在这种情况下，各自为政的元数据成为信息资源共享的障碍，需要建立统一的国家或行业标准来规范同类信息资源的描述。于是，元数据的标准化就成为必然的选择。

元数据标准体系的制定有利于信息化的健康发展。以电子政务为例，电子文件元数据、空间地理元数据、数字档案元数据标准的制定，对于我国电子政务、数字档案馆建设、数字城市的健康发展有着重要的意义，可以减少重复浪费，降低信息化建设的成本。一般来讲，元数据标准体系的制定，应该遵循以下两项原则。

（一）可扩展性

在数字环境中，信息资源的内容与形式复杂多样，包括不同的数据类型、不同的格式、不同的载体等等，而且新的资源形式还在不断出现，为了使所制定的标准适应未来的发展，并且能够最大限度地兼容同类信息资源的各种表现形式和各个阶段的存在形式，元数据标准的制定应具有充分的可扩展性。

（二）互操作性

在互操作研究领域，将由不同组织管理的、采用不同技术、异构的分布式系统所组成的团体称为联盟，比如数字档案馆联盟、数字图书馆联盟都是典型的联盟，甚至电子政务系统也可以看做是一个联盟。为了向用户提供一致的服务，需要联盟成员的系统元数据之间具有互操作性。为了实现互操作，需要它们在技术、资源内容和组织管理上达成一致性协议。William Y. Arms 定义了三种层次的互操作：联盟、采集和搜集这三个层次对成员间联系的紧密程度依次降低，比如 Z39.50 实现了联盟层次的互操作，OAI（Open Archives Initiative）是基于元数据采集的思想，而互联网的搜索引擎则属于搜集层次的互操作协议。元数据标准的制定是实现联盟层次的互操作。① 互操作的实现不仅需要元数据的标准化和广泛执行，同时也需要相应的网络技术标准的支持。

第二节　电子文件元数据

电子文件元数据是电子文件的著录标准。由于不需要考虑长期保存利用的问题，相比于数字档案的元数据，其要素项目更为简单。

一、国外电子文件元数据研究项目

自 1999 年以来，电子文件元数据的研究受到各国政府、档案馆、大学和研

① See William Y Arms, Giane Hillmann, Carl Lagoze, et al., A Spechtrum of Interoperability [J/ol], http://www.dlib.org/dlib/janua/ruoz/arms/01arms html, 2005-12-20.

究机构的重视，相继出台了一系列电子文件元数据。我国学者金更达整理了部分国外电子文件元数据研究项目以及元数据标准。[①]

（一）InterPARES

永久保护电子文件真实性国际研究项目（International Research on Permanent AuthenticRecords in Electronic Systems，InterPARES）始于 1999 年，由包括美国、英国、加拿大、中国等 10 余个国家的档案馆以及一些大学和研究机构共同参与研究。InterPARES 项目的主要目标是“建立一整套的理论和方法用于切实保障在数字形态中创建或维护的文件，这些理论和方法为永久保护电子文件及其真实性提供模型构建方针、策略和元数据标准，从而确保电子文件及其真实性的永久保存”[②]。该项目分为以下两个阶段。

1. 第一阶段：1999—2001 年

研究聚集于如何保存那些对于创建主体而言已不再需要的电子文件的真实性，这些文件主要由产生于数据库和文档管理系统中的文本文档组成。这一阶段取得了一定的成果，包括保障电子文件真实性的概念化需求、选择和保护真实电子文件的方法等。第一阶段的研究领域分为五个部分：（1）保护电子文件真实性有何要求；（2）怎样挑选应保存的电子文件；（3）如何保管真实的电子文件；（4）哪些方针、策略及标准可用来长期保护电子文件的真实性；（5）建立 InterPARES 术语学。

2. 第二阶段：2002—2006 年

这一阶段是使用有经验的、交互的、动态的计算机技术开发和明确那些可以确保文件创建和维护的可靠性、真实性，以及长期保存产生于艺术、科学和政府行为中的真实文件所需要的概念、原则、标准和方法，以确保社会记忆在未来的时代中能够被准确访问。InterPARES 在 1999 年 11 月发布了电子文件元数据模板。该模板将元数据划分为以下五个部分。[③]

（1）载体说明。包括电子文件的载体识别、载体特征（包括类型、构成的物理材料、规格等）、载体类型、载体的存储密度与容量等。

（2）外部特征。包括电子文件所用语言、电子文件显现特征（如文本、图形、图像、声音、多媒体等）、电子文件专用符号、印记、数字时戳、电子签名等。

---

① 参见金更达：《国外档案/电子文件元数据标准简介》，载《浙江档案》，2004（11）。

② InterPARES，http：//www.interpares.org/.

③ 参见徐维：《元数据：电子文件管理的关键所在》，载《山西档案》，2000（4）。

（3）内容特征。包括文件的责任者名称、来源名称、形成日期、文件形成所在地地名、收件者的姓名、被抄送者姓名、活动（事务）的表达、活动（事务）的描述、执笔者姓名、独立证明、署名的资格证书等。

（4）背景信息。包括法律行政管理、来源和活动过程方面的背景信息，以及文件所依赖的软硬件环境等技术背景信息。

（5）附注说明。包括在承办过程中所做的附注（如文件传递的顺序、日期、时间和地点、附件情况说明等）；在处理与文件有关事务的过程中所做的附注（如文件接收时间、承办处理机构名称、需进行的活动或文件传递的日期和时间等）；为实现文件管理所做的附注（如归档日期、稿本或版本编号、成套或一类文件中的文件序号、成套文件编号、分类号、收文登记号、文件形成者等）。

（二）BAC①

BAC是源自于美国匹兹堡大学的“Function Requirements for Evidence in Records”项目，由美国著名档案学者戴维·比尔曼负责实施。该研究项目的主要目标是开发一整套定义明确的文件保管功能要求，一方面满足各种法律、行政以及特殊机构的需要；另一方面用于电子信息系统的设计与执行。同时该项目也不断思考文件保管功能如何受到组织的政策、文化、信息技术标准的使用、系统设计及执行等的影响。1995年戴维·比尔曼在该项目研究中提出了目前国际上较具影响的文件管理元数据模型BAC，BAC元数据模型包括六个层次：处理层、条件层、结构层、背景层、内容层和利用历史层。

（1）处理层（Handle Layer）：描述文件特征、文件来源、文件价值以及查找内容所采用的叙词规范和文件检索、利用或处理时的限制状况。

（2）条件层（Terms and Conditions Layer）：文件检索、利用和处理时所遵循的限制条件。

（3）结构层（Structural Layer）：与文件相关信息的数据结构及软硬件设备信息的描述，主要包括案卷说明、文件说明、内容结构、文件来源等信息。

（4）背景层（Contextual Layer）：文件的形成背景，主要包括对文件形成负有责任的机关、团体或个人的说明；系统和过程记录情况的说明。

（5）内容层（Content Layer）：有关文件的主题、主要内容的描述。

（6）利用历史层（Use History Layer）：文件利用的详细记录描述（包括利用者、利用时间和利用效果）。

---

① See Functional Requirements for Evidence in Recordkeeping: The Pittsburgh Project, http://www.archimuse.com/papers/nhprc/meta96.html.

（三）DoD 5015.2①

DoD 5015.2 是美国国防部发布的，用于美国国防部及军事部门实现电子文件管理的元数据标准。根据联邦政府文件保管的要求，DoD 5015.2 明确规定了电子文件管理应用软件的设计标准。同时它依据文件生命周期理论，建立了文件保管理论模型，并依据此模型于 1998 年开发出文件保管应用元数据标准——DoD 5015.2。在此基础上，美国国防部于 2003 年推出了新的国防部标准，被称为 DoD5015.2-STD，目前美国的不少政府机构和提供软件方案的厂家都力图遵循美国国防部的 DoD5015.2-STD 标准。DoD5015.2 元数据模型大致可划分为以下七个层次。

（1）文件实体（Record）：是文件管理的一个实体，它包含了文件所固有的各种信息，包括形成者、形成时间、主题、内容等等。

（2）案卷（File）：定义案卷的信息，包括案卷的名称、形成时间、终止时间、案卷标识、文件集等，其作用是将相关的文件收集到同一集合中。

（3）案卷计划（File Plan）：定义案卷所包含文件的种类、案卷处置、权限证明等信息。

（4）文件类别（Record Category）：定义文件的种类，包括文件标识、描述、部署指令等信息。

（5）处置指令（Disposition Instruction）：定义文件的保持期限并对当达到文件保持期限时应执行的行为进行描述。

（6）案卷类别（File Category）：定义案卷的类别。

（7）中止指令（Cutoff Instruction）：定义案卷中止的指令。

（四）RMSCA②

联邦机构文件保持元数据标准 RMSCA（Recordkeeping Metadata Standard for Commonwealth Agencies）是澳大利亚国家档案馆制定的用于帮助联邦政府机构识别、鉴定、描述和管理各文件管理系统中的电子文件的元数据标准，该标准的制定为联邦政府机构文件管理系统的设计提供了统一的结构与框架，从而实现了电子文件的互操作功能，同时也为档案馆捕获联邦政府机构产生的电子文件提供了统一的标准。RMSCA 参照了戴维·比尔曼设计的元数据模型 BAC，将

---

① See DoD5015.2-STD RMA DESIGN CRITERIA TANDARD，http：//jitc.fhu.disa.mil/recmgt/standards.htm.

② See Recordkeeping Metadata standard for Commonwealth Agencies，http：//www.naa.gov.au/recordkeeping/control/rkms/detailed_metadata.html.

元数据划分为六个层次：处理层、条件层、结构层、背景层、内容层和利用历史层，并定义了 20 个基础元素和 65 个子元素。

二、我国电子文件元数据标准

2008 年 3 月 24 日，国家档案局中央档案馆办公室下发了关于《电子文件元数据标准》和《电子文件管理细则》两项档案行业标准征求意见稿的通知。标志着我国电子文件元数据标准的制定已经基本成熟。其中，《电子文件元数据标准》（征求意见稿）的总体框架表揭示了我国电子文件元数据核心元素集、标识与限定元素等，从文件、责任者、业务、关系与保存五个实体出发，为电子文件的内容、现行业务、机构背景与长期保存提供了较为全面的描述框架（如表 4—1 所示[①]）。

第三节　国内外档案元数据标准

档案文件具有多层级复杂联系的特征。为保持档案文件之间的有机联系，最大可能地保持历史原貌，需要运用一定的标准对其进行著录、标引等序化整理工作。这样的序化整理工作早在传统档案时期就早已经开始了。因此，虽然元数据的概念是伴随着数字资源管理而出现的，但是，它和传统的档案文件著录规则具有相似的作用。

数字档案元数据不同于电子文件元数据。根据前端控制理论和文件连续体理论，数字档案的元数据可以包含电子文件元数据。现行电子文件在流转过程中，可以根据需要选择部分著录项目进行资源著录，等移交到档案馆后再进行最后的补充著录。为了深刻理解档案元数据的含义、构建和应用，将数字档案元数据标准和传统档案著录规则放在一起进行比较分析。

一、数字档案元数据的含义与类型

数字档案馆的元数据是用来描述档案数据本身的内容、结构及其背景特征的数据，它是一个元数据系统，其目的是加强对数字档案信息资源的发现、识别、开发、组织和评价，而且对相关的数字档案资源进行选择、定位，并追踪档案在管理和使用过程中的变化，实现档案信息资源的整合、有限管理、利用和长期保存。

数字档案馆元数据的主要功能有：（1）描述功能，这是最基本的功能；（2）检索功能，为用户提供方便快捷、多层次、多途径的检索体系；（3）选择功能，支持用户在不浏览档案信息的情况下，对信息对象有基本的了解，从而决定对信息

① 参见《电子文件元数据标准》和《电子文件管理细则》两项档案行业标准征求意见稿，发布时间：2008-04-24，http：//www.archives.org.cn/news.aspx？id=187。

表 4—1　　电子文件元数据总体框架表

序号	元素集	元素	元素标识	限定元素	限定元素标识
1	1. 文件实体 Record Entity	1.1 文件层级	Record Category		
2		1.2 文件标识	Record Identifier	1.2.1 文件标识码	Record Identifier
3				1.2.2 文件编号	Record Number
4		1.3 文件题名	Record Title	1.3.1 正题名	Record Title
5				1.3.2 并列题名	Alternative Title
6				1.3.3 副题名	Annotation Title
7				1.3.4 缩略题名	Abbreviated Title
8		1.4 文件分类	Record Classification	1.4.1 职能分类	Function Classification
9				1.4.2 主题分类	Subject Classification
10		1.5 文件主题	Record Subject	1.5.1 主题词或关键词	Subject/Keyword
11				1.5.2 次关键词	Second Level Keyword
12				1.5.3 第三关键词	Third Level Keyword
13		1.6 文件摘要	Record Abstract		
14		1.7 文件日期	Record Date	1.7.1 创建日期	Creation Date
15				1.7.2 登记日期	Registration Date
16				1.7.3 传输日期	Transfering Date
17		1.8 文件语种	Record Language Type		
18		1.9 文件种类	Record Form		
19		1.10 文件覆盖范围	Record Coverage	1.10.1 覆盖时间	Coverage Period
20				1.10.2 覆盖区域	Coverage Area
21		1.11 文件技术环境	Record Technical Environment	1.11.1 媒体格式	Media Format
22				1.11.2 数据格式	Data Format
23				1.11.3 载体类型	Medium Type
24				1.11.4 扩展名	Extent
25				1.11.5 原始创建环境	Original Creating Environment
26				1.11.6 载体到期时间	Medium Due Date

续前表

序号	元素集	元素	元素标识	限定元素	限定元素标识
27	1. 文件实体 Record Entity	1.12 文件位置	Record Location	1.12.1 当前位置	Current Location
28				1.12.2 存储位置	Store Location
29				1.12.3 存储日期	Location Date
30				1.12.4 存储说明	Store Statement
31		1.13 文件权限	Record Rights	1.13.1 访问控制	Record Access
32				1.13.2 使用条件	Record Use Condition
33				1.13.3 安全等级	Record Security Classification
34				1.13.4 存取警告	Record Access Caveat
35				1.13.5 存取说明	Record Access Statement
36				1.13.6 存取时间	Record Access Date
37				1.13.7 到期时间	Record Due Date
38		1.14 文件处置	Record Disposal	1.14.1 处置授权	Disposal Authorisation
39				1.14.2 处置内容	Disposal Sentence
40				1.14.3 处置状态	Disposal Status
41				1.14.4 处置日期	Disposal Date
42				1.14.5 处置说明	Disposal Statement
43		1.15 文件管理历史	Record Management History	1.15.1 事件标识	Event Identifier
44				1.15.2 事件类型	Event History Type
45				1.15.3 事件描述	Event History Definition
46				1.15.4 事件实施日期	Event History Date
47	2. 责任者实体 Agent Entity	2.1 责任者层级	Agent Category		
48		2.2 责任者标识	Agent Identifier	2.2.1 责任者标识码	Agent Identifier
49				2.2.2 责任者数字签名	Digital Signature
50		2.3 责任者描述	Agent Description	2.3.1 责任者名称	Agent Title
51				2.3.2 责任者简称	Abbreviated Name

续前表

序号	元素集	元素	元素标识	限定元素	限定元素标识
52	2. 责任者实体 Agent Entity	2.3 责任者描述	Agent Description	2.3.3 责任者职责范围	Agent Domain
53				2.3.4 责任者办公地址	Agent Business Address
54				2.3.5 责任者联系地址	Agent Contact Address
55				2.3.6 责任者建立日期	Agent Commencement Date
56				2.3.7 责任者撤销日期	Agent Cessation Date
57				2.3.8 责任者行为日期	Agent Operational Period Date
58		2.4 责任者权限	Agent Rights	2.4.1 责任者存取安全等级	Agent Access Security Classification
59				2.4.2 责任者存取警告	Agent Caveat
60				2.4.3 文件保管许可	Recordkeeping Permissions
61				2.4.4 责任者存取说明	Agent Access Statement
62				2.4.5 责任者存取生效日期	Agent Determination Date
63				2.4.6 责任者存取到期日期	Agent Review Due Date
64		2.5 责任者行为历史	Agent Activity History	2.5.1 责任者行为标识	Agent Activity Identifier
65				2.5.2 责任者行为类型	Agent Activity Type
66				2.5.3 责任者行为定义	Agent Activity Definition
67				2.5.4 责任者行为日期	Agent Activity Date
68	3. 业务实体 Function Entity	3.1 业务层级	Function Category		
69		3.2 业务标识	Function Identifier	3.2 业务标识码	Function Identifier
70		3.3 业务法规依据	Function Mandate	3.3.1 业务法规类型	Function Mandate Type
71				3.3.2 业务法规题名	Function Mandate Title
72				3.3.3 业务法规标识	Function Mandate Identifier
73				3.3.4 业务法规描述	Function Mandate Description
74				3.3.5 业务法规有效日期	Function Mandate Valid Date
75				3.3.6 业务法规赋予权限	Function Mandate Jurisdiction

续前表

序号	元素集	元素	元素标识	限定元素	限定元素标识
76	3. 业务实体 Function Entity	3.4 业务描述	Function Description	3.4.1 业务范围	Function Activity Area
77				3.4.2 业务名称	Function Title
78				3.4.3 业务说明	Function Statement
79				3.4.4 业务执行日期	Function Executive Date
80				3.4.5 业务完成日期	Function Completed Date
81				3.4.6 业务失效时间	Function Invalid Date
82		3.5 业务权限	Function Rights	3.5.1 业务存取安全等级	Function Access Security Classification
83				3.5.2 业务存取警告	Function Caveat
84				3.5.3 业务使用条件	Function Use Condition
85				3.5.4 业务存取说明	Function Access Statement
86				3.5.5 业务存取生效日期	Function Determination Date
87				3.5.6 业务存取到期日期	Function Review Due Date
88		3.6 业务处理过程	Function History	3.6.1 业务处理标识	Function Event Identifier
89				3.6.2 业务处理类型	Function Event Type
90				3.6.3 业务处理定义	Function Event Definition
91				3.6.4 业务处理日期	Function Event Date
92	4. 关系实体 Relation Entity	4.1 关系实体标识	Relation Entity Identifier		
93		4.2 关系实体类型	Relation Entity Classification		
94		4.3 相关实体标识	Identifier Of The Related Entity		
95		4.4 相关实体类型	Tpye Of The Related Entity		
96		4.5 关系定义	Relationship Definition		
97		4.6 关系时间	Relationship Time		

续前表

序号	元素集	元素	元素标识	限定元素	限定元素标识
98	5. 保存实体 Preservation Entity	5.1 签名信息	Signature Info	5.1.1 签名格式描述	Signature Format Description
99				5.1.2 签名算法	Signature Algorithm
100				5.1.3 签名日期	Signature Date
101				5.1.4 签名者	Signer
102				5.1.5 签名	Signature
103				5.1.6 证书链	Signature Block
104		5.2 锁定签名信息	Lock Signature Info	5.2.1 锁定签名格式描述	Lock Signature Format Description
105				5.2.2 锁定签名算法	Lock Signature Algorithm
106				5.2.3 锁定签名日期	Lock Signature Date
107				5.2.4 锁定签名者	Lock Signer
108				5.2.5 锁定签名	Lock Signature
109				5.2.6 锁定证书链	Lock Signature Block
110		5.3 编码	Encoding	5.3.1 编码文件格式	Rendering Text
111				5.3.2 当前编码关键词	Rendering Keywords
112				5.3.3 文件编码	Record Encoding

的取舍；（4）定位功能，提供档案信息资源本身所在位置的信息；（5）管理功能，保存对档案日常使用、管理方面的相关信息，便于数字档案馆的管理。

对数字档案馆元数据的编写可采用一定的格式。由于数字档案资源的形态各异，不同形式和内容的数字资源对元数据格式的要求也不一样。按照元数据描述的对象来分，目前常见的档案元数据格式主要有：第一，对档案内容进行描述的元数据，如国际档案著录标准（总则）ISAD（G）、编码档案著录标准 EAD；第二，描述档案背景信息的元数据，如法人、个人及家庭背景信息国际档案规范文本 ISAAR、编码档案背景规范 EAC；第三，其他标准，如档案、个人论文和手稿规范 APPM，文本编码项目 TEI 等等。

二、国外主要档案元数据标准介绍

迄今为止，世界各国使用多种档案元数据标准体系，它们具有不同的特点，有些侧重于档案信息描述的某些侧面，如 ISAAR 侧重于档案背景信息描述，有些则侧重于内容描述。

（一）国际档案著录标准（总则）ISAD（G）

ISAD（G）是国际档案理事会 ICA（International Council on Archives）制定的第一个档案著录标准，适用于传统档案与电子档案，在世界许多国家和地区得到广泛应用。

1. 历史背景

ISAD（G）于 1990 年由联合国教科文组织与 ICA 合作制定。ISAD（G）指定了世界各地档案共同著录的 26 个项目，要求这些项目尽可能地以 ISAD（G）的名称来建立档案信息的智能控制与存取，对传统档案和电子档案资料进行著录。1994 年 ISAD（G）第一版正式形成，1996—2000 年对第一版进行了修改，2000 年年初正式出版了第二版。如今 ISAD（G）已经被翻译为多种语言，包括葡萄牙语、荷兰语、法语、英语、德语、威尔斯语，遗憾的是还没有汉语版本。①

2. 结构

ISAD（G）由以下七个部分组成，每个部分又有各自的子项目。

（1）识别著录（Identity Statement），提供定义著录单元的必要信息：Reference code (s)（相关代码）、Title（题名）、Dates（日期）、Level of description（著录层级）、Extent and medium of the unit（著录单元的范围与媒体）。

---

① See ISAD (G): General International Standard Archival Description (Second Edition) Adopted by the Committee on Descriptive Standards Stockholm, Sweden, 19-22 September 1999, http: //www. ica. org/biblio. php? pdocid=1, 2006-03-13.

（2）背景（Context），提供有关著录单元的原始次序和管理状况的信息：Name of Creator（档案形成者名称）、Administrative/Biographical History（立档单位的行政/历史考证）、Archival History（档案历史）、Immediate Source of Acquisition or Transfer（接收或征集的档案文件的直接来源）。

（3）内容和结构（Content and Struture），提供有关著录单元的主题资料和编排的信息：Scope and Content（范围与内容）、Appraisal /Destruction and Scheduling Information（鉴定/销毁及保管期限划分的信息）、Accruals（增加）、System of Arrangement（编排体系）。

（4）检索和利用的条件（Conditions of Access and Use），提供便于检索利用方面的信息：Conditions Governing Access（检索限制条件）、Conditions Governing Reproduction（利用限制条件）、Language/Scripts of Material（语言/手稿资料）、Physical Characteristics and Technical Requirements（实体特征与技术要求）、Finding Aids（检索工具）。

（5）相关资料（Allied Materials），提供与有关著录单元有重要关系的资料：Existence and Location of Originals（原件存放位置）、Existence and Location of Copies（其他版本的存放位置）、Related Units of Description（相关著录单元）、Publication Note（出版附注）。

（6）附注（Notes），提供特殊信息及不能放在其他范围的信息。

（7）著录控制（Description Control），提供有关进行著录的时间、方式和人等信息：Archivists Note（档案工作者附注）、Rules or Conventions（规划或协议）、Date (s) of Descriptions（著录日期）。

这个一般原则所包含的 26 个元素是针对使用可获得的，但是有 6 个元素是必须被使用的，即相关代码、题名、日期、著录层级、著录单元的范围与媒体。

（二）编码档案著录标准（EAD）

编码档案著录标准格式主要用于描述档案和手稿资源，包括文本文档、电子文档、可视材料和声音记录。EAD 目前已经是美国档案著录的国家标准，并逐渐在其他国家得到应用。

1. 背景

EAD 最早是在美国伯克利加利福尼亚大学图书馆发起的伯克利检索工具项目（Berkeley Find Aids Project，BFAP）中提出的，1998 年完成了第一版 EAD 标准。EAD 主要由四部分组成，其中 EAD DTD 是该标准的主体部分。EAD DTD 是基于《国际档案著录标准（总则）》ISAD（G）之上的一部档案著录交流标准。它是以通用标准语言（SGML）和扩展标记语言（XML）文件类型定义

(DTD) 的形式存在的。现在已有了 EAD 2002 版，此版本在第一版的基础上新增了“实体技术”(phystech) 这个元素，由 EAD DTD1.0 版的 145 个元素变为 146 个元素。现在由美国档案管理员协会的编码档案著录工作组（the Encoded Archival Description Working Group of the Society of American Archivists）与美国国会图书馆网络开发和 MARC 标准办公室（the Network Development and MARC Standards Office of the Library of Congress）共同维护。①

2. 结构

EAD 格式的记录由头标〈Eadheader〉、前事项〈Frontmatter〉及内容描述〈Arches〉三个部分组成。头标是必备的项，由 EAD 标识符〈Eadid〉、文件描述〈Filedesc〉、背景描述〈Profiledesc〉、修订描述〈Revisiondesc〉四个元素组成，提供内容部分文本的书目信息。前事项是一个可选项，主要内容是按照本地需要的顺序，重复在头标元素中已经出现的内容。内容描述部分包含了档案材料的主体信息。EAD 元数据的具体构成如表 4—2 所示。②

表 4—2　　　　EAD 元数据的构成

元素	子元素	孙元素（备注）
〈Eadheader〉头标（必备）	〈Eaddid〉EAD 标识符	对 EAD 检索工具文件提供唯一标识
	〈Filedesc〉文件描述	〈Title Stmt〉题名、〈Edition Stmt〉版本、〈Extent〉大小、〈Note Stmt〉附注、〈Series Stmt〉系列
	〈Profiledesc〉背景描述	〈Creation〉档案形成，包括形成的机构、时间、编目日期等、〈Language〉语言
	〈Revisiondesc〉修订描述	记录创建、更改、删除的信息
〈Frontmatter〉前事项（可选）		重排〈Eadheader〉的内容
〈AchDesc〉内容描述（必备）	〈Did〉描述标识符	〈Abstract〉摘要、〈Container〉容器、〈Dao〉数据对象、〈Note〉附注、〈Origination〉组织、〈Physdesc〉实体描述、〈Physolc〉物理描述、〈Repository〉库藏、〈Untidate〉单元日期、〈Untitid〉单元标识符、〈Untittile〉单元题名

① See Encoded Archival Description Tag Library Version2002 (2006-03-14), http://www.loc.gov/ead/tglib/element _ index.html.

② See Design Principles for Enhancements to EAD December 2002, 2006-03-08, http://www.loc.gov/ead/eaddesgn.html.

续前表

元素	子元素	孙元素（备注）
〈AchDesc〉内容描述（必备）	〈Add〉附属描述数据	〈Bibliography〉书目、〈Fileplan〉文件计划、〈Index〉索引、〈Other Find Aid〉其他检索工具、〈p〉段落、〈Relatedmaterial〉相关资料、〈Separated Material〉独立资料
	〈Admininfo〉管理信息	〈Accessrestrict〉访问限制、〈Accruals〉增加、〈Acqnifo〉获得信息、〈Altformavail〉可选形式、〈Appraisal〉评价、〈Custodhist〉保管历史、〈p〉段落、〈Prefercite〉最优引用、〈Processinfo〉处理信息、〈Userestrict〉使用限制
	〈Arrangement〉编排	提供文件归档顺序的相关信息
	〈Bioghist〉传记/历史	提供档案生产者的信息，给予相关的背景说明
	〈Controlaccess〉访问控制	〈Corpname〉团体名、〈Famname〉家庭名、〈Function〉功能、〈Genreform〉类型形式、〈Geogname〉地理名、〈Name〉名称、〈Occupation〉职业、〈Persname〉个人名、〈Subject〉主题、〈Title〉标题
	〈Dao〉数据对象	用属性（属性参考）和（超级链接）来连接检索工具信息及其电子形式
	〈Note〉附注	提供解释性的简短陈述
	〈Odd〉其他描述数据	提供难以并入其他命名元素中的描述数据
	〈Organization〉组织	有关描述资料细分为更小单位的信息
	〈Scopecontent〉范围描述	提供数据的主题覆盖范围
	〈Dsc〉附属成分描述	描述有关信息层级群组的信息

表4—2中分为元素，元素的子项目称为子元素，子元素的子项目称为孙元素。由于篇幅的限制，表4—2中只是一些常见的元素，而并不是全部。有些元素是反复出现的，在这里也没有列出来。如附注〈Note〉在描述标识符〈Did〉、附属描述数据〈Add〉、管理信息〈Admininfo〉中都有，这里只在描述标识符〈Did〉中列出。有些元素虽然为必备项，但是它的子元素和孙元素并不一定全部都是必备的。

3. 应用

自从EAD问世以后，越来越多的国家和地区的档案机构应用EAD，目前几个影响较大的项目主要有：（1）加州遗产项目（California Heritage Project）。加州遗产收藏是一个公共的数字档案馆，收藏有关加州历史的照片、画片、手稿等。该项目将大量的资料通过扫描的方式数字化，然后直接用EAD著录，截至1998年3月，已在网上提供了154个EAD编码的检索工具。（2）加州联机档案馆项目（The Online Archive of California Project）。这是一个用EAD对检索工具编码的试验项目，它的目标是建立一个包括3 000页的档案检索工具数据的原型数据库。（3）核心执行先导项目（Core Executive Pilot Project）。由英国皇家委员会发起，目的是对英国中央政府1916年至今的部分文件的检索工具提供网上利用。[①] 台湾研究院历史语言研究所采用EAD1.0对所收藏的内阁大库明清档案进行著录。[②]

4. 特点

EAD是目前全世界档案界最有影响的档案著录结构标准之一，主要具有以下特点。

（1）著录详尽，适用范围广泛。EAD可以提供详细的全文著录和存取，为档案馆的目录提供了一种结构化的描述，能适应任何长度的目录和记录，并能够描述在各种媒体上的所有类型的档案，包括文本文档、电子文档、可视材料和声音记录等等。

（2）易用性和兼容性。由于EAD基于XML和SGML，而XML和SGML具有易用、直观、透明度高、使用灵活、不依赖任何软硬件平台等特点，因此EAD具有易用性，并且能够同现在许多基于XML的元数据，如DC、MARC、ISAD（G）等进行互换，真正实现文件信息的共享。

（3）可扩展性。EAD只有三个层次，各档案机构在很大程度上可以根据档案馆的特点，在给定的规则之下对各个层次里的内容自行编写标签，并且在事前项部分还可以随意地调整编码元素的顺序。

（4）便于检索。EAD的元素是结构化的、有层次的，除了支持对字段和全文一般的检索如布尔逻辑检索、截词检索、近似检索外，还可以在目录中查找单个项目和离散的数据项，便于满足用户的具体需要，快速地获得自己所需的信息。

（三）EAD与ISAD（G）的关系

EAD是在ISAD（G）的基础上发展起来的，二者在对档案的著录、定位和检索方面各具优势，相辅相成。ISAD（G）是通用性原则，具有更强的简易性

---

① 参见徐芸：《档案元数据标准建设及其网上实现》，载《情报学报》，2003（8）。

② 参见宋雪雁、王萍、温阳红：《EAD与ISAD（G）的映射关系及其在中文档案著录中的应用》，载《情报科学》，2005（8）。

和互通性。ISAD（G）与 EAD 的映射关系，如表 4—3 所示。① 表 4—3 列出了两者明显对应的数据元素名，省略其他模糊的对应关系。表中如果有几个并列的元素，用“[]”说明这个元素是第一个子元素，如〈实体描述〉〈Physdesc〉[范围]〈Extent〉，表示[范围]元素被包含在〈实体描述〉元素中。如果用“；”隔开，说明这些元素都可与相应的 ISAD（G）的数据元素映射。

表 4—3　　　　EAD 与 ISAD（G）的比较

ISAD（G）	EAD
Reference Code（s）（相关代码）	〈EAD 识别〉〈Eadid〉[维护机构代码]（MAINAGENCYCODE）与[国码]（COUNTRYCODE）；〈单元识别〉〈Unitid〉[维护机构代码]（MAINAGENCYCODE）与[国码]（COUNTRYCODE）
Title（题名）	〈单元题名〉〈Unittitle〉
Dates（日期）	〈单元日期〉〈Unitdate〉
Leval of Description（描述层级）	〈构件〉〈c〉[层级]〈LEVEL〉
Extent and Medium of the Unit（描述单元的范围与媒体）	〈实体描述〉〈Physdesc〉[范围]〈Extent〉、[尺寸]〈Dimensions〉、[类型特征]〈Genreform〉、[实体面]〈Physfacet〉
Name of Creator（档案形成者名称）	〈来源〉〈Origination〉
Administrative/Biographical History（立档单位的行政/历史考证）	〈传记/历史〉〈Bioghist〉
Archival History（档案历史）	〈收藏历史〉〈Custodhist〉
Immediate Source of Acquisition（接收档案的直接来源）	〈接收信息〉〈Acqinfo〉
Scope and Content（范围与内容）	〈范围与内容〉〈Scopecontent〉
Appraisal，Destruction and Scheduling（鉴定、销毁及保管期限划分）	〈鉴定〉〈Appraisal〉
Accruals（增加）	〈增加〉〈Accruals〉
System of Arrangement（编排体系）	〈编排〉〈Arrangement〉
Conditions Governing Access（检索限制条件）	〈取用限制〉〈Accessrestrict〉
Conditions Governing Reproduction（利用限制条件）	〈利用限制〉〈Userestrict〉

① See Design Principles for Enhancements to EAD December 2002 Appendix A EAD Crosswalks，http://www.loc.gov/ead/tglib/appendix_a.html，2006-03-08.

续前表

Language/Scripts of Material（语言/手稿资料）	〈语言资料〉〈Langmaterial〉
Physcial Characteristics and Technical Requirements（实体特征与技术要求）	〈实体技术〉〈Phystech〉
Finding Aids（检索工具）	〈其他检索工具〉〈Otherfindaid〉
Existence and Location of Originals（原件存放位置）	〈原件位置〉〈Originalsloc〉
Existence and Location of Copies（其他版本的存放位置）	〈其他可取得的形式〉〈Altformavail〉
Related Units of Description（相关描述单元）	〈独立资料〉〈Separatedmaterial〉；〈相关资料〉〈Relatedmaterial〉
Publication Note〈出版附注〉	〈书目〉〈Bibliography〉
Note（附注）	〈附注〉〈Note〉；〈其他描述资料〉〈Odd〉
Archivist's Note（档案人员附注）	〈处理信息〉〈Processinfo〉
Rules or Conventions（规划或协议）	〈描述规则〉〈Descrules〉
Date (s) of Descriptions（描述日期）	〈处理信息〉〈Processinfo〉；〈段落〉〈p〉；〈日期〉〈Date〉

（四）法人、个人及家庭背景信息国际档案规范文本 ISAAR (CPF)

ISAAR (CPF) 为描述形成档案的法人、个人以及家庭提供了一个标准工具。在著录系统中创建既相互分离又互有联系的档案形成者的描述，为获取以及管理、发现、利用和理解档案的背景信息提供了一个有效而灵活的手段。

1. 背景

法人、个人及家庭背景信息国际档案规范文本（International Standard Archival Authority Record for Corporate Bodies，Persons，and Families，ISAAR (CPF)）第一版是由国际档案理事会的著录标准委员会 ICA/DDS（ICA Ad Hoc Commission on Descriptive Standards）在 1993—1995 年期间发起的，1996 年正式出版，2004 年又制定了第二版。第二版是第一版的扩展和重构，在内容上由第一版的三个部分变为第二版的四个部分，另外还对此标准如何与档案材料和其他资源（如 ISAD (G)）相链接进行了描述。①

2. 结构

ISAAR (CPF) 的元素共分为四大类，每个大类下面又分为很多子元素，

① See ISAAR (CPF)：International Standard Archival Authority Record for Corporate Bodies，Persons and Families (Second Edition)，http：//www. ica. org/biblio. php? pdocid=144，2006-03-16.

具体如下。

(1) 身份（Identity Area)。团体类型（Type of Entity)，名称正规形式（Authorized Form (s) of Name)，平行名称形式（Parallel Forms of Name)，其他规定中的标准名称形式（Standardized Forms of Name According to Other Rules)，其他名称形式（Other Forms of Name)，团体标识符（Identifiers for Corporate Bodies)。

(2) 描述区域（Description Area)。存在时间（Dates of Existence)，历史（History)，地点（Places)，法律地位（Legal Status)，作用、职业和活动（Functions, Occupations and Activities)，授权/正规出处（Mandates/Sources of Authority)，内部结构/家谱（Internal Structures/Genealogy)，一般背景（General Context)。

(3) 关系（Relationships Area)。相关团体，个人和家庭的名称/标识（Names/Identifiers of Related Corporate Bodies，Persons or Families)，关系类型（Category of Relationship)，关系描述（Description of Relationship)，关系日期（Dates of the Relationship)。

(4) 控制（Control Area)。正规文件识别（Authority Record Identifier)，机构识别（Institution Identifiers)，规则和/或协议（Rules and/or Conventions)，地位（Status)，细节层次（Level of Detail)，创立/修改或删除的时间（Dates of Creation/Revision or Deletion)，语言和手稿（Languages and Scripts)，来源（Sources)，保管附注（Maintenance Notes)。

在以上这些元素中，有四个元素是必须选的：团体类型（Type of Entity)，正规名称形式（Authorized Forms of Name)，存在日期（Dates of Existence)，正规文件标识（Authority Record Identifier)。

3. 发展

ISAAR (CPF) 将与 EAD 兼容，以便建立一个传记和历史数据库。这个数据库对形成档案资源的团体机构、个人和家族的文献进行处理，对于分散的和复杂的全宗著录具有重要价值。另外，按照此标准建立起来的文件可以达到跨国、跨语言链接背景信息的目的，如链接关于殖民、移民和贸易等具有跨国特征的文件。

(五) 编码档案背景规范（EAC)

编码档案背景规范（Encoded Archival Context，EAC）是一项基于可扩展性语言（XML）的元数据标准，是 EAD 的延伸和扩展。除了适用于档案领域之外，还可应用于图书馆、博物馆、个人传记和组织历史极大的家谱数据库中。

1. 背景

编码档案著录规范 EAD 不能提供独立的关于文件作者（Authority）及背景的信息。针对这一问题，温迪·达夫（多伦多大学）和理查德·萨瑞（耶鲁大学），在1998年最先提出建立一个对创作者和背景信息的编码标准。在发起人的支持下和美国联邦数字图书馆的资助下，他们于1999年在耶鲁大学举行会议，在2001年3月和6月分别在多伦多大学和弗吉尼亚大学举行了两次会议，研究制定关于编码档案背景规范（EAC）。①

2. 结构

每个EAC文件（EAC Document）包括两个部分：头标〈Eacheader〉和环境描述〈Condesc〉，〈Eacheader〉提供背景描述，环境描述包含创作者描述。头标和环境描述都包括具体的子元素，有些是必须的而有些是可选择的。EAC元数据集的结构如表4—4所示。②

表4—4　　　　EAC元数据集的结构

元素	子元素	可选性	备注
〈Eacheader〉头标	〈Eadcid〉-Eac Identifier 识别	必须	在自有系统内描述文件的唯一识别
	〈Manihist〉-Maintenance History 维护历史	可选	对创立、输入、更新和删除的描述
	〈Languagedecl〉-Language Declaration 语言	可选	可读语言描述
	〈Ruledecl〉-Rules Declaration 规则	可选	描述的规则
	〈Sourcedecl〉-Source Declaration 来源	可选	信息的来源
	〈Authdecl〉-Authority Declaration 创作者	可选	包括目录和价值描述
〈Condesc〉环境描述	〈Identity〉身份	必须	存在过程中所有使用的名称
	〈Eacrel〉-Eac Relations 相关记录	可选	记录有相互关系的元素
	〈Resourcerels〉-Resources Relations 相关资源	可选	相关资源链接
	〈Funactrels〉-Function Activities Relations 功能 活动描述	可选	指向受控词表和有关功能活动的描述
	〈Desc〉-Decription 描述	可选	可分为〈Persdesc〉〈Famdesc〉〈Corpdesc〉

① See Encoded Archival Context Initiative (EAC), http://XML: coverpages. org/eac. html, 2006-03-11.

② See Creator Description Encoded Archival Context, Daniel V. Pitti University of Virginia, http://www. sba. unifi. it/ac/relazioni/pitti _ eng. pdf.

除了以上的子元素外，头标还包括许多属性，如创作者类型（Type）：个人、团体或家庭，版本的地位（Status）：草稿本、正式本（Edited）或删除本等。在环境描述部分中，身份〈Identity〉最为复杂，除了可能需要使用多个名称外，还必须适应两个或多个平行的名字以及不同语言或者版本的需要，在一些不止一种官方语言的国家，如加拿大，一个团体的名字经常用多种语言描述。

3. EAC与ISAAR（CPF）的关系

EAC是ISAAR（CPF）的补充，为了保持EAC与ISAAR（CPF）修订版的一致性，决定参与多伦多会议的许多成员同时也参加ISAAR（CPF）第二版的制定。而且制定EAC的原则与方法将提交到国际档案描述标准委员会，由其来指示ISAAR（CPF）的修订。因此EAC模式将与修订版ISAAR（CPF）完全相一致。[1]

ISAAR（CPF）标准只陈述了支持档案正规信息交换的一部分条件，成功的网络档案正规信息自动交换取决于交换存储器对一套交流格式的应用，EAC就是一种支持ISAAR（CPF）与档案正规数据在网上交换的一个交流格式。

（六）文本编码倡议（TEI）

文本编码倡议（The Text Encoding Initiative，TEI）主要用于文字信息的转换，但对于其他格式的信息，如图像声音等也有涉及。它不但可用于新建立的电子资源，也可以转换已存在的资料；不但可用于电子文件的著录，也可用于纸质档案的电子化。TEI现在已被称为文字资料的电子格式。

第一版的TEI使用标准通用标志语言（SGML），最近的版本（TEI P4，2002），已可使用可扩充标志语言（XML）。因此TEI格式具有很大的灵活性、综合性、可扩展性。[2]

所有符合TEI标准的文件都包括一个TEI标头部分（以元素〈TEI标头〉（〈Tei Header〉）标志）与文件正文部分（以元素〈文件〉（〈Text〉）标志）。

〈Tei Header〉标志中提供的信息类似于印刷本提供的书名页，包括四个部分，每个部分又有子元素：（1）文件描述〈File Desc〉：题名作者叙述〈Title Stmt〉、版本叙述〈Edition Stmt〉、档案大小〈Extent〉、出版叙述〈Publication Stmt〉、集合叙述〈Series Stmt〉；（2）编码描述〈Encoding Desc〉：计划描述〈Project Desc〉、取样宣告〈Sampling Decl〉、编辑宣告〈Editorial Decl〉、标志

---

① See Report from Tornoto Archival Context Meeting Mach 2001 Appendix B statement of principles：the Tornto Tenets，http：//www. library. yale. edu/eac/torontoreport-final. htm.

② See TEI U5：Encoding for Interchange：an introduction to the TEI，http：//www. tei-c. org/Lite/teiu5 _ en. xml. ID=U5-Intro.

宣告〈Tags Decl〉、参考宣告〈Refs Decl〉、分类宣告〈Class Decl〉；（3）背景描述〈Profile Desc〉：建置信息〈Creation〉、使用语言〈LangUsage〉、分类用词〈Text Class〉；（4）修改描述〈Revision Desc〉：日期〈Date〉、责任叙述〈Resp Stmt〉、项目〈Item〉。文件正文部分一般包括：正文前信息〈Front〉、正文〈Body〉、正文后信息〈Back〉。

（七）各档案元数据标准之间的关系

以上各个元数据各有特点，"从使用的状况来看，大部分欧洲国家如英国、法国、瑞典、德国、西班牙、意大利等均采用国际档案理事会编制的档案著录通用规则（ISAD（G））和档案规范记录国际标准（ISAAR（CPF），第二版 2004 出版）对档案进行多级著录和多媒体信息管理，而在北美较多的用 EAC 和 EAD 进行档案著录。"[①]表 4—5 可以说明以上五种元数据格式的联系与区别。

表 4—5　　上述五种档案元数据之间的关系

		EAD	ISAD（G）	ISAAR	EAC	TEI
背景	制定的时间	1998 年第一版、2002 年第二版	1994 年第一版、2000 年第二版	1996 年第一版、2004 年第二版	2001 年	1995 年第一版、2002 年第二版
	主要发起者	美国伯克利加利福尼亚大学图书馆	国际档案理事会	国际档案理事会	多伦多大学和耶鲁大学	一个国际项目，赞助人有：ACL、ALLC、ACH
需求情况	运用对象	档案和手稿内容	各种载体档案	档案背景信息	档案背景信息	电子形式全文的编码和描述
	目的	对电子文本全文编码	提供电子文本内容描述	提供背景信息	提供背景信息	电子形式交换的文本编码标准
	应用的主要国家	北美，特别是美国	欧洲国家	欧洲国家	北美	全球（用于电子文件编码）
元素	结构特点	3 个高层元素	7 个部分	4 个部分	2 个部分	2 个部分
	核心元素	〈eadheader〉和〈filedesc〉必备部分	6 个	4 个	2 个	4 个

① 《第十五届国际档案大会及其学术动向》，http：//www.gxun.edu.cn/glxy/banjiwangzhan/03dang/03dang/%CD%F8%D2%B3/19.htm。

续前表

功能	对象/实体描述方面的规定	有	有	有	有	有
功能	编码/交换规则或传输语言	SGML/XML/HTML	XML	XML	SGML/XML	SGML/XML/HTML
功能	传输协议	HTTP	HTTP	HTTP	HTTP	HTTP
功能	与置标语言一起使用的DTD	有	无	无	有	有
功能	记录是否容纳全文	是	是	所有背景	所有背景	是

三、我国档案著录规则与 EAD 的比较

从国内外情况看，我国制定档案著录规则起步较早，“1985 年就制定了我国档案界的第一个国家标准，即《GB/3792.5－8.5 档案著录规则》”①。“1999 年又颁布了中华人民共和国行业标准《档案著录规则（DA/T18－1999)》，在此标准中档案著录项目共分七项，每项分若干著录单元（小项），这是现在我国进行档案著录的参照标准。”②

目前我国实施的《档案著录规则》（DA/T18－1999）与 EAD 元数据标准主要有以下关系：首先，两者存在联系。从总的著录对象来说，两者的对象都主要是针对档案资源；在著录项目的设置上存在相同之处，如“正题名、并列题名”与“〈Titleproper〉”、“副题名”与“〈Subtitle〉”、“作者”与“〈Aut Hor〉”、“其他责任者”与“〈Sponsor〉”、“文件形成时间”与“〈Date〉”、“附件”与“〈Note〉”、“数量”与“〈Num〉”等。其次，规则制定的目的是一样的，都是为了便于档案的管理、检索与利用。但是两者又有明显区别。

（1）著录元素的数量和格式不同。在元素数量方面，我国《档案著录规则》（DA/T18－1999）的元素共分为 7 个大项，20 个小项，要比 EAD 元素少得多，且针对电子档案的著录元素极其缺乏，如文件的版本、编程语言、文本类型、应用软件等；EAD 是利用 XML 语言进行层次化和等级式的著录，所有的元素都

① 张正强：《电子档案著录的研究》，载《浙江档案》，2000（6）。

② 《中华人民共和国行业标准档案著录规则，DA/T 18－1999》，http：//202.121.48.88/archives/4gwdt/newdata/zhulu.htm。

包含在〈Ead〉〈/Ead〉结构中，而我国的著录格式目前一般采取段落符号式条目格式，格式如图 4—1 所示。

分类号		档案馆代号
档　号	电子文档号	缩微号

正题名＝并列题名：副题名及说明题名文字：文件编号/责任者＋附件．－稿本：文种．－密级：保管期限．－时间．－载体类型：数量及单位：规格．－附注

提要

主题词或关键词

图 4—1　段落符号式条目格式

(2) 著录的层次等级不同。从以上的格式可以看出我国的档案著录规则只是进行案卷级和文件级的著录，而并没有对全宗进行著录，如机构的行政管理历史、档案的历史沿革、传记概况等，这样的著录结果违背了档案全宗的基本原则。而 EAD 是通过多层和分级来描述档案对象的，通过对文件整体的描述及更多分级描述，如系列（Series）、子系列（Sub-series）、文件（Folder）、条目（Item）等来提供一种结构性的检索工具（Finding aids）。① 其著录的结果可以反映档案实体管理的各个级别。

(3) 著录的主要对象不同。我国《档案著录规则》（DA/T18－1999）主要针对稳定的物理载体，并且主要是用于档案的后控著录，所以不适宜电子档案的著录；而 EAD 是为数字资源而制定的。其设计原则具有可扩展性、可选择性、可重复性等特点，有利于揭示各类电子文献的各种特征，进而达到网络资源的组织、分类、索引等目的。

(4) 著录规范化手段不同。EAD 是以 XML 语言格式著录的，XML 的标准语法结构"〈〉著录内容〈/〉"能够保证著录文档的规范和有序化。而我国的档案著录主要靠一些置标标识符来保证目录数据的规范化和有序化，主要的标识符有："．—"表示其后的数据项是一个大项、"/"表示其后的数据项是一个责任者项、"："表示其后的数据项是文种或规格、"；"表示其后的数据项是保管期限等。②

(5) 简易程度和扩展性不同。我国档案著录规则的著录虽然元素比 EAD

① See Encoded Archival Description on the Internet, http: //www.dlib.org/dlib/april03/04bookreview.html.

② 参见张文友：《论网上档案电子检索工具标准——〈档案置标著录（EAD）〉》，载《档案学通讯》，2001（3）。

少，但是著录规则要烦琐得多，并且扩展性差，对每个项目的先后顺序及格式都具有严格的规定，而在 EAD 的〈Frontmatter〉层次中可以根据实际需要任意地安排元素的顺序。而且 EAD 是基于 XML 语言格式的元数据，可以与很多元数据甚至是其他学科领域的元数据交换。

针对网络化和数字化环境的需要，目前我国正在制定适应时代需要和我国国情的数字档案元数据著录标准。

第四节　数字档案元数据的互操作

近年来，随着数字档案馆建设的发展，来自档案馆、图书馆、博物馆及其他机构的各种数字档案资源如档案、手稿、照片、古籍、个人论文日益增多。这些数字资源来自于不同的软件系统，常常具有不同的著录格式。在网络环境下，对于分散、异构的数字档案资源的利用与共享日益成为一个重要问题。目前，世界上的档案信息网络化项目主要有：欧洲的 EUAN 项目；苏格兰的 SCAN；加拿大的 CAIN；澳大利亚的 NOAN；瑞典的 NAD；欧洲的 LEAF[1]（Linking and Exploring Authority Files）等。但这些项目只是基于互联网的网络链接与检索共享，尚未实现元数据级的互操作，因此无法提供专业化的深度增值服务。

在元数据级别进行互操作服务，可以提高数字资源的检索效率。开放文档协议 OAI-PMH（The Open Archives Initiative Protocol for Metadata Harvesting）寻求一种简便的方法来实现不同的数字资源系统间的开放检索。[2] 它提供一个基于元数据收割并独立运用的互操作框架，具有较好的开放性和兼容性，应用成本低，使用简单。与数字档案馆建设的进程相适应，档案馆对于互操作的需要以及对于 OAI-PMH 的应用滞后于图书馆。到目前为止，世界上应用 OAI 的数字图书馆项目有美国数字图书馆联邦 DLF（Digital Library Federal）[3]、美国国会图书馆的美国记忆（American Memory）与印刷品与照片（Print and Photograph，P&P）在线目录项目[4]、欧洲图书馆项目 TEL（The European Li-

① See Max Kaiser. LEAF：Linking and Exploring Authority files，http：//www. onb. ac. at/koop-litera/termine/archivtagung2002/kaiser _ 2002. ppt（Accessed Dec. 12，2006).

② See The Open Archives Initiative Protocol for Metadata Harvesting，http：//www. openarchives. org/OAI/2. 0/openarchivesprotocol. htm # Introduction（Accessed Dec. 12，2006).

③ See DLF：Digital Library Federation，http：//www. diglib. org/（Accessed Dec. 12，2006).

④ See American Memory from the Library of Congress，http：//memory. loc. gov/ammem/index. html（Accessed Dec. 12，2006).

brary)[①]、MALVINE项目[②]以及LEAF等。目前，有一些档案信息的网络聚合项目如：美国加利福尼亚档案在线OAC（The Online Archive of California）[③]，得克萨斯档案馆资源在线TARO（The Texas Archival Resources Online）[④]。这些项目通过档案著录进行增值服务，尽管在应用上有所不同，但在原理上与OAI服务提供者相似。目前世界上真正利用OAI-PMH的档案馆项目并不多，主要有UIUC、伦敦的AIM25[⑤]、英国的档案利用项目A2A（Acess to Archives）[⑥] 与澳大利亚的Bright Sparcs[⑦]项目。

由于档案建立的背景、来源与原始的秩序对于其全宗与文件的多层次理解十分重要，再加上不同来源的档案与资料常常采用不同的元数据标准，导致档案的元数据结构比一般信息资源的元数据更为复杂，这就使得OAI协议在数字档案馆领域的应用比在数字图书馆更为困难。尽管存在一些挑战，但已经显现出较好的发展潜力，下面将对其实现的技术体系与相关细节进行探讨。

一、基于OAI-PMH协议的档案元数据互操作框架的结构与功能

（一）档案OAI-PMH元数据互操作框架

基于OAI-PMH的档案元数据互操作框架由三部分组成：数据提供者（Data Provider，DP）、服务提供者（Service Providers，SP）及注册服务器。OAI协议是在DP与SP之间的通信协议，OAI协议的核心是其提供的六个命令动词（Verbs）：GetRecord、Identify、ListIdentifiers、ListMetadataFormats、ListRecords与ListSets。SP根据注册服务器中有关DP的信息线索，通过这六个动词向DP获取特定资源的元数据。SP在获取不同DP的元数据后，向用户提供增值检索服务。其基本原理如图4—2所示。

（二）档案数据提供者的结构与元数据发布

在OAI-PMH框架中，OAI接口用于实现数据提供者与服务提供者之间的

---

① See The European Library project，http：//www.bl.uk/about/cooperation/tel.html（Accessed Dec.12，2006）.

② See MALVINE - Manuscripts and Letters via Integrated Networks in Europe. http：//www.malvine.org/（Accessed Dec.12，2006）.

③ See OAC：The Online Archive of California，http：//www.oac.cdlib.org/（Accessed Dec.12，2006）.

④ See TARO：Texas Archival Resources Online，http：//www.lib.utexas.edu/taro/index.html（Accessed Dec.12，2006）.

⑤ See AIM25，http：//www.aim25.ac.uk/（Accessed Dec.12，2006）.

⑥ See A2A：Acess to Archives，http：//www.a2a.org.uk/（Accessed Dec.12，2006）.

⑦ See Bright sparcs，http：//www.asap.unimelb.edu.au/bsparcs/（Accessed Dec.12，2006）.

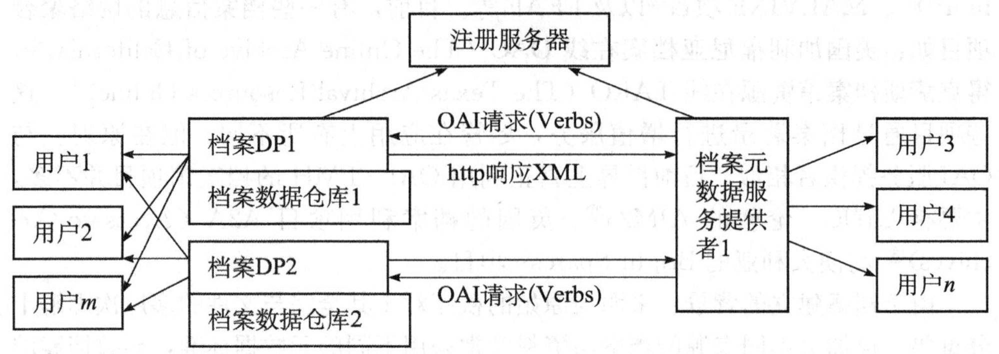

图 4—2 档案 OAI - PMH 元数据互操作框架

信息传递，执行对六个 OAI 请求动作的响应处理，其主要功能是封装一个表示响应信息的 XML①。数据提供者的基本结构如图 4—3 所示。

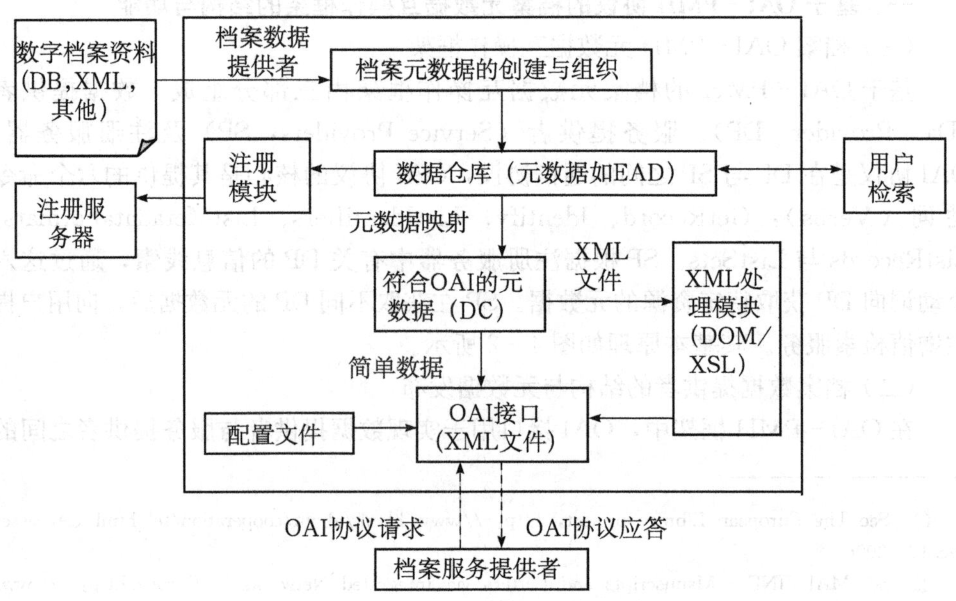

图 4—3 OAI - PMH 的档案数据提供者结构

如图 4—3 所示，由于档案资源的数据提供者所提供的元数据具有不同的格

① 参见李勇文、牟锐：《OAI 数据提供者接口的设计与实现》，载《西南民族大学学报》（自然科学版），2004 (3)。

式，而 OAI－PMH 所支持的通用元数据是 DC，因此需要数据提供者将所使用的元数据如 EAD 或其他类型的元数据映射为 DC 格式。即在 EAD 与 DC 间建立起元素及其属性和值间的对应关系，这种对应关系需要严格的标准和规则，可以由元数据映射模块通过程序来实现。元数据映射的准确性决定了互操作的实现效果。对于采用 EAD 作为元数据的档案资源来讲，与 DC 建立准确的映射关系是比较困难的，详见下文。

由于 OAI 是架构在 HTTP 协议之上的应用协议，档案数据提供者在响应 OAI 应答的过程中，不仅需要将所采用的元数据映射转换成 DC 元数据，而且还要符合 XML 格式，OAI 协议中的应答（Response）采用 XML 格式。这就需要采用 XSL 和 DOM 接口对原始数据结构进行 XML 转换。采用 XSL 解析器可以实现 XML 从单文档到单文档的映射转换，采用 DOM 接口则可以完全解析一个 XML 文档，对其中的元素随意操作。①

（三）服务提供者的结构与元数据收割

在 OAI－PMH 元数据互操作框架中，服务提供者主要是通过向注册服务器获取档案数据提供者的地址，在本地建立收集器程序，然后根据获得的地址，向数据提供者通过 OAI 请求（Request）定期、定量收集经过映射转换的、符合 OAI 协议要求的、XML 形式的元数据，存储到本地数据库中，然后通过统一的检索界面为用户提供增值处理和检索服务（如图 4—4 所示）。注册服务器是 OAI－PMH 框架中另外一个重要的模块，其原理具有通用性。

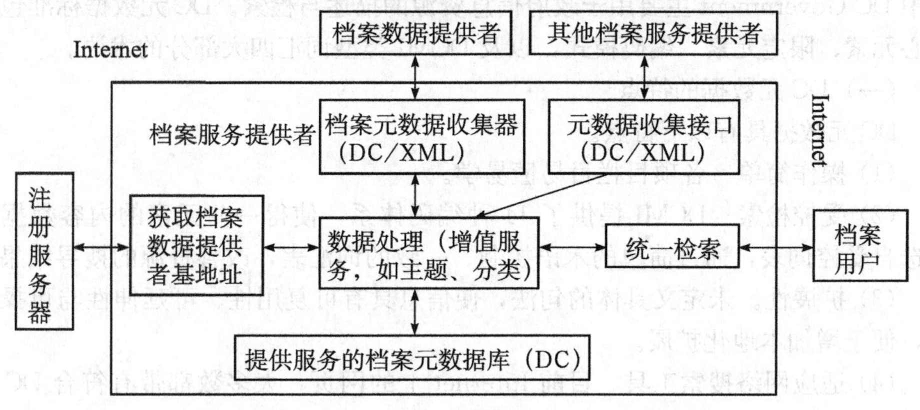

图 4—4　档案 OAI－PMH 服务提供者结构与功能

① 参见毛海霞：《基于 OAI－PMH 的空间元数据互操作理论研究与实现》，武汉大学硕士学位论文，2004。

（四）基于 OAI - PMH 协议的档案元数据互操作系统的体系结构

根据上述分析，我们可以把档案元数据互操作系统分成以下四个模块。

(1) 档案数据提供者模块。具体包括对档案数据的扫描、录入、加工、处理与存储，对档案元数据的提取、编辑、加工、存储、检索、显示和输出功能。可以采用 SQL 等数据库系统软件来实现。

(2) 档案元数据服务提供者模块。该模块主要定期对数据提供者提供的元数据进行收获、存储并提供检索服务。

(3) 基于 OAI 协议的应用模块。该模块是实现 OAI 交互功能的核心，前端用于接收档案元数据服务提供者模块发出的 OAI 请求，后端与数据提供者模块的 OAI 接口进行交互，获取 XML 格式的元数据。

(4) 注册服务器模块。模块的技术实现与数字图书馆或其他的元数据互操作系统相似，这里不再详细介绍，而主要来探讨档案元数据互操作中的难点，即档案元数据 EAD 与 OAI 协议所支持的元数据 DC 之间的映射问题。

二、DC 元数据标准简介

都柏林核心元数据集 DC（Dublin Core）是为了帮助用户方便检索网络上的资源所提供的一套最小集合的描述性元素。DC 由国际性合作项目“都柏林核心元数据首创计划”（Dublin Core Metadata Initiative，DCMI）进行研究设计，由参与合作项目的机构共同维护修改。目前 DC 的专门性项目有：DC-Education，DC-Libraries，DC-Government，DC-Images，DC-Authority，DC-Research 等。其中 DC-Government 主要用于政府信息资源的描述与检索。DC 元数据标准包括核心元素、限定元素、编码模式，以及 DCMI 类型词汇四大部分的术语。

（一）DC 元数据的特点

DC 元数据具有以下特点。

(1) 操作简单。各项目栏目易懂易学。

(2) 受控检索。DCMI 提供了 11 种编码体系，使得一些元素的内容数据可以选自受控词表，通过简单的术语控制、一致的词汇表，改善资源的搜寻结果。

(3) 扩展性。未定义具体的句法，使信息具有可复用性、可延伸性与可操作性，便于增加本地化扩展。

(4) 适应网络搜索工具。目前 Internet 上的网页，大多数都带有符合 DC 规范的描述。

(5) 互操作性。适应不同专门领域的裁减取舍，并使相互之间具有映射与互操作性。

(6) 国际化。目前国际上有德语、日语等十余种不同语种的版本，已被澳大利亚、加拿大、英国等国家接受，成为政府信息的国家标准。采用DC的跨国机构包括联合国粮农组织、联合国环境计划署、世界卫生组织、欧洲环境机构等。

(7) 采用XML与RDF（Resource Description Framework）编码规则。这提供了一个理解DC并与其他元数据标准之间进行互操作的基础。

(二) DC-Government与EAD的比较与映射

目前，DC元数据多用于欧洲国家的电子政务资源著录与数字档案管理，开放文档互操作协议OAI也以DC为基准。EAD是美国数字档案元数据的国家标准。近年来，随着档案元数据共享程度的加深，以DC标准著录的档案资源与以EAD标准著录的档案资源之间的互操作日益受到人们的重视。二者之间的映射关系如表4—6所示。①

表4—6　　DC-Government与EAD映射

Dublin Core Government	EAD〈eadheader〉头标	EAD〈archdesc〉内容描述
CONTENT（内容描述）		
覆盖范围（coverage）		〈geogname〉地理名称［spatial］空间； 〈unitdate〉单元日期［temporal］时间
描述（description）	〈profiledesc〉背景描述、〈revisiondesc〉修订描述	〈abstract〉摘要
资源类型（resource type）	〈genreform〉文件类型	〈archdesc〉描述［level］层级
关联（relation）		〈relatedmaterial〉相关资料；〈separatedmaterial〉个别资料
来源（source）	〈admininfo〉信息管理［acqinfo］获得信息	
主题与关键词（subject and Keywords）	〈noteStmt〉附注［subject］主题、［index］索引	〈controlaccess〉控制［subject］主题
题名（title）	〈titleproper〉题名	〈unititle〉单位题名
INTELLECTUAL PROPERTY（知识产权）		
创建者（creator）	〈origination〉形成者	〈origination〉组织［persname］个人名；［corpname］团体名；［famname］家庭名
其他责任者（contributor）	〈author〉创建者、〈sponsor〉赞助者	
出版者（publisher）	〈publisher〉出版者	〈repository〉档案库

① See Dublin Core to EAD，http：//www.loc.gov/ead/ag/agappb.html.

续前表

权限（rights）		〈controlaccess〉检索控制；〈userestrict〉使用控制
INSTANTIATION（固化信息）		
日期（date）	〈publicationstmt〉出版［date］日期	〈unitdate〉单元日期
格式（format）	〈add〉［fileplan］文件格式	
资源标识符（resource identifier）	〈eaddid〉EAD标识符	〈unitid〉单元识别［COUNTRYCODE］国码、［REPOSITORYCODE］库房代码
语种（language）	〈language〉语言	〈archdesc〉描述［LANGMATERIAL］语言资料
类型〈objectype〉	〈genreform〉文件类型	

在表4—6中，把EAD的映射元素分为两层，分别是"〈Eadheader〉头标"与"〈Archdesc〉内容描述"，有些DC-Government元素同时与EAD两层中的元素对应，有些没有对应的在表中用空格表示。如果有几个并列的元素，用"[]"说明这个元素是第一个的子元素，如〈Controlaccess〉控制查询标目［Persname］人名，表示"人名"元素被包含在"控制查询标目"元素中。如果用分号隔开，说明这些元素都与相应的DC-Government中的元素存在映射关系。

通过表4—6的映射比较，发现元素结构简单的DC-Government与结构复杂的EAD有较大的不同，从而导致二者在互操作方面的困难具体如下。

1. 结构层次不同，使电子文件的归档和移交困难

DC-Government是平面化的结构，而EAD是等级层次型结构，它共分为三层，分别是EAD〈Eadheader〉头标、〈Frontmatter〉前事项及EAD〈Archdesc〉内容描述，每层的功能和作用都是不一样的，这种层次化的结构可以描述档案内部的复杂结构及档案之间的复杂关系。

结构层次的不一致给采用DC的电子政务系统向采用EAD的档案馆进行在线移交带来麻烦。因为有些DC-Government中的元素同时与EAD中的两层元素都存在映射关系。如果一个机构同时以DC-Government作为电子政务元数据，以EAD作为数字档案元数据，在线移交电子文件是很困难的。比如DC-Government中的"（Creator）创建者"分别与"〈Eadheader〉头标"中的"〈Origination〉形成者"和"〈Archdesc〉内容描述"中的"〈Origination〉形成者——［Persname］个人名、［Corpname］团体名、［Famname］家庭名"存在映射关系，那么在线移交的

过程中“(Creator) 创建者”应该对应EAD中的哪个元素，系统肯定是很难自动判断的，必须通过人工才可加以识别，这就大大增加了档案工作人员的负担。反过来，如果EAD中的元素要转换到DC-Government中，EAD的结构化层次不可能得到充分的体现，而且有可能造成元素丢失。

2. 元素同名异义，互操作困难

从表4—6可以看出，DC-Government与EAD中的元素名称有一些是相同或相似的。这些名称相同的元素中，有很多语义都不一样。比如DC-Government中的“语种 (Language)”与EAD“〈eadheader〉头标”中的“语言〈Language〉”是不一样的。前者是指描述资源内容所用的语言，如中文简体、中文繁体、英语等，后者是指描述档案资源元数据所用的语言，如XML、USMARCK等。DC-Government中的“创建者 (Creator)”与“〈Eadheader〉头标”中的“形成者〈Origination〉”也是不一样的，前者是指资源的形成者，后者是指资源元数据的形成者。

元素同名异义给电子政务元数据和数字档案元数据的互操作带来了麻烦。如果这两种元数据之间互操作时根据元素名称来判断，很容易造成“张冠李戴”。针对这种情况，在电子政务元数据设置的时候应该采取以下措施：一是增加一些与数字档案管理元数据语义相同的元素，特别是要设置一些有利于保证数字档案完整性和真实性的元素；二是在元数据的语法中利用可以识别元素语义的标记语言，或采用利于元数据间互操作的框架；三是更改元数据的名称，即把同名异义的元素名称改为不同名称的元素。

3. 元素的详细程度不一致，映射关系不均衡，导致二者的映射转换困难

两种元数据标准的详细程度不同，EAD在元素的设置上比DC-Government要复杂得多，使得映射关系不均衡，导致二者的映射转换困难。首先，映射关系少。虽然EAD的元素非常多，但是有很多元素在DC-Government中根本找不到与其相对应的元素。针对这种情况，应该在电子政务元数据的设计中增加一些有利于数字档案管理保存的元素，设计出一个元素更全面的电子政务元数据体系。其次，存在着一对多的情况。从映射中可以看出，DC-Government中的一个元素对应到EAD中的几个元素的情况很多，如DC-Government中的“权限 (Rights)”同时对应“〈Archdesc〉内容描述”中的“〈Controlaccess〉检索控制”与“〈Userestrict〉使用控制”，“覆盖范围 (Coverage)”同时与“〈Archdesc〉内容描述”中的“〈Geogname〉地理名称——[Spatial]空间”和“〈Unitdate〉单元日期——[Temporal]时间”对应，针对这种情况，应该对DC-Government中指代内容太广泛的元素进一步细分，细分为更多有针对性的、与数字档案管理元数据相衔接的子元素。

4. DC 缺少元元数据，资源的真实性没有保障

元元数据是指描述元数据的元数据。它是保证和证实资源完整、真实的数据，在资源的管理和利用过程中起到极其重要的作用。它们包括：元数据创建者、元数据创建时间、元数据语言等。

在 EAD〈Eadheader〉头标中的大部分元素都是确保档案元数据著录真实性的元数据，DC－Government 中却没有相关元素。针对这种情况，我们在电子政务元数据的设计中应该增加有利于保证数字资源价值实现的元元数据。

三、档案元数据 EAD 与 OAI－PMH 的转换实现

由于档案的特殊性质，档案元数据比一般信息资源的元数据结构更为复杂。档案领域的元数据多种多样，如 EAD、EAC、MARC-AMC、ISAD、ISAAR 等等。目前 EAD 是美国档案协会的成员们以及一些欧洲国家的档案馆主要使用的元数据。

(一) EAD 的结构

EAD 针对档案资料的著录，包含不同的层级结构。EAD 格式的记录由〈Eadheader〉(头标，必备项)、〈Frontmatter〉(前事项) 及内容描述〈Archdesc〉(必备项) 三个部分组成。〈Archdesc〉部分的具体结构如表 4—7 所示。

表 4—7　　EAD 内容主体描述部分〈Arches〉的元素结构

〈archdesc〉
〈did〉
〈add〉
〈admininfo〉
〈arrangement〉
〈bioghist〉
〈controlaccess〉
〈dao〉 and〈daogrp〉
〈note〉
〈odd〉
〈organization〉
〈scopecontent〉
〈dsc〉
〈c01〉
〈did〉
〈c02〉
〈did〉
(直到〈c12〉)
〈c01〉
(如果需要所有的层级都可以重复多次)

由于 OAI 协议以无修饰词的 DC 为核心，因此运用 OAI 协议实现对具有复

杂结构的EAD的互操作十分困难，这是决定OAI协议能否应用于数字档案领域的关键所在。

（二）EAD与DC间的映射关系

由于OAI协议支持的通用元数据是DC，所以EAD需要实现与DC的映射才可以在一定程度上解决互操作的问题。

可以看到，在表4—6中，无论是表示头标的〈eadheader〉还是注重从属成分描述的〈archdesc〉，都有与DC相对应的项目，这是因为档案的顶层构成单位是全宗，全宗下可能有系列级（小的全宗可不包含），系列又由诸多案卷构成，案卷又由文件构成。因此，档案著录不仅要著录全宗，还要著录从属成分如案卷或文件，在EAD中从属成分的著录由〈archdesc〉中的〈dsc〉来实现。在DC与EAD的映射中，值得注意的是必须考虑元数据著录的是检索工具还是档案资料的内容，如果著录的资源是检索工具，适合用DC元素与〈eadheader〉的子元素之间的映射，否则用DC与〈archdesc〉的子元素映射，所有的元素都在高层〈did〉中。

（三）EAD转换为DC的实现

建立了DC与EAD之间的映射规则之后，接下来的问题就是在数据提供者模块中，通过元数据映射子模块将EAD记录充分地用DC表达出来。这个映射转换的核心部分可以由一个ASP文件来实现。然后由OAI接口调用这个子模块并通过XSL/DOM将其转换为XML格式，这是档案互操作的关键，也是服务提供者模块中OAI收割器得以完成收割任务的前提。

具体地，首先将一个EAD记录作为一个完整的全宗或收藏单位转换为OAI DC记录，并赋予其一个稳定的URL链接。然后将EAD记录中的从属部分依次转换为OAI DC文件，并将每一个从属的OAI文件通过Xpointer指向表示其上一层EAD节点的OAI DC记录，这样每一个从属成分的记录都指向其更高一级的EAD记录，如图4—5所示。

将EAD记录转换成OAI记录之后，每个DC元数据记录的标识由一个EAD文件的从属部分产生，需要运用XML语言和Xpionter工具来实现这些OAI记录间的上下文关联。Xpointer是目前3W公司所推出的，它用于在资源内定位片段（fragement)，支持在XML文件中定位元素、属性、字符串等内部结构。[①] UIUC利用Xpionter使每个DC记录的标识（identifier)，指向由DC OAI描述的EAD文件的准确节点。比如，这个标识写作：〈dc：identifier〉http：//xxx/1205.xml＃xpointer（//dsc［1］/c01［7］)〈/dc：identifier〉，它指向地址为http：//

① 参见毛海霞：《基于OAI－PMH的空间元数据互操作理论研究与实现》，武汉大学硕士学位论文，2004。

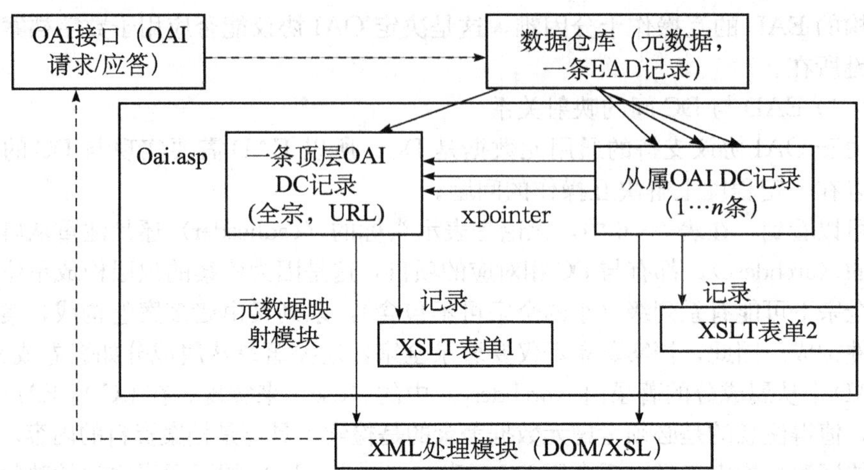

图 4—5　EAD 与 OAI 映射的实现原理

xxx/1205.xml 的文件中第 1 个〈dsc〉的第 7 个〈c01〉元素。图 4—6 以 UIUC 的一个简单的例子来说明 EAD 从属部分到 OAI 的映射实现。

```
<rdf:RDF xmlns:rdf = "http://www.w3.org/1999/02/22-rdf-syntax-ns#" xmlns:dc = "ht-
     tp://purl.org/dc/elements/1.1/">
<rdf:Description rdf:about = "http://bolder.grainger.uiuc.edu/cornell/RMA01466.xml
     #xpointer(//c01[4]/c02[2]/c03[38])">
<dc:identifier>http://bolder.grainger.uiuc.edu/cornell/RMA01466.xml#xpointer(//
     c01[4]/c02[2]/c03[38])
</dc:identifier>
<dc:title>Voodoo Death,[1942]</dc:title>
<dc:type>text</dc:type>
<dc:type>archives or manuscripts</dc:type>
<dc:type>file</dc:type>
<dcterms:isPartOf xmlns:dcterms = "http://purl.org/dc/terms/">
<rdf:Description
rdf:about = "http://bolder.grainger.uiuc.edu/cornell/RMA01466.xml#xpointer(//c01
     [4]/c02[2])">
<dc:identifier>http://bolder.grainger.uiuc.edu/cornell/RMA01466.xml#xpointer(//
     c01[4]/c02[2])
</dc:identifier>
<dc:title>Notes and Files</dc:title>
</rdf:Description>
</dcterms:isPartOf>
</rdf:Description>
</rdf:RDF>
```

图 4—6　UIUC 案例

为了使用户在利用元数据服务时，能够方便地了解档案的上下文关系及背景信息，需要在服务提供者模块中通过服务门户网站重现这些 OAI 记录的上下文关系。UIUC 的做法是所有被收割的记录都通过 XPATH 软件与服务端脚本进行索引和查询。[①] 对从 EAD 文件中收割的文件用相关的软件（如 XPATH）标引（Index）和检索。当检索一个从 EAD 文件中提取的 OAI 记录时，将出现一列背景信息链接，如果一个用户点击链接"浏览检索工具的背景"，服务端将下载所发现的准确的文件，然后通过用户浏览器展现给用户。

四、基于 OAI - PMH 档案互操作存在的问题

到目前为止，世界上基于 OAI - PMH 协议的档案互操作项目主要有美国的 UIUC 项目、英国的 AIM25 项目和 A2A 项目以及澳大利亚的 Bright Sparcs 项目。他们做了不同的尝试与试验，所遇到的困难也有所不同。

UIUC 作为一个 OAI 服务提供者，从 40 个美国大学和研究图书馆收集著录元数据，汇集了 60 个档案馆和其他机构的档案资料，所收集的元数据小则几十个记录，多则近百万记录，包括了从博物馆的艺术品到档案资料等多种类型。最大问题是如何重建转换后的 OAI 记录之间的上下文关系。

英国的 AIM25 项目包括了伦敦许多向 UIUC 提供遵守 OAI 协议的档案库。AIM25 的著录比 UIUC 要简单，有关人员在一个数据库里存放著录数据并且可以根据需要将它们输出为 EAD 或其他格式。AIM25 发现项目的难处不是遵守 OAI 协议，而是难以在同一个全宗的档案资料之间重新建立链接，或者对由不同数据库收藏的、由同一个人或机构产生的资料之间重建链接。

英国的 A2A 项目将档案进行全宗（Collection）与条目级别的著录，由公共文件办公室（Public Record Office PRO）的一个团队进行集中编辑控制。他们只打算在全宗级别进行 OAI 著录，并且几乎将这些著录用作一个虚拟的"路标"指向更完整的、文件级的著录，这可以在 A2A 的网站上获得。

在档案领域利用 OAI 协议的项目还非常少。无论是从实践来看，还是从理论角度来看，主要困难仍然在于档案元数据如 EAD 的复杂结构与 OAI 协议的转换。存在的问题主要有以下几类。

1. OAI 协议的标准元数据过于简单与 EAD 复杂结构之间的矛盾

UIUC 的结论是将 OAI 运用于档案资源确实有困难，但是并不是不可逾越的障碍。困难主要有两个方面：一是档案馆选用 EAD 的不一致性，这也是 EAD 模式及其相对松散的规则所导致的结果。二是将不同等级的 EAD 著录转换成 DC 的困难。

---

① See XPointer Framework，http：//www.w3.org/TR/xptr-framework/（Accessed Dec. 12，2006）.

由于DC的15个元素只是限于单一层次的描述，而EAD是一种等级结构元数据标准，特别是在EAD内容描述部分的从属部分〈dsc〉中，总共可从c01到c12，并且这些从属部分之间存在密不可分的关联，要靠DC标准来充分地表达档案著录之间复杂的层级关系有一定难度。

2. 会丢失原EAD记录中的上下文信息

在EAD向OAI转换的过程中，EAD文件无法被充分反映在DC编码的OAI记录中。由于EAD包含有多个层次和组成部分，在转换过程中就可能生成顶级的记录以及各组成部分的记录，但是这样就会破坏原记录的上下文关系，因此需要重建记录间的联系，以表示出原EAD记录当中的组成结构。

3. 转换后的著录不够清晰，可能出现错误指示

在转换过程中，需要将EAD记录破碎成许多小的OAI记录，过多的文件数量会降低系统运行的速度并出现错误的指示。元数据的各组成部分间的关系在向用户显示时也同样遇到挑战，并且还可能出现了一些不相关的指示。

4. 由于EAD选择的灵活性所造成的转换问题

还有一个问题是，EAD是一个非常灵活的标准，在EAD中有很多可选元素，不同的机构在具体运用时可能相差很大。这个特点为EAD元数据的灵活运用提供了便利，但也成为EAD转化为OAI文件困难的一个根源。UIUC的实验项目表明，在转换之后，可能会出现大量空的指示记录。

5. 文档结构不一致的问题

有些OAI协议应答所产生的XML文档的文档结构可能与原有的数据文档结构不一致。

五、解决问题的思路

OAI-PMH在数字档案馆中应用的关键是在元数据采集过程中，如何有效地将EAD记录转换成OAI的编码元数据格式DC，从而形成EAD与OAI之间的良好的映射。在建立映射的过程中，非常重要的一点是在小的文件规模、丰富的元数据、充分的上下文指示器与OAI的功能和服务提供者的工具的能力之间找到平衡。可以采取的解决方法有：

1. 完善EAD与DC之间的映射，提高技术实现的质量

正如UIUC所做的那样，需要通过不断实验，更加全面地了解存在的问题，设计出更加有效的映射和更为有效的技术实现。由于EAD与DC之间的完全映射存在较大的困难，因此需要从元素、语法、句法等方面来完善二者的映射。另外，转换后的OAI文件之间相互联系的指示与原EAD文件结构的有效对应，对可选项OAI文件的有效表示，以及对转换后的文件数量及因链接而产生的文件

规模的控制，都需要更有效的技术实现，以保证转换的存取效率。

2. 利用 XSL 和 DOM 接口保持文档结构的一致性[①]

使用 XSL 和 DOM 接口，对原始 XML 数据做形式转换，用 XSL 解析器可以实现 XML 从单文档到单文档的映射，采用 DOM 接口可以完全地解析一个 XML 文档，对其中的元素任意操作。

3. 可以考虑同时以 DC、EAD 作为 OAI 协议的标准元数据

因为 EAD 是目前档案界通用性最广泛的元数据之一，“国际共同认同的档案 Metadata 标准皆为 EAD”[②]。EAD 是基于 XML 和 HTTP 协议的元数据格式，满足了 OAI－PMH 对元数据标准编码语言格式（XML）的要求。

4. 提高档案工作者的互操作意识

除以上措施外，档案工作者也必须增强互操作性意识。在采用元数据标准时应充分考虑到各数字档案馆之间实现互操作的需要，尽量采用国际通用性的元数据标准。同时可以设立一个专门的部门来监督、统一协调元数据的开发工作，对每个数字档案馆的建设进行指导监督和验收，加强各个数字档案馆建设中元数据利用的一致性，特别是 EAD 使用的标准化。同时指定相关的互操作性制度，最大限度地通过制度途径来促进各个元数据方案的互操作。

总而言之，在数字网络环境下，OAI 协议是实现数字档案馆元数据互操作的一种有效方法，但是目前档案工作者还没有充分认识到 OAI 协议的重要性。另外 OAI 在档案馆的应用在技术上也还存在着一定的困难和障碍。随着 EAD 与 OAI 之间转换技术的进一步完善和成熟，随着电子政务的深化与电子文件的大量产生，OAI 协议在数字档案资源的网络化与共享方面将会有更为广阔的应用。

【本章小结】

元数据是数字档案馆资源管理必不可少的工具。目前世界各国所应用的档案元数据体系渐趋成熟，其中以国际档案理事会的 ISAD（G）等一系列相关标准以及美国的 EAD 标准应用最为普及。为了实现数字档案资源的共享，基于元数据级的互操作具有重要意义。UIUC 数字档案馆项目取得的进展表明，目前基于 DC 元数据互操作的开放文档协议 OAI－PMH 在数字档案馆资源共享过程中已

---

① See Christopher J. Prom. Reengineering the archival access through the OAI protocols. Library Hi Tech. 2003，9，VOL. 21：199-209.

② 2nd workshop：Open Access to Hidden Resources，http：//www. sinica. edu. tw/～ndaplib/channels/ndap_report/2nd%20workshop%20OAI. pdf（Accessed Dec. 12，2006）.

经有一定的应用，但是在保持档案文件之间的历史联系以及节省元数据存储空间方面还存在着一定的困难，需要进一步的解决方案。

【本章关键术语中英文对照】

元数据	Metadata
都柏林核心元数据集	DC（Dublin Core）
美国政府信息定位服务	GILS（Government Information Locator Service）
国际档案著录标准（总则）	ISAD（G）（General International Standard Archival Description）
编码档案著录标准	EAD（Encoded Archival Description）
法人、个人及家庭背景信息国际档案规范文本 ISAAR（CPF）	（International standard Archival Authority Record for Corporate Bodies，Persons，and Families）
编码档案背景规范	EAC（Encoded Archival Context）
档案、个人论文和手稿规范	APPM(Archives,Personal papers,and Manuscripts)
文本编码项目	TEI（Text Encoding Initiative）
元数据开放文档协议	OAI－PMH（The Open Archives Initiative Protocol for Metadata Harvesting）
美国联邦地理数据委员会元数据标准	FGDC（Federal Geographic Data Committee）
机读目录格式	MARC（Machine-Readable Cataloging Format）
视觉资料核心类目	VRA Core Categories（Core Categories for Visula Resources Association）
艺术作品著录类目	CDWA（Categories for the Description of works of Art）

【讨论题】

1. 什么是元数据？它的主要作用是什么？
2. 目前世界上主要的档案元数据标准有哪些？它们各自的特点是什么？
3. 电子文件元数据与档案元数据有什么关系？
4. 谈谈 GILS 与 DC－government 的不同特点。
5. 开放文档协议 OAI－PMH 的工作原理是什么？

第五章 数字档案馆系统的分析与设计

【本章要点】

介绍了信息系统开发的一般方法，包括结构化生命周期法、原型法、面向对象的开发方法以及计算机辅助设计工程CASE；分析了档案信息系统的规划方法和可行性研究；最后阐述了档案信息系统设计的步骤和方法。

【关键词】

档案信息系统〇结构化生命周期法〇原型法〇面向对象的开发方法〇计算机辅助软件工程CASE〇档案信息系统规划〇档案信息系统设计

在数字档案馆系统中，最核心的部分是档案计算机信息管理系统。数字档案馆信息系统的分析与设计，不仅是数字档案馆软件设计人员必须要掌握的知识，也是数字档案管理人员、系统管理与维护人员应该掌握的知识。

第一节 信息系统开发方法介绍

档案信息系统是信息系统的一种。目前信息系统的开发方法主要有以下几种：结构化生命周期法、原型法、面向对象的开发方法以及计算机辅助软件工程（Computer Aided Software Engineering，CASE）等。

一、结构化生命周期法

结构化生命周期法的基本思想是运用系统的思想和系统工程的方法，将复杂系统按功能结构进行模块分解和组合，自顶向下地对信息系统进行分析与设计的方法。它采用结构化技术（结构化分析、结构化设计和结构化实现）来完成软件开发的各项任务。虽然目前出现了多种新兴的系统开发方法，但是对于像数字档案馆这样功能稳定的大型信息系统而言，结构化生命周期法仍然是非常适用的开发方法。

（一）结构化生命周期法的含义

结构化生命周期法出现于 1977 年。所谓生命周期是指任何一个系统都有发生、发展和消亡的过程，新系统是在旧系统的基础上产生、发展、老化、淘汰，最后又被更新的系统所取代。结构化生命周期法将软件生命周期的全过程依次划分为系统分析、系统设计、软件编码、系统测试、系统运行和维护以及系统评估六个阶段，直至要求建立新的系统。每个阶段都有相对独立而且比较简单的任务，便于不同人员分工协作，从而降低了整个软件工程开发的困难程度。在每一阶段的开始与结束都规定了严格的标准，而且在每个阶段结束之前都从技术与管理两个角度进行严格审查，合格之后才开始下一阶段工作，这就使软件开发的全过程以一种有条不紊的方式进行。

结构化生命周期法具有以下特点。

（1）阶段性。前一阶段工作完成以后，后一阶段工作才能开始，前一阶段的输出文档是后一阶段的输入文档。

（2）推迟实施。将分析和设计阶段与实施分开，适当地推迟系统的具体程序实现。

（3）文档管理。在每一阶段就规定了要完成的文档资料，没有完成文档，就认为没有完成该阶段的任务。在每一阶段都要对已完成的文档进行复审，以便尽早发现问题，避免后期的返工。

（二）结构化分析与结构化设计

生命周期法使用的基本技术是结构化分析（SA）和结构化设计（SP）技术。

1. 结构化分析

结构化分析方法适合于数据处理类型软件的需求分析。由于利用图形表达需求显得清晰、简明，易于学习和掌握。具体来说，结构化分析方法就是用抽象模型的概念，按照软件内部数据传递、变换的关系，自顶向下逐层分解，直到找到满足功能要求的所有可实现的软件为止。根据德马科（DeMarco）的论述，结构化分析方法使用的工具有：数据流图、数据词典、结构化英语、判定表、判定树等。结构化分析方法的原则是自外向内，自顶向下，逐层细化，完善求精。

2. 结构化设计

结构化设计是软件生命周期的重要组成部分，是指把通过数据、功能和行为模型展示的软件需求传送给设计阶段，由设计阶段产生体系结构设计、接口设计、数据设计和过程设计。

（1）体系结构设计是指从分析模型和分析模型中定义的子系统中导出程序的模块框架，程序的基本结构元素以及元素之间的关系。

（2）接口设计是指根据数据流图定义软件内部各成分之间、软件与其他协同系统之间以及软件与用户之间的交互机制。

（3）数据设计是指将分析阶段创建的信息域模型变换成实现软件所需的数据结构。将实体—关系图中描述的对象和关系，以及数据词典中描述的详细数据内容转化为数据结构的定义。

（4）过程设计是指把结构成分转换成软件的过程性描述。在编码阶段，根据这种过程性描述，生成源程序代码，然后通过测试最终得到完整有效的软件系统。

结构化设计（structured design，SD）方法是一种面向数据流的设计方法，它是以结构化分析阶段所产生的文档（包括数据流图、数据字典和软件需求说明书）为基础，自顶向下，逐步求精和模块化的过程。

3. 结构化设计的概念

结构化设计的核心是模块分解设计。结构化设计运用一套标准的设计准则和工具，对系统控制层次关系和模块进行分解。模块化显著提高了系统的可修改性和可维护性，同时，为系统设计工作的有效组织和控制提供了方便条件。结构化设计最重要的概念包括模块化、内聚与耦合。

（1）模块化。模块化就是将一个待开发的软件划分成若干个可完成某一子功能的模块，每个模块可独立地开发、测试，最后组装成完整的程序。模块化的依据是，如果一个问题由多个问题组合而成，那么这个组合问题的复杂程度将大于分别考虑每个问题时的复杂程度之和。

模块应该具有：第一，可分解性。如果一种设计方法提供了将问题分解成子问题的系统化机制，它就能降低整个系统的复杂性，从而实现一种有效的模块化解决方案。第二，可组装性。如果一种设计方法使现存的（可复用的）设计构件能被组装成新系统，它就能提供一种不需要一切从头开始的模块化解决方案。第三，可理解性。如果一个模块可以作为一个独立的单位（不用参考其他模块）被理解，那么它就易于构造和修改。第四，连续性。如果对系统需求的微小修改只导致对单个模块而不是整个系统的修改，则修改引起的副作用就会被最小化。第五，保护性。如果模块内部出现异常情况，并且它的影响限制在模块内部，则错误引起的副作用就会被最小化。

(2) 内聚。内聚是指一个模块内各个元素彼此结合的紧密程度，它是信息隐蔽和局部化概念的自然扩展。设计时应该力求高内聚，理想内聚的模块应当恰好做一件事情。内聚有如下的种类，它们之间的内聚度由弱到强排列。

偶然内聚：如果一个模块完成的一组任务之间关系松散，就属于偶然内聚。

逻辑内聚：这种模块把几种逻辑上相关的功能组合在一起，每次被调用时，由传送给的模块参数来确定该模块应完成哪一种功能。

瞬时内聚：如果一个模块所包含的任务必须在同一时间间隔内执行，这个模块属于瞬时内聚，例如初始化模块。

过程内聚：如果一个模块的处理元素是相关的，而且必须按特定的次序执行，这个模块属于过程内聚。

通信内聚：如果一个模块的所有功能都通过使用公用数据而发生关系，这个模块属于通信内聚。

顺序内聚：如果一个模块的处理元素是相关的，而且必须顺序执行，通常一个处理元素的输出数据作为下一个处理元素的输入数据，则称为顺序内聚。

功能内聚：如果一个模块包括且仅包括为完成某一具体任务所必需的所有成分，或者说模块中所有成分结合起来是为了完成一个具体的任务，那么这个模块是功能内聚的。

(3) 耦合。耦合是对一个软件结构内不同模块之间互联程度的度量。耦合程度的强弱取决于模块间接口的复杂程度、进入或访问一个模块的点，以及通过接口的数据。模块间的耦合程度强烈影响系统的可理解性、可修改性、可测试性和可靠性，在软件设计中应该追求尽可能松散耦合的系统。在这样的系统中，模块间联系简单，发生在某一模块的错误传播到整个系统的可能性就很小，研究、测试或维护任何一个模块不需要对系统的其他模块有很多了解。

模块的高内聚、低耦合原则称为模块独立原则。耦合可以分成下列几种，它们之间的耦合度由高到低排列。

内容耦合：指两个模块之间出现了下列情况之一，一个模块访问另一模块的内部数据；一个模块不通过正常入口转到另一模块的内部；两个模块有一部分程序代码重叠；一个模块有多个入口。软件设计时应坚决禁止内容耦合，应设计成单入口、单出口的模块，避免病态连接。

公共耦合：多个模块引用一个全局数据区的模式称为公共耦合。例如，C 语言中的 external 数据类型、磁盘文件等都是全局数据区。

外部耦合：当模块与软件以外的环境有关时就发生外部耦合。例如，输入/输出把一个模块与特定的设备、格式、通信协议耦合在一起。

控制耦合：如果一个模块明显地把开关量、名字等信息送入另一个模块，控制另一个模块的功能，则称为控制耦合。

标记耦合：如果两个以上的模块都需要其余某个数据结构子结构时，不使用全局变量的方式而是用记录传递的方式，则称标记耦合。

数据耦合：如果两个模块借助于参数表传递简单数据，则称为数据耦合。

非直接耦合：如果两个模块没有直接关系，它们之间的联系完全是通过主程序的控制和调用来实现的，则称非直接耦合。

4. 控制结构图

控制结构图也称结构图或系统结构图，是 HIPO 图（层次图加输入/处理/输出图）的进一步发展。它不仅表示了一个系统（功能模块）的层次分解关系，还表示了模块的调用关系和模块之间数据流及控制流信息的传递关系。控制结构图是结构化设计的一种重要图表工具，与数据流程图、过程结构图和代码一起形成了结构化系统分析与设计技术的主要图表体系。

5. 结构化设计的步骤

结构化设计通常可分为概要设计和详细设计。概要设计的任务是确定软件系统的结构，进行模块划分，确定每个模块的功能、接口及模块间的调用关系。详细设计的任务是为每个模块设计实现的细节。

(1) 概要设计。概要设计的重要任务是建立软件系统的体系结构，也就是要确定系统是由哪些模块组成的，以及这些模块相互间的关系。概要设计需要完成的任务有以下几个方面：设计软件系统结构、数据库及数据结构设计、可靠性设计、编写概要设计文档、概要设计评审。概要设计方法采用结构图（structure chart）来描述程序的结构。构成程序控制结构图的主要成分有模块、调用和数据，结构图中的模块用矩形表示，在矩形框内可标上模块的名字。模块间如有箭头或直线相连，表明它们之间有调用关系。结构设计方法有时也使用层次图和 HIPO 图（层次图加输入/处理/输出图）。

结构设计的具体过程如下。

第一步：复查基本系统模型。

第二步：熟悉数据流图，复查有无遗漏或不合理处进行必要的修改，精化数据流图。

第三步：确定数据流图的信息流类型是变换型还是事务型。变换型数据流图是指信息从外部进入系统，通过系统处理后离开系统。它是一个线性结构，由输入、变换（或处理）和输出三部分组成。变换型数据处理的工作过程一般分为取得数据、变换数据和给出数据三步。事务型数据流图是指将某个加工的输入流分离成许多发散的数据流，形成许多平行的加工路径，并根据输入的值选择其中一个路径来执行。其加工中心称为事务处理中心。

第四步：根据信息流的类型分别实施变换分析或事务分析。变换的具体过程包括：找出变换中心，确定输入/输出的不同；进行第一层分解，确定第一层结构图的组成；进行第二层分解，把数据流图中的各个变换映射成相应的模块；根据优化准则对软件结构求精；描述功能模块、接口及全局数据结构；复查，如有错修改完善，否则进入详细设计。

（2）详细设计。详细设计完成的主要工作包括算法设计、数据结构设计、数据库物理设计、代码设计、输入/输出设计、人机界面设计、编写详细说明书与评审。详细设计的任务就是为每个模块设计其实现的细节。结构化程序设计（structured programming，SP）采用自顶向下逐步求精的设计方法和单入口单出口的控制结构。在设计一个模块的实现算法时先考虑整体后考虑局部，先抽象后具体，通过逐步细化，最后得到详细的实现算法。单入口单出口的控制结构，使程序的静态结构和动态执行过程一致，具有良好的结构，增强了程序的可读性。

详细设计工具用来描述程序处理过程，包括图形工具、表格工具与语言工具，具体包括：程序流程图、盒图（N-S 图）、问题分析图、PAD 图（Problem Analysis Diagram）、过程设计语言伪码（Program Design Language，PDL）和判定表。

（三）结构化生命周期法的局限

结构化生命周期法的假设是预先定义需求的策略。这种方法的局限在于：

（1）阶段回溯不可避免，延长了系统开发的时间。由于需求分析比较困难，常常需要做阶段回溯，对系统分析需求作修改或补充并引起此后阶段的补充修改。这些都会延长开发时间。

（2）项目的参与者之间往往存在沟通障碍。由于开发人员与用户都需要掌握对方专业领域的知识以期产生共同语言，这个过程中可能存在沟通障碍，使得系统开发的质量与时间难以控制。

（3）不能从根本上解决让用户参加系统开发的问题，系统维护比较困难。在系统分析与系统设计阶段，用户看到的都不是真实的系统，等到系统试运行以后用户才能具体知道系统功能，这时的评价对于系统功能的改进已经为时较晚。

（4）文档资料缺乏实用价值。专业知识的缺乏使得用户难以理解系统早期规格文档的内容，文档资料没有起到应有的作用，反而延长了开发时间。

（5）用这种技术开发出来的软件，其稳定性、可修改性和可重用性都比较差。

（6）系统开发周期过长。

综上所述，结构化生命周期法特别适合开发那些能够预先定义需求、结构化程度比较高的大型事务型系统（TPS）和管理信息系统（MIS），但不适合开发信息需求不明确的系统。由于数字档案馆系统对功能的需求相对稳定明确，结构化程度比较高，因此比较适合使用结构化生命周期方法进行软件开发。

二、原型法

原型法（Prototyping Approach）的基本思想是1977年开始提出的，它试图改变生命周期法的缺点，并不要求像结构化生命周期法那样对原系统进行深入全面的调查和分析。它的基本思想是：开发者和用户在系统的主要需求上取得一致意见后，由开发者在短期内开发出一个功能不是十分完善、实验性的、简易的应用软件的基本框架（称为原型），先运行这个原型，再不断修改、改进、扩展原型，使之逐步完善，直至形成一个相对稳定的系统。原型法的开发过程如图5—1所示。

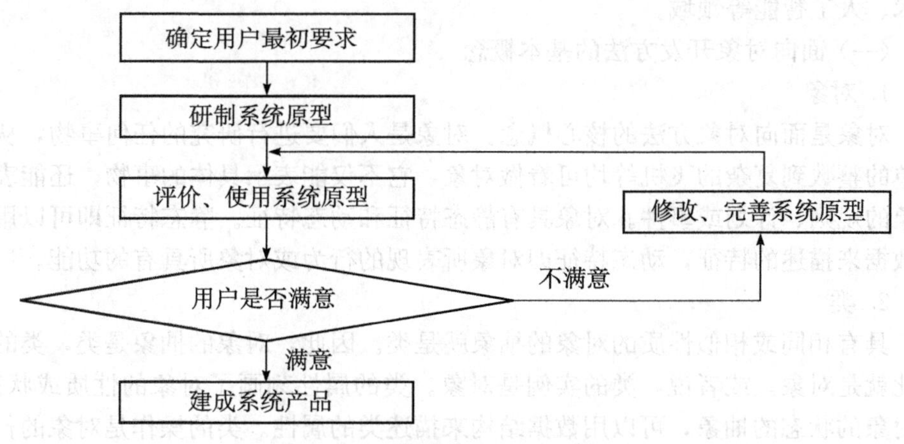

图5—1　原型法开发过程示意图

原型法的主要优点表现为：原型法的开发过程是一个循环往复的反馈过程，符合用户对计算机应用的认识逐步发展、螺旋式上升的规律。原型法很具体，使用户能很快接触和使用系统，容易为不熟悉计算机应用的用户所接受，可提高用户参与系统开发的积极性。

原型法的局限在于：对于一个大型的系统，如果不经过系统分析来进行整体性划分，想要直接用屏幕来一个一个地模拟是很困难的。对于大量需要运算的、逻辑性较强的程序模块来说，原型法很难构造出模型来供人评价。对于原本基础管理不善、信息处理过程混乱的问题，使用起来有一定的困难。由于原型法需要快速形成原型和不断修改演进，因此系统的可变更性要好，更易于修改。采用原型法可以用具有形成原型和修改原型的支撑工具，如系统分析设计中各种图表的生成器、应用程序生成器等。

原型法开发周期短，使用灵活。适用于管理体制和组织结构不稳定，用户需求不清，系统的功能或需求预先难以确定，在开发过程中可能有重大变化，规模较小、结构不太复杂，而且不要求集中处理的系统，不适于开发大的系统。

三、面向对象的开发方法

面向对象（Object Oriented，OO）是20世纪90年代软件开发方法的主流。面向对象的思想已经涉及软件开发的各个方面，如面向对象的分析（Object Oriented Analysis，OOA），面向对象的设计（Object Oriented Design，OOD），以及面向对象的编程实现（Object Oriented Programming，OOP）。事实上，面向对象的概念和应用已超越了程序设计和软件开发，扩展到很宽的范围。如数据库系统、交互式界面、应用结构、应用平台、分布式系统、网络管理结构、CAD技术、人工智能等领域。

（一）面向对象开发方法的基本概念

1. 对象

对象是面向对象方法的核心概念。对象是人们要进行研究的任何事物，从最简单的整数到复杂的飞机等均可看做对象，它不仅能表示具体的事物，还能表示抽象的规则、计划或事件。对象具有静态特征和动态特征。静态特征即可以用某种数据来描述的特征，动态特征即对象所表现的行为或对象所具有的功能。

2. 类

具有相同或相似性质的对象的抽象就是类。因此，对象的抽象是类，类的具体化就是对象。或者说，类的实例是对象。类的属性刻画了对象的性质或状态，是对象的状态的抽象，可以用数据结构来描述类的属性。类的操作是对象的行为的抽象，可以用操作名和实现该操作的方法来描述。

不同的类之间通常有两种主要的结构关系：（1）一般—具体结构关系，又称为分类结构，也可以说是“is a”的关系。（2）整体—部分结构关系，又称为组装结构，也可以说是“has a”的关系。

3. 消息和方法

消息就是向对象发出的服务请求，它应该含有提供服务的对象的标识、服务标识、输入信息和回答信息。通过消息进行对象之间的通信。类中操作的实现过程叫做方法，一个方法有方法名、参数与方法体。

4. 继承

继承规定一个类可以从其他的类（父类）中派生，并且该派生类继承其父类的接口和相应代码，该派生类又称为子类。重写规定了一个派生类可以创建与父类某个方法不同的实现代码。实际上，它完全重写了基类中该方法所执行的操作。

5. 接口

接口是一种约定，它定义了方法、属性、时间和索引器的结构，必须通过创建一个类来实现接口所定义的特征，而不能直接从一个接口创建对象。重载规定一个方法可以具有许多不同的接口，但方法的名称是相同的。

6. 封装

封装是指把方法、属性、事件集中到一个统一的类中，并对使用者屏蔽其中的细节问题。对象作为一个整体，对外不必公开这些属性与操作，是数据与操作的封装通信单位，这就是对象的封装性（Encapsulation）。

7. 多态

多态规定，一个同样的函数对于不同的对象可以具有不同的实现。例如一个 Add 方法，它既可以执行整数的加法求和操作，也可以执行字符串的连接操作。

（二）面向对象方法的特点

面向对象方法的基本特点是封装性、继承性与多态性，三者缺一不可。具体地，包括如下特征。

1. 对象的唯一性

每个对象都有自身唯一的标识，通过这种标识，可找到相应的对象。在对象的整个生命周期中，它的标识都不改变，不同的对象不能有相同的标识。

2. 抽象性

抽象性是指将具有一致的数据结构（属性）和行为（操作）的对象抽象成类。一个类就是这样一种抽象，它反映与应用有关的重要性质，而忽略其他一些无关内容。任何类的划分都是主观的，但必须与具体的应用有关。

3. 继承性

继承性是面向对象程序设计语言不同于其他语言的最重要的特点，是其他语言所没有的。继承性是子类自动共享父类数据结构和方法的机制，这是类之间的一种关系。在定义和实现一个类的时候，可以在一个已经存在的类的基础之上来进行，把这个已经存在的类所定义的内容作为自己的内容，并加入若干新的内容。采用继承性，提供了类的规范的等级结构。通过类的继承关系，公共的特性能够共享。在软件开发中，类的继承性使所建立的软件具有开放性、可扩充性，这是信息组织与分类的行之有效的方法，它简化了对象、类的创建工作量，增加了代码的可重性，提高了软件的重用性。

4. 多态性（多形性）

多态性是指相同的操作或函数、过程可作用于多种类型的对象上并获得不同的结果。多态性允许每个对象以适合自身的方式去响应共同的消息。不同的对象，收到同一消息可以产生不同的结果，这种现象称为多态性。多态性增强了软件的灵活性和重用性。

（三）面向对象的软件开发

面向对象的软件开发包括面向对象的分析、面向对象的设计与面向对象的实现。

1. 面向对象的分析

面向对象分析的目的是对客观世界的系统进行建模。对系统将要面临的具体问题以及用户需求进行调查研究，在复杂的问题域中抽象地识别出对象及其结构、属性、方法等。分析模型有三种用途：用来明确问题需求；为用户和开发人员提供明确需求；为用户和开发人员提供一个协商的基础，作为后继的设计和实现的框架。

面向对象分析的具体过程包括需求分析、建立对象模型、建立动态模型、建立功能模型与确定操作。其中，需求分析与其他开发方法大致相同，而后面几个阶段则具有特殊性。

（1）建立对象模型。对象模型由一个或若干个模板组成，模板将模型分为若干个便于管理的子块。建立对象模型的步骤包括确定类、准备数据字典、研究关联、确定属性、使用继承来细化类与完善对象模型。

（2）建立动态模型。动态模型是与时间和变化有关的系统性质，涉及事件、状态、操作等重要概念。动态模型描述的系统属性是触发事件、事件序列、状态、事件与状态的组织，使用状态图作为描述工具。该模型描述了系统的控制结构，它表示了瞬间的、行为化的系统控制性质，它关心的是系统的控制，操作的执行顺序，它表示从对象的事件和状态的角度出发，表现了对象的相互行为。建立动态模型的步骤包括准备脚本、确定所有外部事件、准备事件跟踪表、构造状态图。

(3) 建立功能模型。功能模型表明一个计算如何从输入值得到输出值，它不考虑计算的次序。功能模型由多张数据流图组成。数据流图包含有处理、数据流、动作对象和数据存储对象。数据流图用来表示从源对象到目标对象的数据值的流向，它不包含控制信息，控制信息在动态模型中表示，同时数据流图也不表示对象中值的组织，值的组织在对象模型中表示。数据流图有助于表示功能依赖关系。建立功能模型的过程包括确定输入值、输出值与建立数据流图两个步骤。

(4) 确定操作。在建立对象模型时，确定了类、关联、结构和属性，还没有确定操作。只有建立了动态模型和功能模型之后，才可能最后确定类的操作。

2. 面向对象的设计

面向对象的设计是把分析阶段得到的需求转变成符合成本和质量要求的、抽象的系统实现方案的过程。从面向对象分析到面向对象设计，是一个逐渐扩充模型的过程。面向对象设计可以细分为系统设计和对象设计。系统设计确定实现系统的策略和目标系统的高层结构。对象设计确定类、关联、接口形式及实现操作的算法。

面向对象设计的准则包括：(1) 模块化。对象就是模块，它是把数据结构和操作这些数据的方法紧密地结合在一起所构成的模块。(2) 抽象。面向对象方法不仅支持过程抽象，而且支持数据抽象。(3) 信息隐藏。在面向对象方法中，信息隐藏通过对象的封装性来实现。(4) 低耦合。在面向对象方法中，对象是最基本的模块，因此，耦合主要指不同对象之间相互关联的紧密程度。低耦合是设计的一个重要标准，因为这有助于使得系统中某一部分的变化对其他部分的影响降到最低程度。(5) 高内聚。包括操作内聚、类内聚和一般—具体内聚。

3. 面向对象的实现

面向对象的实现包括选择面向对象的程序设计语言、对类的实现、对应用系统的实现和面向对象的测试。

(1) 优先选用能够最完善、最准确地表达问题域语义的面向对象语言，利用面向对象程序设计语言将上一步的成果直接映射为应用程序软件，主要优点是可以通过重用提高软件的生产率，提高程序的可扩充性和健壮性。

(2) 类的实现。在开发过程中，类的实现是核心问题，所有的数据都被封装在类的实例中，而整个程序则被封装在一个更高级的类中。在使用既存部件的面向对象系统中，可以只花费少量时间和工作量来实现软件。只要增加类的实例，开发少量的新类和实现各个对象之间互相通信的操作，就能建立需要的软件。

(3) 应用系统的实现。在所有的类都被实现之后，开始实现应用系统。实现一个系统是一个比用过程性方法更简单、更简短的过程。

(4) 面向对象的测试。包括算法层、类层、模板层与系统层的测试。类层主要是测试封装在同一个类中的所有方法和属性之间的相互作用。模板层是测试一组协同工作的类之间的相互作用。系统层测试是把各个子系统组装成完整的面向对象软件系统，在组装过程中同时进行测试。

面向对象的方法是针对结构化方法的缺陷而产生的。用结构化方法开发的软件稳定性、可修改性和可重用性都比较差。因为结构化方法的本质是功能分解，是围绕实现处理功能的“过程”来构造系统的。然而，用户需求的变化往往造成系统结构的较大变化，从而需要花费很大的代价才能实现这种变化。面向对象方法的特点是，以对象为基础，利用特定的软件模块，完成从对象客体的描述到软件结构之间的转换，避免了其他方法在开发过程中的不一致性和复杂性。面向对象的系统开发具有简单性、统一性、开发周期短和费用低的特点。

四、计算机辅助软件工程 CASE

计算机辅助软件工程（Computer-Aided Software Engineering，CASE），是采取系统化工程方法，运用人们在信息系统开发过程中积累的大量宝贵经验，利用计算机帮助软件开发人员完成信息系统开发的技术，它集图形处理技术、程序生成技术、关系数据库技术和各类开发工具于一身。它通过具有辅助设计功能的系统，帮助设计人员在计算机上完成设计模型的构造、分析、优化和输出等工作。CASE 是一种支持信息系统各种开发技术和方法（如结构化方法、原型法、面向对象方法）的计算机技术，是从第四代程序生成语言发展而来的大型综合型软件开发技术。它可以进行各种需求分析、功能分析，生成各种结构化图表（如数据流程图、结构图、实体/关系图，层次化功能图、矩阵图）等，并能支持系统开发整个生命周期。CASE 可提高设计的自动化程度和质量，缩短设计周期，借助计算机强大的计算能力，完成一些常人难以完成的设计任务。

第四代语言 4GL 的出现为 CASE 的产生和发展提供了条件。20 世纪 80 年代，专家系统和基于知识的应用引起第四代语言（4GL）和第四代技术（4GT）的发展。1985 年，美国召开了全国性的第四代语言研讨会。第四代语言以数据库管理系统所提供的功能为核心，进一步构造了开发高层软件系统的开发环境，如报表生成、多窗口表格设计、菜单生成系统、图形图像处理系统和决策支持系统，为用户提供了一个良好的应用开发环境。它提供了功能强大的非过程化问题定义手段，用户只需告知系统做什么，而无须说明怎么做，因此可大大提高软件生产率。

原型法软件开发方法是 CASE 技术发展的主要驱动力量。20 世纪 90 年代末期，快速原型法的出现缩短了软件开发周期，提高了软件开发效率。这种方法使用户在大规模的软件开发之前，能够尽快看到未来系统的全貌，了解系统功能及效果，使开发人员可以对模型进行及时的修改、补充，为用户展开新的模型，直到用户满意为止，形成最终用户产品。要快速生成原型，就需要更加复杂的应用技术，如组合建模、交互图形用户界面的实现等，需要有软件开发工具的支持，CASE便应运而生。

CASE的发展过程是从一种具体的工具发展成为一种集成化的软件开发环境的过程。第一代CASE工具出现于20世纪70年代早期，主要是基于文件的系统分析辅助工具如PSL/PSA等。第二代CASE工具出现于20世纪80年代早期，不但能支持使用图形的结构化方法（如支持用于结构化分析的数据流图和用于结构化设计的结构图表），而且通过工程字典的方式使开发信息在不同的CASE工具中共享，但局限于同一制造商的工具。基于数据库的CASE产品出现于20世纪80年代晚期，可以提供某一业务领域和某一工程水平的信息库。在信息库中集成一套工具箱，用以规划、分析、设计、编程、测试和维护。但是，这些产品的许多部分，过分地依赖于所使用的方法和仅支持某一特定形式的应用开发。到了20世纪90年代，CASE工具发展成为集成化的CASE环境。当前CASE发展的主要趋势是提高工具的集成度与互操作性。

CASE工具包括CASE分析与设计工具、CASE代码生成工具、CASE测试工具、CASE维护工具、CASE用户界面开发工具与CASE管理工具。CASE工具的特点是：提高信息系统的开发效率，加快信息系统的开发进程；降低信息系统的开发费用；实现系统设计的恢复和逆向软件工程的自动化，自动产生程序代码，自动进行各类检查和校验；项目管理和控制实现自动化；软件工具高度集成化；提高信息系统的开发质量，提高软件复用性和可移植性。

上述四种常用的系统开发方法各有所长，迄今为止还很难绝对地从应用角度来评价其优劣。虽然每种方法都是在为弥补前一种方法不足的基础上发展起来的，但就目前技术的发展来看，每种发展也只是局部弥补了前一种方法的不足，就整体而言则很难完全替代前一种方法。在档案信息系统的开发设计过程中，应当根据具体情况，分析用户需求与系统功能，选择合适的软件开发方法。

第二节　档案信息系统的规划

信息系统规划是关于信息系统的长远发展计划。由于数字档案馆信息系统的开发是一个复杂程度高、投资大、周期长的复杂工程，将对档案馆发生深刻的影响，因而在开发之前，应根据信息技术的发展、档案馆环境和档案馆发展目标对系统进行全面规划和可行性分析。

一、档案信息系统规划的方法

信息系统的规划可以保证用户需求得到充分的满足，节省系统开发的投资，降低系统开发风险。用于档案信息管理系统规划的方法有很多，目前使用较多的规划方法有战略集转化法、关键成功因素法与系统规划法。

（一）战略集转化法 SST

战略集转化法（Strategy Set Transformation，SST）是 William King 于 1978 年提出的，他把整个战略目标看成是一个“信息集合”，由使命、目标、战略和其他战略变量，例如管理的复杂性、改革习惯以及重要的环境约束等组成。管理信息系统的战略规划过程是把组织的战略目标转变为管理信息系统战略目标的过程。战略集转化法的步骤如下。

1. 识别组织的战略集

首先要考查一下该组织是否有成文的战略长期计划，如果没有，就要去构造这种战略集合。战略集合的构造可以采用以下步骤。

(1) 描绘出组织的关联集团。对于档案馆而言，关联集团包括档案室、下级档案馆、档案行政管理部门、政府或企业业务部门、企业、档案馆馆长、档案馆员、档案用户、档案学会、图书馆等。

(2) 分析各关联集团对于档案信息系统功能的要求。

(3) 定义档案馆相对于每一个关联集团的任务和战略。

(4) 解释和验证档案馆的战略集。

2. 将档案馆战略集转化成档案管理信息系统战略

档案管理信息系统战略应包括系统目标、约束以及设计原则等。这个转化的过程对应档案馆战略集的每个元素，识别对应的档案管理信息系统的战略约束，然后提出整个档案管理信息系统的结构。

在战略集的转化阶段，还不能形成算法的形式，因为对于不同级别、不同规模的档案馆，其战略集的内容相差很大。可以根据关联集团要求，确定和评价档案馆的战略集。一旦确定了档案馆的战略元素，就要由档案馆的最高负责人审查，审查过程可以采取结构性的提问法。然后将组织的战略集转化为信息系统的战略目标。

（二）关键成功因素法 CSF

关键成功因素法（Critical Success Factors，CSF），是以关键因素为依据来确定系统信息需求的一种系统总体规划方法。在现行系统中，总存在着多个变量影响系统目标的实现，其中若干个因素是关键的和主要的（即成功变量）。它通过分析找出能使档案馆成功的关键因素，然后再围绕这些关键因素来确定系统的需求，找出实现目标所需的关键信息集合，从而确定系统开发的优先次序。识别档案馆关键成功因素所用的工具是树枝因果图。

关键成功因素的识别包含以下步骤：(1) 了解组织目标；(2) 识别关键成功因素；(3) 识别性能的指标和标准；(4) 识别测量性能的数据。

（三）系统规划法 BSP

系统规划法（Business System Planning，BSP）最先用于企业，是一种能够帮助系统规划人员根据企业目标制定出档案信息管理系统战略规划的结构化方法。通过这种方法可以做到：(1) 确定出未来信息系统的总体结构，明确系统的子系统组成和开发子系统的先后顺序。(2) 对数据进行统一规划、管理和控制，明确各子系统之间的数据交换关系，保证信息的一致性。BSP 法的优点在于能保证信息系统独立于企业的组织机构，使信息系统具有对环境变更的适应性。即使将来企业的组织机构或管理体制发生变化，信息系统的结构体系也不会受到太大的冲击。虽然档案馆的组织机构或管理体制不像企业组织那样频繁发生变动，但是 BSP 统一规划、统一管理的方法对于档案信息系统的开发仍然具有重要的参考价值。

BSP 法的工作步骤为：

(1) 定义档案馆的功能目标。(2) 识别档案馆的业务过程，画出档案馆业务过程流程图，写出过程说明。(3) 对业务过程进行分组，写出过程组说明，业务过程应该与组织相关。(4) 识别关键业务过程，找出哪些过程是正确的，哪些过程是低效的，需要在信息技术支持下进行优化处理，还有哪些过程不适合采用计算机信息处理，应当取消。(5) 定义数据类。数据类是指支持业务过程所必需的逻辑上相关的数据。重点分析数据实体及其相互之间的联系，分别从各项业务过程的角度，将与该业务过程有关的输入数据和输出数据按逻辑相关进行聚集分析，将联系密切的实体划分成实体组，即数据类。(6) 定义信息结构，即划分子系统。(7) 划分好子系统后，对信息系统总体结构中的子系统按先后顺序排出开发计划，对各子系统内容进行分析和说明，并把它们写成文档。(8) 完成研究报告，提出建议书和系统开发计划。BSP 法的具体步骤如图 5—2 所示。

二、档案信息系统规划的可行性研究

档案信息系统规划的可行性研究，主要由档案馆主管信息系统的负责人、系统分析师和有经验的信息管理专家共同组成可行性分析小组来承担。档案信息系统规划的可行性研究的步骤是：(1) 需求分析；(2) 画出业务流程图；(3) 画出数据流程图；(4) 编写数据字典。

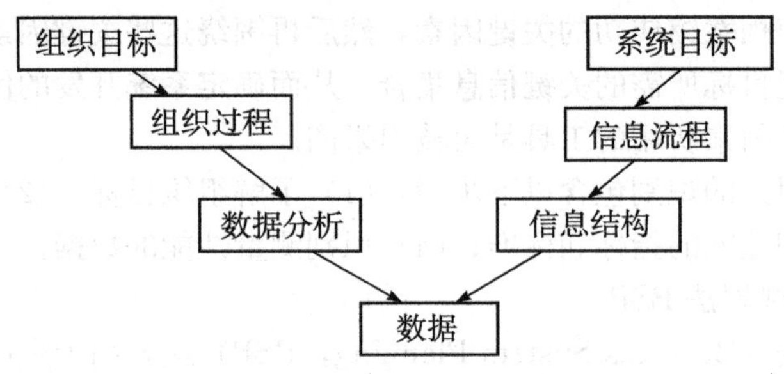

图 5—2 系统规划法（BSP）步骤

（一）需求分析

档案信息系统的需求分析包括：(1) 系统功能需求；(2) 系统性能需求，分析技术性能指标，包括存储容量限制、运行时间限制、传输速度要求、安全保密性等；(3) 资源和环境需求；(4) 可靠性需求；(5) 安全保密要求；(6) 用户界面需求；(7) 成本消耗与开发进度需求；(8) 预先估计的可扩展性需求。系统需求信息的收集方法包括：查阅书面资料、实地观察、面谈、发放调查表、阅读业务专题报告等。

需求分析是一个详细调查的过程。这个过程强调系统用户也就是档案馆的参与，要完整掌握现行档案信息系统的情况，发现存在的问题和薄弱环节，收集相关资料，为下一步的系统分析和提出新系统的逻辑设计做好准备。调查的范围包括：档案馆的组织机构和功能业务、档案馆目标和发展战略、档案业务流程和服务构成、数据与数据流程、档案业务工作的形式、具体的业务管理方式、档案馆的决策方式和决策过程、可用资源和限制条件、现存问题和改进意见。

（二）画出业务流程图

业务流程图的制作过程为：先进行档案馆组织结构和功能分析，然后画出档案馆组织结构图与档案馆组织业务关系图，绘制业务功能一览表，最后画出业务流程图。以天津泰达档案馆为例，图 5—3 是天津泰达档案馆档案接收业务流程图，图 5—4 是天津泰达档案馆寄存档案业务流程图，图 5—5 是天津泰达档案馆城建档案报送流程图。①

（三）画出数据流程图

画数据流程图的具体步骤为：(1) 调查数据的汇总分析，首先将系统调查所得的数据分为本系统输入数据类（主要指报来的报表），本系统要存储的数据类

① 参见天津泰达档案馆寄存档案业务流程图，http：//www.tedala.gov.cn/zn/index-06.jsp。

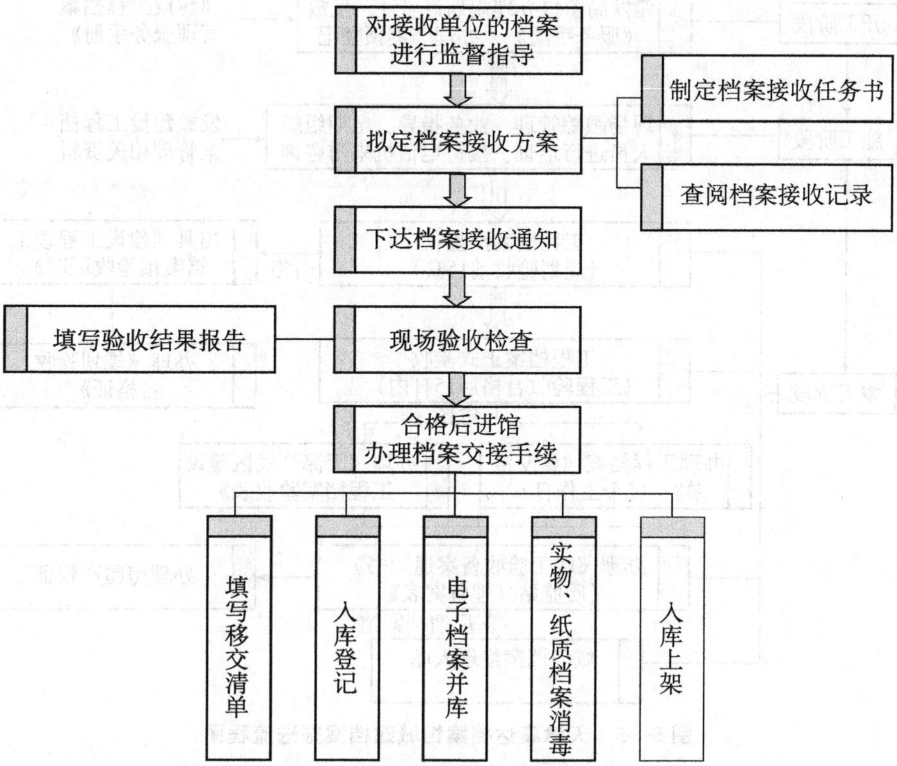

对接收单位的档案
进行监督指导
制定档案接收任务书
拟定档案接收方案
查阅档案接收记录
下达档案接收通知
填写验收结果报告
现场验收检查
合格后进馆
办理档案交接手续
填写移交清单
入库登记
电子档案并库
实物、纸质档案消毒
入库上架

图 5—3　天津泰达档案馆档案接收业务流程图

受理寄存
库存管理
利用服务
期满处理
受理申请
签订协议
清点检查
办理手续
消毒入库
排列编目
数据录入计算机
档案检索
安全防护
日常管理
档案借阅
提供复制
咨询服务
续约寄存
客户移出
逾期处理

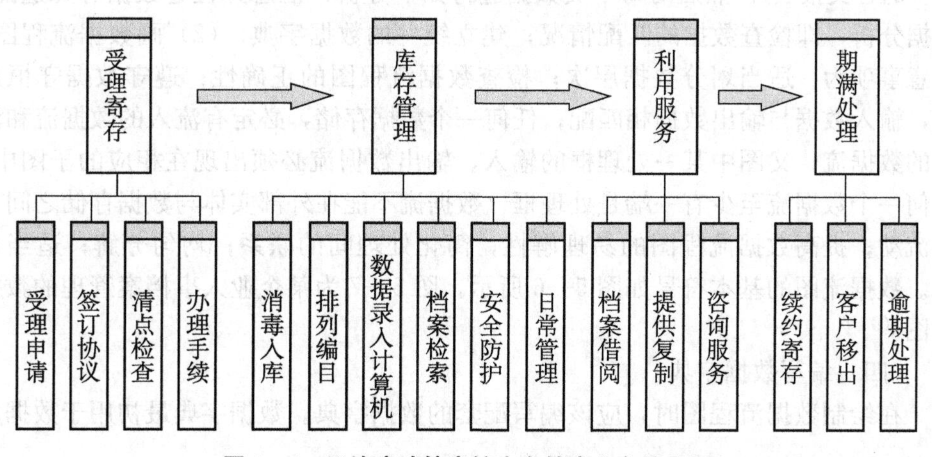

图 5—4　天津泰达档案馆寄存档案业务流程图

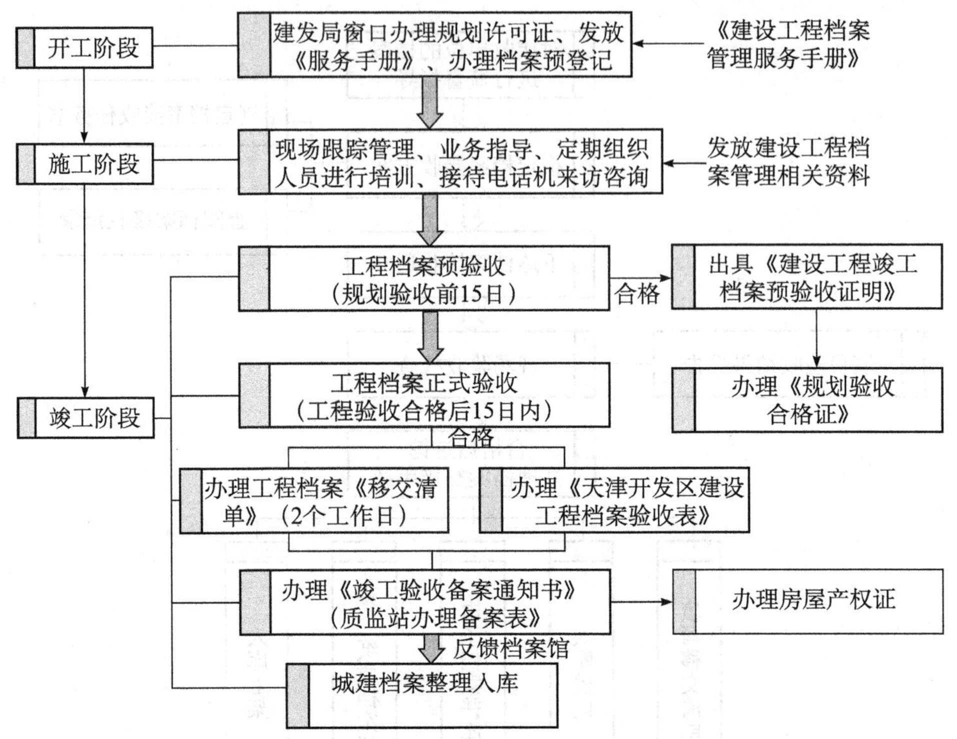

图 5—5　天津泰达档案馆城建档案报送流程图

（主要指各种台账、账单和记录文件）和本系统产生的数据类（主要指系统运行所产生的各类报表）。然后对每一类数据进行如下分析：汇总并检查数据有无遗漏；数据分析，即检查数据的匹配情况；建立统一的数据字典。（2）画数据流程图，注意事项为：适当划分数据层次；检查数据流程图的正确性；遵守数据守恒规律，输入数据与输出数据相匹配；任何一个数据存储，必定有流入的数据流和流出的数据流；父图中某一处理框的输入、输出数据流必须出现在相应的子图中；任何一个数据流至少有一端是处理框，数据流不能在外部实体与数据存储之间直接流动；提高数据流程图的易理解性；简化处理间的联系；均匀分解；适当命名。数据流图的基本符号如图 5—6 所示。图 5—7 为某企业人事档案管理的数据流图。①

（四）编写数据字典

在绘制数据流程图时，应该编写配套的数据字典。数据字典最初用于数据库

① 参见企业人事档案管理系统，http：//www.lw51.cn/POParticle/8/4815.html。

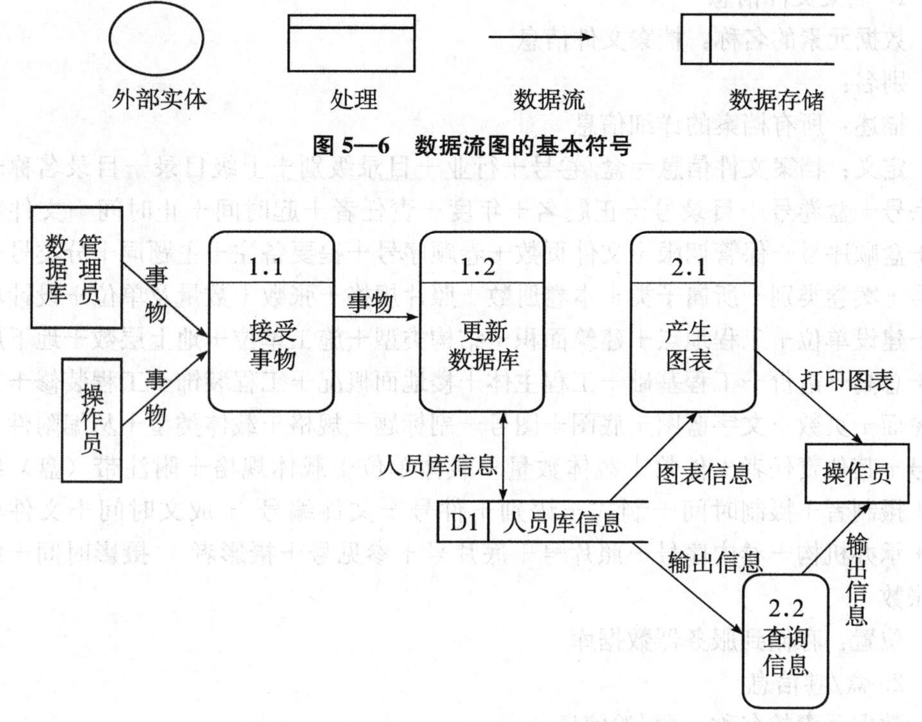

图 5—6　数据流图的基本符号

图 5—7　某企业人事档案管理的数据流图

管理系统，它为数据库用户、数据库管理员、系统分析员和程序员提供某些数据项的综合信息。系统分析中所使用的数据字典，主要用来描述数据流程图中的数据流、数据存储、处理过程和外部实体。数据字典是开发者与用户相互沟通的有效途径之一。它能形象地向用户描述开发者的意图，有效缓解开发者和用户之间的交流鸿沟，也有利于用户向开发者提出自己的需求，避免因理解分歧造成代价巨大的接口问题。

数据字典条目其内容包括：(1) 数据项：数据元素的名称、别名、类型、取值范围和取值的含义、长度；(2) 数据结构：任选项、必选项、重复项；(3) 数据流：来源、去处、组成、流通量、高峰时的流通量；(4) 数据存储：结构、数据流和查询要求；(5) 处理过程：处理框的编号、名称、功能以及有关的输入输出；(6) 外部实体：说明外部实体产生的数据流和传给该外部实体的数据流，以及该外部实体的数量。

一个档案信息系统的数据字典可做如下表示。

1. 档案文件信息

数据元素的名称：档案文件信息

别名：

描述：所有档案的详细信息

定义：档案文件信息＝盒/卷号＋行业＋目录级别＋上级目录＋目录名称＋全宗号＋盒卷号＋目录号＋正题名＋年度＋责任者＋起时间＋止时间＋文件密级＋盒顺序号＋保管期限＋文件页数＋卷顺序号＋提要备注＋主题词＋分类号＋档号＋案卷类别＋所属子类＋本卷册数＋照片规格＋张数＋数量及单位＋设计单位＋建设单位＋工程地点＋建筑面积＋结构类型＋施工单位＋地上层数＋地下层数＋总高＋造价＋工程基础＋工程主体＋楼地面概况＋工程装饰＋工程装修＋工程屋面＋页数＋文字蓝图＋底图＋图号＋副标题＋规格＋载体类型＋丛编附件＋页号＋其他责任者＋件数＋载体数量＋载体单位＋载体规格＋附注带（盘）编号＋摄制者＋摄制时间＋制式＋语别＋件号＋文件编号 ＋成文时间＋文件种类＋承办机构＋卷内序号＋照片号＋底片号＋参见号＋摄影者＋ 摄影时间＋组内张数

位置：存储到服务器数据库

2. 盒/卷信息

数据元素的名称：盒/卷信息

别名：

描述：用于装文件的一个逻辑容器，将相同的文件装在一个盒中或者一个卷中

定义：档案文件信息＝行业＋目录级别＋上级目录＋目录名称＋全宗号＋盒卷号＋目录号＋正题名＋年度＋责任者＋起时间＋止时间＋文件密级＋盒顺序号＋保管期限＋文件页数＋卷顺序号＋提要备注＋主题词＋分类号＋档号＋案卷类别＋所属子类＋本卷册数＋照片规格＋张数＋数量及单位＋设计单位＋建设单位＋工程地点＋建筑面积＋结构类型＋施工单位＋地上层数＋地下层数＋总高＋造价＋工程基础＋工程主体＋楼地面概况＋工程装饰＋工程装修＋工程屋面＋页数＋文字蓝图＋底图＋图号＋副标题＋规格＋载体类型＋丛编附件＋页号＋其他责任者＋件数＋载体数量＋载体单位＋载体规格＋附注带（盘）编号＋摄制者＋摄制时间＋制式＋语别＋件号＋文件编号 ＋成文时间＋文件种类＋承办机构＋卷内序号＋照片号＋底片号＋参见号＋摄影者＋ 摄影时间＋组内张数

3. 用户信息

数据元素的名称：用户信息

别名：

描述：本系统的使用用户

定义：用户信息＝用户代码＋登录名称＋密码＋权限

位置：存储到服务器数据库

4. 单位信息

数据元素的名称：单位信息

别名：

描述：单位的基本信息，是对外数据交换的接口

定义：单位信息＝单位编码＋单位名称＋全宗号＋档案业务主管部门＋档案业务主管部门编码＋负责人＋登记员＋地址＋联系电话＋简介

位置：存储到服务器数据库

当数据字典编制完成后，系统规划阶段便结束了。接下来就进入了档案信息系统的设计部分。

第三节　档案信息系统设计

档案管理信息系统的设计是数字档案馆建设的关键环节。档案管理信息系统的设计思路，决定着数字档案馆系统的功能、稳定性与可扩展性，同时它也提供了信息化时代档案业务人员将要遵循的全新的工作流程和操作规范。不论是档案馆还是软件开发的承包商，都会把系统的设计工作放在头等重要的地位，它不仅直接关系到系统开发的进度、质量和成本控制以及具体的技术路线，更关系到未来系统的运行与维护。对于大型集成化的档案信息系统来说，设计的问题更多也更复杂。

档案信息系统分析的结果是提出了系统的逻辑模型。档案信息系统设计的任务是：在此逻辑模型的基础上，科学合理地进行物理模型的设计。系统物理模型主要解决系统“怎样做”的问题。经过系统设计，设计人员应为程序开发人员提供完整、清楚的设计文档，并对设计规范中不清楚的地方做出解释。

档案信息系统设计的原则包括：(1) 系统性原则。系统应始终从档案馆总体目标出发，服从总体要求，经过对局部的调查、分析、综合形成总体设计方案。(2) 实用性原则。应根据档案馆的实际条件，选择合适的系统规模，适度追求技术的先进性。(3) 经济性原则。在满足需要的情况下，尽可能选择性能价格比高

的、相对成熟的产品。(4) 安全性原则。在档案信息系统的设计阶段，应特别重视安全性问题，如计算机软硬件故障可能造成的数据丢失，远程传递带来的电磁泄密，数据共享带来的失密等。(5) 规范性原则。在档案信息系统的开发过程中要制定统一的规范，要做到数据规范，编码规范，程序设计规范，文档规范等，只有这样才能保证不同的开发阶段之间和各小系统之间能有机地衔接起来。(6) 适应性原则。尽管就档案馆而言，组织机构、管理制度或管理人员在一定时间内是稳定的，但是档案信息系统的设计应充分考虑信息技术可能发生的变化、业务组织可能发生的变化，以及数字档案馆实施可能带来的变化，使档案信息系统在未来较长的时期能够稳定地发挥功能。

目前系统设计主要采取自顶向下的结构化系统设计方法，局部环节上也采用原型法，或面向对象方法。结构化系统设计的主要工作包括：(1) 总体设计，包括信息系统流程图的设计，功能结构图的设计，功能模块图的设计。(2) 代码设计和设计规范的制定。(3) 数据库设计，数据库管理系统的选择，数据库的安全保密设计。(4) 计算机处理过程设计，包括输出设计、输入设计、处理流程设计，以及编写程序设计说明书。(5) 功能模块设计。(6) 系统物理配置方案的设计包括设备配置，通信网络的选择和设计等。系统设计文件是最终实现信息系统的重要基础。

一、档案信息系统的总体设计

(一) 系统划分的一般原则

系统划分就是将档案馆按其业务功能划分为若干相互独立的子系统。子系统划分的原则如下。

(1) 可理解的结构划分。每个子系统功能要明确，尽量做到规模大小适中均衡，减少复杂性，易于人们理解和接受。

(2) 新旧系统间的过渡性。在可能的情况下，适当照顾现行系统的结构和人们的习惯，使旧系统能顺利地向新系统过渡。

(3) 子系统要具有相对独立性。子系统的内部功能、信息等应具有较好的内聚性，应将联系比较密切、功能相近的模块相对集中；每个子系统、模块之间应相互独立，子系统之间的相互关联及相互影响程度应尽量小，接口应该清晰、简洁；尽量减少各种不必要的数据调用和控制联系，使子系统之间数据依赖性尽量小。这使得大型复杂的软件简单化，可以保证软件产品的质量，加强系统的可维护性和适应性。

(4) 子系统划分应减少数据冗余。数据冗余就是在不同模块中重复定义某一部分数据。经常大量调用原始数据，重复计算、传递、保存中间结果，会导致程序结构紊乱，效率降低，软件编制困难。

（5）子系统的划分应便于系统分阶段实现。档案信息系统的开发是一项较大的工程，需要分期分步进行，所以子系统的划分应能满足分步实施的需要。

（6）子系统的划分应当兼顾组织机构的要求，以便系统实现后能够符合现有的情况和人们的习惯，更好地运行。

（7）子系统的划分应考虑到各类资源的充分利用。保证设备资源、信息资源的合理分布和充分使用，以减少系统对网络资源的过分依赖，减少输入、输出、通信等设备压力。图 5—8 为青岛数字档案馆的系统划分示意图。①

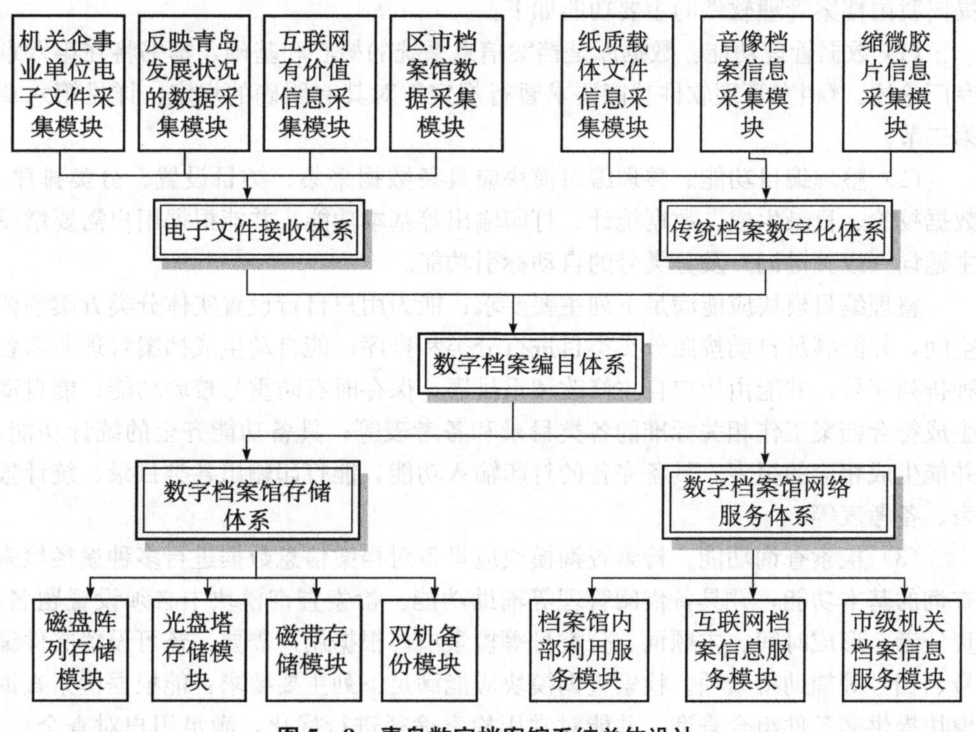

图 5—8 青岛数字档案馆系统总体设计

（二）数字档案馆系统划分

在数字档案馆信息系统进行总体设计时，首先要进行系统划分，确定出数字档案馆信息系统的子系统与功能模块，这是后续设计工作的指南。以下以《档案

① 参见青岛市档案馆：《青岛数字档案馆项目建议书》，2001-01-15，http：//www.wendang.com/soft/6572.htm。

管理软件功能要求暂行规定》中所列举的档案管理软件功能以及深圳市档案馆、天津泰达数字档案馆的实际做法为例进行阐述。

1.《档案管理软件功能要求暂行规定》

国家档案局中央档案馆《档案管理软件功能要求暂行规定》(2001)第二章第四条规定:"档案管理软件应具备数据管理、整理编目、检索查询、安全保密、系统维护等基本功能,并能辅助实体管理及根据用户特殊要求增扩其他相应功能。"[①] 该规定较为充分地考虑到数字档案馆功能实现的各个方面,但是对于网络化服务的功能考虑比较少,这与当时对于数字档案馆的认识程度有关。该规定提出我国档案管理软件的主要功能如下。

(1)数据管理功能。数据库是档案信息系统的核心和基础,本书将在第六章专门论述。《档案管理软件功能要求暂行规定》对其有明确的规定,详见第六章第二节。

(2)整理编目功能。整理编目模块应具备数据采集、类目设置、分类排序、数据校验、目录生成、数据统计、打印输出等基本功能,并能根据用户需要增设主题词(或关键词)及分类号的自动标引功能。

整理编目模块应能满足下列主要要求:能为用户自行设置实体分类方案预留空间,并能满足自动按照分类类目进行分类和排序;能自动生成档案管理所需各种排列序号,并能由用户自主修改和重排序,保存时有防重号校验功能;能自动生成符合档案工作相关标准的各类目录和备考表等;具备功能齐全的统计功能,并能生成相应的报表。具备完备的打印输入功能,能打印输出各类目录、统计报表、备考表等。

(3)检索查询功能。检索查询模块应具备对档案信息数据进行多种途径检索查询的基本功能,并具备借阅管理等辅助功能。检索查询模块中必须设置题名、责任者、形成时间、主题词、分类号等检索项。根据用户需要,还可设置文件编号、档号等辅助检索项。检索查询模块应能满足下列主要要求:能根据检索查询模块提供多条件组合查询,并能对常用检索途径进行优化,满足用户对查全率、查准率的要求;能根据用户需要设置目录检索、全文检索、图文声像一体化检索等功能;能对查询结果进行显示、排序、转存、打印或选择输出等技术处理。借阅管理功能应包括对利用者以及利用的目的、时间、内容、效果等信息的记录、分析、统计以及档案催退、续借、退还等功能。

---

① 国家档案局中央档案馆:《关于印发〈档案管理软件功能要求暂行规定〉的通知》,2001-06-05,http://219.140.69.148/hbda2/web/demo1/messagecontart.jsp? nid=16364&cId=7469。

（4）辅助实体管理功能。辅助实体管理模块应具备对档案征集、接收、移交以及档案鉴定、密级变更等进行相应管理的功能。辅助实体管理模块应能满足下列主要要求：对征集、接收、移交档案的时间、来源、交接人、数量、种类、载体进行管理；对档案划控、保管期限变更、密级变更、鉴定销毁等进行管理。

（5）安全保密功能。档案管理软件的研制、安装和使用，必须符合《计算机信息系统保密管理暂行规定》（国保发［1998］1号）的各项要求，具备系统访问控制、数据保护和系统安全保密监控管理等基本功能，确保档案数据安全。系统访问控制，必须能实现严格的权限控制，并具有防止越权操作的技术措施。数据保护，必须保证系统对档案数据的采集、存储、处理、传递、使用和销毁按照国家有关保密规定进行，并在各项操作中有相应的密级识别。涉密系统还应有严格的数据加密措施。系统安全保密监控，必须能对系统中各种操作实现严格的监控并加以记录。

（6）系统维护功能。系统维护模块应具备用户权限管理、系统日志管理、数据的备份与恢复等基本功能。用户权限管理应包括系统各部分的操作权限管理和数据操作的权限管理。系统应能对所有上机操作人员自动判断分类，拒绝、警示非法操作并加以记录。系统日志管理应提供独立于操作系统的电子文件、档案查询日志记录功能，包括上机人姓名、访问时间（年月日时分）、所用微机编号、查询内容、利用方式（阅读、修改、拷贝、打印），并提供详情查询功能。日志文件保存时间应不少于两个月，需长期保存的日志文件应可自动转存备份。系统维护模块在提供数据备份与恢复处理功能的同时，还应能对档案数据某些代码提供方便的维护。

2. 深圳市档案馆应用系统模块设计

深圳市档案馆是我国最早的一批数字档案馆建设试点单位，技术比较成熟。深圳市档案馆应用信息系统的模块设计包括四种：电子档案信息收集模块、电子档案信息管理模块、电子档案信息利用模块与电子档案信息安全维护模块。[①]

（1）电子档案信息收集模块。该模块负责各类电子档案信息的采集并将其输入系统。根据数字档案馆数字信息资源的来源，在此模块下设立了三个子系统：

第一，馆藏资源数字化系统，包括纸质档案扫描子系统、缩微胶片数字化子系统、视频资料数字化子系统、音频资料数字化子系统。

第二，信息接收系统，通过卸载报盘和网络在线的方式，接收立档单位的电

---

① 参见李国庆：《深圳数字档案馆建设的理论架构及阶段性成果》，http：//www.soft6.com/tech/6/61184.html。

子档案和应归档电子文件及其元数据，以及下属档案馆的电子档案信息。

第三，信息搜寻系统，通过网络在线采集现有的各种信息资源库，如国土信息资源库、人口统计信息资源库等；采集各网站的网页、历史照片、有关新闻报道、统计数据、历史事件的声像资料等其他社会零散信息，作为数字档案馆数字资源建设的补充。

(2) 电子档案信息管理模块。主要负责对采集到的信息进行整理、分类、管理，使大量无序的信息有序化。其功能主要包括：电子档案标准化；元数据著录；分类号主题词自动标引；多媒体档案标引；目录管理；档案鉴定；报表打印；信息统计。以下简要介绍其中的五个方面。

第一，电子档案标准化子系统对收集来的符合或通过转换使其符合一定规范（包括电子文件元数据标准、数据交换标准、文件的语言格式、数据交换的物理存储介质标准和数据交换的逻辑格式标准等）的数字信息及其元数据，根据采集时所带的目录信息，采取一定的分类方案，将这些数据有序地存储到系统中。

第二，元数据著录子系统是对采集来的数字档案信息进行内容、结构、背景信息等相应项目的元数据进行检查和缺项补著录，建立元数据库。

第三，分类号主题词自动标引子系统含有按逻辑关系将符合《中国档案主题词表》有关要求的主题词和符合《中国档案分类法》有关要求的信息分类号组合在一起所形成的一套分类号主题词对照表，系统可以从“对照表”中自动提取相应的分类号—主题词，完成标引任务。

第四，档案辅助鉴定子系统可以对数字档案信息进行批量的内容鉴定和技术鉴定。

内容鉴定是根据档案开放所必须具备的条件，档案价值判定、保管期限划分的标准，档案真伪鉴别的主要依据等要素，同档案文件的来源、类别、责任人、形成时间、存储介质等众多信息相结合，制定鉴定规则，利用计算机的智能技术，建立起专家智能鉴定系统，进行档案信息的批量辅助鉴定。在此基础上再由专家对辅助鉴定过的档案信息进行直接鉴定，予以确认，这样不仅可以大大减少全部由人工直接鉴定的工作量，同时能保证鉴定的质量。

技术鉴定子系统是对电子文件各方面的技术状况进行全面检查，包括对文件信息真实性、完整性、可读性的分析以及对文件载体状况的检测（该系统目前正在研制当中）。

第五，统计报表子系统能对系统中的基本数据进行汇总，形成统计表，包括规范化统计表和自定义统计表，如档案馆基本情况年报、全年档案利用统计表、温湿度统计表等。

(3) 电子档案信息利用模块。该模块负责对数字档案馆管理的海量电子档案信息，运用计算机和网络技术向社会提供超越时空界限的利用服务，可以使具备上网条件的用户在任何地点、时间得到权限许可的档案信息，真正实现数字档案信息资源的共享。该模块包括：档案信息开发、综合智能查询、网站信息发布与光盘发布等子系统。

第一，档案信息开发子系统的主要功能是进行档案信息的编研规范化和素材编辑。

第二，综合智能查询子系统可提供馆藏电子档案的文档、图形图像、语音资源、视频资源的查询阅览及虚拟演播等服务。

第三，网站信息发布子系统能够将馆藏电子档案通过互联网进行发布，提供对外信息服务。

第四，光盘发布子系统能将允许发布的多媒体信息资料，包括目录数据及原文以一定的格式迁移到光盘上，形成发布盘，既能在网上运行阅读，又能提供给用户进行单机阅读。

(4) 电子档案信息安全维护模块。深圳数字档案馆的安全维护，从物理安全、信息资源安全和安全保密管理几方面着手，采取了一系列措施。

第一，数据迁移、备份、恢复。数字档案馆的应用系统分布在三网物理隔离的网络环境中，无法直接通信，这就产生了信息隔膜，必须进行数据迁移。通常所采用的方法是先从一个网络的数据库中将数据导出到可写光盘、热拔插硬盘等介质中，再将这些介质接到另一个网络，将数据导入其数据库中。深圳数字档案馆系统的主要设备、软件、数据、电源等都有备份，并有技术措施和组织措施保证数据库可以在发生故障后的较短时间内恢复系统运行。

第二，计算机病毒防治。采用国家有关主管部门批准的查毒、杀毒软件，适时对服务器和客户端查毒、杀毒，并制定了严格的防毒制度。

第三，身份鉴别。深圳数字档案馆系统鉴别主体身份的方法主要有三种：一是只有该用户了解的秘密，如口令、密钥等；二是用户携带的能证明用户身份的物品，如智能卡；三是只有该用户具有的独一无二的特征或能力，如指纹、声音、视网膜等。凡政务网上的在线移交、信息检索都要进行身份鉴别。

第四，访问控制。对用户进行操作权的限制，包括功能权限制和数据权限制，主要防范用户的越权访问。

第五，信息加密。分为传输加密和存储加密两种。信息传输加密用来防止通信线路上的窃听、泄露、篡改和破坏，其方式通常有链路加密、网络层加密、应用层加密等，深圳数字档案馆系统采用应用层加密。即凡是需要在网络上传输的数据，传输前必须加密。而且在信息存储时，对每份原文进行了加密。加密协议采用的是国际标准协议 DES 和 RSA，具有一定的权威性。

第六，信息完整性校验。其作用是防止信息被非法篡改、插入和删除。本系统采用数字水印技术保护信息的完整性。

第七，安全审计。深圳数字档案馆系统利用数据库、操作系统、安全保密产品和应用软件的审计功能来完成安全审计。

3. 天津泰达数字档案馆系统划分

天津泰达数字档案馆的系统由以下七部分组成。

(1) 电子文件处理中心。电子文件处理中心接收政务网办公自动化产生的电子公文。根据文档一体化管理的原则，电子文件在产生之初，就要按照档案管理的前端控制要求加以规范。电子公文在办理完毕后，由 OA 归入电子文件处理中心，与 OA 相关的元数据也一并进入电子文件处理中心。

(2) 档案信息采集子系统。档案信息采集模块解决各种档案信息资料进入档案馆的工作，需要完成各种档案信息资料的收集、整理、数字化、修复等工作。

(3) 档案核心管理子系统。该子系统包括档案信息标准化、分类及主题词标引、元数据录入、鉴定、目录管理、报表制作、信息统计以及信息备份等。

(4) 档案信息利用系统。

(5) 档案库房管理子系统。

(6) 档案咨询服务平台。借助呼叫中心（Call Center）建立此服务平台，使用户能够方便、快捷地享受数字档案馆提供的服务。

(7) 应用系统维护平台。除此之外，市场上各种较小的专业档案管理软件也层出不穷，此处不一一赘述。

二、档案信息系统代码设计

代码也叫信息编码，是用来唯一表征客观事物的一组有序的符号，是计算机和人都容易识别、理解和处理的符号。代码的作用有：能够唯一地标识一个分类对象（实体）；加快输入速度，减少输入错误，节省存储空间，便于检索；使数据表达标准化，可以简化数据处理程序，提高处理效率。代码设计的内容包括：各类代码名称、功能、相应的编码表、使用范围、使用要求及对代码的评价。

(一) 代码的分类

代码的类型包括数字型、字母型、数字字母混合型等。各种类型的代码各有所长，应根据使用者的要求、信息量的多少、信息交换的频度、使用者的习惯等因素综合考虑并加以选择。根据代码的功能和结构，可以将代码进行分类，如图 5—9 所示。

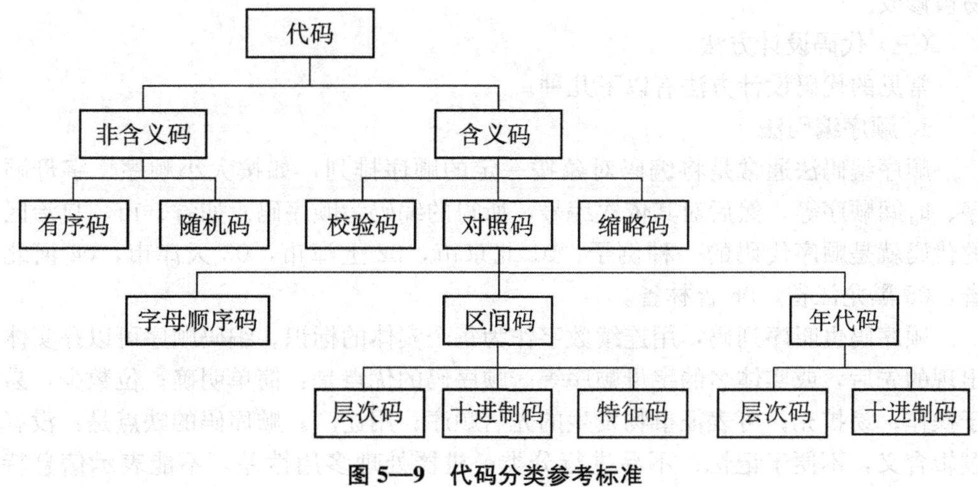

图 5—9　代码分类参考标准

(二) 代码的特点

优化的代码系统应具有如下特点。

(1) 唯一性：每一个代码都仅代表唯一的实体或属性。一个对象可能有多个名称，也可按不同的方式对它进行描述。但在一个编码体系中，一个对象只能赋予它唯一的代码。

(2) 合理性：代码结构应与相应的分类体系相对应。

(3) 简单性：代码结构尽可能简单，以减少各种差错。

(4) 标准化：国家有关编码标准是代码设计的重要依据。在一个代码体系中，代码结构、类型、编写必须统一。系统内部使用的同一种代码必须统一。

(5) 系统性：所有代码都有一定的分组规则，从而在整个系统中具有通用性。

(6) 可扩充性和稳定性：要考虑系统的发展和变化，一般考虑三到五年的使用期限。当增加新的实体或属性时，直接利用原代码加以扩充，而不需要重新变动代码系统。

(7) 便于识别和记忆：为了同时适于计算机和人工处理使用，代码不仅要具有逻辑含义，而且应尽可能反映对象的特点，以便于识别、记忆和填写。对于一些易混淆的字母，如 I、O、Z 等，尽量不用。

(8) 短小精悍：代码的长度不仅会影响所占据的存储单元和信息处理的速度，而且也会影响代码输入时出错的概率和输入、输出的速度。

(9) 容易修改：当某个代码在条件、特点或代表的实体关系改变时，应当容易被修改。

（三）代码设计方法

常见的代码设计方法有以下几种。

1. 顺序编码法

顺序编码法通常是将编码对象按一定的顺序排列，如按大小顺序、字母顺序、时间顺序等，然后对其依次编号，所得的编码为顺序码。如省、市、自治区的代码就是顺序代码的一种例子：01 北京市，02 上海市，03 天津市，04 河北省，05 黑龙江省，06 吉林省。

顺序码也叫序列码，用连续数字作为每个实体的标识。编码顺序可以是实体出现的先后，或实体名的字母顺序等。顺序码的优点是：简单明确；位数少，易于操作；易扩充；可表征事物发生的先后顺序；用途广。顺序码的缺点是：没有逻辑含义，不便于记忆；不易进行分类；机器处理多用性差，不能表示信息特征，无法插入、删除数据将造成空码等。

顺序码适应的对象是：（1）分类已经确定的事物；（2）比较固定和带有永久性的对象，特别是要按发生顺序进行识别、处理的场合。顺序码多用于与其他代码方式组合使用的情况。

2. 重复编码法

这种方法直接采用与原来手工系统相同的编码，叫做重复码。其优点是容易被原系统人员接受、易实现、便于推广。缺点是不能任意更改、可能不尽合理。

3. 分组编码法

分组编码法是最常用的一种编码方法。它将代码分为几段（组），每段表示一种含义，每段都由连续数字组成。其优点是简单、方便、能够反映出分类体系、易校对、易处理。缺点是位数多，不便记忆，必须为每段预留编码，否则不易扩充。例如：身份证编码就是一种分组编码方法。通常分组编码法都在每组留有备用码，以便扩充。

4. 表意编码法

表意编码法将编码对象的属性直接或间接地用文字、数字以及符号来表示。在表意码中，如果采用标记符号的方式，习惯上一般用简略写法，例如北京大学的网站地址为 www. pku. edu. cn，“pku”就是简略的表示。表意码的优点是可以直接明白编码含义、易理解、易记忆；缺点是编码长度位数可变，复杂对象的编码位数会增多，给编码的记忆、分类和处理带来不便。表意代码多用于表达物体的性能、尺寸、重量、容积、面积、距离等特征，如 cm—Centi-meter（厘米），kg—Kilo-gram（千克）等等。

5. 专用编码法

专用编码法就是根据特殊的用途，按照一定的规律创立的一套具有内在逻辑联系的编码体系。专用码是具有特殊用途的编码，如汉字国标码、五笔字型编码、自然码、ASCll 代码等。

6. 组合编码法

组合编码法就是将若干种简单编码组合而成编码对象代码的方法。组合码也叫合成码、复杂码，使用十分普遍。比如学生学号代码，0712197、0712221、0612204，其中第一、二位表示入学年份（表意码），第三、四位表示学院（组类码），第五、六位表示顺序号（顺序码）。其优点是容易分类、容易增加编码层次、可以从不同角度识别编码、容易实现多种分类统计；缺点是编码位数和数据项个数较多。

7. 十进制编码法

十进制编码法就是对编码对象按照十进制原则进行编码的方法。十进制代码的特点是补充新代码容易，可以无限扩充。缺点是位数多，长短不一，机器处理不方便。这种编码方式在图书馆及类似的环境中应用较多，例如图书分类可以这样编码，企业为 326，全民企业为 32624，集体企业为 32625。

除此之外，还有组类编码法、按位编码法、区块编码法、字母编码法等，各自适用于不同的编码对象。

上述编码方法各有优缺点，在档案信息系统的设计过程中，应根据编码对象的特点和系统处理的要求，进行代码设计。

（四）代码设计步骤

严格地讲，代码设计是从编制数据字典开始的。编码对象主要为数据存储（数据库或文件）中所包含的数据元素与数据结构。代码设计的结果应形成编码文件，作为系统设计与编程的标准。具体来说，代码设计的步骤如下。

（1）确定代码编制目的。

（2）确定编码对象，调查已在使用的代码系统。如果在现行系统中，已经存在一套代码系统，但这种代码不一定适合计算机处理，而且往往不科学、不统一，为此应对代码进行调查研究和统一规划，以便进行重新设计或修订，其中对重要代码的设计应依据国家有关编码标准。如果国家标准局、某个部门对某些事物已规定了标准代码，那么应遵循这些标准代码。如果没有标准代码，那么在代码设计时要参考国际标准化组织、其他国家或地区、其他部门、其他单位的编码标准，设计出便于今后标准化的代码。

（3）确定代码使用场合和使用期限。

（4）分析编码对象的使用要求。如使用频率、变更周期、输出要求等。

（5）根据代码的使用范围、使用时间，确定具体编码方法，考虑是否采用检验位。为了减少编码过程中的错误，需要使用编码校验技术。这是在原有代码的基础上，附加校验码的技术。校验码是根据事先规定好的算法得出的，将它附加到代码本体上以后，成为代码的一个组成部分。当代码输入计算机以后，系统将会按规定好的算法验证，从而检测代码的正确性。常用的简单校验码是在原代码上增加一个校验位，并使得校验位成为代码结构中的一部分。系统可以按规定的算法对校验位进行检测，若校验位正确，便认为输入代码正确。

（6）针对每种代码编写代码设计书，对代码做详细说明。

（7）将总代码设计书归类，编写代码簿，并规定代码管理制度。

代码设计是一项重要的工作。如果代码设计不合适，小修改将会引起程序的变化，大修改则会引起文件的重新建立。因此，一定要进行全面的考虑和仔细的推敲，反复修改，逐步优化。

（五）档案信息系统中的代码

档案信息系统中常用的代码包括档案馆代码、档案文件代码、部门代码、人员代码、用户代码等。以国土资源部信息中心发布的《土地管理档案目录数据库标准》为例，来说明土地档案著录用代码的编码方法和档案目录数据库建设中所涉及的字段代码。

1. 土地管理档案著录用代码的编码方法

（1）档案馆代码。根据《全国档案馆名称代码》（中国档案出版社出版）赋予的档案馆代码著录（档案室此项不著），用六位字符著录。

（2）档号。其格式为："全宗号—年度—类别号—案卷号—件或者页（张）号"，即"××××—××××—×××××××××—××××—×××"。

（3）全宗号。用四位代码标识。其中第一位用汉语拼音字母标识全宗属性，后三位用阿拉伯数字标识某一属类全宗的顺序号。一个档案馆（室）内全宗号不得重复。全宗号的格式是：××××，依次为全宗属性代码、全宗顺序号。

（4）案卷号。一个案卷目录内的案卷号按排列次序流水编号，不得重号。案卷号用九位阿拉伯数字标识。

（5）电子文档号。档案馆（室）管理电子文件的一组符号代码。使用由存储介质代码、全宗号、盘号及电子文件名称四部分组成的格式。其中，存储介质代码用字母表示，"GP"表示光盘，"CD"表示磁带，"CP"表示磁盘；全宗号根据《档号编制规则》（DA/13－94）编制；盘号用数字表示，一般为两位数；电子文件名称可根据管理方便的原则自行规定。

（6）文件形成时间。文件形成时间由八位阿拉伯数字组成，即为：YYYYMMDD。

（7）保管期限。用数字表示。若“保管期限”分别用永久、长期、短期表示，则对应的数字代码分别为 1、2、3。

（8）密级。一般按文件形成时所定密级著录，对已升、降、解密的文件，应著录新的密级，公开级、国内级可不著录。密级按《文献保密等级代码与标识》（GB/T 7156－2003）划分为六个级别，各密级的名称代码见表 5—1。

表 5—1　　密级划分表

名称	数字代码	汉语拼音代码	汉字代码
公开级	0	GK	公开
国内级	1	GN	国内
内部级	2	NB	内部
秘密级	3	MM	秘密
机密级	4	JM	机密
绝密级	5	UM	绝密

（9）解密划控。按照《中华人民共和国档案法》有关条款，根据档案文件形成时间及文件内容确定档案是向社会开放还是继续保密控制使用。档案馆已确定为开放的文件或案卷，此项不著，不开放的文件或案卷则著录“K”字。

（10）分类号。本标准中的土地管理档案分类及代码直接引用《中国档案分类法土地管理档案分类法》（第二版）。

（11）文件状况。根据档案载体的完好程度著录。著录时用代码标识。档案完好者，不予著录；档案载体破损不全用“A”表示；档案字迹褪变用“B”表示；档案载体老化用“C”表示；其他用“D”表示。

（12）数据库文件名格式。× ×××××××××× ×××× ××.×××，构成依次为数据级别代码、档案馆代码（全宗号）、数据交换年度、库文件编号与扩展名。

其中，数据级别分为文件级和案卷级。文件级用汉语拼音字母“D”标识；案卷级用汉语拼音字母“F”标识。数据交换年度用四位公元纪年标识。档案实体数据不参与交换。

2. 档案目录数据库建设中所涉及的字段代码

字段代码是数据库建设的基本单元。下面选取国土资源部信息中心发布的《土地管理档案目录数据库标准》中全宗级、案卷级与文件级著录属性表来说明土地管理档案数据库中相关信息的代码表示，如表 5—2、表 5—3、表 5—4

所示。

表 5—2　　　　　　　　　　土地管理档案全宗单

序号	字段名称	字段代码	字段类型	字段长度	小数位数	值域	约束条件	备注
1	全宗标识码	FONDS_ID	char	36			M	
2	全宗号	FONDS_NO	char	6		6.3	M	
3	全宗名称	FONDS_NAME	char	254			M	
4	编制单位	UNIT_NAME	char	254			M	
5	全宗名称起始日期	BEIGIN_TIME	date	8			M	
6	全宗名称终止日期	END_TIME	date	8			M	
7	全宗卡片报送情况	FONDS_CARD_THING	char	20			O	
8	检索工具编制种类	SEARCHES_CLASS	char	8			O	
9	缩微及计算机应用情况	CRINKTE_THING	char	8			O	
10	登记日期	REGISTER_TIME	date	8			M	
11	收进档案数量	ACCEPT_AMOUNT	float	9	0	〉=0	M	
12	移出档案数量	MOVE_AMOUNT	float	9	0	〉=0	M	
13	现有档案数量	EXISTENCE_AMOUNT	float	9	0	〉=0	M	

表 5—3　　　　　　　　土地管理档案案卷级著录属性表

序号	字段名称	字段代码	字段类型	字段长度	小数位数	值域	约束条件	备注
1	案卷属性标识码	FILE_DESCRIPTION_ID	char	36			M	
2	全宗标识码	FONDS_ID	char	36			M	
3	案卷号	DESCRIPTION_NO	char	19		见 6.4	M	
4	案卷类别	CLASS_CODE	char	8			M	表 14
5	案卷名称	FONDS_TITLE	char	254			M	
6	保管期限	STORAGE_DURATION	char	6		见 6.8	M	
7	密级	SECURITY_LEVEL	char	1		见 6.9	M	
8	起始日期	START_DATE	date	8			M	
9	截止日期	END_DATE	date	8			M	
10	件数	SHARE_ACOUNT	float	9	0	〉=0	M	
11	图件数	PAGE_ACOUNT	float	9	0	〉=0	O	
12	附件数	ANNEX_ACOUNT	float	9	0	〉=0	O	
13	解密划控	OPENING_CONTROL	char	1			M	
14	删除标记	DELETE_TAG	log	1			O	
15	存放位置	DEPOSITARY	char	254			M	
16	备注	MEMO	memo				O	

表 5—4　　　　　　　　　　　　　土地管理档案文件属性表

序号	字段名称	字段代码	字段类型	字段长度	小数位数	值域	约束条件	备注
1	文件属性标识码	DOCU _ PROPERT _ ID	char	36			M	
2	案卷属性标识码	FILE _ DESCRIP _ ID	char	36			M	
3	档号	FILE _ ID	char	23			M	
4	题名	FIELE _ TITLE	char	254			M	
5	密级	SECURITY_ LEVEL	char	1			M	
6	保管期限	KEEPING _ DURATION	char	1			M	
7	形成部门	FORM _ DEPT	char	254			M	
8	载体类型	CARRIER _ LEVE	char	8			O	
9	载体数量	CARRIER _ AMOUNT	float	4			O	
10	载体单位	CARRIER _ UNITS	char	8			O	
11	载体规格	CARRIER _ SPEC	char	20			O	
12	分类号	CLASS _ NO	char	8			M	
13	文件编号	FILE _ NO	char	30			M	
14	件数	SHARE _ ACOUNT	Float	9			M	
15	页数	PAGE _ ACOUNT	Float	9			M	
16	解密划控	OPENING _ CONTROL	char	1			M	
17	文件状况	FILE _ STATUS	char	1		见 6.17	O	
18	电子文档号	ELECTRON _ NO	char	28		见 6.5	O	
19	附件	ANNEX	char	254			O	

在《土地管理档案目录数据库标准》中，还有文本文件扩展数据表、专题图件文件扩展属性表、照片文件扩展属性表、遥感图像文件扩展属性数据表、软件著录属性表、音像文件扩展属性表、归档数据表、借阅数据表与销毁数据表等，这里不再一一列出。

三、档案信息系统数据库设计

数据库是数字档案馆系统中至关重要的一个组成部分，也是档案信息系统开发中的一项重要工作。数据库技术的广泛应用，为研制新型的各类信息系统提供了有力的支持。关于档案数据库设计的知识，将在第六章专门介绍。

四、档案信息系统计算机处理过程设计

从总体上来看，计算机处理过程设计包括输出设计、输入设计、处理流程设计，以及编写程序设计说明书。从系统开发的角度看，输出决定输入，即输入信息只有根据输出要求才能确定；输入设计的目的是保证向系统输入正确的数据。

总体结构设计将系统分解成许多模块，并决定了每个模块的外部特征：功能与界面。计算机处理流程设计则要确定每个模块的内部特征，即内部的执行过

程，包括局部的数据组织、控制流、每一步的具体加工要求及种种事实细节。通过这样的设计，为编写程序制定一个周密的计划。处理流程设计的关键是用一种合适的表达方法来描述每个模块的执行过程。这种表示方法应该简明、精确，并由此能直接导出用编程语言表示的程序。常用的描述方式由图形、语言和表格等类。

（一）档案信息系统输入输出设计

系统输入输出（I/O）设计是一个在系统设计中很容易被忽视的环节，但同时又是一个重要的环节，它对于今后用户使用的方便性、安全性和可靠性来说，都是十分重要的。一个好的输入系统设计可以为用户和系统双方带来良好的工作环境，一个好的输出设计可以为管理者提供简捷、明了、有效、实用的管理和控制信息。下面分别来讨论这两方面的问题。

1. 输入设计

输入设计包括输入方式、格式、输入校对等。输入方式的设计主要是根据总体设计和数据库设计的要求来确定数据输入的具体形式。常用的输入方式有：键盘输入、模/数和数/模输入、网络数据传送、磁/光盘读入等几种形式。通常在设计新系统的输入方式时，应尽量利用已有的设备和资源，避免大批量的数据重复键盘输入。因为键盘输入不但工作量大，速度慢，而且出错率较高。

在设计数据输入格式时，应严格按照数据库设计时产生的数据字典，遵循代码设计的实际标准，统一格式。但在一些旧系统改造过程中，实际数据输入时（特别是大批量的数据统计报表输入时）有时会遇到统计报表（或文件）结构与数据库文件结构不完全一致的情况。这时应尽量严格参照有关标准，统一格式，不能随意更改数据库结构。特殊情况下，专门编制一个转换模块，以适应其特殊要求。如今随着技术的发展，智能输入方式成为可能，可由计算机自动将输入数据送至不同表格中。

输入校对方式的设计也是非常重要的。特别是针对数字等字段，没有适当的校对措施作保证是很危险的。对于一些重要的报表，输入设计一定要考虑适当的校对措施，以减少出错，但保证绝对不出错的校对方式是没有的。

2. 输出设计

在系统设计中，输出设计占据很重要的地位。因为计算机系统对输入的数据进行加工处理的结果，只有通过输出才能为用户所使用，故输出的内容与格式是用户最关心的问题。另外，从系统开发的角度来看，输入信息只有根据输出要求才能确定，即输出决定输入。

一般对输出信息的基本要求是：准确、及时、适用。输出设计的详细步骤包括：确定输出类型与输出内容、确定输出方式（设备与介质）、表格设计等。输出信息直接服务于用户，因此在设计过程中，系统设计员应深入了解用户的信息要求，与用户充分协商。

常用的最终输出方式只有两种：一种是报表输出，另一种是图形输出。究竟采用哪种输出形式为宜，应根据系统分析和管理业务的要求而定。一般来说对于基层或具体事物的管理者，应用报表方式给出详细的记录数据为宜，而对于高层领导或宏观、综合管理部门，则应该使用图形方式给出比例或综合发展趋势的信息。例如，对于一个城市负责工业的市长来说，他需要的是全市工业、利税、产值、上升幅度、投资规模变化等综合比较信息以及极个别典型的信息。而对于市政府内某个工业局的管理人员来说，他就需要了解所管辖范围内企业的详细情况。对于市长最好是以图表方式向他提供综合类的输出信息，若提供详细报告则用处不大；反之，对工业局具体管理人员则不同，应提供详细的数据记录报表。

（二）计算机处理流程设计

计算机处理流程设计的主要任务是设计出系统的所有模块以及模块之间的相互关系，并具体地设计出每个模块内部的功能和处理过程。这将为程序员设计详细模块调用关系、模块处理、数据事务处理提供详细的技术资料。结构化的处理流程设计通常采取输入输出图（Input-Process-Output，IPO 图）、问题分析图（Problem Analysis Diagram，PAD 图）完成本部分的工作。

1. 输入输出图（IPO 图）

IPO 图是由 IBM 公司发起并逐渐完善起来的一种用来表述每个模块的输入、输出和数据加工的重要工具，是系统设计中一种重要的文档资料。

IPO 图的主体是处理过程说明。IPO 图中的输入/输出来源或终止与相关模块、文件及系统外部项，需要在数据字典中描述。完整的 IPO 图结构如图 5—10 所示。图 5—11 为某市城建档案馆的库房监控 IPO 图。

2. 控制流程图

控制流程图（Flow Chart，FC）又称框图，是经常使用的程序细节描述工具。框图包括三种基本成分，如图 5—12 所示。

框图的特点是清晰易懂，便于初学者掌握。在结构化程序设计出现之前，框图一直可用箭头实现向程序任何位置的转移（即 GOTO 语句），往往不能引导设计人员用结构化方法进行详细设计。箭头的使用不当，会使框图非常难懂，而且无法维护。因此框图的使用有减少的趋势。

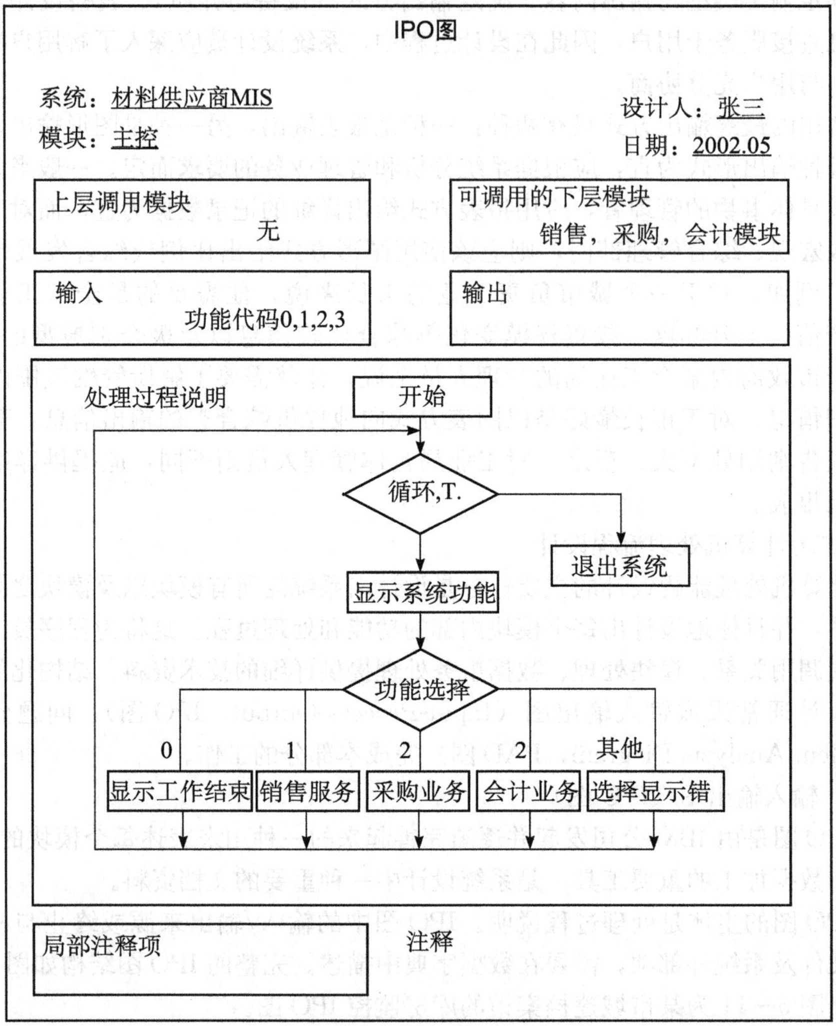

IPO图
系统：材料供应商MIS
模块：主控
设计人：张三
日期：2002.05
上层调用模块
无
可调用的下层模块
销售，采购，会计模块
输入
功能代码0,1,2,3
输出
处理过程说明
开始
循环,T.
退出系统
显示系统功能
功能选择
0
1
2
2
其他
显示工作结束
销售服务
采购业务
会计业务
选择显示错
局部注释项
注释

图 5—10　IPO 图的结构

输入
处理
输出
库房监控系统数据
定时或实时取出库房监控系统中的数据输入到档案数据库中
档案数据库中监控数据(温度、湿度等，供虚拟库房应用)

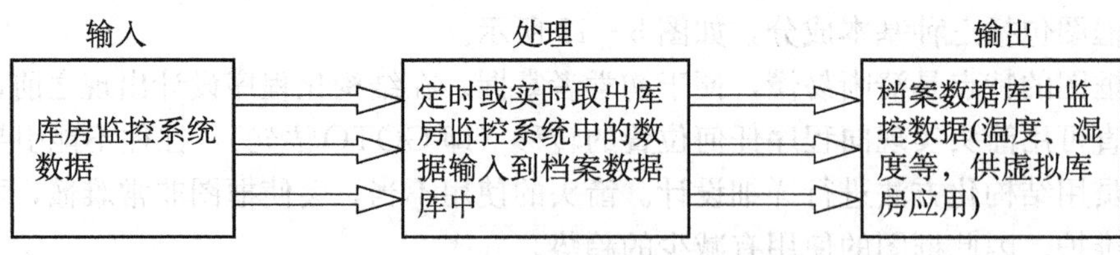

图 5—11　某市城建档案馆的库房监控 IPO 图

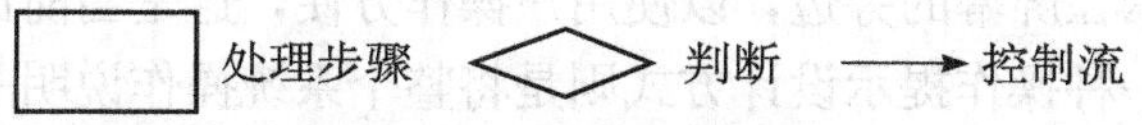

图 5—12　控制流程图

3. 问题分析图

问题分析图 PAD 由日立公司于 1979 年提出，是一种支持结构化程序设计的图形工具，引导设计人使用结构化程序设计方法，从而提高程序的质量。问题分析图仅仅具有顺序、选择和循环三种基本成分，如图 5—13 所示，正好与结构化程序设计中的基本成分相对应。

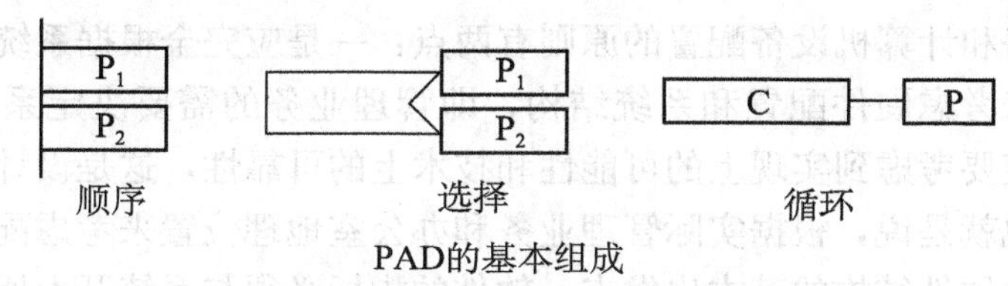

图 5—13　问题分析图的基本组成

（三）界面设计

用户界面是系统与用户之间的接口，也是控制和选择信息输入／输出的主要途径。用户界面设计应坚持友好、简便、实用、易于操作的原则，尽量避免过于烦琐和花哨。例如，在设计菜单时应尽量避免菜单嵌套层次过多和每选择一次还需确认一次的设计方式。菜单最好是二至三级。又如，在设计大批数据输入屏幕界面时应避免颜色过于丰富多变。因为这样对操作员眼睛压力太大，会降低输入系统的实用性。

界面通常采用以下三种方式：

(1) 菜单（menu）方式。菜单是信息系统功能选择操作的最常用方式。按目前软件所提出的菜单设计工具，菜单的形式可以是下拉式、弹出式的。也可以是按钮选择方式的（如 Windows 下所设计的菜单多属这种方式）。菜单选择的方式也可以是移动光棒，选择数字（或字母）、鼠标驱动或直接用手在屏幕上选择等多种方式。

(2) 会话管理方式。在所有的用户界面中，几乎毫无例外地会遇到有人机会话问题，最为常见的有：当用户操作错误时，系统向用户发出提示和警告性的信息；当系统执行用户操作指令遇到两种以上的可能时，系统提请用户进一步地说明。这类会话通常的处理方式是让系统开发人员根据实际系统操作过程将会话语句写在程序中。

(3) 提示方式与权限管理。为了操作使用方便，在系统设计时，常把操作提示和要点同时显示在屏幕的旁边，以使用户操作方便，这是当前比较流行的用户界面设计方式。另一种操作提示设计方式则是将整个系统操作说明书全送入到系统文件之中，并设置系统运行状态指针。当系统运行操作时，指针随着系统运行状态来改变，当用户按“帮助”键时，系统则立刻根据当前位置调出相应的操作说明。

五、档案信息系统环境的配置

在档案信息系统的软、硬件配置阶段，应根据系统的运行环境、功能需要，以及各方面的制约条件，将分布的设备、任务、功能、数据与资源集中统一管理。信息系统环境配置主要考虑的内容是计算机设置和网络设备配置。

（一）档案信息系统的硬软件配置

确定网络和计算机设备配置的原则有两点：一是应完全根据系统调查和系统分析的结果来考虑硬件配置和系统结构，即管理业务的需要决定系统的设备配置；二是一定要考虑到实现上的可能性和技术上的可靠性，这是设计方案是否可靠的基础，也就是说，根据实际管理业务和办公室地理位置来考虑配置设备。这是新系统考虑硬件结构的基本出发点。软件的指标必须与系统开发所采用的战略和方法结合起来，在信息系统开发过程中，软件工具的选择对系统的顺利开发是十分重要的。

下面以青岛市档案馆 2001 年发布的《数字档案馆项目建议书》① 提出的硬软件配置标准为例，介绍数字档案馆系统环境的配置。

1. 服务器系统

服务器系统作为数字档案馆工程的应用服务基础和后台，要求它们具有强大的能力：

（1）高性能。并发处理能力强，吞吐量大，响应时间短，具有很高的联机事务处理能力和快速 I/O 通道。

（2）高可用性。强大的容错和工作能力，确保系统全天 24 小时运行。

（3）高可靠性。选择高可靠性硬件、软件。

（4）实用性。满足当前需要，兼顾长远发展，易扩展。

（5）开放性。选择开放性好的硬件、软件，保证系统之间的可连续性、相互可操作性、应用可移植性及其将来的扩充。

（6）先进灵活性。选择设备要考虑到未来国内外发展方向和本单位未来业务的发展，如必须支持对称多处理器（SMP）和多服务器扩展。

---

① 参见青岛市档案馆：《青岛数字档案馆项目建议书》，2001-01-15，http：//www.wendang.com/soft/6572.htm。

(7) 高速网络通道。系统具有高速网络通道，以满足实时和多媒体应用的需要。

(8) 安全性。系统必须具有较高的安全机制。

考虑到档案信息海量存储、数据处理量大等特点，理想的数字档案馆应首先考虑采用小型机服务器。如中央档案馆、北京档案馆、上海档案馆配备的就是性能很高的小型机服务器。但从青岛市财力考虑，一次性投入过高将增加市财政的压力，因此考虑采用高性能的 PC 服务器，待今后系统升级时再考虑配备更高性能的服务器硬件设备。

2. 关键任务需求的企业级服务器——IBM Netfinity 8500R

选用 IBM Netfinity 8500R 服务器（见图 5—14）作为系统的主数据库及应用服务器。

IBM Netfinity 8500R 旨在满足各公司对高可用性和可靠性的需求，这些公司将中、大型系统及其他关键任务应用程序迁移至基于 Intel 处理器的服务器。IBM 设计专家把在 AS/400，RS/600 及 S/390 平台上业已证明的技术嵌入这一服务器，使其具有超强的可靠性和扩展性。它的特点如下：

图 5—14　IBM Netfinity 8500R 服务器

(1) 40x-17x IDE CD-ROM；

(2) 可容纳 2 个半高或 2 个薄型热插拔 Wide Ultra2 SCSI；

(3) 硬盘驱动器的空间；

(4) 1.44MB 软驱；

(5) 开机/复位；

(6) 前侧、上侧和后侧的入口，可以轻松地对选件进行升级；

(7) 光路诊断面板；

(8) 用于处理器的 3 个热插拔、冗余冷却风扇（支持 PFA）；

(9) 可达 8 路 SMP 的 Pentium III Xeon 处理器，带最多达 2MB 的二级缓存；

(10) 可达 16MB 的 ECC SDRAM 内存（32 个插槽）；

(11) 用于 I/O 插槽的 3 个热插拔，冗余冷却风扇；

(12) 3X550 或 3X750 瓦热插拔、$n+1$ 冗余电源（支持 PFA）；

(13) 系统主板滑槽；

(14) 专用插槽上的高级系统管理 PCI 适配器；

(15) 带有并口、鼠标端口、键盘端口、SCSI 端口、视频端口、2 个串口和

2 个 USB 端口的 I/O 板；

(16) 可提供 12 个 64 位热插拔、热添加的 PCI 插槽（4 个 66MHz，8 个 33MHz）。

3. 高性能的部门级服务器——IBM Netfinity 5600

选择 IBM Netfinity 5600 系列（见图 5—15），能为通用商务应用系统、电子邮件、网络服务、群集或文件和打印服务提供快速、卓越的性能。它的特点如下：

(1) X-架构提供多层保护，防止停机；

(2) 采用 Intel Pentium Ⅲ处理器，133MHz 前端总线的 600MHz 处理器；

(3) 支持 2 路 SMP；256KB 全速二级缓存；

(4) 128MB - 133MHz 内存（最大 4GB）；

(5) 支持 109.2GB 内置热插拔硬盘；

(6) 标配 500W 热插拔冗余电源；

(7) 5 个 PCI 插槽；

(8) 光通路诊断技术；

(9) 高级系统管理处理器；

(10) 三年现场保修。

图 5—15 IBM Netfinity 5600 部门级服务器

4. 系统软件

操作系统选用了 Windows 2000 系列。这在 2001 年是最好的配置，但是现在看来，Windows 已经有了 2003、2007 和 Vista 这些更高的版本。

5. 数据库系统

2001 年青岛市档案馆的数据库平台及供应商情况见表 5—5。

表 5—5　青岛市档案馆的数据库平台及其供应商情况

供应商	最新软件产品
MicroSoft	SQL Server 2000
Sybase	SQL Server 11 和 SQL AnyWhere
Oracle	Oracle 8I 等
Informix	Universal Server 等

根据青岛市档案馆信息系统具体应用的要求，最后选择了 Oracle。

Oracle8i 是一个面向 Internet 计算环境的、将 Internet 特征融入传统数据库的、面向 Web 信息管理与发布的数据库系统。Oracle8i 是世界上第一个 100％的

Internet 数据库，支持 Web 高级应用所需要的多媒体数据，支持 Web 信息管理工具的数据库，支持 Web 繁忙站点不断增长的负载需求，是唯一一个具有集成式 Web 信息管理工具的数据库，能够提供在 Internet 上运行应用所必需的可靠性、可扩展性、安全性和易用性。

6. 开发工具

后台服务端的开发工具一般与数据库管理系统软件联系比较紧密，这样选择可以得到一个最佳的效果，因为使用数据库管理系统提供的开发工具开发的后台服务软件在与数据库系统进行操作上将会得到一个最佳效率。如选用 Oracle 数据库系统，则选择 Visual Studio（包括 VC++、VB、ASP 等等）、Delphe4.0、Power Builder 7.0 等作为前端的开发平台。

青岛市档案馆办公楼计算机网络工程的应用较为繁多、复杂，需要选择一些方便、功能强大、面向对象、可视化的开发工具来实现。局域网 Intranet 的开发工具市场上目前较成熟的产品很多，根据前述的系统体系结构、前后端系统软硬件平台，经过仔细比较、可行性分析，我们认为选用 Power Builder 7.0、ASP、JSP、Visual C++6.0 等开发工具较为合适。

（二）档案信息网络设计

计算机网络可分为局域网（LAN）、广域网（WAN）和城域网（MAN）。其中，局域网是指档案馆办公大楼内的以 Intranet 技术为基础的网络系统；广域网是指把档案馆局域网作为市政府的子网来与之相连的网络系统，还包括县区档案馆通过远程电话拨号或其他方式与档案馆大楼内部网的连接；互联网则是指 Internet接入系统。计算机网络包括一系列的软件、硬件和标准，其基本组成主要是服务器、客户机、网络连接设备、网络操作系统等几个部分。目前常用的网络互联设备有路由器（route）、中继器（hub）、网桥（bridge）和网关（gate）等，它们从不同层次上来连接网络。

1. 局域网

青岛市数字档案馆局域网系统结构采用主干网和子网的二级结构。它通过一个外部边界互联系统与外部网络连接，作为本地系统与外界的连接通道。它包含路由器（Router）、远程通信服务器（Access Server）、防火墙（Firewall）及对外 WWW/Email 服务器等设备。路由器通过数据数字网 DDN 专线同青岛电信 Internet ISP 相连；远程通信服务器为各县区档案馆工作人员提供远程拨号访问接口；防火墙防止非法用户对内部网络系统的侵犯，保证计算机网络的安全；对外 WWW/Email 服务器用于建立青岛市档案馆的 Internet 网站，同时作为 Email 服务器，为馆内领导及全体员工提供统一域名的 Email 账号。

2. 广域网

青岛市档案馆内部网通过 DDN 专线与政府网连接。数据数字网 DDN 是一个覆盖全国的专门用于计算机广域联网的数字网络。它可提供从 64Kbps 到 2Mbps 的数字连接。目前大多数在全国实现广域联网的企事业单位，如各大银行、保险公司等，大多采用该技术。作为政府网的子网，可以与各级政府机关建立信息共享，但必须确保档案馆内部业务系统与之隔离。

3. 互联网

青岛市数字档案馆的互联网接入采用 DDN 技术。各县区档案馆与市档案馆互联将选择远程电话拨号的方式。外部网设备的选型应充分考虑对以上所选择的外部网联网技术的支持。

六、系统安全设计

对于数字档案馆系统而言，安全设计十分重要。系统安全设计包括注重系统的安全性、可维护性以及设计说明书的齐全完整。

（一）系统的安全性

系统的安全性是指系统能自动抵御来自外部和内部威胁的能力。对系统的威胁，通常分为偶然的、被动的和主动的三种。

（1）偶然的系统威胁，是指那些不涉及第三者介入的威胁，包括：软件错误或故障与硬件故障。这种威胁可能造成数据丢失。采取的手段主要是数据冗余技术，便于系统修复后能够使用冗余的副本，得以恢复数据。一般数据库系统的系统软件都有关于数据恢复的工具。

（2）被动的威胁，是指当系统正常地处理信息时，被动地暴露信息而产生的威胁。比如，输入丢失、打印结果丢失、输出介质丢失等。解决这些问题的办法主要靠完善管理制度。

（3）主动的威胁，是指一个成员未经允许占用系统来处理信息，使系统为其自己的目的服务。该成员可能是内部人员，也可能是外部人员，通过某种方式侵入系统。侵入可能有如下几种形式和目的：侵入文件——获取机密文件并窃取所需要的数据；修改文件——非经许可修改和删除机密文件；修改程序——非经许可改变特定的应用程序。

对主动的系统威胁应采取适当的保护措施，系统中常用的保护措施有以下几种。

第一，授权控制：对于系统资源应根据用户的需要授予不同的特权，并以用户名及口令来核对和确认用户。

第二，存取控制：数据库管理员可以利用存取控制表限定用户对数据库中数据的存取。通过数据库的用户，可通过局部视图控制其存取数据的范围。

第三，数据加密，保证机密数据的安全性。

第四，使用映象文件保持过失更新的数据能够及时恢复。

（二）系统的可维护性

系统的可维护性是指当系统交付使用后，能方便地改正错误或满足新的需要而改进系统。系统的可维护性分为硬件的可维护性和软件的可维护性。决定软件的可维护性的因素有三个。

（1）可理解性：软件的可理解性表现为软件读者理解软件的结构、接口、功能和内部过程的难易程度。程序模块化、详细的文档、结构化设计和良好的高级程序设计语言等，都对改进软件的可理解性有重要的贡献。

（2）可测试性：软件的可测试性是指诊断和测试的难易程度。良好的文档对诊断和测试是至关重要的。此外，软件结构、系统提供的测试工具和调试工具，以及测试过程的设计也都是非常重要的。

（3）可修改性：软件的可修改性是软件容易修改和扩充的程度。软件的可修改性和软件的设计方法、规则直接相关。因此，设计时应遵循一种良好的设计方法，有步骤地进行。

七、系统设计说明书

系统设计说明书是系统设计阶段的主要成果，是新系统的物理模型，也是系统实施的重要依据。系统设计说明书主要包括需求分析说明书、概要设计说明书、详细设计说明书等。

（一）需求分析说明书

需求分析说明书的编制目的是说明系统的任务与数据以及用户对系统功能、性能、运行的要求。一份典型的《档案信息系统需求分析说明书》应包括以下内容：（1）引言（编写目的、项目背景、定义、缩写词和符号、参考资料）；（2）任务概述（开发目标与应用目标、运行硬软件环境、条件与限制）；（3）数据描述（静态数据、动态数据、数据库描述、数据流图、数据字典）；（4）功能要求（功能划分、功能模块描述）；（5）性能要求（数据精确度、时间特性、适应性）；（6）运行需求（用户界面、硬件接口、软件接口、故障处理）；（7）其他要求（系统的功能实现、系统的安全性、系统的容错性、系统的封闭性）。

（二）概要设计说明书

概要设计说明书又称系统设计说明书。概要设计说明书编制的目的是说明对程序系统的设计考虑，包括程序系统的基本处理流程、程序系统的组织结构、模块划分、功能分配、接口设计、运行设计、数据结构设计和出错处理设计等，为程序的详细设计提供基础。一份典型的《档案信息系统概要设计说明书》应包括如下内容：(1) 引言（编写目的、项目背景、定义、参考资料）；(2) 任务概述（目标、运行环境、需求概述、条件与限制）；(3) 总体设计（需求规定、运行环境、基本设计概念和处理流程、总体结构与模块外部设计、功能需求与程序的关系、人工处理过程、尚未解决的问题）；(4) 接口设计（用户接口、外部接口、内部接口）；(5) 数据结构设计（逻辑结构设计、物理结构设计、数据结构与程序的关系）；(6) 运行设计（运行模块组合、运行控制、运行时间）；(7) 出错处理设计（出错输出信息、出错处理对策）；(8) 安全保密设计；(9) 维护设计。

（三）详细设计说明书

详细设计说明书又称程序设计说明书。编制目的是说明一个软件系统各个层次中的每一个程序（每个模块或子程序）的设计考虑，如果一个软件系统比较简单，层次很少，可以不单独编写详细设计说明书，有关内容合并入概要设计说明书。一份典型的详细设计说明书包括如下内容：(1) 引言（编写目的、背景、定义、参考资料）；(2) 程序系统的组织结构；(3) 程序 1（标识符）设计说明（程序描述、功能、性能、输入项、输出项、算法、流程逻辑、接口、存储分配、注释设计、限制条件、测试计划、尚未解决的问题）；(4) 程序 2（标识符）设计说明。

【本章小结】

档案计算机信息管理系统是数字档案馆的核心。作为使用周期长、稳定性要求高、功能复杂的大型信息系统，数字档案馆信息系统的设计需要选用合适的系统开发方法，进行周密的需求调查和科学的系统规划，遵守系统设计的步骤与规范，才能保证数字档案馆信息系统的功能实现与运行质量。

【本章关键术语中英文对照】

管理信息系统	Management Information System，MIS
结构化分析	Structured Analysis，SA
结构化设计	Structured Programming，SP
事务处理系统	Transaction Processing Systems，TPS
面向对象分析	Object-Oriented Analysis，OOA
面向对象设计	Object-Oriented Design，OOD
面向对象的编程	Object Oriented Programming，OOP

计算机辅助软件工程	Computer-Aided Software Engineering，CASE
浏览器/服务器结构	Browser/Server，B/S
客户机/服务器结构	Client/Server，C/S
Java2 平台企业版	Java 2 Platform，Enterprise Edition，J2EE
战略集转化法	Strategy Set Transformation，SST
关键成功因素法	Critical Success Factors，CSF
系统规划法	Business System Planning，BSP
企业信息分析与集成技术	Business Information Analysis & Integration Technique，BIAIT
局域网	Local Area Network，LAN
广域网	Wide Area Network，WAN
城域网	Metropolitan Area Network，MAN
输入/输出端口	Input/Output，I/O
网段	Segment
路由器	Route
子网	SubNet
网桥	Bridge
网关	Gate
原型法	Prototyping Approach
封装性	Encapsulation

【讨论题】

1. 目前常见的软件方法有哪些？各有什么特点？
2. 系统分析经历哪几个步骤？每一个步骤的基本过程是什么？
3. 试述系统数据流程图绘制的主要原则、步骤与方法。
4. 系统设计的主要任务是什么？它能为下一步的系统实现工作提供什么作用？
5. 档案信息系统设计的具体步骤有哪些？
6. 试设计一个高校档案管理系统。

第六章 档案数据库分析与设计

【本章要点】

阐述了在数字档案文件组织管理过程中，元数据与MARC之间的转换实现；分析了数字档案馆建设的原则，档案数据模型、数据库设计步骤、数据字典以及数据结构；最后以一个实际的档案数据库建库过程为例，说明了档案数据库建设的方法和步骤。

【关键词】

数字档案文件○档案组织○档案目录数据库○档案机读目录格式○数据库设计○档案数据库建立

数字档案馆作为海量、异构、分布式的信息空间，需要强大的数据库系统的支持。档案数据库系统的功能，对于数字档案资源的存储、检索和网络化利用有着重要影响。这一章的学习和第四章元数据知识的学习有密切关系。在档案数据库的建设和管理过程中，元数据用于对档案文件进行著录和标引。档案元数据标准的建立或选择，对于档案数据库的质量和功能具有重要影响。

第一节 数字档案文件的组织与管理

档案数据库是数字档案馆系统的基础。档案数据库是指借助于数据库管理系统，长期存储在计算机存储设备内的大量有结构的档案数据集合。这些档案数据具有较小的冗余度和较高的独立性，可以供多个用户共享。建设档案数据库所需要的硬、软件设备包括：服务器、交换机、UPS电源、操作系统、数据库软件、档案信息管理软件、防火墙、防病毒软件、入侵检测系统、服务器机柜、台式电脑、便携式电脑、扫描仪、刻录机等。

一、档案数据库的种类

档案业务模式可以分解为狭义档案管理模式、文档一体化模式、办公自动化模式、电子文件全程管理模式等类型。不同模式下档案数据生成的业务背景、产生方式、数据内容、管理要求存在较大的差异。狭义的档案管理模式的开端是从档案接收环节开始的，接收登记的数据是其数据库的最初来源；文档一体化模式下，可以将立卷环节的大量原始信息导入档案数据库；在办公自动化环境中，可以记录文件流转过程中的原始信息，获得档案在文件阶段的各种管理信息和处置情况等；电子文件管理则追求在文件生成阶段就获取比较全面的信息，包括各种环境信息、上下文关系、结构信息等。[①] 在不同业务模式中，档案文件的著录方式、元数据的种类与获取的时间顺序有所不同，但是最终要按照国家标准形成档案目录数据库和全文数据库。

一般将档案数据库分为档案目录数据库与档案全文数据库。

（一）档案目录数据库

档案目录数据库是指借助于数据库管理系统存储在计算机存储设备之中的档案文件目录信息的集合，用以提供档案信息的计算机管理和检索，是计算机环境下用户利用档案信息的指南。馆藏档案目录数据库具有基础性地位，是档案信息检索、传统介质档案管理、档案全文数据库建设的前提。2008年国家档案局颁布了《市、县级国家综合档案馆测评细则》，在“信息化建设”测评指标下有“数据库建设”的内容，其测评细则是“已建立馆藏全部档案文件级及资料目录数据库计1分；已建立照片档案、音频、视频档案全文数据库计2分；已建立珍贵重要及利用频繁纸质档案全文数据库计2分（以上各项均可按比例得分）；建立电子档案文件中心计2分。”[②] 可见档

① 参见钱毅：《档案数据库的规范和质量控制》，载《档案学通讯》，2007（5）。

② 国家档案局：《市、县级国家综合档案馆测评细则》，http：//www.taiyuan.gov.cn/？wy=933&sj=291。

案目录数据库与全文数据库建设的重要性。

档案目录数据库有两种数据来源：一是把传统介质档案的目录输入计算机进行管理。在数字档案馆建设初期，一般先把馆藏档案目录扫描或录入计算机中，形成目录数据库，实现计算机目录检索，提高实体档案检索的效率。二是通过对归档电子文件的接收，由档案管理信息系统自动将在业务部门形成的电子文件的目录数据捕获提取存入目录数据库中。无论哪种方式，其实质都是运用档案元数据进行档案文件著录的结果。

为保证档案目录数据库的质量，应当分别按全宗级、案卷级和文件级进行著录。我国档案文件著录的标准主要有《档案著录规则》（DA/T18－1999）和《中国档案机读目录格式》（GB/T20163－2006）（以下简称《机读目录格式》），到 2009 年年底为止还没有出台基于网络环境的档案元数据标准。目前，我国档案著录软件主要依据《档案著录规则》确定著录项目，采取 MARC 格式加以实现。详细的例子可见本章表 6—3、表 6—4、表 6—5 所示的《北京市综合档案馆档案目录数据库结构与数据交换格式》中的数据库结构表。

（二）档案全文数据库

档案全文数据库是档案数据库的主体，是指将档案文件的全文存储在计算机数据库中，以供全文检索利用的数据库。档案全文数据库的数据来源可以是由传统载体档案文件的全文扫描而来，也可以是通过电子文件的接收而获得。这两种方式我们分别在第二章和第三章详细介绍过。目前的档案管理软件一般将全文内容作为档案著录事项之一，在存储空间允许的情况下，可以将全文直接挂接到目录数据库中，形成档案全文数据库。档案全文数据的格式丰富多样，可能是 word 文档、excel 表格或者电子邮件，也可能是声音、图像或多媒体文件。图 6—1 为某档案馆档案数据库的结构，表现了档案元数据与档案目录数据和全文数据之间的关系。

二、档案元数据与机读目录格式 MARC 之间的转换

档案目录数据库的质量决定了档案信息检索的质量，包括可供利用的检索点、查全率和查准率。档案目录数据的质量与数据录入的准确程度以及档案著录的元数据标准密切相关。因此，数字档案馆建设的首要问题是标准建设，包括元数据标准规范、档案著录规则及机读数据交换格式的建设。

（一）档案元数据的不同应用

狭义地讲，在网络环境下，对信息资源进行结构化描述的数据被称为元数据。其作用为：描述信息资源或数据本身的特征和属性，规定数字信息的组织方式，具有定位、发现、证明、评估、选择等功能。在网络环境下，元数据借助于 XML 对资源进行描述，本身具有分布式管理与应用的需求。它直接利用标记语言或数据库

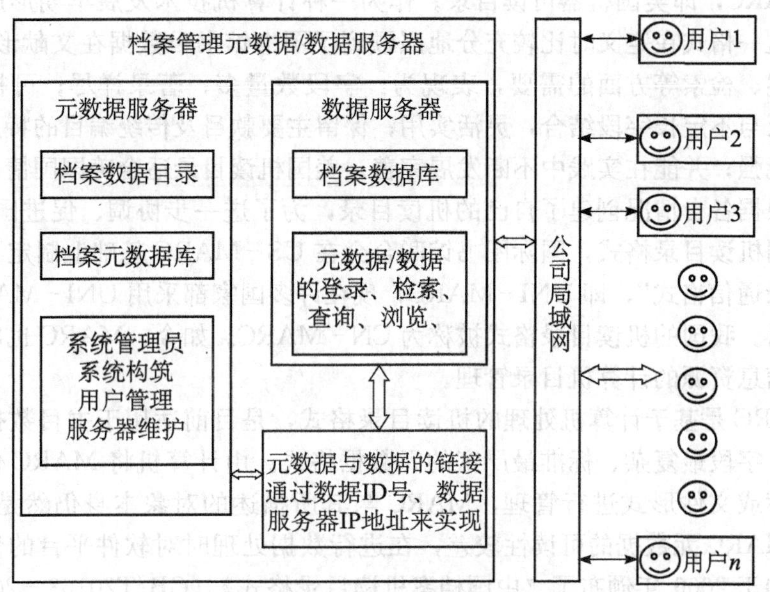

图 6—1　某档案馆档案数据库的结构

等制作，保证了元数据的结构化，容易被计算机处理和交流，可读性较强。美国编码档案著录规则 EAD 就是一种具有完善层级结构的档案元数据，适用于网络环境对于档案的著录。运用 EAD 编制的检索工具比较稳定，不依赖于应用软件的格式。我们在第四章已详细介绍过世界上几种常用的档案元数据标准，如 EAD、ISAD、DC 等。

档案著录规则是在传统手工环境下对纸质资源进行著录的规则，旨在揭示著录对象的外部和内容特征。由于传统手工工作环境与网络环境有所不同，档案著录规则的著录项目比元数据的著录项目少，并且明确规定了著录项目之间的语法关系。

机读目录格式（Machine-readable Catalogue，MARC）是计算机编目的产品，最早产生于图书馆自动化管理领域。它是以代码形式和特定格式结构记录在计算机存储载体上，能够被计算机识别并编辑输出书目信息的目录形式。1961 年，美国国会图书馆开始图书馆自动化的设想。随着计算机技术的进步，1963 年美国国会图书馆组织了在内部工作中采用电子计算机技术的可行性调查，1966 年 1 月产生了《标准机器能读目录款式的建议》，即 MARC－1 格式，1967 年提出了 MARC－2，它是目前使用的各种机读目录格式的母本。1969 年，美国国会图书馆开始向全国发行 MARC－2 格式书目磁带，并将 MARC－2 格式称为

US-MARC，即美国机器可读目录。作为一种计算机技术发展早期形成的数据格式，这一格式在定义时比较充分地照顾到了图书馆书目数据在文献形式描述、内容描述、检索等方面的需要，表现为：字段数量多；著录详尽；可检索字段多；定长与不定长字段结合，灵活实用；保留主要款目及传统编目的特点；扩充修改功能强；并能在实践中不断发展完善。美国机读目录适合美国国情，英法等国家则根据各自情况创建了自己的机读目录，为了进一步协调、促进国际交流，统一各国机读目录格式，国际图书馆联合会在US-MARC基础上制定了“国际机读目录通信格式”，即UNI-MARC，现在许多国家都采用UNI-MARC进行文献编目。我国的机读目录格式被称为CN-MARC。如今，MARC也广泛应用于档案信息资源的计算机目录管理。

MARC是基于计算机处理的机读目录格式，是目前适用于书目数据系统的最完善、字段最复杂、标准最严密的元数据格式。由计算机将MARC作为单独的数据库或文件形式进行管理，MARC与其所描述的对象本身仍然是分离的。因此，MARC元数据的可读性较差，在进行数据处理时对软件平台的依赖性较强。我国于2006年颁布了《中国档案机读目录格式》（GB/T20163-2006）。这是规范档案目录数据库建设的一部非常重要的MARC标准。该标准规定了与国际和国家相关标准互相兼容的档案计算机机读目录格式，详细规定了档案文件著录的各个字段的编码、字段名称、字段定义、出现情况、指示符、子字段表与子字段说明、字段内容注释及相关字段，适用于档案目录数据库的建立和档案目录数据库的处理与交换。

正如本书在第四章所讲述过的，档案元数据（如DC、EAD、ISAD（G）等）、档案著录规则以及机读目录格式MARC都用来对资源进行描述，都是关于数据的数据，是广义上的元数据。但是三者产生的背景不同，设计思想不同，解决的具体问题不同，应用环境也不相同。一般意义上的元数据主要运用于网络环境。档案著录规则主要应用于传统手工作业环境。而MARC则主要应用于计算机机读环境，一般用于大型计算机书目数据库的建设，最早应用于图书馆自动化领域。MARC著录元素非常详尽而且规范，主要面向图书馆内部业务。目前，一个大型图书馆的主书目数据库一般还是用MARC，它对于一个国家的书目系统十分重要。但MARC标引比较复杂，对标引人员要求很高，标引成本大，适用于管理数量有限的正式出版物（比如，一个学校的图书馆也就几十万种、几百万种书），但用来标引类似像网页这样的数据资源则成本太高。与MARC相比，元数据DC是轻量级的，可以满足网络环境下的基本应用需要。DC的部分数据项不是由标引人员标引的，而是在生成时由数据发布者提交的，由于 DC 的数据集非常简单，所以基本不会出现质量问题。具体选用哪种著录标准应根据项目需要进行选择。当然，MARC 也有很多可选字段，可形成不同复杂程度的方案，一个简化的 MARC 系统可以像 DC 一样简单。相反，DC 也可以通过扩展成为像 MARC 那样的复杂系统。而且，二者可以进行映射转换。

与数字图书资料相比，数字档案文件具有更为复杂的层级结构，强调档案文件之间的有机联系，因而档案元数据具有更为严格的层级结构和更多的元素项目，比如 EAD 的复杂程度远远超过了 DC，能够以 HTML 和 XML 的格式充分描述档案形式、内容与背景信息，并能充分反映全宗、系统、案卷与文件之间的层级关系。因此，在美国，一些数字档案馆在建设之初，就直接使用 EAD 进行档案文件著录，但是后来也面临着和 MARC 之间的映射转换问题。

在现阶段，我国数字档案馆的建设不像数字图书馆那样，直接以网络化利用为目标。由于档案文件具有不同的密级和开放期限，我国大部分档案馆的数据库建设仍然以对传统档案文件的计算机管理为主，以提供馆内计算机查阅为主要利用方式。因此，档案目录数据库的建设既要反映已有手工目录的内容，又要考虑到计算机管理的需要，而对于网络化应用的需要还没有像数字图书馆那样普遍。因此，在档案目录数据库的建设过程中，主要参考《档案著录规则》和《中国档案机读目录格式》。目前我国还没有出台统一的适用于网络化应用的档案元数据标准。随着档案网络化利用程度的增加，需要尽快出台相应的档案元数据标准。而现有数据库则需要与相应的元数据标准相映射，以满足档案信息资源在网络环境中的描述、定位和发现。

（二）档案元数据之间的映射转换

解决元数据互操作问题的一种方式就是元数据的映射，如 DC 与 US-MARC、EAD 与 US-MARC、DC 与 EAD 之间的映射转换。

数字图书馆在建设之初主要采用 MARC 格式进行数据描述。随着网络化服务的增加，数字图书馆最终表现形式是可以在互联网上阅读浏览的网络数字资源，如果采用传统 MARC 格式作为描述资源内容的元数据标准并不合适。因此需要将 MARC 数据转换为网络环境下的元数据格式，如 DC 元数据。同样的情况将会发生在数字档案馆的发展过程中。由于现阶段我国数字档案馆建设主要遵循《中国档案机读目录格式》（CN-MRAC）标准，随着档案信息网络化的发展，也将存在着将 MARC 记录转换成网络环境下的档案元数据的需要。

上海交通大学图书馆在数字图书馆的建设中，有多个项目（如异构数据源检索系统、教学参考书系统）都涉及如何将传统的机读目录（MARC）信息，通过网上的信息检索显示给读者。由于传统的MARC格式存在着种种局限性，它的数据描述方式已不能跟上网络时代的发展要求，在综合考虑了几种元数据的利弊后，考虑到DC元数据能较好地解决数据的结构化问题，同时又能用较简单的15个基本元素将基本信息描述清楚，克服了传统的机读目录（MARC）过于烦琐和复杂的弊端，因此上海交大图书馆选择采用DC元数据作为网上信息标记方式。上海交大图书馆的做法是为了减小无效数据的传输，节省网络资源，提高网络传输效率，根据DC元数据的15个元素与MARC的字段定义，分别编制了《DC格式与CNMARC格式转换》和《DC格式与USMARC格式转换》两种对照表，并采用SQL SERVER作为数据库管理系统，运用Delphi作为前台开发工具，将图书馆现有的图书、期刊有关信息，分别按不同的MARC格式，转换成DC格式的数据，方便读者在异构平台上检索信息。① 这一作法对于数字档案馆的建设是十分具有启发意义的。

美国是较早制定档案元数据标准的国家，EAD在北美地区有着广泛的应用。EAD应用于网络环境中的档案著录，但是它也存在着向MARC记录转化的需要。美国达尔豪斯大学档案与特殊馆藏DUASC最早依赖于互联网搜索引擎进行资源检索。自2003年以来采用EAD来描述档案馆藏。档案馆网站上的检索工具采用HTML和XML两种格式，以便被搜索引擎发现。EAD将馆藏的印刷与电子检索工具转变为稳定的、不依赖于应用软件的格式。但是，并非所有的档案用户都通过外部搜索引擎进入档案馆。于是他们开始考虑像许多档案馆一样，建立一个内部搜索引擎。但是编制这样一种内部搜索引擎要花很长的时间，而且编程专家非常稀缺。于是，他们决定将EAD检索工具转换为图书馆书目所用的MARC21格式。经过分析比较，他们选择了MarcEdit软件，将基于XML语言的EAD检索工具转换成图书馆目录所包含的MARC格式。MarcEdit是由俄勒冈州立大学的特里·里斯（Terry Reese）编制的基于Windows免费的应用。这项工作方便了达尔豪斯大学图书馆的读者、其他Novanet成员图书馆的读者以及普通公众对档案资源的检索。② 表6—1为达尔豪斯大学档案馆在EAD与MARC之间所做的映射。

---

① 参见孙华、郑巧英：《MARC与DC元数据的映像与转换》，《上海交通大学学报》，2003（S1）。

② See Brown，G.，Harvey K.. Adding Archival Finding Aids to the Library Catalogue：Simple Crosswalk or Data Traffic Jam? Partnership：the Canadian Journal of Library and Information Practice and Research，vol. 2，no. 2（2007）.

表 6—1　　　　　　　　　**达尔豪斯大学档案馆 EAD 与 MARC 之间的映射**

EAD TAG	MARC 21 Field，indicator and subfield
〈archdesc〉 〈did〉 〈unittitle〉 〈persname〉	100 01 | a
〈archdesc〉 〈did〉 〈unittitle〉	245 10 | a
〈archdesc〉 〈did〉 〈unitdate〉	260 ＃＃ | c
〈archdesc〉 〈did〉 〈physdesc〉 〈extent〉	300 ＃＃ | a
〈archdesc〉 〈arrangement〉	351 ＃＃ | a
〈archdesc〉 〈dsc〉 〈c01〉 〈did〉 〈unittitle〉 〈unitdate〉	505 00 | t
〈archdesc〉 〈scopecontent〉	520 2＃ | a
〈archdesc〉 〈relatedmaterial〉	544 1＃ | a
〈archdesc〉 〈custodhist〉	561 ＃＃ | a
〈archdesc〉 〈did〉 〈unittitle〉 〈persname〉	600 10 | a
〈archdesc〉 〈did〉 〈unittitle〉 〈corpname〉	610 20 | a

续前表

EAD TAG	MARC 21 Field，indicator and subfield
〈eadheader〉 〈eadid〉	856 42

第二节　档案数据库建设原则

档案文件的著录数据形成档案的目录数据库，可以实现对实体档案的计算机管理。档案全文数据库来源于传统载体档案文件的数字化扫描和电子文件的归档。档案数据库不但是档案文件存储的方式，也是其检索利用的基础。

一、档案数据库的价值

档案数据库建成之后，可以提高检索效率，提高查全率，保护档案原件。浙江省玉环县档案局对于民生档案数据库建成之后带来的实际效果的总结①，生动地体现了档案数据库建设的价值。

（1）检索时间缩短，接待利用效率提高

以学籍档案为例，在档案数字化之前，只能经过“案卷目录检索—到库房调取档案—复印”的程序，平均用时约15分钟。而档案数字化之后，由于检索速度快，检索结果指向性强，可直接打印检索出的扫描图片，用时仅需几秒钟，检索速度明显加快，接待利用效率大幅提高。特别是在县档案馆调档人员少（一岗一人），调阅量大、时间要求紧的情况下，档案数据库的优势尤为突出。如在2006年的全市山林延包工作中，每天接待量翻了好几番，但是只增设了一台查询计算机，就能使每一位查阅者得到与平时一样快捷的服务。

（2）档案调卷量明显下降，查全率上升

由于计算机检索可进行模糊查询，这样就避免了利用者由于提供信息不准而导致调卷量大的现象，经过数字化后的档案，计算机可以通过字段匹配，一次检索出分布在多个全宗内的相关信息内容，大大提高了档案的查全率。

（3）利用全文数据，档案原件得到最大保护

因为档案实体的调阅、复印都不可避免地对档案本身造成损害，影响了档案寿命。在档案全文数据库建成之后，档案利用无须调阅档案实体，不但能够提高服务效率，而且还有效地保护了档案原件，杜绝了档案原件被损害、涂改等现象

---

① 参见李必文：《民生档案数据库建设与思考》，2009，http：//www. yuhuandj. gov. cn/InfoPub/ArticleView. aspx？ID=1816。

的发生，节省了档案利用的监控成本。

二、档案数据库建设原则

档案数据库的建设，不但关系到档案馆资源的检索利用，也关系到数字档案资源的网络化利用和交换共享。因此，在建设过程中应当遵循以下几个原则。

1. 标准化

为了保证档案数据长期保存与共享利用的需要，档案数据库的建设应当符合一定的技术与业务标准。这些标准包括数据库操作系统的选择、安全标准、元数据标准等。应保证数据库接口的通用性，将文本、图形、图像、音频、视频采用国际通用的格式进行归档转换。在选择数字文件格式时，应尽可能选择与软硬件平台相对独立的文件格式。目前，国家档案局与中央档案馆已经出台了诸如《纸质档案数字化技术规范》、《GB/T3792.5-85 档案著录规则》（DA/T18-1999）和《中国档案机读目录格式》（GB/T20163-2006）等一系列数字档案馆建设标准。

2. 科学性

档案馆的档案文件数量巨大，种类繁多。在经费有限的条件下，档案馆在档案数据库建设的立项、进度安排、管理等问题上应做到科学决策。应首先对以往档案的利用情况进行统计分析，了解档案用户的身份和所占比例以及所查阅档案的种类和使用频率等情况，据此来确定将要建设的档案数据库的种类。

3. 安全性

档案数据库的建设，需要保证档案信息的安全性。对于不同密级、不同开放程度的档案，应当分别建库，要特别审查数据库项目承包商的资质。还应通过防火墙的设置和防病毒软件的安装增加数据库系统的安全性。比如 2008 年，中共中央直属机关采购中心受国家档案局委托，就非结构化档案信息及档案异构数据库管理系统采购项目（ZC-CZB08034）进行国内公开招标，邀请合格的投标人提交密封投标。从招标内容到对投标人的条件要求，都反映出对档案数据库建设安全性的严格要求。该项目 r 招标内容为国家档案局非结构化档案信息及档案异构数据库管理系统设计、软件开发、软硬件采购及售后服务等。项目不接受进口产品投标，否则将按无效投标处理。进口产品是指“通过中国海关报关验放进入中国境内且产自关境外的产品”。对投标人的资质要求是：承担过基于 J2EE 与 .Net研发平台同步实现的，政府档案管理相关软件研发项目（软件部分合同金额 200 万以上）；具有国家保密局颁发的甲级（或北京市有效的乙级）《涉及国家秘密的计算机信息系统集成资质证书》和《涉及国家秘密的计算机信息系统集成软件开发单项资质证书》；具有软件能力成熟度整合模型证书（CMMI）三级及以上；不接受投标人以联合体方式参加投标，严禁投标人中标后将中标项目分包或转让给其他主体实施。①

4. 服务性

档案数据库的建设，应当本着最大限度地为用户提供服务的原则来建立。对于市县级档案馆而言，由于它更加接近普通公民的生活，收藏有大量民生档案，因而更应注重档案数据库建设的服务功能。比如，近年来许多省市致力于建立民生档案数据库，包括土地、户籍、学籍、婚姻、土地承包、山林、房产、知青、企业职工等，就是因为这些档案的利用率高，可以最大限度地为社会公众提供服务。如 2009 年 8 月重庆市首个婚姻档案数据库在沙坪坝区档案馆建成。从 2006 年 9 月开始，沙坪坝区档案馆陆续将辖区内 30 个街镇居民的婚姻档案进行数字化制作，同时将 70 多万份文件进行扫描，市民查询农转非、公证、知青、残疾人、林权等方面的民生档案十分方便。仅 2008 年该数据库试运行时，全年就有 1 093 名市民来到沙坪坝区档案馆查阅婚姻档案。②

在查阅方式上，也应充分考虑档案数据资源的公共服务功能，通过设立乡镇、行政村（社区）档案查阅点，为群众就近查阅利用档案提供方便；也可以通过网站平台为群众提供登记、档案查询、补办等一站式服务。

三、档案数据库建设的要求

国家档案局、中央档案馆《档案管理软件功能要求暂行规定》(2001) 提出，我国档案管理软件的数据管理模块应具备对各类档案目录及原文信息进行管理的功能，主要包括：数据库的建立、修改、删除，档案数据的输入、储存、修改、删除等内容。③ 现详述如下。

(1) 数据库管理系统的选择应充分考虑用户所需的数据容量；数据结构设计应符合检索优先的原则，能够以 DBF 文件格式或通过 XML 文档进行数据交换，并具备安全、合理、灵活等特性。

(2) 数据项的设置应符合《档案著录规则》(DA/T18－1999) 的规定。(注：2006 年，我国正式颁布了《中国档案机读目录格式》(GB/T20163－2006)。)

(3) 系统应提供键盘录入、文件扫描和直接接收电子文件等多种档案数据输入方式。

---

① 参见《非结构化档案信息及档案异构数据库管理系统采购项目招标公告》，2008-05-23。http：//www.zhaobiao.gov.cn/z/notice/2008/5/23/17199251.htm。

② 参见《重庆建立首个婚姻档案数据库》，新华网，2009-08-23，http：//news.163.com/09/0823/11/5HD8PD9G000120GU.html。

③ 参见国家档案局、中央档案馆：《关于印发〈档案管理软件功能要求暂行规定〉的通知》，2001-06-05，http：//219.140.69.148/hbda2/web/demo1/messagecontart.jsp? nid=16364&cId=7469。

(4) 具有文档一体化功能的档案管理软件，应能保证系统内文件处理部分录入的数据与档案数据对应项目的格式完全一致，并能根据归档标识实现归档文件的有效迁移。

(5) 具有图纸管理功能的档案管理软件，其录入图纸的幅面（如 A0）与精度（如 200dpi）应满足用户的应用要求。

(6) 各种不同类型的档案数据，其文件格式均应尽量采用 XML 文档和 RTF、TXT 格式；扫描图像数据采用 JPEG、TIFF 格式；视频数据采用 MPEG、AVI 格式；音频数据采用 MP3、WAV 等格式。

(7) 确需采用专用（非通用）格式的，应能根据需要按要求实现与通用格式之间的转换。

北京、上海、深圳和青岛等地是我国最早的数字档案馆建设试点地区。北京市档案馆分别建立了明清、民国档案数据库，新中国成立后档案数据库，劳模档案数据库，诉讼档案数据库，工商档案数据库，税务档案数据库六个数据库，共 84.73 万条数据，覆盖了 807 475 万卷册档案，并可通过网络进行档案信息的发布。

北京市档案馆选择北京国信贝斯软件有限公司的 iBASE 数据库和内容管理产品用以构建北京市档案馆的信息检索与管理系统。在数据库结构定义上，实现了对于变长字段、重复字段和子字段的定义、存储和管理，允许数据项具有多值性和可包含子字段。在数据著录格式方面，数据库不仅支持国际标准（ISO-2709，MARC，CCF）和国内标准（CCFC）格式，而且支持 XML 格式，具有可扩展性，可以与其他元数据单元（项目）连接使用，适合中文全文检索系统平台的应用，便于与国际交流与接轨。

在数据处理对象上，iBASE 数据库采用面向对象技术，以 XML 技术为其核心，不仅可以处理 TXT 文本、DOC、EXCEL、PPT、PDF 等流行的文件类型数据，而且可对图像、音频、视频、计算机程序以及网址资源进行编目和数字化处理，能支持各类非结构化数据（文本、图像、视频、音频 OLE 对象等）的存储。

整个档案数据库管理系统采用标准的 B/S 结构，数据库均放在服务器端，档案馆人员可以通过浏览器，在经过系统用户密码、权限认证后，就可以根据具体情况在本地或者远程对档案数据库中的档案数据进行浏览、增加、修改、删除等数据维护工作。由于数据维护采用标准的浏览器界面，因此界面友好、操作简单，非常便于使用。

第三节 档案数据库设计

一、数据模型概述

为了建立数据库，可以将数据抽象为物理层、逻辑层和概念层三个层次，如图 6—2 所示。

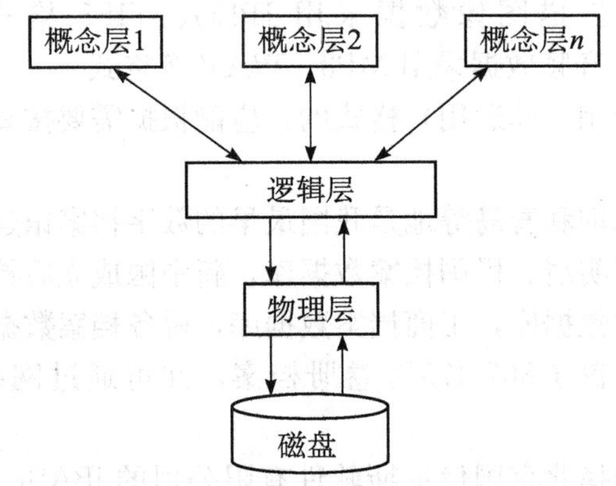

图 6—2 数据抽象的层次

1. 物理层

物理层是数据抽象的最低层，用来描述数据物理存储结构和存储方法。例如一个数据库中数据和索引是存放在不同的数据段上还是同一数据段中。数据的物理记录格式是变长的还是定长的，数据是压缩还是非压缩的，索引结构是 B＋树还是 HASH 结构等等。这一层的数据抽象称为物理数据模型，它不但由 DBMS 的设计决定，而且与操作系统、计算机硬件密切相关。物理数据结构一般都向用户隐蔽，用户不必了解其细节。

2. 逻辑层

逻辑层是数据抽象的中间层，描述数据库数据整体的逻辑结构。这一层的数据抽象称为逻辑数据模型（简称数据模型）。它是用户通过数据库管理系统看到的现实世界，是数据的系统表示。因此它既要考虑用户容易理解，又要考虑便于 DBMS 实现。不同的 DBMS 提供不同的逻辑数据模型，传统的数据模型有层次、网状、关系模型，非传统的数据模型有面向对象数据模型（简称 OO 模型）。

3. 概念层

概念层是概念层次的数据模型称为概念数据模型，简称概念模型。概念模型离机器最远，从机器立场看是抽象级别的最高层。目的是按用户的观点来对客观世界建模，因此它应该是：

（1）语义表达能力强，能够方便、直接地表达各种语义。

（2）易于用户理解。概念模型是用户与数据库设计人员之间交流的语言。用户一般缺乏计算机知识，因此概念模型应当简单、清晰、易于用户理解。

（3）独立于任何 DBMS。

（4）容易向 DBMS 所支持的逻辑数据模型转换。

二、数据库设计的一般步骤

数据库设计（Database Design）是指根据用户的需求，在某一具体的数据库管理系统上，设计数据库的结构和建立数据库的过程。

一般来说，数据库的设计过程大致可分为以下五个步骤。

1. 需求分析

调查和分析用户的业务活动和数据的使用情况，弄清所用数据的种类、范围、数量以及它们在业务活动中交流的情况，确定用户对数据库系统的使用要求和各种约束条件等，形成用户需求规约。

2. 概念设计

对用户要求描述的现实世界，比如一个档案馆，进行信息的分类、聚集和概括，建立抽象的概念数据模型。这个概念模型应反映档案馆各部门的信息结构、信息流动情况、信息间的互相制约关系以及各部门对信息储存、查询和加工的要求等。所建立的模型应避开数据库在计算机上的具体实现细节，用一种抽象的形式表示出来。以扩充的 E-R 模型方法为例，第一步先明确档案馆各部门所含的各种实体及其属性、实体间的联系以及对信息的制约条件等，从而给出各部门内所用信息的局部描述（在数据库中称为用户的局部视图）。第二步再将前面得到的多个用户的局部视图集成为一个全局视图，即用户要描述的现实世界的概念数据模型。

现阶段主流的商业数据库产品都是基于关系模型，比如 SQL_SERVER_2000、ORACAL、DB2 等。关系模型的核心是关系（Relation），或者称为二维表，表的定义为关系，表中的数据为关系的实例。

概念层的设计独立于 DBMS，独立于数据库，目前概念模型的设计有两种方法，一种为实体—联系图法（E-R 图法），另一种为 UML 类图方法。

E-R 图法中有如下基本概念。

（1）实体：现实世界中事物的抽象，比如一份档案文件，可以抽象为一个实体，用长方形表示。

（2）实体类型：相似的实体可以归为同一个实体类型，如案卷、文件、全宗、用户等。

（3）属性：实体的每一个特性被称为实体的属性，用椭圆形表示，比如文件的题名、创制者、格式等。

（4）码：用以区别一个实体的唯一标志。在属性字段中加下画线表示。

（5）模式：是指实体类型。

例如，用 EAD 元数据表示的档案实体关系图可以用图 6—3 表示。

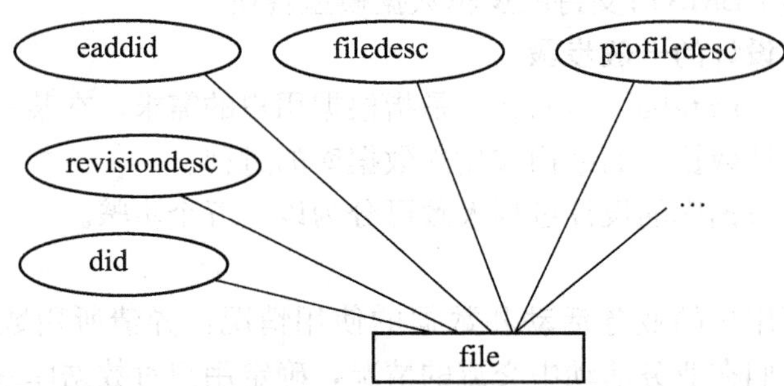

图 6—3　EAD 描述框架下的档案文件实体关系图

档案文件不同于图书及其他资料的重要特点之一就是它的层级性。对于档案文件的数据抽象既可以在全宗层次，也可以是案卷层次，甚至也可以在文件层次。档案文件的实体层次如图 6—4 所示。

（6）联系：两类实体间的联系被称为联系。比如档案管理员张明今年开始从事档案编目工作。实体张明和档案文件之间发生了联系，而“今年”这个限定，是这个联系的属性。联系用菱形表示。档案管理员与档案这两个实体间的联系可以用图 6—5 表示。

E－R 图法中其他相关的概念包括码、势约束、层次类型等，请参考相关书籍，这里不再赘述。UML（统一建模语言）类图方法从多个方面扩展了 E－R 图法，引入了类的概念，是 UML 的一种应用。

3．逻辑设计

结合具体的 DBMS 特征来建立数据库的逻辑结构。主要工作是将档案馆的概念数据模型设计成数据库的一种逻辑模式，即适应于某种特定数据库管理系统所支持的逻辑数据模式。与此同时，可能还需为各种数据处理应用领域产生相应的逻辑子模式。这一步设计的结果就是所谓“逻辑数据库”。

4．物理设计

设计数据模式的一些物理细节。根据特定数据库管理系统所提供的多种存储结构和存取方法等依赖于具体计算机结构的各项物理设计措施，对具体的应用任务选定最合适的物理存储结构（包括文件类型、索引结构和数据的存放次序与位

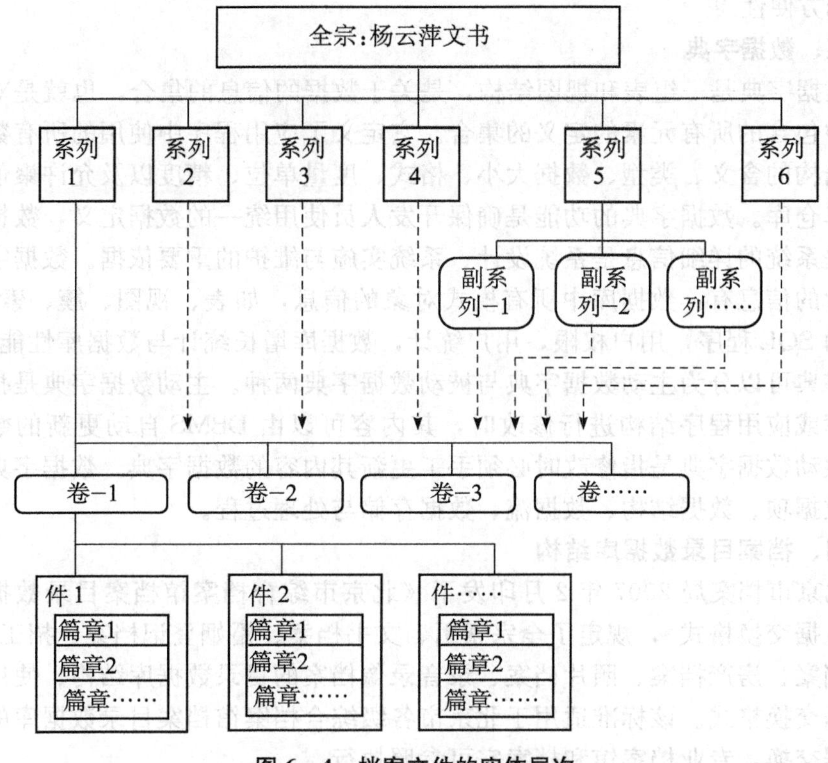

图 6—4 档案文件的实体层次

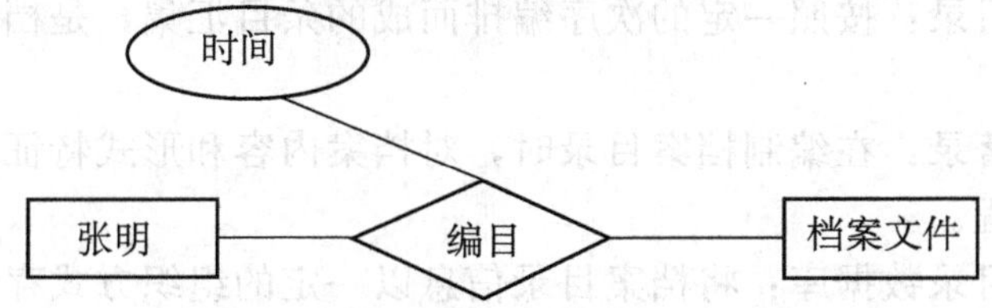

图 6—5 档案管理员与档案间的联系

逻辑等)、存取方法和存取路径等。这一步设计的结果就是所谓“物理数据库”。

5. 验证设计

在上述设计的基础上，收集数据并具体建立一个数据库，运行一些典型的应用任务来验证数据库设计的正确性和合理性。一般地，一个大型数据库的设计过程往往需要经过多次循环反复。当设计的某一环节发现问题时，可能就需要返回到前面去进行修改。因此，在做上述数据库设计时就应考虑到今后修改设计的可能性和方便性。①

三、数据字典

数据字典是一组表和视图结构，是关于数据的信息的集合，也就是对数据流图中包含的所有元素的定义的集合。它定义了应用程序中使用的所有数据元素和结构的含义、类型、数据大小、格式、度量单位、精度以及允许聚值范围的共享仓库。数据字典的功能是确保开发人员使用统一的数据定义，数据字典中有关系统的详细信息是系统设计、系统实施与维护的重要依据。数据字典可能包含的信息有：数据库中所有模式对象的信息，如表、视图、簇、索引等，储存的 SQL 程序，用户权限，用户统计，数据库增长统计与数据库性能统计。数据字典可以分为主动数据字典与被动数据字典两种。主动数据字典是指在对数据库或应用程序结构进行修改时，其内容可以由 DBMS 自动更新的数据字典。被动数据字典是指修改时必须手工更新其内容的数据字典。数据字典的组成为数据项、数据结构、数据流、数据存储与处理过程。

四、档案目录数据库结构

北京市档案局 2007 年 2 月印发了《北京市综合档案馆档案目录数据库结构与数据交换格式》，规定了全宗索引、文书档案、婚姻登记档案、招工档案、知青档案、房产档案、照片档案、录音录像档案的目录数据库结构、使用说明与数据交换格式。该标准适用于北京市各级综合档案馆档案目录数据库的建立和数据交换，专业档案馆和档案室可参照执行。

该标准定义了档案目录数据库的一系列概念，包括以下内容。

（1）档案目录：按照一定的次序编排而成的条目汇集，是档案管理、检索和报道的工具。

（2）档案著录：在编制档案目录时，对档案内容和形式特征进行分析、选择和记录的过程。

（3）档案目录数据库：将档案目录信息以一定的组织方式存储在一起的相关数据的集合。

（4）字段：描述著录条目中某一特定属性的数据单元。

（5）字段名称：目录著录项目的内容和显示的中文名称。

（6）字段名：字段名称的代码。

（7）字段类型：是指数据字段的基本属性，包括字符型和逻辑型。

（8）字段长度：是指字段所包含字符的最大个数。

---

① 参见萨师煊、王珊：《数据库系统概论》，三版，北京，高等教育出版社，2000。

（9）档案目录数据交换：是通过计算机实现数据在网络上或以磁带、光盘等作为载体所进行的跨平台、跨系统的交换。

为了了解规范的档案目录数据库结构表，本书选取了具有典型意义的《北京市综合档案馆档案目录数据库结构与数据交换格式》中的各类数据库结构表作为案例，如表6—2、表6—3、表6—4、表6—5以及表6—6所示。

表6—2　全宗索引数据库结构表

字段名称	字段名	字段类型	字段长度
档案馆名称	DAGMC	字符型	20
全宗号	QZH	字符型	6
全宗名称	QZMC	字符型	254
曾用名称	CYMC	字符型	254
起始时间	QSSJ	字符型	8
终止时间	ZZSJ	字符型	8

表6—3　案卷目录数据库结构表

字段名称	字段名	字段类型	字段长度
档案馆名称	DAGMC	字符型	20
全宗号	QZH	字符型	6
目录号	MLH	字符型	8
案卷号	AJH	字符型	6
档号	DH	字符型	30
档案复制类型及编号*	DAFZH	字符型	100
案卷题名	AJTM	字符型	254
卷内文件起始时间	WQS	字符型	8
卷内文件终止时间	WZS	字符型	8
页数	YS	字符型	4
保管期限	BGQX	字符型	4
开放状态	KFZT	逻辑型	2

表6—4　文书档案文件目录数据库结构表

字段名称	字段名	字段类型	字段长度
档案馆名称	DAGMC	字符型	20
全宗号	QZH	字符型	6
目录号	MLH	字符型	8
案卷（盒）号	AJH	字符型	6
册号*	CH	字符型	6
页（件）号	YH	字符型	4
档案复制类型及编号*	DAFZH	字符型	100

续前表

字段名称	字段名	字段类型	字段长度
责任者	ZRZ	字符型	100
文件题名	WJTM	字符型	254
文号	WH	字符型	50
文件形成日期	XCRQ	字符型	8
分类号*	FLH	字符型	50
主题词*	ZTC	字符型	200
保管期限	BGQX	字符型	4
开放状态	KFZT	逻辑型	2
密级	MJ	字符型	4

表 6—5　　　　　　婚姻登记档案目录数据库结构表

字段名称	字段名	字段类型	字段长度
档案馆名称	DAGMC	字符型	20
全宗号	QZH	字符型	6
目录号	MLH	字符型	8
案卷号	AJH	字符型	6
页号	YH	字符型	6
档案复制类型及编号*	DAFZH	字符型	100
申请人姓名	XM	字符型	50
申请人身份证号*	SFZH	字符型	50
登记日期	DJRQ	字符型	8
登记性质	DJXZ	字符型	4
结（离）婚证书字号	ZSZH	字符型	50
承办机关名称	CBJGMC	字符型	50
保管期限	BGQX	字符型	4

表 6—6　　　　　　房产档案目录数据库结构及字段表

字段名称	字段名	字段类型	字段长度
档案馆名称	DAGMC	字符型	20
全宗号	QZH	字符型	6
目录号	MLH	字符型	4
案卷号	AJH	字符型	10
页号	YH	字符型	6
档案复制类型及编号*	DAFZ	字符型	100
业主	YZ	字符型	20
地址	DZ	字符型	100
房产证号	FCZH	字符型	20
发证日期	FZRQ	字符型	8

第四节　档案数据库的建立

一、模型概述

为了更清楚地介绍档案数据库建立的过程，本章综合利用理论知识，使用一个实例演示简单的档案数据库模型。在模型建设中，理论结合实践，综合考虑实际情况，将数据库管理的思想运用到档案管理中，使用计算机进行编目形成档案的目录数据库，实现对实体档案的计算机管理，从而达到提高检索效率、提高查全率、保护档案原件的目的。

二、建模背景

1. 标准

选择标准为《中国档案机读目录格式》（GB/T20163－2006）。《中国档案机读目录格式》已经由国家质量监督检验检疫总局和国家标准化管理委员会发布，自 2006 年 10 月 1 日起实施。该标准规定了与国际和国家相关标准互相兼容的档案计算机机读目录格式，适用于档案目录数据库的建立和档案目录数据的处理与交换。

2. 数据库软件选择

Oracle 是以高级结构化查询语言（SQL）为基础的大型关系数据库，通俗地讲，它是用方便逻辑管理的语言操纵大量有规律数据的集合。是目前最流行的客户/服务器（Client/Server）体系结构的数据库之一。本节实例演示使用 Oracle 10g 版本。

3. Oracle 数据库软件的特点

（1）Oracle7. X 引入了共享 SQL 和多线索服务器体系结构，减少了 Oracle 的资源占用，并增强了 Oracle 的能力，使之在低档软硬件平台上用较少的资源就可以支持更多的用户，而在高档平台上则可以支持成百上千个用户。

（2）提供了基于角色（Role）分工的安全保密管理。在数据库管理功能、完整性检查、安全性、一致性方面都有良好的表现。

（3）支持大量多媒体数据，如二进制图形、声音、动画以及多维数据结构等。

（4）提供了与第三代高级语言的接口软件 PRO＊系列，能在 C，C ++等主语言中嵌入 SQL 语句及过程化（PL/SQL）语句，对数据库中的数据进行操作。加上它有许多优秀的前台开发工具如 POWER BUILD、SQL＊FORMS、VISIA BASIC 等，可以快速开发生成基于客户端 PC 平台的应用程序，并具有良好的移植性。

4. 数据库软件安装和使用演示

（1）购买 Oracle 数据库软件，将光盘放入光驱中，点击安装按钮，随后出现解压缩界面。

（2）选择安装盘符和地址，实现 Oracle 软件的安装。

（3）安装成功后，在“我的电脑”中“程序”里选择转至“数据库主页”，即可进入可视化界面进行数据库设计。

（4）登录软件界面，使用管理员身份登录，使用安装时设置的密码。

（5）登录之后进入设计界面，可以选择选项卡中的浏览、新建等功能进行数据库设计。

三、建模设计

1. 需求分析

本模型主要模拟档案管理机制进行数据库设计，主要实现档案的数字化管理，因此重点在于如何将档案转化成规范的表格。

该模型中用户和管理员的关系比较简单，E-R 图为标准的结构，如图 6—4 档案管理员与档案间的联系所示。

2. 元数据设计

（1）设计思路。通过对《中国档案机读目录格式》的研读，分析档案数据库的实际需要，选择重要的具有代表性的字段作为档案数据库的数据项，进行数据库设计。

（2）《档案机读目录格式》介绍。《中国档案机读目录格式》由记录头标区、记录目次区（directory）、数据字段组成。

记录头标区由 24 个字符组成，包含关于记录结构的数据和执行格式的数据元，例如：记录类型、记录级别、记录级别关系、档案控制、著录等级、记录完整程度等。

记录目次区是由计算机生成的对记录中每个数据字段的位置的索引。目次区在头标之后（字符位置 24），由若干个数据款目构成。每个数据款目由字段标识符、字段长度和字段起始字符位置组成，固定长度为 12。

数据字段是对档案内容的详细描述，包括十个功能块：0 标识块、1 编码信息块、2 著录信息块、3 附注块、4 记录连接块、5 相关题目块、6 主题分析块、7 文件责任块、8 国际使用块、9 国内使用块。

（3）数据元选择。记录头标区选择重要数据元为记录长度和记录状态，分别表示计算机自动生成记录的长度和记录的状态（如更新、删除、修改等等）。

数据字段功能块选择根据为数据库管理中必备的数据元，即计算机进行检索中对档案的特征识别起到重要作用的数据元，如记录标识号、记录语种、记录载体类型、记录题名、责任者等，这些数据元对档案存储起着决定性作用，并且方便检索，因此可对其进行选择形成必备字段，以下是选择后的数据元。

0—标识块：001—记录标识号（记录流水号）

005—记录最近处理时间

020—档号（全宗号、案卷目录号、类别号、项目号、案卷号、件号、页号）

1—编码信息块：101—档案语种（著录单位正文的语种）

2—著录信息块：200—题名与责任说明项（正题名、文种、第一责任说明、分件号、分件名）

210—档案形成时间

215—载体形态项（载体类型和数量及单位、其他形态细节、尺寸、附件）

3—附注块

4—记录连接块

5—相关题目块

6—主题分析块：600—主题—人名

601—主题—机关团体名

605—主题—题名

7—文件责任块

8—国际使用块

9—国内使用块：905—馆藏信息（档案馆代码）

3. 全文数据存储设计

（1）设计说明。档案管理系统多选取全文作为存储类型，因此在数据元中添加用于存储全文的数据，方便全文数据和图片数据的存储。

（2）字段选择。增添 charfile 和 photofile 作为实现档案全文存储的数据元，分别存储全文和扫描图片。

4. 逻辑设计

将选取出来的数据元转化为数据库中的一张关系表，表 6—7 为档案数据库文件数据表。其中，每个字段规定类型、长度、必备与否、可重复与否。

表 6—7 档案数据库文件数据表

序号	名称	内容	注释	类型	长度	必备/选择	可重复
1	Recordlength	记录长度		number	5	必备	不可重复
2	Recordstate	记录状态		char	1	必备	不可重复
3	001—Recordcode	001—记录标识号	记录流水号	number	8	必备	不可重复
4	005—Recordtime	005—记录最近处理时间		date	8	选择	不可重复
5	020—filecode1	020—档号 1	全宗号	number	2	必备	不可重复
6	020—filecode2	020—档号 2	案卷目录号	number	2	必备	不可重复
7	020—filecode3	020—档号 3	类别号	number	2	必备	不可重复
8	020—filecode4	020—档号 4	项目号	number	2	必备	不可重复
9	020—filecode5	020—档号 5	案卷号	number	2	必备	不可重复
10	020—filecode6	020—档号 6	件号	number	2	必备	不可重复
11	020—filecode7	020—档号 7	页号	number	2	必备	不可重复
12	010—filelanguage	101—档案语种	著录单位正文的语种	char	8	选择	可重复
13	200—Title and responsibility 1	200—题名与责任说明项 1	正题名	char	20	必备	可重复
14	200—Title and responsibility 2	200—题名与责任说明项 2	文种	char	20	必备	可重复
15	200—Title and responsibility 3	200—题名与责任说明项 3	第一责任说明	char	20	必备	可重复
16	200—Title and responsibility 4	200—题名与责任说明项 4	分件号	number	20	必备	可重复
17	200—Title and responsibility 5	200—题名与责任说明项 5	分件名	char	20	必备	可重复
18	210—filetime	210—档案形成时间		date	8	必备	不可重复
19	215—Vector form of entry 1	215—载体形态项 1	载体类型和数量及单位	char	8	选择	可重复
20	215—Vector form of entry 2	215—载体形态项 2	其他形态细节	char	20	选择	不可重复
21	215—Vector form of entry 3	215—载体形态项 3	尺寸	char	20	选择	可重复
22	215—Vector form of entry 4	215—载体形态项 4	附件	char	20	选择	可重复
23	600—Theme-name	600—主题—人名	标目要素	char	20	选择	可重复
24	601—Theme-organ community name	601—主题—机关团体名	标目要素	char	20	选择	可重复
25	605—Theme-Title	605—主题—题名	标目要素	char	20	选择	可重复
26	905—Holdings	905—馆藏信息	档案馆代码	number	10	必备	可重复
27	charfile	全文信息		clob		选择	不可重复
28	photofile	扫描图片		blob		选择	可重复

5. 档案数据库的实现

(1) 定义表：在设计界面点击“新建表”一项，进入新建表界面，定义表的名称和各字段的名称，其字段名称不能重复（如图 6—6 所示）。

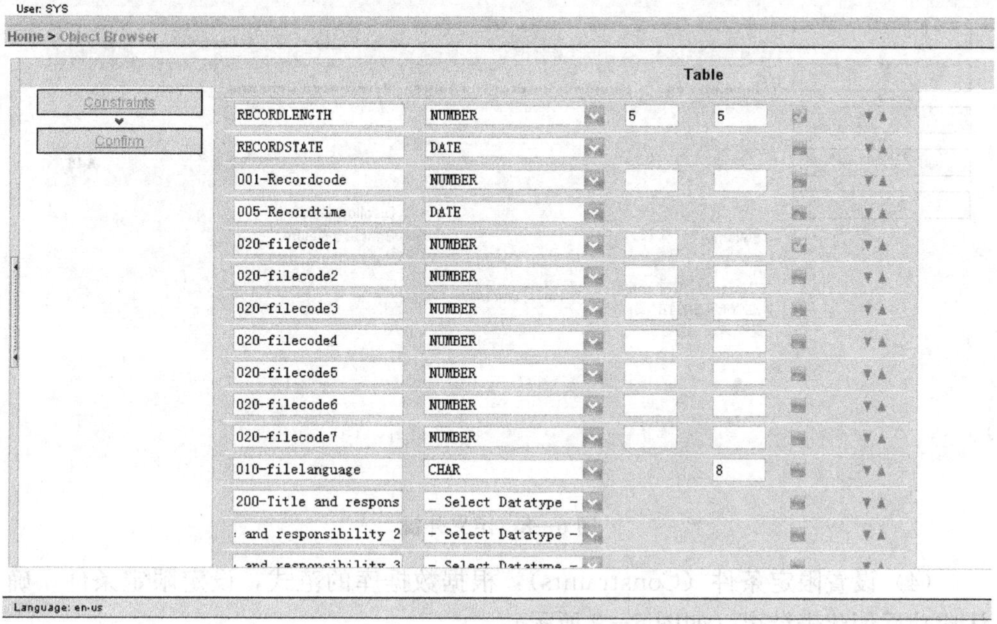

图 6—6　定义表

(2) 设置主键（Primary Key)：选择主要标示表的字段进行定义，可以选择不定义、新定义一个字段做主键、从已经存在的字段中选择主键等方式（如图 6—7 所示）。

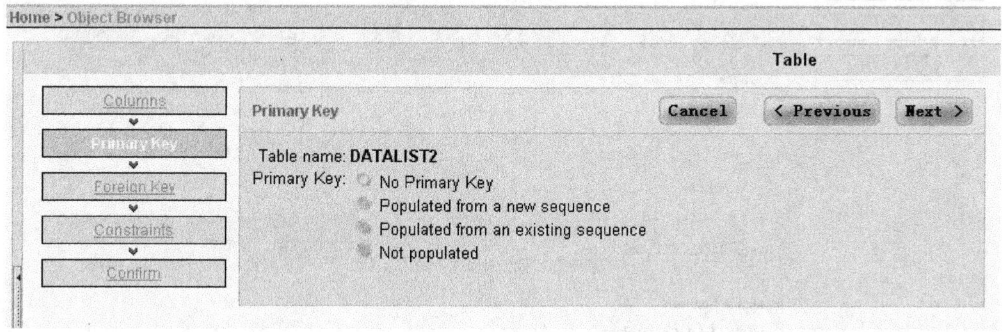

图 6—7　设置主键

（3）定义外键（Foreign Key）：指定相关联的表，选择字段定义外键（如图 6—8 所示）。

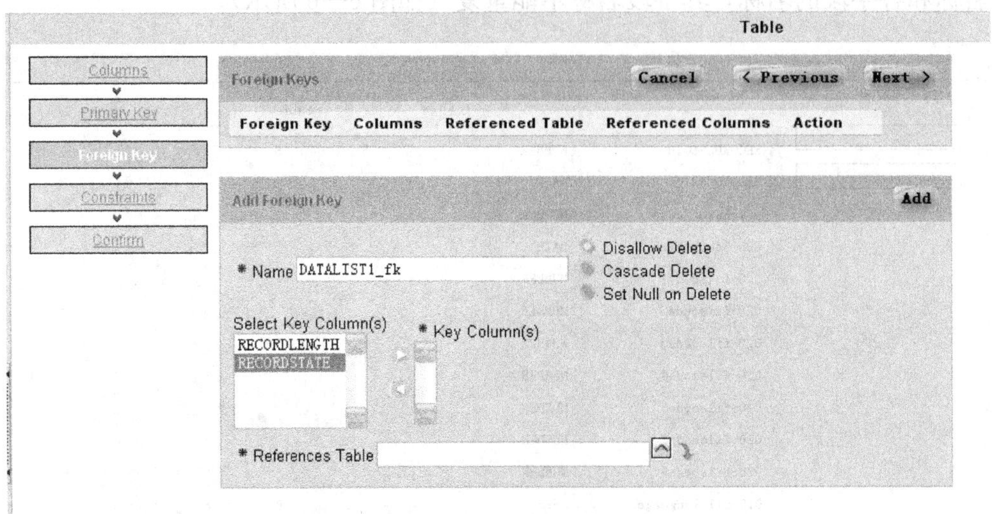

图 6—8　定义外键

（4）设置限定条件（Constraints）：根据数据库的范式，设定限定条件，确认成功后创建表结束（如图 6—9 所示）。

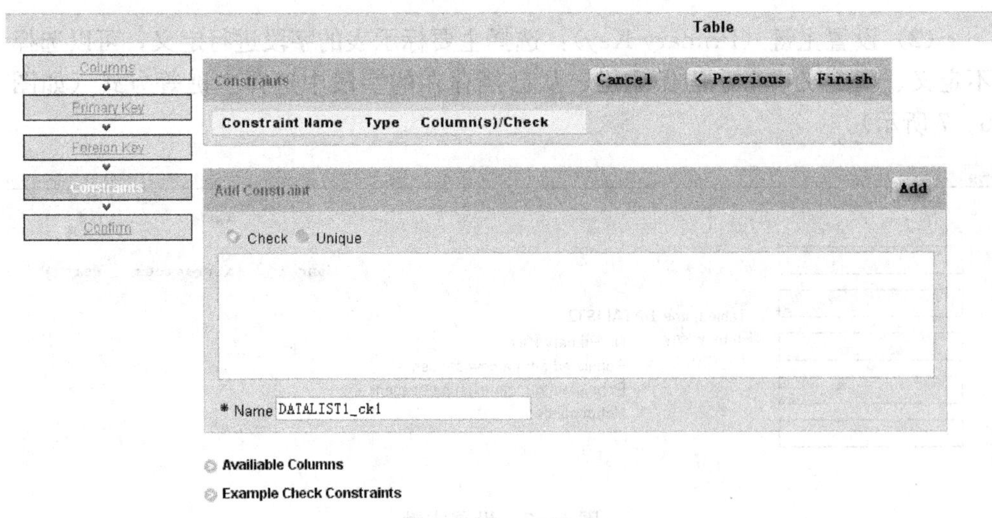

图 6—9　设置限定条件

（5）浏览创建表：输入相关数据即可成为档案管理数据库（如图 6—10 所示）。

Column Name	Data Type	Nullable	Default	Primary Key
RECORDLENGTH	NUMBER(5,5)	No	-	-
RECORDSTATE	DATE	Yes	-	-
001-RECORDCODE	NUMBER(8,8)	Yes	-	-
005-RECORDTIME	DATE	Yes	-	-
020-FILECODE1	NUMBER(2,2)	Yes	-	-
020-FILECODE2	NUMBER(2,2)	Yes	-	-
020-FILECODE3	NUMBER(2,2)	Yes	-	-
020-FILECODE4	NUMBER(2,2)	Yes	-	-
020-FILECODE5	NUMBER(2,2)	Yes	-	-
020-FILECODE6	NUMBER(2,2)	Yes	-	-
020-FILECODE7	NUMBER(2,2)	Yes	-	-
010-FILELANGUAGE	CHAR(8)	Yes	-	-
200-TITLE_AND_RESPONSIBILITY_1	CHAR(20)	Yes	-	-
200-TITLE_AND_RESPONSIBILITY_2	CHAR(20)	Yes	-	-
200-TITLE_AND_RESPONSIBILITY_3	CHAR(20)	Yes	-	-
200-TITLE_AND_RESPONSIBILITY_4	CHAR(20)	Yes	-	-
200-TITLE_AND_RESPONSIBILITY_5	CHAR(20)	Yes	-	-
210-FILETIME	DATE	Yes	-	-
215-_VECTOR_FORM_OF_ENTRY_1	CHAR(20)	Yes	-	-
215-_VECTOR_FORM_OF_ENTRY_2	CHAR(20)	Yes	-	-
215-_VECTOR_FORM_OF_ENTRY_3	CHAR(20)	Yes	-	-
215-_VECTOR_FORM_OF_ENTRY_4	CHAR(20)	Yes	-	-
600-THEME_-_NAME	CHAR(20)	Yes	-	-
601-THEME-ORGAN_COMMUNITY_NAME	CHAR(20)	Yes	-	-
605-_THEME_-_TITLE	CHAR(20)	Yes	-	-
905-_HOLDINGS	NUMBER(10,10)	Yes	-	-
CHARFILE	CLOB	Yes	-	-
PHOTOFILE	BLOB	Yes	-	-

图 6—10　浏览创建表

【本章小结】

档案数据库是海量、异构的信息空间。档案数据库建设的质量关系到数字档案文件的长期存储、高效存取和服务质量，是数字档案馆建设的基础。为了构建高质量、大容量的档案数据库，需要了解数据库建设的一般知识，更需要了解档案数据库的独特性质，尤其是档案目录数据库的特点以及档案元数据和档案机读MARC之间的转换问题。根据所建档案数据库的规模、特点和服务对象，档案馆可以选择合适的建库方法来建设本馆的档案数据库。

【本章关键术语中英文对照】

机读目录格式	Machine-Readable Catalogue，MARC
《中国档案机读目录格式》	CN-MRAC
数据库	Database
数据库设计	Database Design
数据库管理系统	Database Management System，DBMS
结构化查询语言	Structured Query Language，SQL
映射	Mapping
关系	Relation
浏览器/服务器模式	Browser/Server，B/S
客户机/服务器模式	Client/Sever，C/S
建模	Modeling
主键	Primary Key
外键	Foreign Key

【讨论题】

1. 谈谈档案文件数据库在数字档案馆中的作用。
2. 谈谈档案 MARC 和档案元数据的区别与联系。
3. 根据数字档案馆的特点，选择档案数据库管理软件时应注意哪些因素？
4. 数据库设计的步骤是什么？
5. 请分析一下第四节模型中的字段选取，有何优劣？
6. 请参考第三节的 E-R 图设计，画出第四节模型的 E-R 图。
7. 试为公共档案馆的读者和管理人员建立数据库。

第七章

数字档案信息检索

【本章要点】

分析了档案信息检索的基本原理，然后分别介绍了文本、图像、音频、视频以及网络档案信息检索的原理和技术，其中基于内容的检索技术是图像、音频、视频档案检索的前沿课题。

【关键词】

检索○标引○著录○检索工具○基于内容的检索○图像档案○音频档案○视频档案○文本档案○网络检索

数字档案的主要形式包括文本、图形、图像、影像、声音、多媒体、数据库和命令文件等。作为海量、异构的信息资源库，数字档案馆的信息服务需要强大的检索功能。本章主要介绍数字档案信息检索的知识。

第一节　档案信息检索的基本原理

数据库子系统与检索子系统是数字档案馆建设最为核心的两项任务。所有的信息资源集合，如图书馆、档案馆、电子文件中心、数据库等，都需要依靠信息检索技术来实现信息的存储和查找。从原理上讲，档案信息检索与其他资源的信息检索是相同的，但是由于档案文件之间存在的有机联系和档案组织方式的层级特征，档案信息检索的实现更为复杂。

一、档案信息检索的过程

广义的信息检索（Information Retrieval）包括信息的存储（Storage）与查找（Search）两个部分。前者主要是将资源的外部特征和内容特征有序组织并加以存储形成检索工具的过程。后者是利用检索工具查找特定信息的过程。本质上是对组织化的信息存与取的过程。从狭义上讲，人们从信息用户的角度，将信息检索理解为信息的查找过程（Information Search）。

档案信息检索的基本原理是将用户检索提问的提问标识和档案文件的检索标识进行比较，找出完全匹配或部分匹配的结果输出给用户的过程，可以抽象概括为在信息集合与需求集合之间的匹配与选择过程，如图 7—1 所示。档案信息检索的过程。包括标引、著录、编目、查找四个重要的环节。

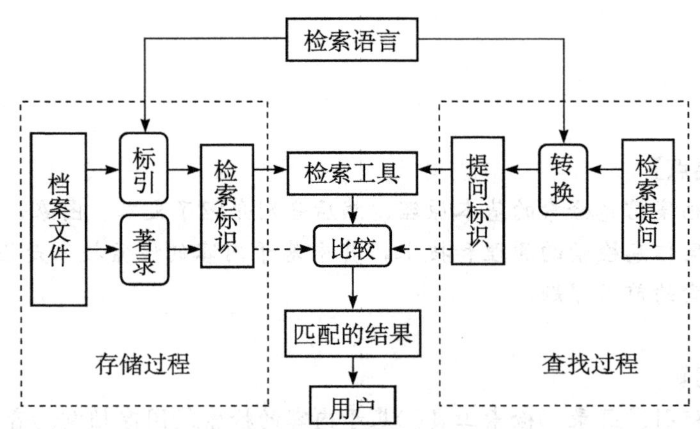

图 7—1　档案信息的检索过程

二、档案文件的标引

对档案文件的内容特征，包括分类特征和主题特征进行揭示，这个过程被称为标引（Indexing）。标引的实质是由标引人员或计算机自动分析档案文件的内容，将提取出来的内容特征通过检索语言转变为如分类号、主题词、关键词等检索标识的过程。其中，赋予档案文件主题词的过程称为主题标引，赋予档案文件分类号的过程称为分类标引。

(一) 主题标引

主题标引又分为受控标引与非受控标引。受控标引是指必须事先从指定的叙词表(主题词表)中选用相应的规范词语,对档案文件进行标引。非受控标引又被称为自由词标引,指不设规范词表而由标引人员直接选用档案文件内自然语言的词语,对档案文件进行标引。主题标引包括两个工作步骤,一是主题分析,二是用词的转换。所谓用词的转换指选用相应的检索语言规范词语,如《中国档案主题词表》中规定的词语,标明档案文件的主题类属。

标引的质量对档案文件的检索效果有直接的影响。一般采用穷举度与一致性来衡量标引的质量。标引穷举度指标引时将档案文件所讨论的全部主题反映出来的程度;标引一致性是指不同标引人员或同一标引人员在不同时期,对同一主题档案文件进行标引时,对其主题归类的一致程度。从档案检索的角度看,穷举度高有利于提高查全率;一致性强则有利于提高查准率。

随着计算机档案检索系统的建立和档案数据库的应用,出现了自动标引。自动标引是指利用计算机代替人对档案进行自动标引。在自动标引前,首先需要将文献转化为机读形式。自动标引有两种形式:抽词标引与赋词标引。抽词标引以档案文件内具有实际含义的词语的出现频率作为是否选为标引词的判据。设立频率阈时,一般以相对频率代替绝对频率效果较好。赋词标引则须将主题词表存入机内,作为计算机对比选用标引词的依据。为了解决汉语文献的自动标引问题,须解决汉语中词的自动切分问题。

(二) 分类标引

档案分类标引的依据是以国家机构、社会组织从事社会实践活动的职能分工为基础,结合档案记述和反映的事物属性关系,并兼顾档案的其他特征。档案分类标引也需要两个步骤,一是主题分析,二是分类号转换。在分类标引时,首先要对档案文件进行周密的主题分析,把握所论述的对象,然后依据《中国档案分类法》及其使用指南,给出分类标识。

标引深度对于档案分类标引与检索的效果有着重要的影响。档案分类标引应充分考虑实际的检索需求和检索方式,根据档案的具体内容和用途,选定适当的标引深度。凡一份文件或案卷涉及两个或两个以上主题者,除按第一主题或最重要的主题标出确切的分类号外,必要时可对其他主题附加相应的分类号。档案分类标引必须按专指性的要求,分入恰当的类目,切不可分入较宽的上位类或较窄的下位类。当分类表中无恰当的类目时,可分入范围较大的类目(上位类)或与档案内容密切相关的类目。

同主题标引一样,档案的分类标引也应保持一致性。档案分类标引的一致性要求各种文本、载体类型的同一主题档案所标引的分类号均应一致。

（三）检索语言

检索语言（retrieval language）在档案标引与档案检索的过程中发挥着重要作用，也叫索引语言、标引语言。检索语言是用来描述信息资源特征和进行资源检索的人工语言，是应信息的加工、存储和检索的共同需要而编制的专门语言，是表达一系列概括档案信息内容和检索课题内容的概念及其相互关系的一种概念标识系统。检索语言在表达概念上具有单义性和唯一性，可以保证不同标引者和检索者对信息特征表达的一致性，还可使内容相同或相关的信息集中起来，使大量分散无序的信息系统化、有序化，便于进行有规律的检索。

检索语言在信息检索中起着极其重要的作用，它是沟通信息存储与信息检索两个过程的桥梁。在信息存储过程中，用它来描述信息的内容和外部特征，从而形成检索标识；在检索过程中，用它来描述检索提问，从而形成提问标识；当提问标识与检索标识完全匹配或部分匹配时，结果即为命中文献。检索语言的主要作用如下：

（1）标引文献信息内容及其外表特征，保证不同标引人员表征文献的一致性；

（2）对内容相同及相关的文献信息加以集中或揭示其相关性；

（3）使文献信息的存储集中化，系统化，组织化，便于检索者按一定的排列次序进行有序化检索；

（4）便于将标引用语和检索用语进行相符性比较，保证不同检索人员表述相同文献内容的一致性，以及检索人员与标引人员对相同文献内容表述的一致性；

（5）保证检索者按不同需要检索文献时，能获得最高的查全率和查准率。

目前经常使用的检索语言有分类检索语言和主题检索语言两种。

分类检索语言是指用分类号来表达各种概念，并将各种概念以国家机构、社会组织从事社会实践活动的职能分工为主加以划分和系统排列的检索语言。我国档案分类检索语言主要体现为《中国档案分类法》及其使用指南。档案分类法的主体，是一种文献分类体系的具体体现。与《中国图书分类法》的不同之处在于，《中国档案分类法》的类目划分以国家机构、社会组织从事社会实践活动的职能分工为依据，而《中国图书分类法》则以学科性质作为划分依据。《中国档案分类法》是一套完整的体系。《中国档案分类法》适用于中华人民共和国时期档案的分类标引；清代档案使用《清代档案分类表》进行分类标引；民国档案使用《民国档案分类表》进行分类标引；革命历史档案使用《新民主主义革命档案分类表》进行分类标引。

分类检索语言按编制方式可分为体系分类语言和组配分类语言，目前信息检索采用的大多为体系分类语言。体系分类语言是以科学分类为基础，运用概念划分的方法，把具有某种或某些共同属性的事物集合划分为一类，用概括该类事物所共有的本质属性的概念作为类目，并给出相应的标记符号作为分类号。体系分类语言集中体现了学科的系统性，反映事物的从属、派生关系，从上至下、从总体到局部层层划分、展开。《中国档案分类法》和《中国图书分类法》都属于体系分类语言。

主题检索语言是指将描述信息资源主题的语词标识按字顺序列排检而形成的检索语言。主题检索语言具有直观、专指性强、使用灵活、适合计算机检索等优点，是现代信息检索中使用最为频繁的一种信息检索语言。主题检索语言可分为规范化语言和非规范化语言（自然语言）两类。在现阶段，规范化的主题检索语言主要有标题词语言、单元词语言与叙词语言，《中国档案主题词表》就是一部叙词表，是我国档案文件标引的主要依据。非规范化的主题检索语言主要是关键词语言。关键词语言比较适合于计算机自动标引，由于其方便、灵活、易用，成为当前互联网最主要的检索语言。

三、档案文件的著录与编目

标引是对档案内容特征的揭示和记录，是档案著录工作的一个组成部分。档案著录是档案编目的基础，也是形成检索工具的基础。

（一）著录

档案文件的外部特征包括题名、档号、责任者、时间、稿本、文种、密级、保管期限、载体形态、数量、规格等等。在网络环境下，这些外部特征和内容特征项目共同组成了档案的元数据项。在编档案目录时，对档案内容和形式特征进行分析、选择，并按照一定的规则，准确、客观地进行记录的过程，称为著录(Description)。我国档案著录要依据《档案著录规则 》DA/T18－1999，该标准规定了单份或一组文件、一个或一组案卷的著录项目、著录格式、标识符号、著录用文字、著录信息源及著录项目细则。著录项目在条目中的排列顺序及其表达方式称为著录格式。

档案著录的结果称为条目，又称为款目，是反映文件或案卷内容和形式特征的著录项目的组合。按照一定的次序编排而成的条目汇集称为档案目录，是档案管理、检索和报道的工具。

（二）编目

编目就是将著录形成的条目按一定的顺序组织成目录（catalogue）的过程。它包括著录、标引、款目组织、制作目录四项基本操作。首先是在档案整理过程中进行初步编目，包括案卷封面编目（拟定案卷标题、确定和填写卷内文件起止日期等），编制案卷目录和卷内文件目录，以固定整理工作的成果，为档案保管提供方便，其成果也是检索档案的基本工具。其次在初步编目的基础上编制全宗目录、案卷（文件）分类目录、主题目录、专题目录和档案馆指南等，以提供各类档案检索工具和报道目录，为查阅档案者服务。

（三）检索工具

档案检索工具（Finding Aids）是用于存储、查找和报道档案信息的系统化文字描述工具，是目录、索引、指南等的统称。检索工具的特点是：（1）详细描述档案文件的内容特征与外部特征；（2）每条记录必须有检索标识；（3）所有条目按一定顺序形成一个有机整体。

按照不同的标准，检索工具可以划分成不同的类型。按照载体形式可以划分为印刷型、缩微型和电子型检索工具；按照检索工具的内容组织方式可以划分为目录型、题录型、文摘型和全文型检索工具。

目录：是对馆藏档案信息外表特征的揭示和报道，通常以一个档案馆或档案室为基本的著录单位，对档案文件的描述比较简单。档案目录包括卷内文件目录、案卷目录、全宗目录、全引目录、分类目录、主题目录、专题目录等。目录是档案检索工具中最为重要的一种。在数字档案馆的建设过程中，档案目录数据库也发挥着十分重要的作用。

题录：是将档案文件的题名按一定的排检方式编排而成的检索工具。

文摘：是比目录或题录更为详细地揭示档案文件内容的检索工具，在题录的著录项的基础上加上了文摘内容。

全文检索工具：是以档案文件全文为存储对象，著录项目包括了文摘和全文，能够直接为用户提供文件全文检索。

四、档案信息查找

档案信息查找（Retrieve，Search）是从已有档案检索工具中检索出与用户提问相关的信息，包括档案文件、事实、数据等。（1）数据检索（Data Retrieval），如机构名称、观测数据、电话号码、统计数据、设备参数、图表、会计数据等。（2）事实检索（Fact Retrieval），如事物（事件）的性质、定义、发生的时间、地点、过程等。（3）档案文件检索（Record Retrieval），就是以档案文件为检索对象的信息检索。

衡量档案信息检索质量的两个重要指标是查全率与查准率。

查全率是指检出的相关文献与文献集合中全部相关文献的百分比。与查全率相对的另一项标准是漏检率，即未检出的相关文献量与文献集合中该种相关文献总量之比。查全率可以表示为：

查全率＝（检索出的相关信息量/系统中的相关信息总量）×100％

漏检率＝1－查全率

查准率是衡量某一检索系统的信号噪声比的一种指标，即检出的相关文献与全部检出文献的百分比。与查准率相对的是误检率，即检出的不相关文献占全部检出文献的百分比。误检率与查准率也是互补的。查准率可以表示为：

查准率＝（检索出的相关信息量/检索出的信息总量）×100％

误检率＝1－查准率

查全率与查准率具有互逆相关性，当查全率增加时，查准率一般会降低。查全率一般为60％～70％，查准率约为40％～50％。当查全率超过70％时，若想再提高查全率就必然降低查准率。

根据检索对象的类型，可以把档案信息检索分为以下四类：

(1) 特征检索，就是将档案文件的外部特征或内容作为提问标识进行的检索，比如主题检索、分类检索、题名检索、责任者检索、关键词检索等。特征检索一般通过档案检索工具或档案目录数据库来完成，是历史最悠久、应用最为广泛的检索方法。

(2) 全文检索，是指以文档的全部文本信息作为检索对象的一种信息检索技术。由于全文检索需要花费较多的时间，需要依赖于计算机全文检索系统才能快速进行。全文信息检索的核心技术是文档的索引，即如何将源文档中所有的基本元素以适当的形式记录到索引库。在中文文档中，“基本元素”可以是单个汉字，也可以是词或词组。根据索引库中索引的元素不同，可以将全文检索分为基于字的全文检索和基于词表的全文检索两大类（见表7—1）。[①] 这两类全文检索方法不考虑文档具体内容，而仅判断是否包含被检词条的检索方法。

表7—1　　字表法检索与词表法检索的比较

检索类别	界定	优点	缺点
字表法	以单字为基础进行检索的方法	适应性强，应用范围广；索引的生成简单，比较适用于内容复杂、新词汇和特殊词汇多的文档检索	生成的索引库庞大（索引文件的长度往往大于源文档的长度），检索速度低，错检率高
词表法	以词为基本元素进行索引与检索的方法	索引库规模小，检索处理快；同义、反义等概念检索的实现较为简单，比较适用于特定领域中或内容相对固定文档的全文检索	切分词表和索引的建立较复杂，漏检率较高，不能进行单字和任意字符串的检索

① 参见邹涛、王继成：《文本信息检索技术》，载《计算机科学研究》，1999 (9)。

（3）基于内容的多媒体检索，这种检索方法对于声像型和多媒体型数字档案检索具有重要价值。它是从媒体中直接提取媒体的语义线索，如颜色、纹理、轮廓、镜头、场景、旋律等，然后根据这些线索从大量存储在数据库的媒体中进行查找，检索出具有相似特征的媒体数据。基于多媒体数字档案的内容，如音频信息、图像信息、视频信息等进行的检索，是目前正在研究之中的信息检索的前沿领域。

（4）数据挖掘，是从大量的、不完全的、模糊的、随机的数据中，提取出隐含在其中的人们事先不知道的有用信息和知识的过程，是一种知识发现的方法。数据挖掘一般应用于数据仓库中，通过大量的统计计算找出潜在的信息和知识，是一种复杂的知识发现技术。

第二节　文本数字档案信息检索

无论是传统载体的档案文件，还是数字档案与电子文件，文本形式占有绝大多数的比重。相对于视频、音频信息的检索而言，文本信息的检索发展最为成熟，其发展历史可以追溯到古代的书籍编目。文本信息检索常常被等同于信息检索本身，是大部分网络搜索引擎的基础。其他形式信息的检索技术，也是在文本信息检索的基础上发展而来的，也需要依赖文本信息检索技术的支持。

一、数字档案信息的组织

正如第七章第一节所述，档案信息检索的第一步是档案信息的序化、组织与存储，然后才是档案信息的查找。数字档案文件在数据库中是以文档的形式存储的。一般地，档案文件数据库包括顺排文档和倒排文档两个部分。

（一）文档的组成

文档是数据库中数据管理的有效组织形式，是具有相同性质的档案文件记录的集合。文档的结构形式包括以下几项。

（1）基本项或称字段，是具有独立完整意义的数据单位，用于描述一个对象的某种属性，是数据组织中可以命名的最小逻辑数据单位，又称为数据元素，如档案中的题名、责任者、时间、密级、保管期限等。基本数据项除了数据名外，还应描述其数据类型。例如，文件题名就为字符型数据，颁布时间应为时间型数据等等。表征一个实体在数据项上的数据称为“值”，如某份档案文件在责任者数据项上的值为“国家档案局”。

（2）组合数据项由若干个基本数据项组成，简称组项。例如，档案文件的时间项可以是个组项，可以由文件创制时间、颁发时间、实施时间等基本项组成。

（3）记录。记录是一组相关数据项的集合，是文档中的最基本单位，用于描述一个对象的属性。一份档案文件的属性数据就构成一条记录，根据所选择的元数据标准，档案文件记录的描述可以为文件名、责任者、时间、密级、开放期限、载体形态等等。

（4）文档。文档是具有相同性质的记录组成的有机集合，比如某一个全宗的档案文件形成一个文档，或者档案馆的所有员工形成一个文档等等。

（二）文档的分类

从信息检索的角度来看，档案文件数据库包括倒排文档与顺排文档两个部分。

1. 顺排文档

顺排文档是将数据库的全部记录按照记录号的大小排列而成的档案文件集合，它构成了数据库的主体内容。顺排文档数据库的组织是以档案文件为单位的。将每篇档案文件有关的所有可检索信息集中加以管理，存储在规范化的记录结构中，并将所有记录按线性次序排列起来就构成顺排文档。脱机批处理检索系统一般建立在顺排文档基础上。

2. 倒排文档

倒排文档是指将文献数据库中全部记录的全部文献特征标识按一定顺序排列而成的集合。倒排文档存入了数据库全部记录的文献特征标识（即索引单元），并按文献特征标识的字母顺序排列，每个文献特征标识后面都标有相应的记录（档案文件）的存取号和字段位置标识符。

在信息检索系统的具体实现中，需要快速找到文档中所包含的关键词，以确定文档记录与检索提问的匹配程度。在按记录号大小排列的顺排文档中，通过遍历的方法找到包括提问检索词的记录是费时费力的。相比于文档中记录的数量而言，关键词的个数是比较少的，在关键词构成的倒排文档中进行检索可以提高检索的效率。通过其他文献特征标识的倒排文档检索也是同样的道理。这就是信息检索领域常用的“倒排文档索引”技术。倒排文档索引可以被看成一个链表数组，每个链表的表头包含关键词（或其他文献特征标识），其后续单元则包括所有这个关键词的记录（档案文件）的存取号，以及一些其他信息。这些信息可以是记录中该词的频率，也可以是文档中该词的字段位置标识符。

倒排文档索引的优势包括：（1）文献特征标识或关键词个数远远少于文档中的记录数量，使得检索效率提高；（2）易于同各种信息检索算法模型相结合。

使用倒排文档可以缩短检索时间，提高检索效率。联机检索系统一般建立在倒排文档的基础上，其检索原理如图 7—2 所示。

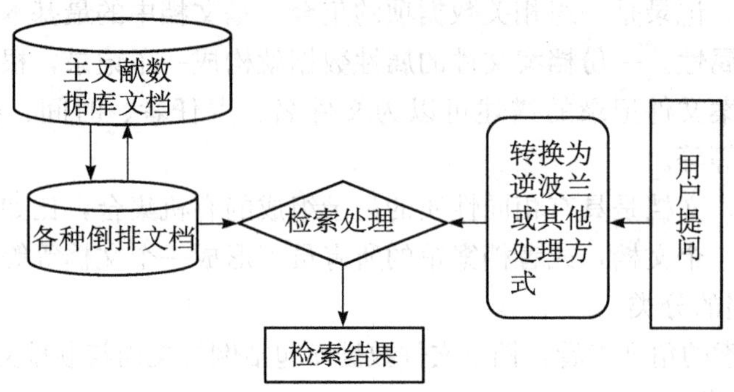

图 7—2 倒排文档检索过程

二、信息检索的算法模型

信息检索的基本原理为系统对信息集合与需求集合的匹配与选择。信息检索的数学模型就是运用数学的语言和工具，对信息检索系统中的信息及其处理过程加以翻译和抽象，表述为某种抽象的数学模型，再经过演绎、推断、解释和实际检验，反过来指导信息检索实践。信息检索的算法模型是信息检索软件的核心思想。由于不同的算法模型具有不同的特点，因此采用不同算法模型的检索软件也呈现出不同的特点。

在介绍这些模型之前，有必要先对各算法模型中使用的术语和符号进行定义。把一个信息检索系统形式化地描述为一个四元组：

$S=(D, T, Q, \rho)$

其中，$D=(D_1, D_2, D_3, \cdots D_n)$

$T=(T_1, T_2, T_3, \cdots T_m)$

$Q=(Q_1, Q_2, Q_3, \cdots Q_i)$

$\rho: Q\times D\rightarrow R$

式中，D 表示某系统中经过标引的文献或档案文件集合，T 代表所有可能存在的标引词集合，Q 代表提问集合，ρ 为匹配函数，R 为函数值集合。

(一) 单项信息检索模型

单项检索模型是最简单的信息检索模型。它将文献集合中的每一文献用一个或多个主题词标引，检索提问由单个主题词构成。检索的匹配标准是，若提问式中的主题词属于某文献标引词集合中的成员，则该文献为命中文献。否则，系统对提问的响应是文献不被检出。例如，假定有提问式 Q 和文献 A 与 B，它们分别表示为：

$Q=T_k$

Doc $A=$（T_a，T_b，T_c）

Doc $B=$（T_b，T_k，T_m）

在这种情况下，只有文献 B 用主题词 T_k 标引，所以文献 B 为检出结果。此模型的优点是：检索过程简单，为人们所熟知且广泛使用。但是其检索效果往往不好，尤其是当文献集合很大时，需要花费很长的时间。

1957 年，Y. 巴-希列尔最先探讨了布尔逻辑应用于计算机的可能性。10 年后，布尔检索模型正式被大型文献检索系统所采用，并逐渐成为各种商业性联机检索系统的标准检索模式。此外，其他类型的模型也相继出现，如向量空间模型、概率检索模型、模糊集合模型、扩展布尔检索模型等。

（二）布尔检索模型

布尔检索模型（Boolean Model）是如今文献检索系统和网络搜索引擎中最为常用的检索模型。布尔模型采用布尔代数的方法，用布尔表达式表示用户提问，通过对文献标识与提问式的逻辑比较来检索文献。布尔模型的基本运算是“与”（and）、“或”（or）、“非”（not）的运算。“与”运算就是检出同时含有用户不同提问标识的文献集合，“或”运算就是检出至少含有用户提问标识之一的所有文献，“非”运算就是检出不含有某检索标识的所有文献。

在传统的布尔模型中，每一文献用一组标引词表示。例如，对于某一特定文献 i，可表示为：

$D_i=$（T_1，T_2，T_3，…，T_m）

每个提问则表示为标引词的布尔组配，例如提问 Q_j 可表示为：

$Q_j=$（T_1 and T_2）*or*（T_3 and T_4）

系统对提问的响应是输出一个包含有该提问式的组配元且符合组配条件的文献集合。例如，对上述提问 Q_j 来说，检索系统响应的结果是都含有标引词 T_1 与 T_2 或者都含有 T_3 与 T_4 的文献集合。

布尔检索模型具有简单、易理解、易实现以及能处理结构化提问等优点，故在信息检索系统中得到了广泛的实际应用。不过，由于它采取准确匹配策略，太僵硬，不考虑那些大体能满足提问需要的文献，所以常常使检索结果不能令人满意。传统布尔检索模型的具体缺陷主要表现在以下几个方面。

（1）对于复杂的检索课题而言，构造一个好的检索式是不容易的。

（2）不能区分出检索提问式中的各组配元的重要程度。

（3）僵硬的准确匹配策略，难以区分出检索结果与检索提问的相关程度。例如，在响应某个用“and”连接的提问式时，系统把只含有其中一个提问词的文献看做与那些根本不含有其中任何一个提问词的文献一样差，同样加以排除。另外，在响应某个用“or”连接的提问式时，系统却不能把含有所有这些词的文献看做比那些只含有其中一个提问词的文献更好一些。

为了克服这些缺陷，人们或是对布尔模型进行改进和扩展，或者是建立新的模型。

（三）向量空间模型

在向量空间模型（vector space model）中，可以把检索系统中的文献集合和提问集合表示如下：

$$\vec{d_j} = (t_{1,j}, t_{2,j}, \cdots, t_{N,j}); \vec{q_k}(t_{1,k}, t_{2,k}, \cdots, t_{N,k})$$

式中，d_j 为文献集合中第 j 篇文献；q_k 为提问集合中的第 k 个提问；$t_{N,j}$ 表示文献向量中的 N 个分量，也就是文献表示的第 N 个标引词，$t_{N,k}$ 表示提问向量中的第 N 个分量，也就是提问式中所含的第 N 个检索词。

传统的向量空间模型将 t 取值为 0 或 1，现在大多在［0，1］区间取值。这样，就可以构成一个向量空间，把信息检索中文献与提问的匹配处理过程转化为向量空间中文献向量与提问向量的相似度计算问题。某一文献与某一提问的相关程度通过计算该向量对之间的相似度来测定。

计算相似度的函数式有几十种以上，其中有一些来自数值分类领域，有些是用于文献自动聚类或关键词聚类的，而不是用于检索排序输出的。最简单的方法就是用点积函数，它把文献向量与提问向量的相似度定义为：

$$\text{sim}(\vec{q_k}, \vec{d_j}) = \sum_{i=1}^{N} t_{i,k} t_{i,j}$$

式中，sim（$\vec{q_k}$，$\vec{d_j}$）表示文献向量 q_k 与提问向量 d_j 的相似度，$t_{i,k}$ 和 $t_{i,j}$ 分别表示 q_k 与 d_j 中第 i 个分量的值。这种方法的实质就是计算文献与提问式之间所共有的标引词数量。

另外一种常用的方法是用余弦函数，首先，将文献集合与提问集合定义为：

$$\vec{d_j} = (w_{1,j}, w_{2,j}, \cdots, w_{N,j}); \vec{q_k} = (w_{1,k}, w_{2,k}, \cdots, w_{N,k})$$

二者的相似度为：

$$\text{sim}(\vec{q_k}, \vec{d_j}) = \vec{q_k} \cdot \vec{d_j} = \sum_{i=1}^{N} w_{i,k} w_{i,j}$$

用余弦函数可以表示为：

$$\text{sim}(\vec{q_k}, \vec{d_j}) = \frac{\sum_{i=1}^{N} w_{i,k} w_{i,j}}{\sqrt{\sum_{i=1}^{N} w_{i,k}^2} \sqrt{\sum_{i=1}^{N} w_{i,j}^2}}$$

这种方法的实质就是计算 m 维空间中文献向量与提问向量之间的夹角余弦。当两个向量完全相同时，它们在该空间中相互重叠，即夹角为 0，函数（相似度）达到最大值。式中的分母作为某种标准化因子起作用。若向量之间夹角很小，且采用标准化向量，那么，向量之间的夹角余弦近似等于对应向量的端点之间的距离。

当全部文献向量与某个提问向量的相似度都计算完毕后，系统就把相似度超过某一规定阈值的文献（或根据预定要检出的文献数量）按相似度大小降序排列输出。

采用这种向量检索模型的典型系统就是 G. 萨尔顿等人 20 世纪 60 年代中期开始研制的实验性系统 SMART（System for Mechanical Analysis and Retrival of Texts）。与采用布尔模型的普通检索系统相比，该系统有以下特色。

（1）采用自动标引技术为文献提供标引词。

（2）假定某一给定向量中所包含的每个词都相互独立（即具有正交性），且全部词均具有同等的重要性（除非是因给每个词加权所引起的差别）。

（3）检索不以标准的倒排档技术为基础，而是基于聚类文档，即通过计算文献之间的相似度，使属性相似的文献尽量聚拢在一起，以提高检索效率。

（4）采用部分匹配策略和排序输出原理，提高了检索的灵活性。

（5）通过相关反馈技术自动修正提问向量，改进检索结果。

向量空间模型为揭示信息检索的基本原理做出了重要的贡献。但是，向量模型也存在着某些明显的缺陷。例如，相似度计算的工作量巨大；文献向量中各分量的值（标引词权值）较难确定；对标引词两两正交的假设太僵硬等。萨尔顿也承认文献中的标引词实际上并不是相互独立的，它们之间存在一定的语义联系。为此，有人又致力于研究基于词相依性的向量模型。例如，旺格等人在 1985 年提出用一组经过挑选的正交向量来表示词向量，词间关系可直接由其向量表示给出较为精确的计算，而且没有在假定标引词相互独立的前提下给出文献矩阵和提问向量。这种模型被称为广义向量空间模型。

（四）概率检索模型

概率检索模型（Probabilistic Model）就是利用概率论的原理，通过赋予标引词某种概率值来表示这些词在相关文献集合或无关文献集合中的出现概率，然后计算某一给定文献与某给定提问相关的概率，最后系统据此做出检索决策。

概率检索模型的基础是概率标引。M. E. 马龙和 J. L. 库恩斯于 1960 年提出概率标引理论（Probabilistic Theory of Indexing），将标引作业描述为：给定某一特定文献 d，对某个标引词来说，标引员的任务是作出这样的预测：如果某一类型用户 B 判定 d 为相关且在他的提问中只用一个检索词，则他可能选用该词的概率有多大。也就是说，标引员要估计的是：对使用该标引词检索文献的给定用户类型来说某一给定文献的相关概率或权值。标引词加权和利用这种权值来计算文献的“相关值”（满足给定提问的概率）的方法就是概率标引理论的基础。他们的目标是根据文献与给定提问的相关值来对文献进行排序。

概率检索模型基本上是一种基于 Bayes 决策理论的自适应模型。与前两种模型不同的是，它的提问式不是直接由用户编定的，而是由系统通过某种归纳式学习过程（相关反馈）来构造一个决策函数去表示信息提问。

（五）模糊集合模型

模糊集合模型建立在模糊集合论的基础上。它把“相关性”看做是一个不完全的概念，即把文献看做是与某提问在某一程度上相关。在信息检索系统中，对每个标引词，都存在一个模糊的文献集合与之相关。同时，对某一给定的标引词，用某种隶属函数去表示每一文献与该词相关的程度，即隶属度，在 0～1 之间取值。

有关某标引词的模糊文献集合是在标引过程中建立的。标引员不是简单地把标引词赋予文献，而且还要指出标引词与文献的相关程度。例如，d1＝｛（t1，0.5），（t2，0.8）｝；d2＝｛（t1，0.9），（t2，0.1）｝，其中 t1 和 t2 表示标引词，它们后面的数字表示文献 d1 和 d2 对它们的隶属度，数值越大，隶属度就越大。当全部文献标引完毕后，实际上就已经为每个标引词定义了一种隶属函数，指明了每一文献与每个标引词的相关程度。

模糊集合模型的提问可以用布尔表达式表示，并指定所需文献对每个标引词的隶属度。检索过程中，模糊集合的运算根据扎德所定义的规则进行，即将提问式“A and B”转换为“Wand＝Min（a，b）”，“A or B”转换为“Wor＝Max（a，b）”。其中 a 和 b 分别为词 A 和词 B 的权值，Wand 和 Wor 分别为上述两个提问式的权值。“not A”或者说“not B”的权值则定义为 1－a 或 1－b。最后，将检索结果按文献的权值排序输出。

由于系统中标引词集合的容量可能很大，检索过程要处理的项很多。为了节省时间，提高响应速度，拉德基（Radecki）等人提出为提问中每个词选定一个阈值 λ（$0\leqslant\lambda\leqslant 1$），将小于 λ 的项去掉，以简化运算过程。

模糊集合模型的主要优点是：它与传统的布尔检索关系非常密切，保留了布尔检索功能，且更灵活。文献可按用户定义的重要程度排序输出。

模糊集合模型的主要缺点是：由于它建立在布尔检索的框架内，故它也带有传统布尔模型的某些缺陷，而且隶属函数不好定义。

（六）扩展布尔检索模型

为了解决传统布尔模型存在的问题，20世纪80年代初，出现了扩展布尔模型。扩展布尔模型克服了传统布尔模型准确匹配的缺陷。它用一个标准化的距离函数（基于线性向量范数）来匹配提问式与文献，当某一给定文献中出现较多提问词时，它的值就大于含提问词较少的文献。距离函数含有一个参数 p，它可以在 1—∞之间变化，并产生以下结果：

（1）当 $p=\infty$时，布尔算符按传统的布尔逻辑运算规则处理。

（2）当 p 从∞逐渐递减时，对"and"和"or"算符的限制便越来越小。当 $p=10$ 时，"and"算符支持大多数而不是全部提问词在某文献中出现；"or"算符则支持一些而不是一个提问词在某文献中出现。

（3）当 p 值更小（直至为 1）时，"and"和"or"被解释为它们之间的区别完全消失，且将提问式"A and B"和"A or B"均作为向量（A，B）简单地加以处理。

扩展布尔检索模型具有以下优点：（1）它适应常规布尔检索中的标准提问式结构，且通过计算提问—文献的相似度，可以避免潜在的无意义解释。（2）可以在文献标引和提问式中加入词权值。（3）可以按相似度的降序来排列输出文献，从而可以控制要检索的文献数量。

综合比较上述几种检索模型，可以看出，布尔检索需要由用户来构造提问式，增加了查询的复杂性，但同时给用户提供了更多的控制权，所以如今仍然广泛应用于检索系统的高级搜索功能之中。向量空间模型与概率模型可以提供相关性排序，因而适用于大规模的语料库，如网络搜索引擎。

三、数字档案信息检索技术

根据不同的标准，数字档案信息的检索可以划分为不同的类型。根据计算机检索服务的方式，可以划分为：定题检索、回溯检索与日常检索。根据检索的技术方式可以划分为：脱机检索、联机检索、光盘检索与网络检索。

目前，档案信息检索系统常用的检索技术有：布尔逻辑检索、截词检索、位置运算检索、限制检索与聚类检索。

如前所述，布尔逻辑检索就是运用"与"、"或"、"非"的逻辑算法进行检索的技术，常见于大型数据库的高级检索功能。

截词检索常用于联机检索系统，就是把检索词截断，取其中的一部分，再加上截词符号一起进行检索。主要用于检索词的单复数、词性的词尾变化、词根相同的一类词，以及同一词的拼法变异等。通用的截词符有"："、"?"和"*"。

“?”代表一个字母；“ * ”代表两个或两个以上字母。

位置检索就是用邻近运算符连接两个检索词，表示要求两个检索词同时出现在同一记录中，两词的相互位置必须符合规定的相邻度才能被命中检出。邻近运算符有：in、with、near。in：指定在某个字段进行检索；with：连接两个词检索，凡是在同一记录的同一字段中出现两个词；near：两个词在同一个句子中出现。位置检索在大型网络搜索引擎与联机检索系统中都比较常见。

限制检索（range）常见于联机检索系统，在档案检索系统中也有部分应用，限制检索就是通过限制检索范围，达到优化检索结果的方法。限制检索的方式有多种，例如进行字段检索、使用限制符、采用限制检索命令等。字段检索就是把检索词限定在某个或某些字段中，如果记录的相应字段中含有提问的检索词则为命中记录，比如限定某个检索词出现在档案文件数据库的题名字段，或是主题词字段。使用限制符进行的限制检索包括用文种、语种、地区、文件实施时间、载体形式等的字段标志符来限制检索范围。使用范围符号进行的限定检索，如查找1967—1976年的档案文件。

聚类检索是在对文献进行自动标引的基础上，构造文献的形式化表示——文献向量，然后通过一定的聚类方法，计算出文献与文献之间的相似度，并把相似度较高的文献集中在一起，形成一个个文献类的检索技术。根据不同的聚类水平的要求，可以形成不同聚类层次的类目体系。在这样的类目体系中，主题相近、内容相关的文献便聚在一起，而相异的则被区分开。自动聚类检索系统能够兼有主题检索系统和分类检索系统的优点，同时具备族性检索和特性检索的功能。聚类检索目前已经较多地应用于计算机文献检索领域，随着数字档案馆的发展，将会在计算机档案检索领域有更为广泛的应用。

四、档案信息检索步骤

从用户的角度来看，数字档案信息的检索步骤包括六个步骤，如图 7—3 所示。[①]

（1）根据课题内容选择合适的数据库，并确定检索途径。检索途径包括题名途径、责任者途径、档号途径、主题途径等等。

（2）分析课题内容，进行概念分析，提炼出主题概念，运用检索语言将检索词转换成系统采用的检索标识，如分类号、主题词，或者用关键词、题名、责任者名称等作为检索标识。

（3）用逻辑运算符构造提问表达式。或者根据所选择的档案信息检索系统的

① 参见孟广均：《信息资源管理导论》，2版，北京，科学出版社，2006。

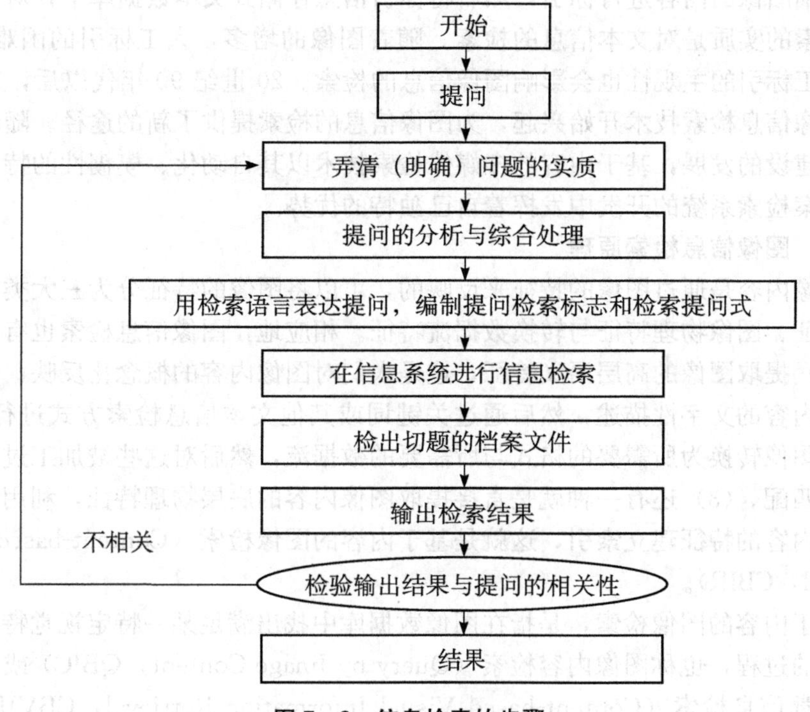

图 7—3 信息检索的步骤

特点，选择合适的检索技术，如截词检索或限制检索等。

（4）利用档案信息检索系统进行检索，对检出结果进行相关性分析和评价。

（5）必要时对检索词或检索式进行修改，直到检出符合要求的结果。

（6）查找原文。如果用的是全文检索系统，则可以直接输出全文检索结果。

第三节 图像档案信息检索

随着数字档案信息资源建设的发展，图像类型的数字档案与电子文件不断增加，传统的图片、照片、底片档案、指纹、身份证档案以及一些珍贵的历史档案等都转化成数字化的图像信息，格式有*.eps，*.bmp，*.tif，*.gif，*.jpeg，以及*.cdr，*.psd等。常见的图像档案数据库包括照片库、图标库、艺术品图像库、卫星图库、基因图像库、科学图像库、医学图像库（如X-光、MR图片资料等）、城建及房产部门建筑用图库、产品广告库等。

目前，对于图像档案信息的检索主要是基于图像关键词的检索。这种方法需要对每幅图像的内容进行标引，然后将标引信息存储到文本数据库中，对于图像信息检索的实质是对文本信息的检索。随着图像的增多，人工标引的困难增加，而且人工标引的主观性也会影响图像信息的检索。20 世纪 90 年代以后，基于内容的图像信息检索技术开始兴起，为图像信息的检索提供了新的途径。随着数字档案馆建设的发展，基于内容的多媒体检索技术以其自动化、模糊性的特点在多媒体档案检索系统的开发中发挥着自己独特的优势。

一、图像信息检索原理

图像内容是通过图像的特征来反映的，可以将图像的特征分为三大类：高层语义特征、图像物理特征与转换数据流特征。相应地，图像信息检索也有三种途径：（1）提取图像的高层语义特征，这是人们对图像内容的概念化反映，一般是对图像内容的文字性描述，然后通过关键词或其他文本信息检索方式进行检索。（2）将图像转换为所需要的格式与所需要的数据流，然后对这些被加工过的数据流进行匹配。（3）还有一种就是直接提取图像内容的底层物理特征，利用这些描述图像内容的特征建立索引，这就是基于内容的图像检索（Content-based image retrieval，CBIR）。

基于内容的图像检索，是指在图像数据库中找出满足某一特定视觉特征描述的图像的过程，也称图像内容检索（Query by Image Content，QBIC）或基于内容的视觉信息检索（Content-based Visual Information Retrieval，CBVIR），主要解决大型数据库的图像信息检索问题。这里所说的内容是指图像的实际内容，如颜色、纹理、形状、轮廓、图像内容的空间、时间关系等。基于图像内容的信息检索技术适用于艺术博物馆、照片档案馆、医学诊断、网上零售、部队、知识产权、建筑工程设计、地理信息与遥感系统等行业。由于为图像信息建立元数据，如关键词等，是一项费时费力的工作，因此，为了提高图像信息的检索，就需要依靠图像内容进行检索。

基于内容的图像检索的技术优势在于：除了利用传统的数据库对图像描述的文字信息进行存储管理外，还可以利用图像的颜色、纹理及形状等特征进行检索。该技术可以帮助用户从多种途径找到图像内容信息，由于采用示例检索，且界面友好，用户比较容易接受。随着电子出版物、数字档案馆与互联网络日益结合，CBIR 技术的应用范围将越来越广。[①]

基于内容的图像检索需要以图像特征索引库的建立为基础。基于内容的图像索引技术主要包括以下几个方面：（1）基于内容的图像索引技术。主要是对图像

① 参见朱学芳：《数字图像处理技术在档案部门的应用探讨》，载《档案学通讯》，2002（5）。

的中低层内容进行特征提取。其中包括基于颜色的图像索引技术，最常用的方法是颜色直方图法。(2) 基于纹理的图像索引技术。通常将纹理特征与颜色特征结合起来对图像进行特征提取。(3) 基于形状的图像索引技术。对图像中对象的形状特征进行提取，首先要把对象从图像中分割开来，再使用傅里叶描述子、差分链码和不变矩等方法对形状加以描述。(4) 基于空间关系的图像索引技术。主要有基于目标的方法与基于关系的方法两类，直角坐标系是其最直接的表示法。

基于内容的图像检索的特点如下：

(1) 提取特征方法多种多样，如形状、颜色、纹理、轮廓等特征。

(2) 通过相似度的度量，将作为检索提问的图像特征与数据库的图像特征进行比较，将相似度较高的图像作为检索结果返回给用户。图像相似度的计算方法包括颜色相似度、纹理相似度、形状相似度、图像中的物体以及物体间关系的相似度。

(3) 特征提取和匹配可由计算机自动完成。

(4) 采用一种近似的匹配技术，逐步定位。为了提高检索的准确性，需要用户对检索结果进行反馈，然后修改检索提问直到得出满意的检索结果。

(5) 检索的结果是图像本身。

从本质上来讲，CBIR 是一种结合了计算机视觉、图像处理、图像理解以及数据库技术的综合技术。在实际操作的过程中，用户可以通过对于自己想要找到的图像做一个描述，或者是用户自身提供一幅自己想要图片的范例，来得到跟自己所提供图像相似度很高的其他图像。其技术实质是由图像检索系统提取图像的特征，然后跟数据库中已经存在的特征项进行匹配，将特征相似的图像作为检索结果返还给用户。

二、基于颜色特征的图像检索

颜色特征是彩色图像本身最显著的特征之一，很容易被人们记住。颜色特征对于图像质量的退化、尺寸、分辨率和方向变化具有很强的稳定性。目前基于颜色特征的检索方法，已经在搜索引擎中得到了很好的应用。

颜色特征的提取主要有四种方法：颜色直方图、颜色相关图、颜色矩与颜色一致性向量[①]。其中颜色相关图的实质是通过颜色对相对距离的分布来描述信息，借助图像子块之间颜色的邻接关系，通过颜色进行组对建模，反映的是像素对的空间相关性，以及局部像素分布、总体像素分布的相关性。颜色相关图的优点是特征范围小，效果好并且容易计算。颜色矩和颜色一致性向量是对颜色直方

① 参见田玉敏、林高全：《基于颜色特征的彩色图像检索方法》，载《西安电子科技大学学报》，2002 (1)。

图技术的改进。其中颜色矩方法是计算出每个颜色通道的均值、方差、偏差代替颜色分布特征。一致性向量方法是分区域统计出最大区域像素数量。

在颜色特征提取方法中，直方图方法是最常用的方法。颜色直方图描述了颜色图像统计的分布特征。这些特征因具有平移、尺度、旋转不变性而具有使用价值。颜色直方图方法主要是在颜色空间中对颜色进行量化，然后统计这些量化通道在所要检索的图像中所占的比重。对颜色进行量化的方法包括图像分割、参考颜色、颜色空间划分、颜色空间聚类等。

颜色直方图是表示图像中颜色分布的一种方法，它的横轴表示颜色等级，纵轴表示在某一个颜色等级上具有该颜色的像素在整幅图像中所占的比例，直方图颜色空间中的每一个刻度表示了颜色空间中的一种颜色。

假设一幅图像G的颜色（或灰度）由 N 级组成，每一种颜色值用 $q_i=(i=1, 2, \cdots N)$ 表示。在整幅图像中，具有 q_i 颜色值的像素数为 h_i，则这一组像素统计值 h_1，h_2，$\cdots h_N$ 就是该图像的颜色直方图，可用 $H(h_1, h_2, \cdots, h_N)$ 表示，如图7—4所示。

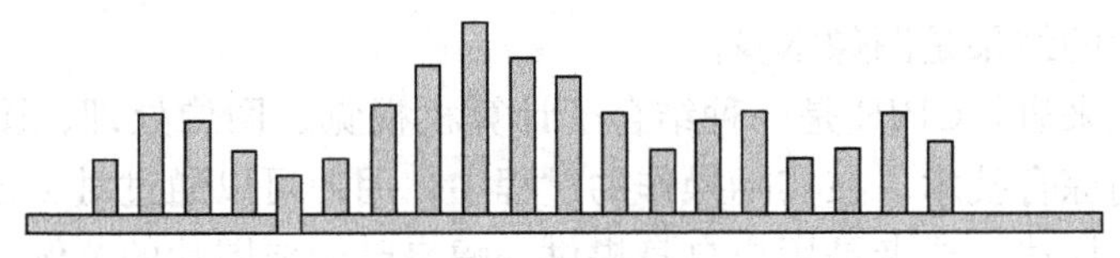

图7—4　颜色直方图

颜色直方图有如下特点。

(1) 直方图中的值都是统计而来的，描述了该图像关于颜色的数量特征，可以反映图像的部分内容。

(2) 直方图丢失了颜色的位置特征，不能反映图像中对象的空间特征。

(3) 如果将图像划分为若干子区域，这所有子区域的直方图之和等于全图直方图。

(4) 一般情况下，由于图像上的背景和前景物体颜色分布明显不同，从而在直方图上会出现双峰特性，但前景和背景颜色较为接近的图像不具备该性质。

利用颜色直方图进行图像搜索必须在一定的颜色空间内进行，其中RGB，CIE，HSI，HSV是最常用的颜色空间，也是进行算法的基础。RGB色彩模式是工业界的一种颜色标准，是通过对红（R）、绿（G）、蓝（B）三个颜色通道的变化以及它们相互之间的叠加来得到各式各样的颜色的，RGB即是代表红、绿、蓝三个通道的颜色，这个标准几乎包括了人类视力所能感知的所有颜色，是目前运用最广的颜色系统之一。CIE指国际照明委员会规定红、绿、蓝三原色的波长分别为 700nm、546.1nm、435.8nm。HSI 色彩空间是从人的视觉系统出发，用色调（Hue）、色饱和度（Saturation 或 Chroma）和亮度（Intensity 或 Brightness）来描述色彩。HSV 色彩模型从 CIE 三维颜色空间演变而来，它采用的是用户直观的色彩描述方法，它与孟塞尔显色系统的 HVC 球型色立体较接近。

利用颜色直方图进行检索的原理是，通过比较两幅图像的直方图，计算图像间的相似度，找到与给定图像的直方图的距离较小的图像。目前，图像间相似度的计算有多种方法，感兴趣的读者可以参考相关的著作、专利技术或研究论文。

常用的检索方法有：（1）指明颜色组成。颜色组成综合使用了图像中所包含的颜色以及颜色的位置信息。用户选取几种颜色，填在颜色方格的不同位置中，系统可以检索出颜色布局相似的图像。颜色布局相似度的计算方法是，将方格中的颜色简单表示为方格中颜色的均值或者方格中颜色的直方图，然后计算直方图的相似度。（2）用户提供给系统一幅图像，系统自动找出与所给图像的颜色布局相似的图像。（3）指明图像中的一个子图，系统找出包含有此子图的图像。

三、基于纹理特征的图像检索

很多图像在局部区域内呈现不规则性，但在整体上表现出规律性，习惯上把图像这种局部不规则而宏观有规律的特性称为纹理。纹理特征包括粗糙、方向性和对比度。

纹理的分析方法可分为统计方法和结构方法两类。统计方法被用于分析像木纹、沙地、草坪等细密而规则的对象，并根据像素间灰度的统计性质对纹理规定出特征，以及特征与参数的关系。结构方法适用于像布料的印刷图案或砖瓦等排列较规则对象的纹理，可以根据纹理基元及其排列规则来描述纹理的结构及特征，以及特征与参数间的关系。

基于纹理的检索就是计算用户示例的图像与数据库图像之间的纹理相似度。纹理相似度的计算包括两个要素，一是纹理的表示，二是根据相应的纹理表示定义相应的纹理相似度。常用的纹理表示方法有统计法、结构法、模型法与频谱法。

统计法是通过图像中灰度级分布的随机属性来描述纹理特征。常用的方法是利用灰度直方图的矩来描述。缺点是这种方法没有加入像素的空间位置信息。

结构法是假定纹理模式由纹理基元以一定的、有规律的形式重复排列组合而成，特征提取就是要确定这些基元并且定量分析它们的排列规则。这种方法的缺点是实际的纹理都是无规则的，分解的数学模型比较难以找到理想的。

模型法则是利用一些成熟的图像模型来描述纹理。

频谱法是借助于频率特性来描述纹理特征。常用的有傅里叶功率谱法、Gabor 变换、塔式小波变换（Pyramid Wavelet Transform，PWT）、树式小波变换

(Tree Wavelet Transform，TWT）等方法。

纹理特征本质是刻画像素的邻域灰度空间分布规律，即在构造灰度共生矩阵的基础上，抽取角二阶矩和熵等纹理特征系数进行相似性度量。与此相关的技术是将图像转化为灰度图像。任何颜色都有红、绿、蓝三原色组成，假如原来某点的颜色为 RGB（R，G，B），那么，可以通过下面几种方法，将其转换为灰度。

（1）浮点算法：Gray＝R＊0.3＋G＊0.59＋B＊0.11；

（2）整数方法：Gray＝（R＊30＋G＊59＋B＊11）/100；

（3）移位方法：Gray＝（R＊28＋G＊151＋B＊77)）〉8；

（4）平均值法：Gray＝（R＋G＋B）/3；

（5）仅取绿色：Gray＝G。

通过上述任一种方法求得 Gray 后，将原来的 RGB（R，G，B）中的 R，G，B 统一用 Gray 替换，形成新的颜色 RGB（Gray，Gray，Gray），用它替换原来的 RGB（R，G，B）就是灰度图了。①

根据纹理特征进行实际检索时，用户一般使用示例查询的方式来进行操作，也就是用户给出示例的全部或者部分区域特征。与输入图像具有相似纹理的图像应当具有和输入图像相同的颜色（灰度）空间分布，但不一定具有相同的颜色（灰度）。

安志勇等人构造了具有旋转、平移和尺度不变的纹理特征，进而提出基于纹理图像检索算法。首先，根据角向矩极大原理将检索图像进行坐标校正，得到图像旋转不变的表示；然后，利用平移和尺度不变小波对检索图像进行分解，得到具有平移、旋转和尺度不变的小波分解系数；最后，采用各尺度的小波能量值刻画图像的纹理性，并针对特征向量内部进行高斯归一化，根据欧氏距离计算不同图像间的纹理相似度。基于内容的图像检索（CBIR）试验表明，该方法具有旋转、平移和尺度不变性，与其他方法相比，具有较高的检索率。②

四、基于形状的图像检索

对于颜色和纹理不够丰富的图像，基于颜色和纹理的检索方法是无能为力的，而基于形状的检索可以弥补其不足。基于形状的图像检索可以分为两种：一种是基于轮廓，该方法只利用形状的外轮廓，而不考虑形状内部的特征；另一种是基于区域，该方法则是利用形状的整个区域特征。相应地，形状特征的提取方法也包括两种：利用图像轮廓信息进行检索的轮廓算法和利用区域图像灰度分布信息进行检索的区域算法。

---

① 参见赖庆：《基于内容的网络图像信息搜索》，载《商业文化》（学术版），2008（8）。

② 参见安志勇等：《基于纹理特征的图像检索》，载《光电子·激光》，2008（2）。

轮廓是图像目标的主要特征。基于轮廓的检索能使用户通过勾勒图像的大致轮廓，从数据库中检索出轮廓相似的图像，适用于图像边缘较为清晰、容易获取的图像。一般以轮廓的中心为基准，计算中心到边界点的最长轴和最短轴、长轴与短轴之比、周长与面积之比、拐点等，将这些作为轮廓检索的特征。

基于轮廓特征的提取用面积、周长、偏心率、角点、链码、兴趣点、傅里叶描述子、矩描述子等特征来描述物体的形状。具体步骤是可以先对图像进行高斯平滑，接着使用经典的兴趣点检测算法发现兴趣点，然后用兴趣点的测度值作为图像特征进行匹配。

采用边缘方向直方图来刻画形状特征，具有简单、平移不变性等优点，但也存在不具备尺度、旋转不变性等缺点。好的边缘检测应该能达到对于每一实际存在的边缘点和检测到的边缘点一一对应，不漏检也不多检。①

基于区域的形状特征提取的主要思路是通过图像分割技术提取出图像中感兴趣的物体，依靠区域内像素的颜色分布信息提取图像特征，适合于区域能够较为准确地分割出来、区域内颜色分布较为均匀的图像。应用变形模板技术，把用户提供的形状看做模板，与图像库中的形状进行匹配。由于是直接比较两个形状，因此具有较高的精度，但同时计算量也较大。

还有一种形状弹性匹配算法，该方法首先确定感兴趣的区域，在这些区域中采用爬山优化算法获取图像边缘，并用这些边缘代表物体形状。这种方法的优点是对图像边缘进行了筛选，缺点是需要人工干预。②

五、基于内容的图像档案信息检索系统

目前开发较成熟的基于内容的图像检索系统有：由 IBM Almaden 研究中心开发的系统 QBIC，它提供了对静止图像及视频信息基于内容的检索手段；由 MIT 多媒体实验室开发研制的 Photo-book，图像在存储时按人脸、形状或纹理特性自动分类；香港中央图书馆的多媒体信息系统（MMIS）采用的 DB2Text 和 Image Extenders 系统，既支持文本查找，又支持图片按内容查找。其他著名的系统还有 Columbia 的 VisualSEEK 和 WebSEEK，CMU 的 Informedia，Stanford 的 WBIIS［6］等等。

图像信息检索系统是通过比较查询图像和库中图像间特征的相似度，经排序过滤后按照相似度由大到小输出检索结果。检索步骤为：由用户提供要查询的示例图像，系统根据示例图像自动提取其特征，然后在数据库中查找出所有与示例

① 参见柳群英：《基于形状特征的图像检索技术》，载《情报杂志》，2004（4）。

② 参见赖庆：《基于内容的网络图像信息搜索》，载《商业文化》（学术版），2008（8）。

特征相似的图像。比如：用户需要查找一张具有山脉纹理的图片，用户可以提供一张与待查图片的纹理特征一样的图片，系统会根据该图片的纹理特征自动检索出所有具有该特征的图片。另外，当检索目的比较含糊或不太熟悉数据库中的信息结构和信息类型时，用户可以通过先浏览数据库来选择一个图像作为示例查询中的例子，然后提交给系统进行查询。基于内容的图像档案信息检索过程如图 7—5 所示。

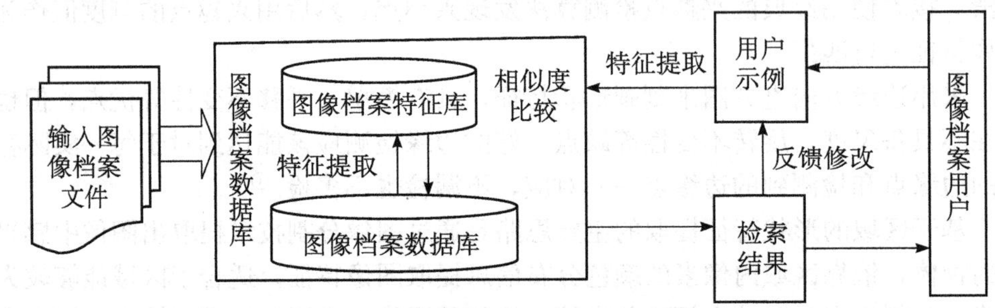

图 7—5　基于内容的图像档案信息检索系统

第四节　音频档案信息检索

在数字档案中，有许多音频档案，如电台节目、电话交谈、会议录音、音乐、自然声响等。最基本的音频信息检索方法是，对于音频信息的属性特征进行文字描述。该方法的主要缺点是：当数据量越来越大时，人工的注释强度加大；人对音频的感知，如音乐的旋律、音调、音质等，难以用文字注释表达清楚。针对这些缺点，出现了基于内容的音频检索技术（Content-Based Audio Retrieval，CBAR）。

一、音频信息的类型

音频是声音信号的形式。作为一种信息载体，音频可以分为三种类型。

（1）波形声音。波形声音是对模拟声音数字化而得到的数字音频信号。它可以代表语音、音乐、自然界和合成的声响。

（2）语音。语音具有字词、语法等语素，是一种高度抽象的概念交流媒体。语音经过识别可以转换为文本。文本是语音的一种脚本形式。

（3）音乐。音乐具有节奏、旋律或和声等要素，是人声或/和乐器音响等配合所构成的一种声音。音乐可以用乐谱来表示。

音频内容可分为三个级别：最底层的物理样本级、中间层的声学特征级和最高层的语义级，如图 7—6 所示。

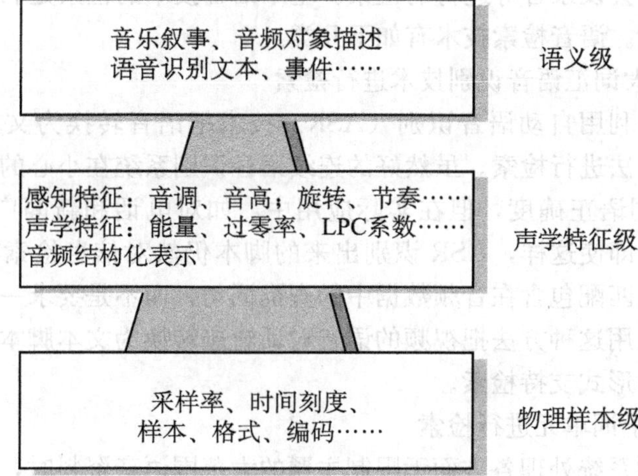

图 7—6　音频内容分层描述模型

在物理样本级，音频内容呈现的是流媒体形式，用户可以通过时间刻度检索或调用音频的样本数据，如现在常见的音频录放程序接口。

中间层是声学特征级。声学特征是从音频数据中自动抽取的。一些听觉特征表达用户对音频的感知，可以直接用于检索；一些特征用于语音的识别或检测，支持更高层的内容表示。另外还有音频的时空结构。

最高层是语义级，是音频内容、音频对象的概念级描述。具体来说，在这个级别上，音频的内容是语音识别、检测、辨别的结果，音乐旋律和叙事的说明，以及音频对象和概念的描述。

后两层是基于内容的音频检索技术最关心的。在这两个层次上，用户可以提交概念查询或按照听觉感知来查询。

根据对音频媒体的划分可以知道，语音、音乐和其他声响具有显著不同的特性，因而目前的处理方法可以分为相应的三种：处理包含语音的音频和不包含语音的音频，后者又把音乐单独划分出来。换句话说，第一种是利用自动语音识别技术，后两种是利用更一般性的音频分析，以适合更广泛的音频媒体，如音乐和声音效果，当然也包含数字化语音信号。

二、基于语音技术的检索①

语音检索是以语音为中心的检索，采用语音识别等处理技术，如对电台节

① 参见李国辉：《基于内容的音频检索》，http：//web. tongji. edu. cn/～yangdy/computer/multime dia/paper4. htm。

目、电话交谈、会议录音等进行的检索。基于语音技术的检索是利用语音处理技术检索音频信息。语音检索技术有如下几类。

（一）利用大词汇语音识别技术进行检索

这种方法是利用自动语音识别（ASR）技术把语音转换为文本，从而可以采用文本检索方法进行检索。虽然好的连续语音识别系统在小心的操作下可以达到 90%以上的词语正确度，但在实际应用中，如对电话和新闻广播等的检索，识别率并不高。即使这样，ASR 识别出来的脚本仍然对信息检索有用，这是因为检索任务只是匹配包含在音频数据中的查询词句，而不是要求一篇可读性好的文章。例如，采用这种方法把视频的语音对话轨迹转换为文本脚本，然后组织成适合全文检索的形式支持检索。

（二）基于子词单元进行检索

当语音识别系统处理各方面无限制主题的大范围语音资料时，识别性能会变差，尤其当一些专业词汇（如人名、地点）不在系统词库中时。一种变通的方法是利用子词（Sub Word）索引单元，当执行查询时，用户的查询首先被分解为子词单元，然后将这些单元的特征与库中预先计算好的特征进行匹配。

（三）基于识别关键词进行检索

在无约束的语音中自动检测词或短语通常称为关键词的发现（Spotting）。利用该技术，识别或标记出长段录音或音轨中反映用户感兴趣的事件，这些标记就可以用于检索。如通过捕捉体育比赛解说词中"进球"的词语可以标记进球的内容。

（四）基于说话人的辨认进行分割

这种技术是简单地辨别出说话人话音的差别，而不是识别出说的内容。它在合适的环境中可以做到非常准确。利用这种技术，可以根据说话人的变化分割录音，并建立录音索引。如用这种技术检测视频或多媒体资源的声音轨迹中的说话人的变化，建立索引和确定某种类型的结构（如对话）。例如，分割和分析会议录音，分割的区段对应于不同的说话人，可以方便地直接浏览长篇的会议资料。

三、音频检索①

音频检索是以波形声音为对象的检索，这里的音频可以是汽车发动机声、雨声、鸟叫声，也可以是语音和音乐等，这些音频都统一用声学特征来检索。

虽然 ASR 可以对语音内容给出有价值的线索，但是，还有大量其他的音频数据需要处理，从声音效果到动物叫声以及合成声音等。因此，对于一般的音

---

① 参见李国辉：《基于内容的音频检索》，http：//web. tongji. edu. cn/～yangdy/computer/multime dia/paper4. htm。

频，仅仅有语音技术是不够的，使用户能从大型音频数据库中或一段长录音中找到感兴趣的音频内容是音频检索要做的事。音频数据的训练、分类和分割方便了音频数据库的浏览和查找，基于听觉特征的检索为用户提供高级的音频查询接口。这里指的音频检索就是针对广泛的声音数据的检索，分析和检索的音频可以包含语音和音乐，但是采用的是更一般性的声学特性分析方法。

1. 声音训练和分类

通过训练来形成一个声音类。用户选择一些表达某类特性的声音例子（样本），如“脚步声”。对于每个进入数据库中的声音，先计算其 N 维声学特征矢量，然后计算这些训练样本的平均矢量和协方差矩阵，这个均值和协方差就是用户训练得出的表达某类声音的类模型。

声音分类是把声音按照预定的类组合。首先计算被分类声音与以上类模型的距离，可以利用 Euclidean 或 Manhattan 距离度量，然后距离值与门限（阈值）比较，以确定是否将该声音纳入或比较的声音类。也有某个声音不属于任何比较的类的情况发生，这时可以建立新的类，或纳入一个“其他”类，或归并到距离最近的类中。

2. 听觉检索

听觉感知特性，如基音和音高等，可以自动提取并用于听觉感知的检索，也可以提取其他能够区分不同声音的声学特征，形成特征矢量用于查询。

例如，按时间片计算一组听觉感知特征：基音、响度、音调等。考虑到声音波形随时间的变化，最终的特征矢量将是这些特征的统计值，例如用平均值、方差和自相关值表示。这种方法适合检索和对声音效果数据进行分类，如动物声、机器声、乐器声、语音和其他自然声等。

3. 音频分割

以上方法适合单体声音的情况，如一小段电话铃声、汽车鸣笛声等。但是，通常情况是一段录音包含许多类型的声音，由多个部分组成。更为复杂的情况是，以上各种声音可能会混在一起，如一个有背景音乐的朗诵、同声翻译等。这需要在处理单体声音之前先分割长段的音频录音。另外，还涉及区分语音、音乐或其他声音。例如对电台新闻节目进行分割，分割出语音、静音、音乐、广告声和音乐背景上的语音等。

通过信号的声学分析并查找声音的转变点就可以实现音频的分割。转变点是度量特征突然改变的地方。转变点定义信号的区段，然后这些区段就可以作为单个的声音处理。例如，对一段音乐会的录音，可通过自动扫描找到鼓掌的声音，以确定音乐片段的边界。这些技术包括：暂停段检测、说话人改变检测、男女声辨别，以及其他的声学特征。

音频是时基线性媒体。现在我们看到的典型音频播放接口是与磁带录音机相似的界面，具有停止、暂停、播放、快进、倒带等按钮。为了不丢失其中的重要东西，必须从头到尾听一遍声音文件，这样要花费很多时间，即使使用“快进”，也容易丢失重要的片段，不能满足音频检索的要求。而在分割的基础上，就可以结构化表示音频的内容，建立超越常规的顺序浏览界面和基于内容的音频浏览接口。

四、音乐检索

音乐检索是以音乐为中心的检索，利用音乐的音符和旋律等特性来检索。如检索乐器、声乐作品等。

音乐是我们经常接触的媒体，像 MIDI、MP3 和各种压缩音乐制品、实时的音乐广播等。音乐检索虽然可以利用文本注释，但音乐的旋律和感受并不都是可以用语言讲得清楚的。通过在查询中出示例子，基于内容的检索技术在某种程度上可以解决这种问题。

音乐检索利用的是诸如节奏、音符、乐器特征。节奏是可度量的节拍，是音乐中一种周期特性和表示。音乐的乐谱典型地以事件形式描述，如以起始时间、持续时间和一组声学参数（基音、音高、颤音等）来描述一个音乐事件。注意到许多特征是随时间变化的，所以，我们应该用统计方法来度量音乐的特性。

1. 基本频率检索法

人的音乐认知可以基于时间和频率模式，就像其他声音分析一样。时间结构的分析基于振幅统计，得到现代音乐中的拍子。频谱分析获得音乐和声的基本频率，可以用这些基本频率进行音乐检索。有的方法是使用直接获得的节奏特征，即假设低音乐器更适合提取节拍特征，通过归一化低音时间序列得到节奏特征矢量。

2. 基音抽取算法

除了用示例进行音乐查询之外，用户甚至可以唱或哼出要查找的曲调。基音抽取算法把这些录音转换成音符形式的表示，然后用于对音乐数据库的查询。但是，抽取乐谱这样的属性，哪怕是极简单的一段也是非常困难的。研究人员现在改用 MIDI 音乐数据格式解决这个问题。用户可以给出一个旋律查询，然后搜索 MIDI 文件，就可以找出相似的旋律。①

五、基于内容的音频档案查询

基于内容的查询是一种相似查询，它实际上是检索出与用户指定的要求非常

---

① 参见李国辉：《基于内容的音频检索》，http：//web. tongji. edu. cn/～yangdy/computer/multime dia/paper4. htm。

相似的所有声音，查询中可以指定返回的声音数或相似度的大小。在查询接口上，用户可以采用以下形式提交查询。

(1) 示例。用户选择一个声音例子表达其查询要求，查找出与该声音在某些特征方面相似的所有声音，如查询与飞机的轰鸣声相似的所有声音。

(2) 直喻。通过选择一些声学/感知物理特性来描述查询要求，如亮度、音调和音量等。这种方式与可视查询中的描绘查询相似。

(3) 拟声。发出与要查找的声音性质相似的声音来表达查询要求。如用户可以发出嗡嗡声来查找蜜蜂或电气嘈杂声。

(4) 主观特征。用个人的描述语言来描述声音。这需要训练系统理解这些描述术语的含义，如用户可能要寻找“欢快”的声音。

(5) 浏览。这是信息发现的一种重要手段，尤其是对于音频这种时基媒体。除了在分类的基础上浏览目录外，重要的是基于音频的结构进行浏览。

音频信息检索首先要通过建立音频数据库来实现。音频数据库包括音频数据库与音频特征库。音频特征库相当于文本信息检索中的倒排文档库或索引库，需要对音频档案中音频数据进行特征提取，形成音频特征库。常用的音频特征有：短时平均能量；过零率；频率中心；带宽标；Mel 对数倒谱系数 MFC。①

基于内容的音频检索系统是通过提取音频流中的时域（频域）特征来描述音频内容。其检索技术主要分音频内容的获取、音频内容的描述（音频特征的提取）和特征相似度匹配。一个典型的音频档案信息检索系统流程如图 7—7 所示。②

对模拟音频载体（非数字音频载体）的档案进行检索，首先要进行信息的采集加工，以便建立音频档案的索引库，通过应用 MPEG－7 标准（“多媒体内容描述接口”Multimedia Content Description Interface 是一种多媒体内容描述的标准，定义了描述符、描述语言和描述方案，对多媒体信息进行标准化的描述，实现快速有效的检索）得以实现。该标准提出了对音频文件基于内容进行语音索引和检索的标准与规范，该规范侧重于语音识别和音乐分类。其中，语音索引和检索的基本方法是运用语音识别技术，把语音信号转化为文本，通过语音自动识别系统进行音频训练和模式匹配，把音频档案进行自动识别为文本，并根据识别结果建立索引，构成音频索引数据库。用户可以通过音频检索模块对档案文件进行检索，把检索结果以音频压缩格式反馈给用户。③

---

① 参见钱万里：《基于内容的数字化音频档案信息检索》，载《浙江档案》，2008 (11)。

② 参见宋博、须德：《音频信息检索的研究及实现》，载《计算机应用》，2003 (12)。

③ 参见李翠锦：《档案检索利用研究》，载《中国档案》，2007 (8)。

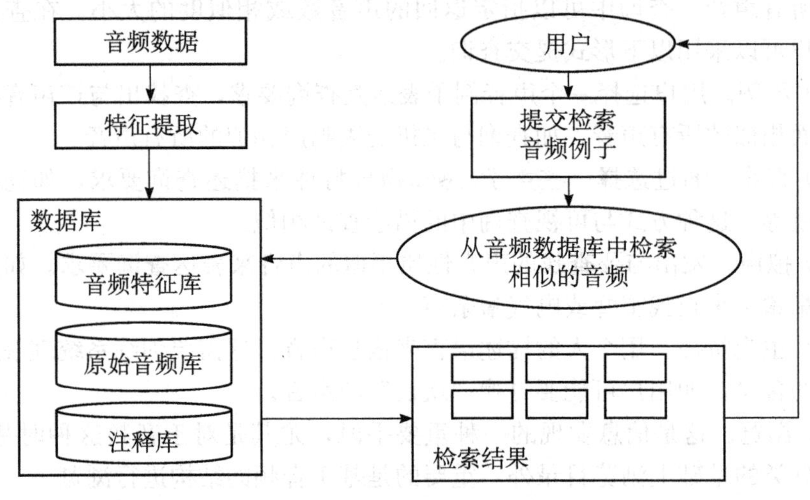

图 7—7　音频检索系统结构示意图

第五节　视频档案信息检索

随着摄像技术的发展，视频档案不断增加，比如电视台节目、重要活动的录像、会议直播、重大历史事件的视频镜头等。随着视频档案数据库的发展，仅仅依靠文本描述的检索方式已逐渐不能满足用户检索的需要，基于内容的视频检索（Content-Based Video Retrieval，CBVR）技术将会在数字档案馆检索中发挥重要的作用。

一、视频结构的构造

为了对视频数据库进行基于内容的查询，首要的是要构造便于检索的视频（Video）结构。视频序列主要由镜头（shot）组成，每一个镜头包含一个事件或一组连续的动作。每个镜头中的内容发生在一个场景（scene）中，一个场景不断地进行变化。对视频序列的分割最基本的单位就是镜头。视频数据可以按照由粗到细的顺序划分为四个层次结构：视频、场景、镜头和图像帧（Frame）。

镜头是视频数据的基本单元，它代表一个场景中在时间上和空间上连续的动作，是摄像机的一次操作所摄制的视频图像，任何一段视频数据流都是由许多镜头组成的。镜头的切换有两种：突变和渐变。突变是指从一个镜头直接切变到另一个镜头；渐变根据视频编辑手法的不同可以分为三种：淡化（Fade，又细分为 Fade in 和 Fade out）、融化（Dissolve）和滑变（Wipe）。渐变是切变检测中的难点。

整个视频结构构造过程分以下三个步骤：从视频流中提取镜头、从镜头中选择关键帧和从视频流中构造场景或组。

（一）从视频流中提取镜头（即对视频流的切变检测）

镜头是视频数据的基本单元，视频处理首先需要把视频自动地分割为镜头，以作为基本的索引单元，这一过程称为镜头边界的检测。它是实现基于内容的视频检索的第一步，其核心处理是镜头切变检测。目前，镜头切变检测的方法有：基于颜色特征的方法、基于边缘的方法、光流检测法、基于模型的方法、压缩域方法等。

1. 基于颜色特征的方法

基于颜色特征的方法包括模板匹配法与直方图法。

模板匹配法又称对应像素法，是将两帧对应像素差的绝对值之和作为帧间差，当帧间差大于某个阈值 t 时，则认为有镜头的切换。模板匹配法的缺点是，由于与像素的位置密切相关，因此对噪声和物体运动十分敏感，容易造成误识别。

颜色直方图法是使用得最多的计算帧间差的方法，它丢失了颜色的位置信息，因而抗噪声能力要比模板匹配强。颜色直方图法的缺点是，两幅图像可能内容完全不同但直方图相似，这也容易造成误识别。一种改进的方法是将图像划分成若干子块，分别对各子块进行匹配。

针对两种方法的缺陷，目前已经提出了一些改进方法，包括将模板匹配法与直方图法相结合的方法。感兴趣的读者可以阅读相关的论著，如张宏江等人的相关文章。①

2. 基于边缘的方法

由于在镜头切变时新旧边缘应在不同的位置，所以可先提取两幅图像的边缘，计算新边缘在旧边缘的基础上增加和减少像素的比例，当大于某一个阈值时便认为发生镜头切换。这种方法的缺点是计算量大，当边缘不明显时效果差。

3. 光流检测法

光流检测法的原理是镜头切换时无光流，而镜头运动应适合某种特定的光流类型。② 它能将渐变切换与镜头的运动区分开来，但计算复杂且在光照变化很大情况下检测会失败。

---

①② See Zhang H J, Wu Jianhua, et al., An Integrated System for Content-Based Video Retrieval and Browsing [J]. Pattern Recognition. 1997, 30 (4): pp. 643-657.

4. 基于模型的方法

Hampapur 等人通过对视频制作过程的研究，提出了一种可用于镜头边界检测的视频编辑模型①。这种方法适用于专业领域。它的缺点是，建模过程比较复杂，需要对每种切换类型建立模型。

5. 压缩域法

由于越来越多的视频数据是以压缩的形式保存，因此，最好能直接在压缩域中进行边界检测。压缩域法又包括 DC 系数法、运动矢量法、模糊查找法等。

（二）从镜头中选择关键帧

关键帧（也称代表帧）是用于描述一个镜头的关键图像帧，它通常会反映一个镜头的主要内容。关键帧的使用大大减少了视频索引的数据量，同时也为检索和浏览视频提供了一个组织框架。关键帧选取的方法有以下几类。

1. 基于镜头的方法

一段视频分割成镜头后，将每个镜头的首帧（或首帧与末帧）作为镜头的关键帧。该方法实现起来比较简单，无论镜头的内容如何，关键帧的数量都是一定的（1 帧或 2 帧），但效果不是很稳定，因为每个镜头的首帧或末帧不一定总是能够反映镜头的主要内容。

2. 基于内容分析的方法

这种方法基于每一帧的颜色、纹理等视觉信息的改变来提取关键帧，当这些信息有显著变化时，当前的帧即可作为关键帧。帧平均法和直方图平均法是常用的关键帧选择方法，先统计所有帧的像素值或直方图平均值，选取最接近平均值的帧作为代表帧。

3. 基于运动分析的方法

Wolf 通过光流分析来计算镜头中的运动量，在运动量中取局部最小值处来选取关键帧，它反映了视频数据中的静止，视频中通过摄像机在一个新的位置上停留或通过人物的某一动作的短暂停留来强调其本身的重要性。② Wolf 的这种基于运动分析的方法可以根据镜头的结构选择相应数目的关键帧。如果先把图像中的运动对象从背景中取出，再计算对象所在位置的光流，可以取得更好的效果。合成法将镜头中的所有运动转换拼接成一个合成帧作为关键帧。

---

① See Hampapur A，et al.，Digital Video Segmentation［C］. Proc. Second Annual ACM. New York，NY，USA. 1994，pp. 357-364.

② See Wolf Wayna，Key Frame Selection by Motion Analysis，On：Proc. of IEEE Int. Conf. On Acoustics，Speech and Signal Processing. ICASSP. Atlanta. 1996，pp. 7-10.

4. 基于聚类的方法

聚类提取的方法首先要确定一个初始类心，然后根据当前帧与类心的距离来判断是归为该类还是作为新的类心，再将镜头中帧分类后取各类中离类心最近的帧作为关键帧①。Zhao 提出了一种基于最近特征线（Nearest Feature Line，NFL）的端点检测算法用于选取关键帧②。该方法的主要原理是用某些特征点的连线（特征线）近似并代表某个类的所有特征样本轨迹，而这些特征点就是关键帧。

（三）从视频流中构造场景或组

计算镜头间的相似性（实际是关键帧间的比较），选择合适的聚类算法进行分析。按时间顺序和关键帧的相似程度可分为场景，也可以只按关键帧的相似程度进行分组。

二、视频特征的提取

视频信息的检索以视频特征数据库为基础。当视频分割成镜头后，需要对各个镜头进行特征提取，得到一个尽可能充分反映镜头内容的特征空间，这个特征空间将作为视频聚类和检索的依据。特征提取包括关键帧中的视觉特征和镜头的运动特征的提取。

关键帧的实质是图像信息，我们在第三节已经介绍过图像信息特征提取的方法。关键帧中的视觉特征包括颜色特征、纹理特征和形状特征。

镜头的运动特征是视频镜头的重要特征，它反映了视频的时域变化，也是用视频例子进行检索的重要内容。运动分析的方法有基于光流方程的方法、基于块的方法、像素递归方法和贝叶斯方法、X 线断层分析法等。

三、视频信息检索系统

首先要进行视频结构分析，将视频序列分割为镜头，并在镜头内选择关键帧，这是实现一个高效的 CBVR 系统的基础和关键。然后提取镜头的运动特征和关键帧中的视觉特征，建立基于视频特征的索引数据库。最后根据用户提交的查询要求按照一定特征进行视频检索。基于内容的检索是一个近似匹配，逐步求精的循环过程，主要包括初始查询说明、相似性匹配、返回结果、特征调整、人机交互、检索反馈等步骤，直至获得用户满意的查询结果。基于内容的视频检索

---

① See Yueting Zhuang，Yong Rui，Huang T S，Adaptive Key Frame Extraction Using Unsupervised Clustering. In：Proc. IEEE Int. Conf. on Image Proc. Chicago，USA，1998，pp. 76-81.

② See L Zhao，et al.，Key-frame Extraction and Shot Retrieval using Nearest Feature Line（NFL）[C]. Proc. of International Workshop on Multimedia Information Retrieval. in conjunction with ACM Multimedia Conference 2000. Los Angeles，USA，2000，pp. 217-220.

系统如图 7—8 所示。

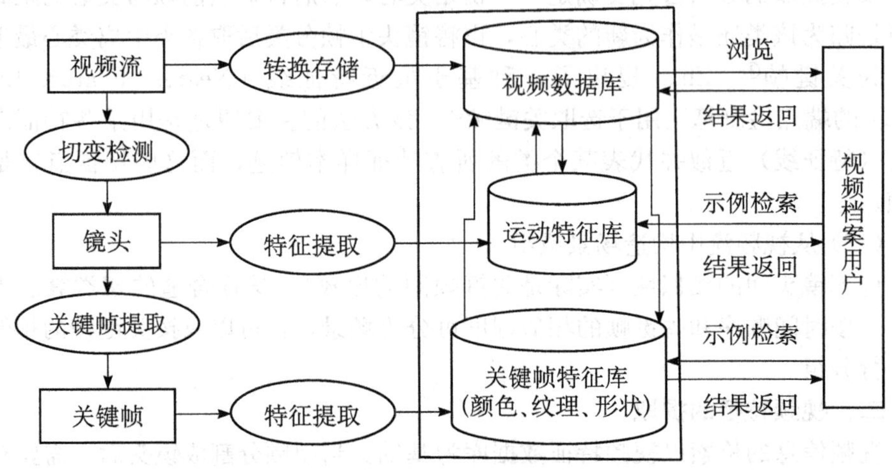

图 7—8 基于内容的视频检索系统

基于内容的视频信息检索主要有以下几种途径。

1. 基于关键帧的检索

视频被抽象为关键帧后，搜索就变成按照某种相似度来检索数据库中与查询描述相似的关键帧。通常使用的查询方法是通过目标特征说明（直接）的查询和通过可视实例（示例）的查询。检索时，用户也可以指定使用特定的特征集。如果检索到关键帧，用户就可以利用播放来观看它所代表的视频片段。浏览可以跟随检索，作为检验检索到的关键帧的上下文边界联系。浏览也可以初始化查询，即当浏览时，用户可以选择一个图像来查询所有与该图像相似的关键帧。

2. 基于镜头运动的检索

基于镜头和主体目标的运动特征来检索镜头是视频查询的进一步要求。利用摄像机操作的表示来查询镜头，利用运动方向和幅度特征来检索运动的主体目标。在查询中还可以将运动特征和关键帧特征结合起来，检索出具有相似的动态特征但静态特征不同的镜头。

综上所述，以上介绍了文本、图像、音频、视频类档案信息的检索方法。从目前数字档案馆建设的情况来看，最为常用的还是文本检索方法。这主要有三个原因：一是目前数字档案中文本类型的档案文件占绝大多数；二是由于目前图像、音频、视频档案文件还不太多，人们对于基于内容的检索技术的需求还不太高；三是因为目前基于内容的检索技术还在发展之中，掌握难度较大，检索系统的构建成本较高。随着数字图像、音频、视频档案文件的积累和基于内容的信息检索技术的发展，基于内容的信息检索技术将在专门、专业数字档案馆中有越来越多的应用。

第六节　网络档案信息检索

随着档案信息网络化的发展和档案网站数量的增加，档案用户越来越多地通过互联网检索档案信息。网络档案信息检索主要包括以下几种模式。

1. 借助于搜索引擎的档案信息检索

搜索引擎是互联网信息检索的主要工具，具有方便易用、功能强大、检索速度快、检索范围广等特点。但是对于某一领域的专门知识或某种特殊的文献类型而言，基于互联网网页的搜索引擎存在着专业性不强、知识不够精确、查全率和查准率不高等特点。对于档案信息而言，如果没有专门的档案数据库检索系统，而只是运用搜索引擎进行检索，就只能查到相关的档案网页，而无法查到真正的档案文件。

2. 基于档案网站及网站群的信息检索

网站是档案信息网络化共享的基础。在数字档案馆发展初期，档案网站内容主要以通知、通告、新闻动态、馆藏介绍为主。当数字档案馆发展到一定的程度后，档案馆开始通过网站提供开放档案的目录查询以及全文检索服务，用户可以通过互联网进行档案信息检索。基于档案网站的信息检索具有较强的专门性和系统性，但是由于其以一馆档案数据库为基础，在检索范围上具有一定的局限性。因此，目前的档案信息网检索实质上都是基于网站群的检索，远远超过了一馆范围。

网站群是数字档案馆之间一种紧密的联系方式，是由统一规划建设的若干个能够相互共享信息、按照一定的隶属关系组织在一起，既可以统一管理，也可以独立管理自成体系的网站集合。档案网站群一般表现为地区集群或行业集群。比如我国一些省或市档案局（馆）把下属的档案馆整合在一起，形成网站群；而美国国家档案馆网则把联邦机构的档案部门联系在一起。

以美国国家档案馆网站为例，它的主页介绍了该馆的馆藏特色、服务功能、历史沿革以及使用指南，任何网络用户都可以通过互联网利用存放在美国国家档案馆里的5 000多万份历史记录。为了方便用户的检索，美国国家档案和文件管理署（NARA）开发了一系列基于网络的数据库检索系统，如检索 NARA 电子文件的档案数据库检索系统（Access to Archival Databases，AAD）、检索 NARA 非电子文件的档案研究目录系统（Archives Research Catalog，ARC）、检索缩微资料的缩微出版物检索系统（Microfilm Pub-locations Search）、肯尼迪总统暗杀记录收藏参考系统（The President John F. Kennedy Assassination Records

Collection Reference System）和国家档案馆图书馆目录（NARA Library Catalog）等。其中，AAD和ARC在美国联邦政府档案信息网络化共享过程中发挥着十分重要的作用。

（1）美国国家档案馆检索系统。美国国家档案馆档案数据库检索系统（AAD[①]）旨在解决日益增长的政府电子文件的保管问题，主要用于检索NARA所保管的电子文件，是在美国“电子文件档案馆项目（Electronic Records Archives Program）”的支持下发展起来的一个公共性应用系统。AAD采用现代数字技术，如动感摄影、三维图片处理等，对档案实体进行处理，甚至辅以影像背景、语言文字和音乐等方式对其进行抽象呈现，并为需要这些资源的用户提供基于网络的直接访问或调用。用户在浏览器地址输入AAD的网址后，即可进入AAD的检索页面。通过利用AAD，用户可以做到：第一，在线检索近5 000万份历史电子文件。这些文件由经过选择的20多个美国联邦机构产生，内容涵盖多个主题范围。第二，检索含有特殊信息的文件。第三，更好地理解文件的重要背景信息，如代码列表、NARA档案工作人员所提供的说明性注释，以及关于一些类别和文件的相关文献。[②]

（2）档案研究目录系统。档案研究目录ARC[③]，是美国国家档案与文件署网站提供的检索工具之一，其功能主要是对NARA及所辖各机构的馆藏信息进行检索。

ARC是NARA在华盛顿、DC地区、地方档案馆及总统图书馆所收藏的全国性的与馆藏的在线目录。目前在ARC著录的藏品有272万多立方英尺，包括520个文件组（Record Group），2 365个全宗（Collection），102 598个系列（Series），3 265 988个案卷单位（File Units），292 887个条目（Items），同时还包括63.5亿个逻辑数据记录和46.5万人造物品。一些档案资料已经被数字化，可以通过ARC网站得到，总计15.3万数字备份。每个星期都有新的著录数据进入ARC，大部分是宽泛进行了系列级的著录（Series）。

ARC提供检索的档案资料主要是多媒体资料，包括建筑与工程图、人造物品（Artifacts）、数据文件、地图与图表、移动图像、照片与其他绘画资料、声音文件与文本文件。ARC的数据著录包括关键词、数字图像、日期、人名、标题、文件的物理位置。ARC采用NARA的《生命周期数据要求指南》（Lifecy-

---

① See AAD，http：//aad. archives. gov/aad/.

② 参见黄如花：《美国国家档案馆档案数据库检索系统的检索》，载《图书情报知识》，2004（10）。

③ See ARC，http：//www. archives. gov/research/arc/.

cle Data Requirements Guide，LCDRG）进行著录。该标准支持所有类型与格式档案资料的生命周期管理。

ARC具有高级检索功能，检索命令包括：含有所有的词、含有准确的短语、至少包含其中一个词、不包含该词。另外还可以使用著录标识符进行检索。在检索结果中还可以给出档案资料的位置和著录的层级。

【本章小结】

作为海量、异构的信息空间，数字档案馆的资源形式多种多样，除文本档案外，还有丰富的图像、音频与视频档案。强大的信息检索功能是一个优质数据库的标志。为了更好地实现档案信息检索，仅有基于文本档案的检索途径是远远不够的，还需要发展功能独特的基于内容的信息检索技术。目前，基于内容的信息检索技术发展迅速，将会为档案信息检索带来新的进步。

【本章关键术语中英文对照】

信息检索	Information Retrieval
信息存储	Information Storage
查找	Information Search
标引	Indexing
检索语言	Retrieval Language
元数据	Metadata
著录	Description
目录	Catalogue
档案检索工具	Finding Aids
数据检索	Data Retrieval
事实检索	Fact Retrieval
档案文件检索	Record Retrieval
倒排文档	Inverted File
布尔检索模型	Boolean Model
向量空间模型	Vector Space Model
概率检索模型	Probabilistic Model
概率标引理论	Probabilistic Theory of Indexing
基于内容的图像检索	Content-Based Image Retrieval，CBIR
图像内容检索	Query by Image Content，QBIC

基于内容的视觉信息检索	Content-Based Visual Information Retrieval，CBVIR
基于内容的音频检索技术	Content-Based Audio Information Retrieval，CBAIR
基于内容的视频检索	Content-Based Video Retrieval，CBVR
视频	Video
场景	Scene
镜头	Shot
图像帧	Image Frame

【讨论题】

1. 信息检索的原理是什么？
2. 档案信息检索有哪些步骤？
3. 什么是标引？档案文件的标引有哪些类型？
4. 常见的信息检索算法模型有哪些？各有哪些优缺点？
5. 基于内容的图像档案信息检索的原理是什么？有哪些特征提取的方法？
6. 基于内容的语音检索、音频检索与音乐检索各自的原理是什么？
7. 视频数据结构如何构建？基于内容的视频检索途径有哪些？
8. 基于内容的视频档案信息检索的过程是什么？

第八章 档案信息网络化

【本章要点】

阐述了档案信息网络化的含义与建设模式；介绍了档案网站建设的理论、步骤与相关技术；最后分析了北京市数字档案馆建设案例及其网站建设情况。

【关键词】

档案信息网络化〇档案网站〇IA 理论〇上海档案信息网络化建设〇北京市数字档案馆

第一节 档案信息网络化的含义与建设模式

档案信息网络化是指利用计算机网络技术对各种数字档案信息资源进行管理、传输、检索和提供利用，实现档案信息资源的共享与公共服务的过程。档案信息网络化结束了档案馆各立门户、资源分割的状态，实现了档案资源的互联互通和共享利用，使档案信息资源成为社会信息网络的重要组成部分。它将档案馆“藏”和“用”的功能都提高到一个新的水平，对于充分发挥档案信息资源的价值具有前所未有的推动作用。

一、档案信息网络化的含义

从发展阶段来看，档案信息网络化有四层含义，一是档案馆（室）局域网建设；二是档案室（馆）与业务部门的网络互联；三是以档案网站建设为标志的档案信息网络化服务；四是以档案馆际互联互通为标志的档案信息“一站式”服务。

档案馆局域网的建设是档案馆自动化管理的延伸，是档案信息网络化发展的初级阶段，也是数字档案馆建设的“内核”和主体。借助于局域网的联结，档案馆的管理、采集、编目、保管、借阅、编研、统计等职能部门互联互通，通过工作流管理方式协同工作，实现档案管理和提供利用。读者通过馆内网络平台可以共享档案数据库内的信息资源。尤其是对于一些新开放的档案而言，借阅人数较多，局域网使得一份文件可以同时被多人阅览，提高了档案服务的效率。根据档案馆（室）的地位和性质，又可分为涉密网和非涉密网。目前，我国大多数档案馆将部分已经开放但又不适宜于放到互联网上的档案信息，通过局域网提供阅览服务。

档案室（馆）与前端业务部门的互联互通，使得档案管理部门可以较早介入文件的标引与著录管理，实现对电子文件的前端控制和网上归档，并将自身保存的档案信息向前端的业务部门提供服务。它可以被看作电子政务网络向档案管理部门的延伸，主要借助于涉密的公务网（又称政务内网）和不涉密的政务外网来实现，分别实现对涉密和非涉密档案信息的加工、传输、采集和共享。

档案网站的建立是档案信息网络化的重要标志。档案馆通过互联网上的档案网站实现信息发布、政务公开、档案信息检索等功能，为用户提供远程服务。由于档案网站的开放性，网站上的信息内容不应涉及国家机密和个人隐私。

档案信息的“一站式”服务是档案信息网络化的高级阶段，主要指通过对一个地区档案网站的集群互联，形成门户性的“档案信息网”网站，提供对分布式的各联盟馆档案数据库的“一站式”查询，从而实现各联盟档案馆信息资源的共享。

从发展历史上看，档案信息网络化经历了从局域网建设到网络群建设的过程，但是这些阶段并非界限分明，比如有些小馆在建立局域网的同时，建立本馆网站，提供简单的信息发布。而在一些发达地区，比如上海市，从建设之初，就系统规划建设“上海档案信息网”，实现各区县馆档案信息的共享。

可以说，档案信息网络化的四层含义由内向外，层层递进，从局域网到互联网，逐步扩大档案信息的共享范围和用户对象，体现了网络化的本质含义。

二、档案信息网络化的作用

档案信息网络化的作用可以归纳如下。

（一）大大丰富档案信息资源的种类和数量

在档案信息网络之中，数字档案馆成为一个信息节点，其收集、管理和提供利用的档案信息不仅限于一馆的资源，也不仅限于档案资源，而是可以收集和提供来自图书馆、博物馆、政府机构、其他组织机构以及互联网的多种信息资源，大大丰富了档案信息资源的种类和数量，使得数字档案馆成为一个以档案资源为主体、兼容其他信息资源的“信息空间”。

（二）提高档案馆的公共服务能力

网络化的数字档案馆可以提供全天候不间断的档案信息服务，而且可以超越地域的限制，使用户无论在何时何地，都可以获得所需档案信息服务。另外，档案信息的网络化处理和传递，也提高了档案信息服务的速度，增加了用户与档案馆之间的互动反馈，从而大大提高档案馆的公共服务能力。

（三）充分发挥档案信息资源的价值

信息资源的价值体现在利用过程中所产生的经济与社会效益。档案馆“藏”的目的是为了更好地“用”。将开放档案通过网络平台提供公共服务，提高开放档案的公共利用率，使档案信息资源能够更好地为社会发展服务。从这个意义上讲，档案信息网络化提高了档案信息资源的政治、经济、社会与文化价值。

（四）促进政府信息公开

档案信息网络化促进政府信息公开包括两个方面的含义。一是档案公开是政府信息公开的重要组成部分。借助于档案网站，档案馆不但可以对外宣传开放档案的动态信息，而且可以直接提供档案文件的查阅和下载服务，从而使开放档案得到更好的利用。二是档案信息网络化建设使档案馆可以借助于网站进行政府信息公开。在我国，政府行政许可中心、档案馆、图书馆是指定的政府信息公开机构。档案网站可以设立专门的“政府信息公开”栏目，提供现行文件的公开服务，促进了政府信息公开。

（五）提高政府的档案行政管理能力

借助于档案网站，档案行政管理部门可以发布法律、法规、通知、公告，也可以听取来自各级、各类档案馆以及社会公众的反馈意见，在获得充分信息的基础上进行管理决策，从而提高档案行政管理能力。

三、我国档案信息网络化的建设模式

2000年以后，世界各国的档案馆网络化建设发展迅速，我国的档案信息网络化建设也进入实质性发展阶段，上海、北京、深圳、青岛等试点地区的档案信息网络化建设取得了明显的进展。其中，上海市的档案信息网络化建设从全局出发，实施“三网并举，重点突破”的战略，是我国档案信息网络化建设模式的典型代表，是我国档案系统在电子政务环境下进行网络化建设的典型模式，对于理解我国档案信息网络化建设具有重要的案例价值。下面根据陶碧云在《建设上海档案信息资源总库》一文中介绍的情况，阐述我国档案信息网络化建设的总体思路。

上海市档案信息网络化建设的总体思路是，以上海市档案馆仙霞路老馆信息加工和管理为基地，以上海市档案馆外滩新馆信息集聚和利用为中心形成上海档案信息网络及其资源总库。所谓“三网并举”，就是要在档案系统同时开展局域网、政务网、互联网三大网络体系及其档案应用项目建设。所谓“互联互通”，就是要在全市各级各类档案部门，通过不同性质的网络，上下左右连成一片，形成档案目录中心和信息枢纽，实现资源共享。

上海市档案信息网络化建设主要包括以下三个方面内容：第一，档案局（馆、室）内部局域网网络体系建设，按各自所处的地位和性质又分为涉密网和非涉密网两种。第二，档案局（馆、室）之间城域专网网络体系建设。目前，主要是运用电子政务网络体系，通过上海市公务网和市、区县二级政务网开展档案应用项目，其中，涉密档案信息的加工、传输、采集和共享，通过上海市公务网档案应用项目加以实现。第三，档案局（馆、室）广域网网络体系建设，由各级各类档案部门依托互联网建设面向公众的档案信息网站，形成相互勾连的档案信息网站群。①

上海市档案信息网的网络结构包括档案馆（局）内部网、上海档案城域专网网络体系和上海档案系统的广域网网络体系，其结构体系如图 8—1 所示。

（一）档案馆（局）内部的局域网

档案馆（局）内部的局域网涉及档案馆、机关单位、档案室的信息化建设以及档案资源扫描系统。上海档案系统的局域网档案应用项目及其主要功能模块有以下几种。

（1）“档案馆档案综合管理系统”，其主要功能模块是：著录功能、检索功能、借阅功能以及整理、统计、编研、编目打印、系统管理等辅助功能。

（2）“机关文档一体化管理系统”，其主要功能模块是：公文收发文登记和流转功能、电子公文的网络运转和承办功能、电子公文归档功能、档案著录功能、

① 参见陶碧云：《建设上海档案信息资源总库》，上海档案信息网“档案现代化管理”，2009-10-13，http：//www.archives.sh.cn/docs/200802/d_155007.htm。

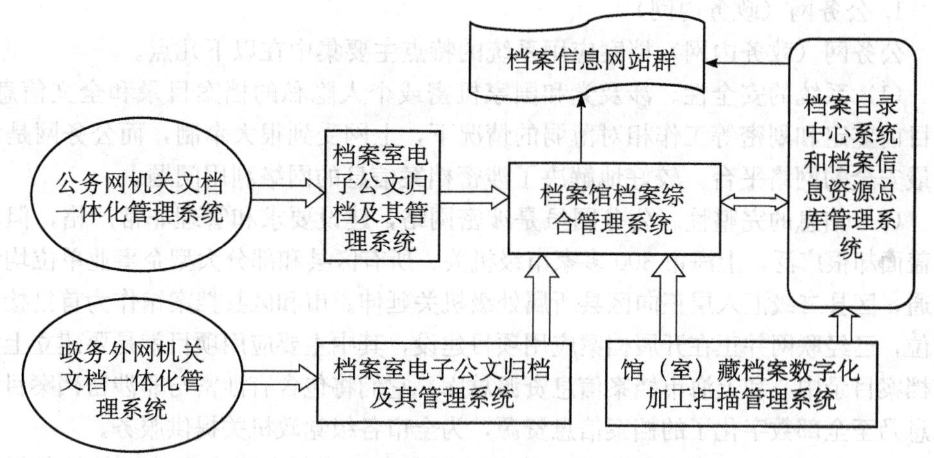

图 8—1　我国档案信息网络结构：以上海市为例

检索和借阅功能以及整理、统计、编研、编目打印、系统管理等辅助功能。这一管理系统是机关办公自动化的重要组成部分，一般由机关办公室牵头，档案室组织实施，是目前各单位档案室较为理想的管理系统。

(3)“档案室电子公文归档及其管理系统”，其主要功能模块是电子公文的归档功能、档案著录功能、整理、统计、编研、编目打印、系统管理等辅助功能。这一管理系统必须与本单位文档一体化管理系统或办公自动化管理系统以及其他业务应用系统相衔接。这是档案室在原有单机管理模式基础上，为适应本机关网络化管理，接收电子公文归档和管理的需要而专门开发的，是对上述机关文档一体化管理系统在缺乏公文归档管理和档案室管理功能的一种补充。

(4)“馆（室）藏档案数字化加工扫描管理系统”，其主要功能模块是：档案文件的全文扫描功能、全文信息的编辑、整理、著录功能、全文检索功能等。这些功能多数是扫描系统随带但需要加以应用性的修改和补充。该管理系统既可独立使用，也可以嵌在上述档案馆（室）综合管理系统中，成为一个既有联系又相对独立的应用模块。

（二）上海市档案城域专网网络体系

上海市档案系统的城域专网体系主要包括涉密的公务网（政务内网）与不涉密的政务外网。公务网是市、区县二级党政机关高速宽带的涉密专网，但在区县中应用尚不普及。档案部门在政务内网与外网的应用项目上基本相同，网络覆盖和连接的单位也基本一致，但是，由于网络性质不同，其功能和定位也各不相同。

1. 公务网（政务内网）

公务网（政务内网）档案应用系统的特点主要集中在以下几点。

（1）系统的安全性。涉及党和国家机密或个人隐私的档案目录和全文信息，在目前鉴定和划密等工作相对薄弱的情况下，上网受到很大牵制，而公务网是目前最安全的网络平台，较好地解决了涉密档案信息的网络利用问题。

（2）信息的完整性。公务网虽是涉密网络，建设要求和管理非常严格，但其覆盖面却很广泛，上海市300多家市级机关、所有区县和部分大型企事业单位均已连通，区县二级汇入层正向区县所属处级机关延伸。市和区县档案馆作为首批接入单位，已经联网并正在开展档案应用项目建设，其中主要应用项目就是要建立上海市档案目录中心和上海市档案信息资源总库。它们将包含有涉密与非涉密档案目录信息乃至全部数字化了的档案信息资源，为全市各级党政机关提供服务。

（3）服务性。在目前条件下，公务网档案应用项目主要为党政机关的各级领导，尤其是班子主要领导提供专门的档案信息查询和直接利用服务。

2. 政务外网

政务外网是指与上海市公务网物理隔离的非涉密的党政机关办公业务网，政务外网的档案应用项目的特点包括以下几点。

（1）业务性。政务外网主要是办公业务网，应用程度高，各种业务应用将产生大量的电子文件，是档案部门进行电子文件归档和归档后电子文件向档案馆移交的主要应用平台。

（2）管理性。即档案馆可以通过网络对联网单位的电子文件归档、档案著录、移交接收和查询利用等工作实行统一管理。把档案信息化，特别是电子文件的归档与接收融入电子政务建设之中，与政务网应用项目统一规划、统一建设、统一平台、统一标准、统一软件，这也是上海市长宁区电子文件统一管理的基本经验。

（3）普及性。因为政务外网的非涉密性，其接入点要求以及各终端应用要比公务网普及得多，为各级档案部门的档案信息网络化管理提供了条件。

在政务外网，除了一部分涉密信息以外，其他功能与公务网的应用完全一致。上海市档案系统的公务网（政务内网）和政务外网档案应用项目及其主要功能模块如下。

（1）电子文件归档与接收管理系统。它有两大功能：一是供各联网单位电子文件归档，二是将归档电子文件向档案馆移交。

（2）档案目录中心系统和档案信息资源总库管理系统。目录中心系统和全文数据库是档案系统发展的两个阶段，最终将发展成为档案信息数据仓库。上述系统的主要功能有：目录著录、目录报送功能、目录转换与接收功能、目录检索、统计打印和利用功能、全文信息的扫描和挂接功能、电子文件的报送移交功能、电子档案的接收转换功能、永久保管和全文检索利用功能等。

（三）上海市档案系统的广域网网络体系

上海市档案系统的广域网网络体系建设是指各级各类档案部门（主要是档案馆），依托互联网建立档案信息网站，并通过主要网站，如“上海档案信息网”，在网上链接成地区性的档案信息网站群，进而形成公共档案信息网络体系。

档案信息网站的主要特点可以概括为以下两方面。

（1）开放性。网站内容不涉及国家机密和个人隐私，特别是杜绝涉密档案信息网上查询、浏览和利用，仅提供开放档案和已公开现行文件以及政府公开信息的查找与利用。

（2）广泛性。网站面向广大档案工作者，面向社会公众，面向全球，任何人、任何地点、任何时间均可通过网站获取相关信息。目前我国档案信息网站一般将局馆合一，网站同时体现出行政管理职能与文化服务职能。目前网站系统的主要功能为：开放档案与公开文件等信息查询、利用功能，档案业务宣传、交流、培训功能，各种信息发布、展示功能和各种相关服务（如：交互平台、电子信箱和身份认证）等功能。其发展目标是在分布式数据库基础上进行一门式查询和高级全文检索。

第二节　档案网站建设

网站是数字档案馆的“门面”，是为公众提供档案信息服务的重要途径，是档案信息网络化的外在表现形式。档案网站的建设关系到数字档案馆功能的充分发挥与档案信息的利用效率，在很大程度上体现出数字档案馆建设的质量和水平。

数字档案馆网站的建设，要保证多种信息的有序组织和档案信息资源的有效利用。为了建立一个易懂、易用的数字档案馆网站，既要充分运用网站建设的一般理论与知识，又要兼顾档案信息资源与档案用户的特殊性。从大的方面来讲，网站建设需要学习理论和技术两个方面的知识。

一、档案网站建设的相关理论

为了更好地构建档案网站，需要了解一些指导网站建设的理论。迄今为止，在关于网站建设的理论当中，信息构建（Information Architecture，IA）具有十分重要的影响。“让信息变得可理解”是 IA 思想的宗旨，如今已经成为网站建设、各类信息空间构建所努力实现的目标。

IA 最早是由美国建筑师沃尔曼（Richard Saul Wurman）于 1975 年提出的。“IA 主要通过组织信息、创建信息机构或地图，化复杂为明晰，从大量处于复杂状态的数据或信息中抽取本质模式，帮助人们理解信息，找到知识路径。”① 作为建筑师的沃尔曼将信息的收集、组织和表示视为一种服务于特定目标的建筑设计工作。沃尔曼将信息建筑师（information architect）视为创造系统的、结构化的、有序的规律让物品、思想或政策清晰运转的人。

IA 是系统中所用的信息概念或模型的表达艺术，这些活动要求对复杂系统的细节进行明确表示②。我国学者周晓英认为，IA 是“组织信息和设计信息环境、信息空间或信息体系结构，以满足需求者的信息需求的一门艺术和科学”③。

关于 IA，还有许多不同的定义。2002 年 6 月 28 日，中国国防科技信息学会学术专业委员会和中国科技情报学会理论方法与教育专业委员会联合举办了“IA 理论与应用学术研讨会”，会上我国专家对 IA 给出多种不同的定义，比如：IA 是研究怎样将杂乱无章的信息组织成有序的结构化的内容，以及怎样将其以清晰的、直觉化的和有意义的方式表达给信息需求者，最终达到满足使用者需求的目的。在传统信息环境中，IA 主要关心信息分类以及信息分类组织后在建筑物中的空间存放。在网络环境下，IA 更为关心网络信息内容的分类组织以及各分类组织间界面的创建，它的研究重点是用户的需求分析、信息的组织结构以及信息导航系统、标注系统、索引系统、检索系统的设计等。

尽管上述定义有不同的表达，但是这些定义在本质上是相同的。那就是“让信息变得可理解”。IA 运用的领域包括图书馆、内容管理系统、网站设计、用户交互、数据库设计、编程、技术写作、企业架构（enterprise architecture）与软件设计。其实质是共享环境的结构化设计，如网站、局域网与在线社区的组织方式等。

在网络时代，IA 思想广泛应用于网站建设领域。IA 的目的是帮助人们成功地发现和理解网站信息。信息构建的主要任务是对网站的需求与目的进行调查和分析，设计信息组织的架构然后加以实施。它包括确定站点用户群、对网站信息进行分类组织、建立标识系统、建立导航和设计检索系统几个步骤。网站的 IA 系统主要由内容组织、内容导航、内容标识和内容检索四个方面组成，以实现用

---

① Understanding in the Age of Also，http：//www.acm.org/ubiquity/interview/r_wurman_1.html.

② See Information Architecture，Wikipedia，http：//en.wikipedia.org/wiki/Information_architecture.

③ 周晓英：《信息构建（IA）——情报学研究的新热点》，载《情报资料工作》，2002（5）。

户、应用和内容的有效整合。其中站点内容组织主要是创建网站地图，用图形方式描述网站如何结构化；站点导航帮助用户快速在新环境中定位；标识系统是指标识导航链接，主要由网站构建师创立。

二、档案网站建设的步骤

数字档案馆是一种海量的信息空间，档案网站建设的目的是为了让数字档案信息变得“可理解”。目前网站建设已经是一种比较成熟的技术。根据IA的思想，可将档案网站建设的过程分为以下几个步骤。

1. 确定网站功能

建立网站的第一个步骤是确定网站主题。数字档案馆网站的主题是比较明确的，那就是为社会公众提供档案信息服务。但是，由于各个数字档案馆建设所处的阶段、所担负的任务、开放的程度各不相同，档案网站的具体功能定位也会有所不同。因此，档案网站建设的首要步骤是确定档案网站的功能。

在数字档案馆建设的初级阶段，档案网站的功能主要是新闻发布、动态进展、通知公告、馆藏介绍、档案展示、政务公开、访问统计等，以信息发布与内容管理为主。当数字档案馆发展到比较高级的阶段时，会对档案网站建设提出更高的要求，比如强大的检索功能、与用户的交互功能、网站群内信息自动捕获功能、一站式服务功能等。

在我国，不同级别的数字档案馆，拥有不同的馆藏资源，承担着不尽相同的职责，相应地其档案网站的功能定位也会有所不同。比如市县级档案馆，收藏有大量的民生档案，可以为社会公众提供直接的服务。网站的目标是服务基层，功能定位应当以信息发布、互动交流、宣传政策法规为主，重点揭示本馆的特色馆藏和开放服务。对于省级数字档案馆而言，则应考虑其所承担的档案行政管理职能以及资源丰富、资金较为充足的特点，网站建设应注重为政府机构、学术研究、文化传播、档案信息服务的功能。中央档案馆拥有珍贵的馆藏，具有制定或参与制定档案法规标准政策的权力，服务对象也和省市级档案馆不同，表现在网站建设上，其功能定位也会有所不同。

2. 调查用户需求

档案网站建设的第二个步骤是调查用户需求。只有在深入调查用户需求的基础上，才能使网站真正发挥作用。首先需要分析网站的目标用户群，了解用户的档案信息需求、文化习惯、查阅心理等因素。如果是委托建站，建站公司还应深入了解档案馆的建站意图、资源条件与安全要求，帮助档案馆明确网站的功能定位。在此基础上，确定网站信息发布的范围，比如是目录上网、全文上网或者只是通过网站发布相关的查询规定。

3. 选择建站工具

接下来，需要选择网站开发技术与建站工具。根据档案网站的功能、规模、服务对象、未来的发展空间以及资金与时间条件，选择相应的网站开发工具。一款功能强大、使用简单的软件往往可以达到事半功倍的效果。为了使档案网站具有较好的扩展空间，应当使用比较成熟、数据库连接功能强大的网站开发技术。从目前情况来看，可以选用静态网页编辑器和动态网站开发技术相结合的方法，比如ASP技术与Dreamweaver相结合，建立功能强大、可扩展性好的档案网站。

4. 网站制作

网站制作的具体步骤包括建立信息分类标准、划分网站栏目内容、建立标识系统与导航系统、确定检索深度、画出网站地图的草图，最后制作完成。在这个过程中，应当贯彻IA思想中的“以用户为中心”和“让信息变得可理解”的宗旨。在栏目划分、标识选择、检索系统设计的时候，应当充分考虑网站用户的使用需要，从用户利用的角度而不是档案馆部门设置的角度组织网站信息内容，以方便用户的使用。

5. 上传测试

档案网站制作完毕之后，经测试合格才能运行。网站测试基本包括以下三个步骤：

(1) 制作者测试。包括美工测试页面与程序员测试功能。页面测试又包括首页、二级页面、三级页面在各种常用分辨率下有无错位；图片上有没有错别字；各链接是否是死链接；各栏目图片与内容是否对应等。功能测试包括达到客户要求；数据库链接正确；各个动态生成链接正确；传递参数格式、内容正确；试填测试内容没有报错；页面显示正确。

(2) 全面测试。应根据交工标准和客户要求，由专人进行全面测试。全面测试需要将页面测试和程序测试结合起来，保证填充足够的内容后页面不会变形，还包括错别字、内容与常识检测。

(3) 发布测试。是网站发布到主服务器之后的测试，主要是为了防止环境不同而导致的错误。

网站测试的内容包括：功能测试、性能测试、接口测试、可用性/易用性测试、兼容性测试、安全测试、代码合法性测试与文档测试八个方面。其中功能测试包括链接测试、表单测试、cookies测试、设计语言测试与数据库测试；性能测试包括连接速度测试、负荷测试（load）和压力测试（stress）；接口测试包括服务器接口、外部接口与错误处理；可用性测试包括导航测试、图形测试、内容测试与整体界面测试；兼容性测试包括平台测试、浏览器测试、视频测试、调制解调器连接速率测试、打印机测试与组合测试；安全测试包括目录设置、登录、超时限制、日志文件、加密测试与安全漏洞；代码合法性测试包括程序代码合法性检查与显示代码合法性检查；文档测试包括产品说明书属性检查与产品说明书用语检查。

网站测试的工具主要有：OpenSTA，主要做性能测试的负荷及压力测试；SAINT，主要用于网站安全性测试；CSE HTML Validator，用于对 HTML 代码进行合法性检查；还有 Ab（Apache Bench），是 Apache 自带的性能测试工具；Crash-me，是 Mysql 自带的测试数据库性能的工具，能够测试多种数据库的性能等等。

6. 宣传推广

当网站建成发布之后，需要进行宣传推广，以便让更多的人了解和使用。目前，商业性网站有多种多样的推广与营销方法。档案网站是公益性网站，宜选择受众面广的大众传媒进行宣传，包括电视、广播、报纸、网络搜索引擎、交换链接等，也可以针对特定的用户群开办讲座、展览等，扩大网站的知名度和使用率。

7. 更新维护

网站建成以后，应定期进行更新与维护，包括内容更新、风格更新、功能扩展、设计更新等内容。

三、网站建设技术简介

数字档案馆网站建设的技术设施包括网络基础设施、硬件设备以及相应的软件。这一节我们简要介绍动态网站开发技术、网页编辑器软件以及档案信息网络化的一些关键技术。

（一）动态网页开发技术

Internet 上的网页可以分为静态网页与动态网页两种。静态网页就是网页文件代码中只有 HTML 代码，一般是以 .html 或 .htm 为后缀名的网页。静态网站的内容在制作完成后便不再发生变化，任何人访问都会显示同样的内容，如果用户希望内容发生变化，就必须修改源代码，然后再上传到服务器中。

动态网页是采用动态 HTML 制作出来的具有动态效果的网页。这种网页文件不仅含有普通的 HTML 标记，而且还含有一些程序代码，通常会通过代码连接到后台数据库。动态网站的数据是动态存储的，更新修改很方便，一般在后台直接更新，有利于管理。动态网页能依据不同的时间、不同的访问者，显示出不同的内容。动态 HTML 的实现手段是多种多样的，可以是现有的各种技术手段的组合。比较常用的技术有脚本编程语言（JavaScript/VBScript）、文件目标模块（DOM）、层叠样式表（CSS）、动态图层（Layers）等。从目前的情况来看，动态网站代表着网站的发展趋势。

对于数字档案馆网站而言，由于主页面需要不断进行信息更新、访问统计等动态化管理，因此应采用动态网站开发技术进行建设。目前，比较常用的动态网站开发技术有以下几种。

1. CGI 技术

早期的动态网站主要采用公用网关接口 CGI（Common Gateway Interface）技术，可以使用不同的程序编写适合的 CGI 程序，如 Visual Basic、Delphi 或 C/C++ 等。CGI 程序处理要涉及以下几个步骤：（1）通过 Internet 把用户请求送到服务器；（2）服务器接收用户请求并交给 CGI 程序处理；（3）CGI 程序把处理结果传送给服务器；（4）服务器把结果送回到用户。虽然 CGI 技术已经发展成熟而且功能强大，但由于编程困难、效率低下、修改复杂，所以有逐渐被新技术取代的趋势。

目前的主流技术都是采用基于 Web 服务器的三层架构方式，较为常用的主要有 PHP、ASP 与 JSP 三种。

2. PHP 技术

超文本预处理器技术（Hypertext Preprocessor，PHP）是嵌入在 HTML 并由服务器解释的一种脚本语言，是较为常用的 Internet 脚本语言。PHP 与 HTML 语言具有非常好的兼容性，使用者可以直接在脚本代码中加入 HTML 标签，或者在 HTML 标签中加入脚本代码从而更好地实现页面控制。PHP 是专为基于 Web 问题而设计的，而且可以开放源代码，支持 Windows NT、Linux 或 UNLX 等多种平台。PHP 语法借鉴了 C、Java、PERL 等语言，但只需要很少的编程知识就能使用 PHP 建立一个真正交互的 Web 站点。PHP 提供了标准的数据库接口，数据库连接方便，兼容性强，扩展性强，可以进行面向对象编程。PHP 支持许多流行的数据库，包括 MySQL、PostgreSQL、Oracle、Sybase、Informix 和 Microsoft SQL Server，可以用于管理动态内容、处理会话跟踪等。

3. ASP 技术

ASP 是 Active Server Page 的缩写，意为“动态服务器页面”，是微软公司开发的代替 CGI 脚本程序的一种服务器端脚本编写环境，可以用来创建和运行动态网页或 Web 应用程序。它是一种类似 HTML（超文本标识语言）、Script（脚本）与 CGI（公用网关接口）的结合体。ASP 是一种简单、方便的编程工具，没有提供自己专门的编程语言，允许用户使用许多已有的脚本语言编写 ASP 的应用程序。ASP 使用了微软的 ActiveX 技术。ActiveX（COM）技术采用封装对象、程序调用对象的技术，简化编程，加强程序间合作。ASP 可以使用服务器端 ActiveX 组件来执行各种任务，比如：可以方便地连接ACCESS与SQL 数据库，像使用本地数据库那样管理远程主机上的数据库，对表格、记录进行各种操作；可以使用 CDONTS（Collaboration Data Objects for NTS，NTS 协作数据对象）发送、查看邮件，实现 Webmail 的功能等等。

与 HTML 相比，ASP 网页具有以下特点。

(1) 可以突破静态网页的一些功能限制，实现动态网页技术。

(2) ASP 文件包含在 HTML 代码所组成的文件中，易于修改和测试。

(3) 服务器上的 ASP 解释程序会在服务器端执行 ASP 程序，并将结果以 HTML 格式传送到客户端浏览器上，因此使用各种浏览器都可以正常浏览 ASP 所产生的网页。同时，浏览者查看页面源文件时，看到的是 ASP 生成的 HTML 代码，而不是 ASP 程序代码，可防止 ASP 程序代码被窃取。

(4) ASP 提供了一些内置对象，使用这些对象可以使服务器端脚本功能更强。例如可以从 Web 浏览器中获取用户通过 HTML 表单提交的信息，并在脚本中对这些信息进行处理，然后向 Web 浏览器发送信息。

(5) ASP 技术主要工作环境是微软的 IIS 应用程序结构，又因 ActiveX 对象具有平台特性，所以基本上局限于微软的操作系统平台之上，不容易实现在跨平台 Web 服务器上工作。

ASP. net 是一种先进的 Web 应用程序开发技术，属于 Windows 系统产品，可以看做是基于 . NET 框架的 ASP 的改进版。ASP 使用编译后的语言（包括元数据、IL 等资源），引入了组件对象的概念，相对于 ASP 而言，在速度、安全性等方面具有很大的进步。ASP. net 可以运行在 Web 应用软件的绝大部分平台上，通用语言的基本库，消息机制，数据接口的处理都能无缝整合到 ASP. net 的 Web 应用中。ASP. net 不依赖于某种特定的语言，支持多种语言，编程者可以选择一种最适合的语言来编写程序。

4. JSP 技术

JSP（Java Server Pages）是基于 Java Servlet 以及整个 Java 体系的 Web 开发技术，由 Sun Microsystem 公司于 1999 年 6 月推出。JSP 和 ASP 在技术方面有许多相似之处，不过两者来源于不同的技术规范组织，以至 ASP 一般只应用于 Windows NT/2000 平台，而 JSP 则可以在 85%以上的服务器上运行，而且基于 JSP 技术的应用程序比基于 ASP 的应用程序易于维护和管理，所以被许多人认为是未来最有发展前途的动态网站技术。①

---

① 参见韩希、唐卫：《网站建设技术研究与实践》，载《黑龙江冶金》，2006 (1)。

综观以上几种主流技术，在建设动态网站方面可谓各有特色，JSP技术可以跨平台，速度、安全性方面较好，但相对要求技术水平较高，而且要求有Web服务器中间件的支持；ASP或ASP.net技术，相对来讲实现较为方便，而且可以利用Windows系统本身的IIS作为Web中间件服务器。所以具体采用哪种方式，还要视具体的需求、财力物力以及技术能力而定，以快速、经济地实现其网站的开通，并且在技术上有保证。

（二）网页编辑器软件

随着HTML技术的不断发展和完善，出现了众多的网页编辑器。网页编辑器可以分为所见即所得网页编辑器和非所见即所得网页编辑器（即原始代码编辑器）。所见即所得网页编辑器可以像编辑Word文件一样编辑网页。它直观、使用方便、容易学习，因此应用十分广泛。目前，所见即所得编辑器有多种，包括Dreamweaver、Frontpage、以Mozilla为核心的开源网页编辑器Nvu、基于Nvu的KompoZer、CoffeeCup Visual Site Designer、W3C公司的所见即所得网页编辑器Amaya、WebIdeaTree、QuickCHM、fckeditor等等。下面简要介绍两种最为常见的所见即所得网页编辑器Dreamweaver与微软的Expression Web Designer和SharePoint Designer 2007。

1. Dreamweaver软件

Dreamweaver是美国Macromedia公司开发的所见即所得网页编辑器，是一种视觉化网页开发工具。与Asp可以设计后台等一系列动态网站不同，Dreamweaver主要用来设计静态网页。Dreamweaver支持ASP、.NET、PHP、JSP等动态语言，可以连接操作数据库。一般建设网站先用Dreamweaver设计好网页，再用ASP设计后台等动态链接。

Dreamweaver是提供Roundtrip HTML、视觉化编辑与原始码编辑同步的设计工具。它包含HomeSite和BBEdit等主流文字编辑器。Dremweaver可以与一些设计工具如Playback Flash、Shockwave和外挂模组等搭配，不需离开Dremweaver便可完成。Dreamweaver可以快速将Fireworks、FreeHand或Photoshop等文档移至网页上，还可开启Firework或Photoshop进行编辑。Dremweaver使用网站地图可以快速制作网站雏形、设计、更新和重组网页。

Dreamweaver的优点是：（1）有很好的制作效率。设有选单、快捷键与格式控制，操作步骤十分简单。使用检色吸管工具选择荧幕上的颜色可设定最接近的网页安全色。（2）可以进行网站管理。可以自动更新所有键接，使用支援文字、HTML码、HTML属性标签和一般语法的搜寻及置换功能更新网站，快速又简单。(3) 具有很强的控制能力。整合动态式出版视觉编辑与电子商务功能，支持第三方厂商，包含 ASP、Apache、BroadVision、Cold Fusion、iCAT、Tango 与自行发展的应用软体。Dreamweaver 的缺点是难以精确达到与浏览器完全一致的显示效果；页面原始代码难以控制。

2. Expression Web Designer 和 SharePoint Designer 2007

微软 SharePoint Designer 2007 是一种基于 SharePoint 技术创建和自定义 Microsoft SharePoint 网站并生成启用工作流的应用程序。在 2006 年年底之前，微软的 Frontpage 一直是人们普遍使用的网页编辑器。2007 年，Frontpage 被 Expression Web Designer 和 SharePoint Designer 2007 所代替。Expression Web Designer 提供对 XML、CSS、ASP. NET 2.0、XHTML 和其他网络应用标准的支持，可以让设计人员与使用 Visual Studio 的开发人员协同工作，开发出交互式的动态网站。

SharePoint Designer 2007 是微软企业信息工作者提供的、用来创建和管理支持微软 SharePoint 网站的工具。SharePoint Designer 2007 提供了多种专业工具，利用这些工具，用户在 SharePoint 平台上无须编写代码即可生成交互解决方案、设计自定义 SharePoint 网站以及使用报告和托管权限维护网站性能。通过 SharePoint 技术，信息工作者可以将来自于不同数据源的数据进行整合（例如各种 Office 文档、SQL Server 的数据库、Exchange Server 的邮件服务等），使得企业可以更好地管理数据的分享以及人员的活动。

（三）其他技术

1. 扫描与数据转换技术

为了把传统载体的档案文件转化为数字资源，需要采用相应的扫描技术与数据转换技术，包括纸质文件扫描技术、缩微扫描技术、模拟音频视频的数字化转换技术、数字摄影技术等。

2. 数据描述技术

为了适应网上资源描述的需要，需要采用 XML 语言及适当的档案元数据技术标准，将传统的机读目录格式 MARC 与元数据的各元素进行映射转换，以实现档案信息的网络化表达、描述与检索利用。

3. 多媒体数据库压缩与传输技术

为了适应档案信息的大量存储和快速流通，必须对多媒体数据库进行压缩，这就要求有压缩技术和相应的标准的支持。目前国际上已经制定了一系列的相关标准，如 JPEG（静态图像标准）、MPEG（动态视频压缩标准）等。

4. 图像与视频数据检索技术

数字档案馆除档案文件的文本信息之外，还有大量的图像、图形、动画、视频等多媒体形式。要表达、存储、管理并利用这些数据，就必须采用相关的技术，如文本检索技术、基于内容的图像与视频检索技术、音频检索技术、多媒体档案数据挖掘技术等。

5. 交互界面技术

交互界面是数字档案馆与用户交流的窗口，是数字档案馆设计的重要组成部分。其技术核心和主要目的是如何吸引用户的注意力，为用户的操作提供便捷的手段。

6. 数字加密技术

对于涉密数字档案文件而言，需要采用数字加密技术实现对文件的安全保管、传递和利用。这些技术包括用户身份识别与使用权限设定技术、密钥技术、数字签名技术、数字认证技术、信息伪装与隐藏技术等。

第三节　案例：北京市数字档案馆

据2008年1月发布的《中国互联网络发展状况统计报告》统计，截至2007年年底，北京市的互联网普及率已经达到46.6%，北京市居民中即将有半数居民都使用互联网，网民总数已经突破了737万人。[①] 这充分说明随着社会物质生活的不断提高和精神文明的不断进步，老百姓利用网络获取科技、文化生活方面的需求愈加迫切。北京市档案馆在服务工作中抓住这一有利时机，积极开展网上开放档案目录查询检索、预约调卷等服务项目，同时对数字档案馆的建设进行了有益的探索。

一、北京市数字档案馆的准备工作与建设情况

（一）北京市档案馆的馆藏资源

北京市档案馆作为首都档案馆，馆藏丰富，有许多档案瑰宝和史料珍品。现有馆藏190万卷（册），上至明嘉靖十二年（1533年），下至2008年北京举办第29届奥运会，时间跨度达400多年，全面反映了北京数百年来的社会发展和历史变迁。[②] 其中，保存有清代的各种诰命、奏折、执照、房地契及治理永定河道

---

① 参见《中国互联网络发展统计报告》（2008-01），http：//www.zhimao.cn/e/kbase/300532755/303553818.shtml。

② 参见刘荣华：《北京市档案馆管藏珍品介绍（上）》，载《北京档案》，2009（6）。

等方面的档案，民国初期及北洋、日伪和国民党统治时期历届北京政权机关、党派团体、军警宪特、公私学校、企事业单位的档案，中国革命历史档案。在革命历史档案中，有中国共产党先驱李大钊、邓中夏、陈独秀等在北京从事革命活动的档案和北京地下党领导群众进行革命斗争的档案，反映五四运动、三一八惨案、一二·九运动、七七事变的档案等。还有反映北京经济活动的档案，如开办最早的门头沟煤矿、石景山钢铁厂、冀北电力公司、北京公共汽车股份有限公司、电车股份有限公司、自来水公司，老字号店铺“同仁堂”、“瑞蚨祥”、“亨得利”以及银行、钱庄、商号等。北京名胜古迹、风土人情在档案中也有不少反映。

（二）北京市数字档案馆的准备工作

北京市数字档案馆的建设集中在数字档案馆的基础和前提上，时间可以追溯到1995年。当时，北京档案馆领导从思想上达成统一：认为只有借助先进的技术手段，加快基础设施的现代化建设和档案信息资源的数字化建设，档案馆的建设工作才会充满生机和活力。数字化档案馆的建设是项复杂的系统工程，需要巨额的经费投入，以及技术和智力支持。市馆领导通过摸底调研，结合市馆自身的情况，仍然坚定了加快数字化档案建设的决心。1995年北京市档案馆启动了档案信息化建设方案，1996年在首都经济信息网上开辟网页，1998年正式建立网站，通过信息网络向社会介绍馆藏、档案服务及档案资源的开发利用概况。

2001年颁布的《北京市“十五”时期档案事业发展规划》中明确提出，北京市档案信息化的建设的目标是：

（1）实现开放档案目录计算机案卷级检索，各区县档案馆实现全部馆藏目录计算机检索。

（2）重要的、利用率高的档案逐步实现计算机文件级检索。

（3）建立明清、民国和革命历史三个目录中心的机读目录数据库和现行档案目录数据中心，在全市范围内实现馆际间革命历史档案和民国档案的资源共享。

根据上述目标，北京市档案馆在2002年完成了250万页纸质档案、30万幅缩微胶片、2.7万张照片、400盘录音带以及280盘录像带的数字化，70余万卷开放档案案卷级目录也全部上网供人们查阅。① 北京市档案局馆还为此专门成立了信息化建设领导小组，制定了《电子文件接收暂行标准》、《北京市档案局馆网站管理办法》、《北京市档案馆缩微胶片档案数字化工作制度》、《北京市档案馆纸质档案数字

① 参见莫陌：《档案走进社会生活的新途径——北京市档案馆信息化建设初见成效》，载《北京档案》，2002（7）。

化工作制度》等七项规章制度，为实现档案信息化建设提供了制度上的保障。

北京市委、市政府为市档案事业的发展提供了强有力的支持。自1995年以来，除正常的业务经费外，北京市委、市政府仅为市档案馆的现代化建设一项投入，累计已达646万元。截至2005年4月底，北京市档案馆软硬件基础设施主要有：各类型号计算机244台，局馆两地建立了统一的局域网，网络上有PC级服务器13台，分别承担着数据库服务器、邮件服务器、Web服务器等功能，还配备有数字输入输出、数字化转化、胶片缩微及摄录像等与之相配套的设备设施。档案信息资源建设也成果显著，现有机读目录100万条，机读目录数据库30多个，已接收电子光盘644盘、软盘282张[①]，完成纸质档案数字化扫描44.6万卷（册），共1 693.3万页，数字化档案数量约占馆藏总量的29.1%[②]，网站上开放目录84.73万条，全文开放28万页。

二、网站的建设情况

1998年，北京市档案馆正式建立网站，用户可以通过www.da.bj.cn进入北京市档案信息网首页，可以进行档案全文检索、目录检索、政府信息公开查询、行政规范性文件查询、文件下载以及网上咨询等业务。2002年7月初，网站进行改版之后，不仅增加了服务内容和栏目，而且还新增了英文版。

1. 检索功能

北京市档案馆的检索系统涵盖了六个数据库，共84.73万条数据。从1533年至2008年，400余年的时间，跨越180个机构、团体，内容包括政治、经济、军事、文化教育、医药卫生、工业、农业、建筑、交通、运输、商业、金融、社会救济、刑事案件等，用户可以对这些分类信息进行目录检索和全文阅览。

用户进入网站后可点击“档案目录检索”，进入六大数据库进行检索，包括明清、民国档案数据库，新中国成立后档案数据库，劳模档案数据库，诉讼档案数据库，工商档案数据库和税务档案数据库。

用户可以从数据库列表中选择数据库，点击进入查询，用户可以使用“普通检索”和“高级检索”两种方法，搜索到北京市档案馆的全部开放档案信息。

用户还可以点击“行政规范性文件查询”，查询2006年1月1日以后北京市各级人民政府及其所属部门和派出机关发布的行政规范性文件。

点击“查询”按钮，就会进入图8—2所示的对话框，如图8—2所示，用户

① 参见莫陌：《档案走进社会生活的新途径——北京市档案馆信息化建设初见成效》，载《北京档案》，2002（7）。

② 参见马素萍：《北京市档案信息化建设的现状分析》，载《北京档案》，2007（7）。

可以输入查询条件进行检索。

标题：

链接地址：

馆编号：

制文机关：

文号：

文件时间晚于：2005-12-02 00:00 获取

文件时间早于：2009-10-11 18:34:11 获取

废止时间晚于：2005-12-02 00:00 获取

废止时间早于：2009-10-11 18:34:11 获取

主题词：

备注：

确定 取消

图 8—2 北京市档案信息网检索页面

2. 链接功能

北京市档案馆网站还拥有强大的链接功能，与各区县档案机构、国内各档案机构、国外各档案机构、首都之窗、首都图书馆、国家图书馆、各大高校档案馆等都建立了链接，如图 8—3 所示。

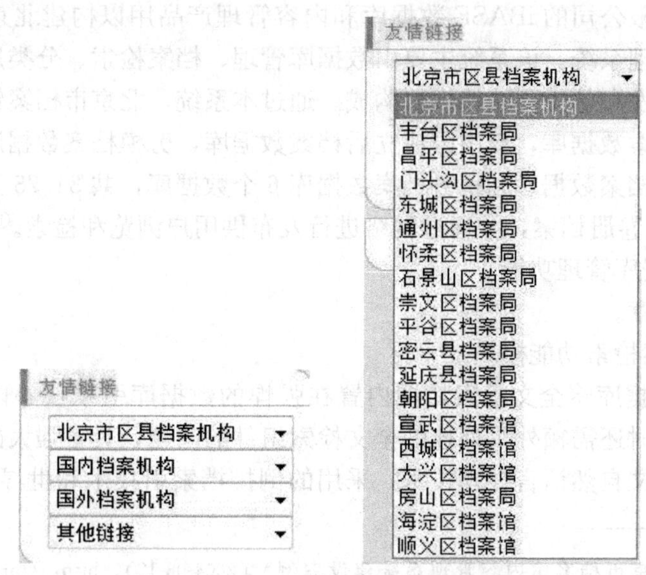

图 8—3 北京市档案信息网链接页面

北京市档案馆网站的这种强大的链接功能，在提高自身网站访问量的同时，也增加了其链接的各个区县网站的浏览量，方便了用户及时、更好、更全面地掌握和查询所需要的档案信息资源，提高了档案信息资源的共享程度，减少了资源的重复浪费，从而提高了档案信息的利用效率和效果。同时，也在一定程度上体现了市馆对各区县档案馆的业务指导和监督作用。

另外，用户还可以利用链接方式浏览北京市委、市政府及委办局在网上公开的政策、法规文件，并进入相关网站及时、有效地查询所需要的信息。

从以上的介绍中可以看出，北京市档案馆的数字化建设已日渐完善，数字档案馆的运行主体已准备得十分充分，我们相信，北京市的数字档案馆一定会给我国的数字档案馆建设树立一个良好的榜样。

三、北京市数字档案馆的内容管理系统建设

要建设一个完善的数字档案馆，必须要解决好网站维护以及信息更新和维护工作，以保证信息发布及时、准确、无误。而内容管理系统则主要解决各种非结构化或半结构化的数字资源的采集、管理、利用、传递和增值，从而有效解决用户网站建设与信息发布中常见的问题和需求。北京市档案馆作为首都档案馆，其馆藏涉及政治、经济、文化、教育等各个方面，且价值珍贵，作为这样一个设施先进、技术力量雄厚的现代化综合档案馆，市馆领导十分重视数字档案馆的内容管理系统的建设，在考察和试用国内、国外多家软件厂商后，最终选定了北京国信贝斯软件有限公司的 iBASE 数据库和内容管理产品用以构建北京市档案馆的信息检索与管理系统。该系统主要由数据库管理、档案检索、分类用户管理和网站内容的动态发布等主要功能模块构成。通过本系统，北京市档案馆分别建立了明清、民国档案数据库，新中国成立后档案数据库，劳模档案数据库，诉讼档案数据库，工商档案数据库和税务档案数据库 6 个数据库，共 84.73 万条数据，覆盖了807 475万卷册档案，并通过网络进行发布供用户浏览和检索。①

（一）数据库管理功能

详见第六章。

（二）档案检索功能模块

iBASE 数据库将全文检索功能内置在强悍的数据库引擎核心内，避免了采用关系数据库时还需额外买外挂的全文检索组件的问题，具备强大的信息检索功能。它基于中文自然语言处理技术，采用的倒排挡索引技术和世界领先的 B^+ 树

① 参见《北京市档案馆内容管理系统建设案例》（2004-06-12），http：//article.pchome.net/content-29358.html。

索引算法，使数据库的检索速度实现了海量数据秒级响应；同时引入分布式处理技术、智能检索技术和数据挖掘技术，实现了智能、高效、快速而灵活的信息检索和基于内容的查询，大大提高了对信息检索的速度和深度，满足数字档案馆海量数据检索的需要。

由于使用了 iBASE 数据库强大的智能全文检索引擎，实现了档案信息及档案全文的简单、渐进与任意项的组配检索。系统设置了任意多项单项快速检索与自由组合检索，支持国内外各种成熟检索方法，如基于自然语言的全文检索、字段限定检索、布尔检索、前方一致检索、相邻检索、基于内容的全文检索以及后控词表检索等，检索方式灵活，检索途径多且十分灵活方便。对数以百万份档案的检索速度仅在 1 秒钟范围内，大大提高了用户查找档案的效率。

（三）网站内容的动态发布与查询访问功能

将各种资源动态发布上网实现资源的共享是档案馆数字化建设的最终目的。利用 iBASE 内容管理平台提供的强大的发布功能，北京市档案馆网站实现了“预约单处理”、“读者建议处理”、“精品档案维护”、“网上展览”、“档案史料目录”、“专题史料出版物目录”、“业务论文”等信息的网上发布功能。由于采用了先进的模板技术，系统从数据库中提取数据按照模板格式自动动态生成或更新网页，大大减轻了管理人员的负担。对于发布上网的数据库资源，系统提供了完善的检索功能。它不仅支持一般的全文检索，而且支持组配检索、前方一致检索、ANY 检索、布尔逻辑检索、二次检索和基于网络的后控制词表管理与检索等多种复杂检索方式，从而极大地方便了读者对文献信息资源的深层挖掘和利用，为读者提供完善的服务。

（四）完善的系统管理功能

根据数字档案馆面临的版权和信息安全问题，iBASE 内容管理系统还提供了基于角色的用户权限管理、基于策略的计费管理和完善安全认证管理以及图形界面维护管理机制。北京市档案馆可以根据读者角色，提供多级用户管理机制，以确保只有授权的用户才能访问相关资源；同时可提供完全基于管理策略的计费管理机制；整个系统完全基于图形界面，界面友好，操作简单，可大大降低档案馆管理人员的劳动强度。

四、北京市数字档案馆的未来建设展望

北京市档案馆作为我国首都的档案馆，其各方面建设都要体现出示范作用，数字档案馆的建设更是如此。因此，北京市数字档案馆在未来的建设过程中要与“数字北京”和国家档案信息化建设同步协调，不能仅从近期利益和效果出发，必须着眼于远大目标，从实际情况出发，作好规划，从易到难，大步跨越。“十一五”时期，北京市档案馆就提出档案信息化建设要按照统筹规划、统一标准、需求主导、资源共享及保障安全的原则，并将档案信息化建设作为“十一五”时期北京市档案工作的重点，要着力抓好档案信息化标准规范建设、档案馆室信息资源建设、档案资源网络化服务、档案信息化设施建设、档案信息安全保障体系建设几方面工作，全方位加大档案信息化建设力度；重点做好北京旧城保护和重点新城建设、社会主义新农村建设、和谐社区建设、企业改革、社会诚信体系建设等方面的档案工作，在为各项事业进行档案服务的同时，带动并促进档案工作自身的发展；重点抓档案数据库的规范建设及全市档案信息资源整合与共享工作，建立全市档案门户网站，为实现全市档案目录数据库、纸质档案全文数据库、录音录像档案数据库及行政规范性文件数据库的整合和共享提供平台；利用政务专网为政府有关部门提供馆藏暂不开放档案信息资源服务，为领导决策信息系统提供有针对性的档案信息服务；利用互联网为社会公众提供开放档案和行政规范性文件服务，从而形成全市多层次多类型可共享的档案信息服务网络。① 我们相信，在这样的规划和领导之下，北京市数字档案馆建设必将取得巨大的成绩。

附录　国际性档案网站网址

中华人民共和国信息产业部：	http：//www. mii. gov. cn/
中国互联网络信息中心：	http：//www. cnnic. net. cn/
国际档案理事会：	http：//www. ica. org/
国际档案理事会东亚分会：	http：//www. eastica. org/
联合国教科文组织档案门户网站：	http：//www. unesco. org/cgi-bin/webworld/portal _ archives/cgi/page. cgi？d＝1
加拿大国家档案馆：	http：//www. archives. c/
美国国家档案文件管理局：	http：//www. archives. gov/index. html
美国国家人事档案中心：	http：//www. nara. gov/regional/stlouis. html
法国国家档案馆：	http：//www. archivesnationales. culture. gouv. fr/
德国国家档案馆：	http：//www. bundesarchiv. de/
英国公共图书馆：	http：//www. nationalarchives. gov. uk/

① 参见《北京市“十一五”时期国民经济和社会信息化发展规划》（2006-11-22），http：//www. beijing. gov. cn/zfzx/ghxx/sywgh/t698874. htm。

英国数字档案馆：　　　　http：//www. ndad. nationalarchives. gov. uk/
澳大利亚国家档案馆：　　http：//www. naa. gov. au/
日本国家档案馆：　　　　http：//www. archives. go. jp/
韩国政府记录保存所：　　http：//www. archives. go. kr/
国际化标准组织：　　　　http：/www. iso. org

【本章小结】

档案信息网络化是数字档案馆发展的高级阶段。它超出了馆内单机或局域网的检索范围，通过档案资源的互联互通实现资源共享，提高数字档案馆的公共服务能力。档案网站是数字档案馆的窗口，承担着为公众提供档案服务的重要使命。在档案网站建设过程中，应该本着“让信息变得可理解”的 IA 网站思想，选择合适的网站技术，实现最优的档案网站功能。北京、上海档案信息网络化建设的思路值得借鉴。

【本章关键术语中英文对照】

信息构建	Information Architecture，IA
公用网关接口	Common Gateway Interface，CGI
超文本预处理器技术	Hypertext Preprocessor，PHP
动态服务器页面	Active Server Page，ASP
基于 Java 体系的网页开发技术	Java Server Pages，JSP
美国档案研究目录	Archival Research Catalog，ARC

【讨论题】

1. 谈谈档案信息网络化的意义。

2. IA 的核心思想是什么？对于档案网站建设有什么指导价值？

3. 如果要建立一个大型的档案网站，应选择什么样的网站开发技术？谈谈你的理由。

4. 档案网站建设的步骤是什么？

5. 网络档案信息检索系统应注意哪些问题？

6. 试分析北京数字档案馆网站功能的优点与缺点，并谈谈改进的途径。

第九章 数字档案馆系统的安全

【本章要点】

分析了数字档案馆的外网、内网与局域网安全风险；介绍了档案信息安全技术如隔离、防火墙与防病毒技术，以及数字加密技术、数字签名技术的原理与方法；最后阐述了数字档案馆安全管理制度。

【关键词】

信息安全◯外网安全◯内网安全◯局域网安全◯网络隔离技术◯防火墙技术◯防病毒技术◯数字加密技术◯数字签名技术◯安全管理制度

第一节　数字档案馆安全风险分析

数字档案馆系统包括外网系统、内网系统与涉密网系统三个部分。由于这三个部分承担的功能不同，所面临的安全风险也有所不同。随着数字档案馆系统这三个部分的保密性增加，它们所面临的安全风险也在逐级增加。

一、外网安全风险

数字档案馆外网部分是面向公众的开放网络，其安全问题主要包括：(1) 网站安全，包括用户的信息安全，如隐私保护、商业秘密保护。(2) 访问安全，对于经授权才能访问的资源需要进行用户身份认证与鉴别。(3) 信息发布安全，主要是对网上公开发布信息的审查鉴定；网站技术安全，如防止病毒、木马的入侵等。

数字档案馆网站担负着向社会公众提供档案信息服务的重任，其安全性直接关系到公众对数字档案馆的信任和使用。档案网站可能碰到的技术性安全问题包括：Cookie 中毒、木马攻击、应用程序缓冲溢出、SQL 注入、跨站脚本攻击、已知安全漏洞、强行浏览问题、参数篡改攻击等。要构架一个整体上安全的数字档案馆网站，需要考虑以下几个方面的问题。

1. 硬件方面

首先，应当建立符合实际需要的网络拓扑结构。拓扑结构可以为网络的规划和管理提供资料，帮助技术人员了解网络的优缺点和安全性，从而找出网络的安全缺陷和安全问题。

其次，要根据网站提供的服务，如 Web 服务、电子邮件服务等，购买相应的硬件或软件防火墙。不允许局域网内部私自接入外网，也不允许交换机直接接到核心服务器的交换机上，所有内部和外网的连接均要通过防火墙。还要划分一个网络隔离区（Demilitarized Zone，DMZ），把外网可以直接访问的系统（例如 WEB 系统、电子邮件系统等）置于 DMZ 区，限制内部敏感信息被非法访问。

最后，要设置备份系统，根据用户的网络情况，提供骨干交换机、路由器等核心网络设备的备份。备份设备可以在一段时间内替代网络中实际使用的设备。这样，一旦核心设备出现故障，可以快速恢复网络硬件环境；通过备份文件的复原，能够尽快恢复网络的电子资源；由此可在最短的时间内恢复整个网络应用。

2. 操作系统

操作系统中存在的漏洞为黑客攻击计算机程序提供了可乘之机。如果使用 Windows 操作系统，则可能存在以下漏洞：Unicode 漏洞、缓冲区溢出漏洞、IIS CGI 文件名错误解码漏洞、FrontPage 服务器扩展漏洞、Printer 漏洞等等。攻击者利用这些漏洞可以导致的后果包括：受影响服务器产生缓冲区溢出，从而执行自己提供的代码；取得系统管理员权限；进行目录遍历而访问到 Web 根目录以外的文件；绕过系统程序对文件名所做的安全检查，甚至执行任意系统命令；获得访问权限，使 Web 服务停止等。针对这些程序漏洞，微软一般会在官方网站发布一些补丁程序或手动处理方法，需要及时地对其进行更新修复。

除了对操作系统的安全漏洞进行及时更新修复之外，还应对 Windows 的用户权限进行设置，使特定的用户只能有相应的权限访问相应的文件夹。还应当根据需要对系统的某些事件做审核，并配置系统日志。管理员可以通过查看系统日志了解最近系统的使用情况。同时，通过配置密码策略和密码锁定策略减小或消除攻击者对系统用户密码破解的威胁。

3. 应用软件

为保证网络的安全，还应使用一些网络安全产品，如防火墙、防病毒软件、入侵检测系统等。

防火墙应安装在局域网与路由器之间，或 Internet 服务器和托管机房之间。这里防火墙实现单向访问控制：允许局域网用户访问 Internet，但是严格限制 Internet用户对局域网内部资源的访问。用防火墙将局域网划分为 Internet、DMZ 区和内部访问区这三个逻辑上的区域，有利于对局域网的管理。通过配置防火墙的相应规则可以实现端口级的控制，对内部网络的安全起到重要的作用。

在服务器、各终端和工作站上应配网络防病毒软件，如果需要可专门设防病毒服务器。防病毒服务器通过 Internet 及时更新病毒库，并强制局域网中已开机的终端更新防病毒软件，记录局域网中各终端病毒库的升级情况以及终端上病毒出现的时间、类型以及处理措施。终端及工作站上的防病毒软件实时监控本机对内存、文件的读写，并根据预先定义好的处理方法处理新发现的病毒文件，同时还对邮件实施监控。

在网络隔离区域和托管机房服务器区安装入侵检测系统（IDS）。入侵检测系统作为旁路设备，监控网络中的信息，统计并记录网络中异常主机和异常连接，并中断某些已定义好的异常连接，还可与防火墙关联，向防火墙发出指令，命其在限定的时间内终止某个特定的异常连接。

4. 网站源程序代码

网站源程序代码的安全也对整个网站的安全起到举足轻重的作用。若代码漏洞比较严重，攻击者通过相应的攻击很容易拿到系统的最高权限，那时整个网站也在其掌握之中，因此代码的安全性至关重要。目前由于代码编写的不严谨而引发的漏洞很多，最为常见的有：数据库注入漏洞、动网上传漏洞等。

数据库注入漏洞是指程序员在编写代码的时候没有对特殊字符进行过滤，攻击者利用这一点，在客户端提交特殊的代码，从而收集程序及服务器的信息，获得其想要的资料，对网站进行攻击。攻击者会利用一些代码构造语句，轻易成为网站会员或拿到网站的管理员权限，使网站内容面临极大的危险。

动网上传漏洞是指程序编码不严谨，没有考虑到系统的很多特殊情况，攻击者通过构造特殊的上传路径或特殊的文件名，绕过程序审核，使其接受程序规定以外的文件类型，比如将某些字符串换成木马程序，达到攻击网站的目的。

5. 管理方面

除了先进的技术支持，还要配合并完善管理制度才能保证网站的安全。应对服务器机房制定相关的管理制度，内容包括：限制进入机房人员的身份，进出机房做记录；设备进出机房或修改配置均应做记录，以便于网络核心设备的监控；分散管理权限，在不影响用户使用的前提下，给予其最小的权限；对于网络的最高权限，也可实行分散管理原则，即要求多个拥有最高权限的用户同时操作才能完成最高权限功能；管理员密码应尽量复杂，避免有规律的密码设置，并且应经常更新；网站的前后台密码不应相同或相似，并且二者之间尽量不要有任何联系。①

二、局域网安全风险

为保证数字档案信息资源的安全，数字档案馆的外网系统与内网（局域网）系统应该相互隔离。数字档案馆的馆内局域网主要承担电子文件归档、扫描录入、档案文件著录、数据库管理、目录检索、全文检索等功能，实现馆内各部门的流水作业和信息共享。数字档案馆局域网的安全既包括防范来自互联网的入侵，也包括来自局域网内部的风险。除了病毒和黑客攻击之外，数字档案馆局域网的安全风险还包括以下几种类型。

1. 非法扫描

几乎所有的入侵都是从扫描开始的，攻击者首先判断目标主机是否存在，进而探测其开放的端口和存在的漏洞，然后根据扫描结果采取相应的攻击手段实施攻击。因此，防扫描是安全防护的第一步。攻击者采用的扫描手段是很多的，可以使用 Ping、网络邻居、SuperScan、NMAP、NC、S 扫描器等工具对目标计算机进行扫描。其中 SuperScan 的扫描速度非常快，而 NMAP 的扫描非常专业，不但误报很少，而且还可以扫描到很多信息，包括系统漏洞、共享密码、开启服务等。

要防范这些扫描，首先要禁止互联网控制信息协议（Internet Control Message Protocol，ICMP）的回应，当对方进行扫描的时候，由于无法得到 ICMP 的回应，扫描器会误认为主机不存在，从而达到保护自己的目的。防范措施包括关闭端口、屏蔽端口或者利用蜜罐技术进行扫描欺骗。

关闭闲置和有潜在危险的端口是一种比较被动的方法。因为就黑客而言，所有的端口都可能成为攻击的目标，而一些系统必要的通信端口，如访问网页需要的 HTTP 80 端口、QQ4000 端口等不能被关闭。在 Windows 版本的服务器系统中要

① 参见网站安全评估文档，http：//jkx. suse. edu. cn/upfile/2007524164338. doc，2009-07-20。

关闭掉一些闲置端口是比较方便的，可以采用“定向关闭指定服务的端口”（黑名单）和“只开放允许端口的方式”（白名单）进行设置。计算机的一些网络服务会有系统分配默认的端口，将一些闲置的服务关闭掉，其对应的端口也会被关闭。

屏蔽有扫描症状的端口也是一种常用的方法。端口屏蔽需要借助网络防火墙软件。

蜜罐技术的原理是，蜜罐工具会虚拟一台有“缺陷”的服务器，等着恶意攻击者上钩。在黑客看来被扫描的主机似乎打开了相应的端口，但是却无法实施攻击，从而保护了真正的服务器。例如，Defnet HoneyPot“蜜罐”虚拟系统，能够为恶意攻击者布置陷阱，记录其执行了哪些命令，进行了哪些操作，使用了哪些恶意攻击工具。通过陷阱的记录，可以了解攻击者的习惯，掌握足够的攻击证据，甚至反击攻击者。①

2. 操作系统溢出

操作系统溢出的问题，在数字档案馆的外网或局域网中都有可能存在。由于操作系统的漏洞，系统溢出很难避免。攻击者通常在溢出得到 shell 后，会用诸如 net. exe、net1. exe、ipconfig. exe、user. exe、query. exe、regedit. exe、regsvr32. exe 等文件达到进一步控制服务器的目的，比如加账号、克隆管理员等等。防止操作系统溢出的方法包括下载补丁、服务最小化、端口过滤、安装系统防火墙，或者利用系统命令程序删除或者重命名某些文件。

3. 窃取秘密

由于档案文件保密或限制开放的特殊性，数字档案馆系统面临着秘密被窃取、文件被删除或篡改的风险。为防止保密信息被窃取，应对公用电脑进行权限限制，最好是为工作人员配备专用电脑。

三、涉密网的安全风险

随着电子文件的不断产生，涉密的数字档案也会不断增加，为此，应当构建专门的涉密网络保护这些涉密档案文件的安全。涉密档案信息一般具有特殊的价值，因此会成为攻击者的重要攻击目标。为保证涉密档案信息的安全，一定要加强数字档案馆涉密网络的安全保护工作。关于计算机信息系统所面临的安全威胁，广东省汕尾市编制的《保密知识 100 问》② 对此有简明准确的解答，现直接引用如下。

---

① 参见《局域网安全从防开始》，http：//networking. ctocio. com. cn/tips/246/8247246. shtml，2008-08-05。

② 参见广东汕尾市保密局：《保密知识 100 问》，http：//www. swbmj. gov. cn/ShowInfo _ 47. htm。

（一）涉密信息系统面临的安全威胁

（1）非法访问，窃取秘密信息。

（2）利用搭线截收或电磁泄漏发射，窃取秘密信息。

（3）利用特洛伊木马和其他后门程序窃取秘密信息。

（4）篡改、插入、删除信息，破坏信息完整性。

（5）利用病毒等非法程序或其他手段攻击系统，使系统瘫痪或无法服务，破坏系统可用性。

（6）传播有害国家安全稳定的信息，传播低级下流的黄色信息，利用系统进行有害信息渗透。

（7）冒充领导发布指示，调阅密件；冒充主机、冒充控制程序欺骗合法主机和用户，套取或修改使用权限、口令字、密钥等信息，非法占用系统资源，破坏系统可控性。

（8）行为者否认自己发送过或接收到相关信息，产生抵赖行为。

（二）信息系统可能的泄密途径

（1）信息设备电磁泄漏发射。计算机信息系统使用的信息设备，包括主机、服务器、磁盘机、打印机、显示器等，工作时都会产生不同程度的电磁泄漏发射。一种是通过电磁波向空中发射，称作辐射发射；一种是经电源线、信号线、地线等导体发射，称作传导发射。信息设备所处理的信息会随发射电磁波发送出去，数百米外可以接收还原。

（2）系统后门、隐通道、漏洞。计算机信息系统讲求的是互联互通，远程访问，资源共享，为攻击者提供了实现攻击的途径。计算机信息系统操作系统程序量大，通信协议复杂，不可避免地存在各种配置漏洞、操作系统漏洞、协议漏洞、后门、隐通道等，可被窃密者利用。如果是人为地预留后门、隐通道、漏洞，将更加危险。

（3）磁介质剩磁数据可复原。磁介质存储信息难以清除。当删除一个文件时，只是在文件目录表中对该文件加删除标志，该文件所占用的扇区标识为空闲，磁盘上的数据并未真正清除。通常所说的格式化程序（例如 Format），并未清除数据，只是重写了文件分配表 FAT 表而已；分区硬盘，也只是修改引导记录，大部分数据并未改变。经过删除、格式化或分区硬盘后，一般用户不再看见数据了，但使用专用程序却能找到并恢复数据。有研究表明，即使对磁介质进行物理格式化仍会留有信息痕迹，利用专用工具即可恢复。

（4）操作系统工作时，为了某种需要，可能会做一些人们不希望做而又无法控制的事。例如在进行写操作时，在硬盘或软盘上自动建立某些临时文件，将某些信息暂时存在这里，使用者不会觉察，窃密者却有可能提取这些信息。

(5) 主要软硬件进口不可控，这是很大的隐患。

(三) 涉密信息系统的安全保密要求

(1) 涉密信息的定密制度和管理制度应当符合《中华人民共和国保守国家秘密法》及其实施办法和有关法规。

(2) 应当符合《计算机信息系统保密管理暂行规定》。

(3) 涉密系统不得直接或间接国际联网，必须实行物理隔离。

(4) 物理安全。通过环境安全、设备安全、媒体安全等措施，保护计算机信息系统设备、设施、媒体和信息，使之不因自然灾害、环境事故以及人为物理操作失误或错误，不因各种以物理手段进行的违法犯罪活动，而造成破坏、丢失。

(5) 运行安全。通过备份与恢复、病毒检测与消除、电磁兼容等措施，保证系统能持续运行。

(6) 信息安全保密。通过物理隔离、身份鉴别、访问控制、传输加密、存储加密、完整性校验、防电磁泄漏发射、审计跟踪、安全保密性能检测等措施以及相应的管理，保证信息的保密性、完整性、可用性、可控性以及行为的不可否认性，防止不良信息渗透传播。

第二节　档案信息网安全技术

可以把数字档案馆的安全问题分为两个部分。第一部分是档案信息系统的安全性涉及的安全技术，有物理隔离、防火墙技术和防病毒技术。第二部分是数据在传输过程中的安全性。本节主要介绍第一方面的知识，后面两节将专门介绍第二方面的知识。

一、隔离技术

为保证数字档案馆局域网及涉密网的安全，防范来自互联网的各种入侵和威胁，需要对数字档案馆的内网与外网实行网络隔离与数据隔离。

(一) 网络隔离

网络隔离 (Network Isolation) 技术的目标是确保隔离有害的攻击，在保证可信网络内部信息不外泄的前提下，完成与外部网络的安全数据交换。网络隔离可以分为物理隔离和逻辑隔离。

1. 物理隔离

所谓物理隔离是指内部网不直接或间接地连接公共网。物理隔离的目的是保护路由器、工作站、网络服务器等硬件实体和通信链路免受自然灾害、人为破坏和搭线窃听攻击。只有使数字档案馆的内部网和公共网物理隔离，才能真正保证数字档案馆内部信息网络不受来自互联网的黑客攻击。此外，物理隔离也为内部网划定了明确的安全边界，使得网络的可控性增强，便于内部管理。物理隔离技术包括双机双网技术、双硬盘隔离卡技术与单硬盘隔离卡技术。

双机双网技术是最简单可靠的物理隔离技术。就是安装两套网络和计算机设备，一套对应档案馆内部办公环境或涉密网，一套连接外部互联网，两套网络没有电气连接，互不干扰。档案馆内部工作人员在进行不同工作时，使用不同的网络和计算机。

双硬盘隔离卡技术就是在原有机器上增加一块硬盘和一个隔离卡用以实现物理隔离。两块硬盘分别对应内外网，当用户启动外网时就关闭内网的硬盘，当启动内网时则关闭外网的硬盘。其主要特点是：（1）两个硬盘各连接一套网络系统。（2）把隔离卡插入计算机 PCI 插槽内，隔离卡上可连接两条网络线及两条 Modem 线，通过继电器对其接通或切断。（3）隔离卡根据当前的计算机状态控制网络隔离状态。两个硬盘必须分时工作，两条网络线同样也必须分时接通。（4）切换可以采用操作系统界面上的图标实现，不需要硬开关。

单硬盘隔离卡技术是将原计算机的单个硬盘从物理层上分割为公共和安全两个分区，分别安装两套操作系统，实现内外网的安全隔离。单硬盘隔离卡具有严密的硬盘数据保护功能，使用热启动方式切换两个网络，并有较强的扩展功能，可以实现数据的安全传输等。用户可以根据自己的需要在不同的网络环境（内网或外网）中自由切换，操作时感受不到任何区别。单硬盘隔离卡技术的优点是不增加成本，特设硬盘数据交换区可以让内外网在安全条件下按设定的单向方式交换数据。为防止内部数据泄密，在安全区及内网连接状态下可以禁用软驱、光驱等设备。

目前，还有一些新兴的物理隔离技术，如动态隔离技术与反射隔离技术。动态隔断技术能在一秒钟内自动切换内外网达 1 000 次，使操作者根本感觉不到有任何延迟。反射隔离技术采用反射原理代替切换开关，实现内外网的物理隔离，并且能对内外网的信息进行筛选。

2. 逻辑隔离

逻辑隔离并不是将连接切断，而是从网络安全等级上考虑划分合理的网络安全边界，使不同安全级别的网络或信息媒介不能相互访问。利用虚拟局域网（VLAN）技术可以实现网络隔离。VLAN 技术是在第二层交换设备上实现不同端口之间的逻辑隔离。VLAN 首先分割了广播域。在划分了 VLAN 的交换机上，处于不同 VLAN 的端口之间无法直接通过两层交换设备进行通信。不同的用户连接在互不相连的两层设备上，VLAN 间的通信只能通过三层路由进行。采用 VLAN 技术，可以实现不同用户之间在两层交换设备上的隔离，外部攻击者无法利用用户认证及访问控制等技术，以在同一广播域内实施攻击的方式对其他用户进行攻击。

如果是涉密数字档案信息网，对于物理隔离还应有更高的要求，包括：为涉密系统建立独立机房；使用独立的信息设备和网络设备；自建独立的局域网，使用党政专用网的传输线路和平台；采用独立传输线路。

（二）数据隔离

对于安全性要求很高的涉密档案网而言，除了进行网络隔离之外，还需要进行数据隔离。数据隔离的方法包括以下几种。

(1) 在物理传导上使内外网络隔断，防止内部网信息通过网络连接泄漏到外部网。

(2) 在物理辐射上隔断两个网络环境，或者采用电磁泄漏发射防护技术，确保内部网信息不会通过电磁辐射或耦合方式泄漏到外部网。电磁泄漏发射防护技术包括：电磁屏蔽技术，利用屏蔽室、屏蔽柜等，把系统信息设备与周围环境隔离；使用低泄射信息设备，在设备研制生产过程中把泄漏发射减低，使窃收成为不可能；电磁干扰技术，用干扰信号干扰电磁泄漏发射信号，使窃收者不能提取信息；使用光缆或屏蔽的传输线路。

(3) 在物理存储上隔断两个网络环境，对于断电后会遗失信息的部件，如内存、处理器等暂存部件，要在网络转换时作清除处理，防止残留信息出网。

(4) 对于断电非遗失性设备，如磁带机、硬盘等存储设备，内部网与外部网信息要分开存储。维修涉密计算机时，必须进行登记。到保密工作部门指定的单位维修，不得送到社会上的维修点维修。保修期内的计算机，在送往销售单位保修时，必须将存储国家秘密信息的磁介质拆卸，派责任心强的涉密人员，对送修的计算机实行现场监督，确保涉密信息安全。涉密软盘、光盘应在密码柜中保存。携带涉密笔记本电脑、软盘、光盘外出，须经单位领导批准，并采取必要的保护措施，使涉密载体始终处于携带人的有效控制之下。严禁携带涉密笔记本电脑、光盘出境。确实因工作需要携带出境的，应当按照有关保密规定办理批准和携带手续。

二、防火墙技术

防火墙（Firewall）是位于两个（或多个）网络间，实施网间访问控制的一组组件的集合。防火墙包括硬件防火墙与软件防火墙两种。它满足以下条件：内部和外部之间的所有网络数据流必须经过防火墙；只有符合安全政策的数据流才能通过防火墙；防火墙自身应对渗透（Peneration）免疫。

在网络中，防火墙实际是一种隔离技术，逻辑上，可以将防火墙看做一个分离器，一个限制器，也是一个分析器，它有效地监控了内部网和 Internet 之间的任何活动，保证了内部网络的安全。

硬件防火墙是安全厂商在硬件服务器厂商定制硬件，然后再把 Linux 系统与自己的软件系统嵌入而构成的。硬件防火墙是软硬件一体的，用户购买后不需要再投入其他费用。硬件防火墙一般使用经过内核编译后的 Linux，凭借 Linux 本身的高可靠性和稳定性保证了防火墙整体的稳定性。硬件防火墙在基于状态检测的机制上，安全厂商又可以根据市场的不同需求开发应用层过滤规则，来满足对内网的控制，能够在高层进行过滤，达到软件防火墙所不能达到的效果。

软件防火墙是由软件安全厂商开发的软件防火墙产品。软件防火墙一般要安装在 Windows 平台上，但由于 Windows 本身的漏洞和不稳定性带来了软件防火墙的安全性和稳定性的问题。

防火墙一般安装在 Internet 与内网之间，其逻辑位置如图 9—1 所示。

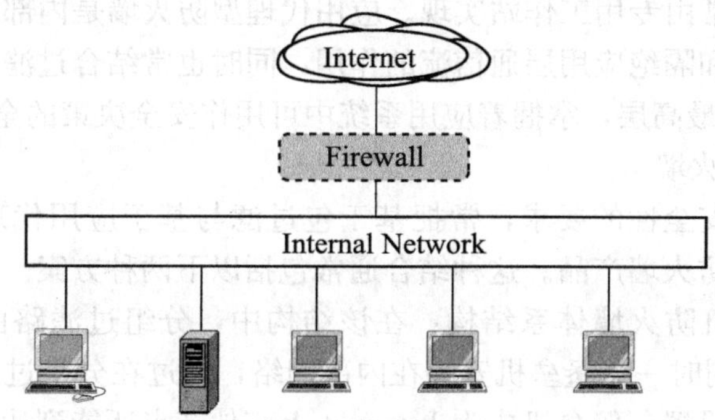

图 9—1　防火墙逻辑位置示意图

常见防火墙的类型主要可以概括为三种：分组过滤（包过滤）、应用代理、复合型防火墙。[①]

1. 分组过滤型防火墙

分组过滤（Packet Filtering）或包过滤在网络层和传输层起作用。包过滤是第一代防火墙技术。它根据 IP 、TCP 或 UDP 包头的源地址、目的地址、端口号以及协议类型等信息，按照安全规则检查所有进来的数据包，而这些安全规则大都是基于低层协议的，如 IP、TCP。如果一个数据包满足所有规则，过滤路由器就把数据向上层提交，转发到相应的目的地出口端，其余数据包则被从数据

① 参见瑞星，http：//it. rising. com. cn/newSite/。

流中丢弃。

包过滤的优点是不用改动客户机和主机上的应用程序，因为它工作在网络层和传输层，与应用层无关。但其弱点也是明显的：据以过滤判别的只有网络层和传输层的有限信息，因而各种安全要求不可能充分满足；在许多过滤器中，过滤规则的数目是有限制的，且随着规则数目的增加性能会受到很大的影响；由于缺少上下文关联信息，不能有效地过滤如 UDP 、RPC 一类的协议；另外，大多数过滤器中缺少审计和报警机制，且管理方式和用户界面较差；对安全管理人员素质要求高，建立安全规则时，必须对协议本身及其在不同应用程序中的作用有较深入的理解。因此，过滤器通常是和应用网关配合使用，共同组成防火墙系统。

2. 应用代理型防火墙

应用代理（Application Proxy）也叫应用网关（Application Gateway），它作用在应用层。应用代理型防火墙的特点是完全“阻隔”了网络通信流，通过对每种应用服务编制专门的代理程序，实现监视和控制应用层通信流的作用。实际中的应用网关通常由专用工作站实现。应用代理型防火墙是内部网与外部网的隔离点，起着监视和隔绝应用层通信流的作用，同时也常结合过滤器的功能。它工作在 OSI 模型的最高层，掌握着应用系统中可用作安全决策的全部信息。

3. 复合型防火墙

出于对更高安全性的要求，常把基于包过滤与基于应用代理的方法结合起来，形成复合型防火墙产品。这种结合通常包括以下两种方案。

(1) 屏蔽主机防火墙体系结构：在该结构中，分组过滤路由器或防火墙与 Internet 相连，同时一个堡垒机安装在内部网络，通过在分组过滤路由器或防火墙上过滤规则的设置，堡垒机成为 Internet 上其他节点所能到达的唯一节点，这确保了内部网络不受未授权外部用户的攻击。

(2) 屏蔽子网防火墙体系结构：堡垒机放在一个子网内，形成网络隔离区。两个分组过滤路由器放在这一子网的两端，使这一子网与 Internet 及内部网络分离。在屏蔽子网防火墙体系结构中，堡垒主机和分组过滤路由器共同构成了整个防火墙的安全基础。

三、防病毒技术

计算机病毒（Virus）是数字档案馆安全的主要威胁。随着网络应用的普及，病毒种类不断更新，对数字档案馆造成的威胁也在不断加大。

对于计算机病毒，应以“防”为主，数字档案管理人员应树立预防意识。如果等病毒已经进入局域网后再作剿杀，显然为时已晚。因此，应在数字档案馆的内网与外网的接口处设置防病毒网关。防病毒网关通过对进出网络的数据流进行扫描，阻挡带有病毒的数据包进出网络，达到防范的目的。这种办法还可以防止将网络内部受到感染的病毒文件传到其他的网络中。

为了保证数字档案馆的安全运行，需要建立一套完善的计算机病毒防范体系，[①] 具体包括如下内容。

(1) 做好病毒的清查工作，建立无病毒的环境，对机房和上机人员的所有磁盘进行病毒普查。

(2) 严格管理系统盘，规定平时只用硬盘引导系统，最好不用外来的 DOS 盘引导系统，当出现故障时只用储备用的一套写保护盘启动系统。

(3) 使用具有合法版权的软件，当使用外来的新软件之前，应进行查病毒和清除病毒。

(4) 将大量的杀毒软件（如卡巴斯基、瑞星杀毒、金山毒霸等）汇集于一体，检查是否存在已知病毒，如在开机时或在执行每一个可执行文件前执行扫描程序。

(5) 加强数字档案馆计算机操作人员的病毒知识教育，严格按规章制度执行，禁止外来人员带盘上机。

第三节　数字加密技术

数字档案馆存有大量有价值的档案信息，其中部分信息有一定的密级或开放限制。在互联网时代，社会公众对电子档案信息远程查询的需求不断增加，这个过程涉及大量的数据交换。数字加密技术（Encrpytion Tachniques）是目前解决网络通信安全的有效技术手段，对于数字档案的安全传递具有重要价值。对数字档案信息进行加密的实质是对档案信息进行重新编码，从而达到隐藏信息内容，使非法用户无法获取真实档案信息的目的。应用数字加密技术，可以防止档案信息被泄露给未授权人，给国家造成损失。

在所有的加密算法中最简单的一种就是“置换表”算法。这种算法能较好地达到加密的需要。具体做法是：使每一个数据段（总是一个字节）对应“置换表”中的一个偏移量，偏移量所对应的值就输出成为加密后的文件。加密程序和解密程序都需要一个这样的“置换表”。对这种“置换表”方式的一个改进就是使用两个或者更多的“置换表”。

数字加密技术可以分为基于对称密钥加密算法的私钥加密体系和基于非对称

---

① 参见谢东青、冷健、熊伟：《计算机网络安全技术教程》，259页，北京，机械工业出版社，2007。

密钥加密算法的公钥加密体系。结合二者的优点，又出现了数字信封技术。

一、对称密钥加密技术

信息发送方为了保护将要传送的明文信息不被第三方窃取，采用密钥 A 对信息进行加密而形成密文 M 并且发送给接收方，接收方用同样的一把密钥 A 对收到的密文 M 进行解密，得到明文信息。在这个过程中，发送方所用的加密密钥和接收方所用的解密密钥相同，被称之为对称密钥加密法，如图 9—2 所示。由于这对密钥不能被第三方知道，所以又叫私有密钥加密方法。

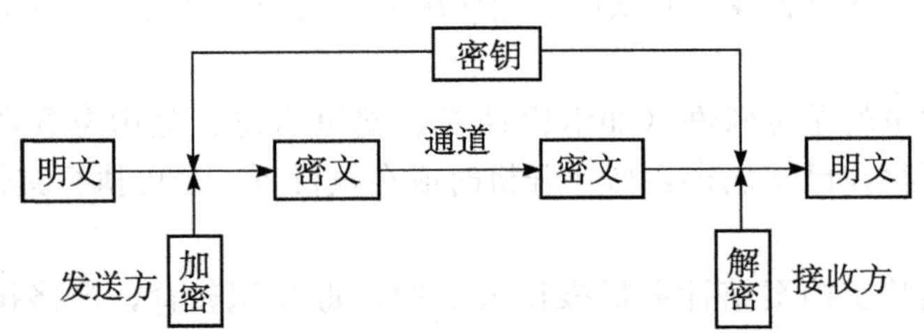

图 9—2　对称密钥加密技术示意图

对称密钥的优点是对数据信息加密和解密的速度非常快，所以适合对大量数据进行加密解密。其缺点是密钥必须由信息发送方和信息接收方共同拥有，所以相对而言增加了密钥被泄露的可能。另外，因为利用互联网交换保密信息的每对用户都需要一个密钥（应保证每个密钥不同），假如在网络中有 $n(n>2)$ 个人彼此之间进行通信就需要 $n(n-1)/2$ 个密钥，每个人如果分别和其他人进行通信，那么每一个人需要保管的密钥就是 $n-1$ 个。随着 n 的增长，网络中密钥的数量呈几何级数增长，当 n 这个数字很大的时候，网络中的整个密钥数量非常大，很难管理。

二、非对称密钥加密技术

非对称密码技术采用两个不同的密钥，一个用来加密，一个用来解密。前者是可以公开的，故称为公开密钥；后者是需要保护的，只有解密人自己拥有，因而称为私密密钥，二者不能相互推导。这两个密钥的产生通常由解密方完成，然后将产生的公开密钥传送给加密方。公开密钥可以保存在系统目录内、未加密的电子邮件信息中、电话黄页（政府电话）上或公告牌中，网上的任何用户都可获得公开密钥。用于解密的私有密钥不需要发往任何地方，这样私钥就不存在传送过程的安全性问题，只需要考虑密钥本身的保密强度问题。非对称密码技术也称为公钥加密技术，其加密与解密技术如图 9—3 所示。

非对称密钥方法的优点是网络安全性好；在多方传递中产生的密钥数量相对

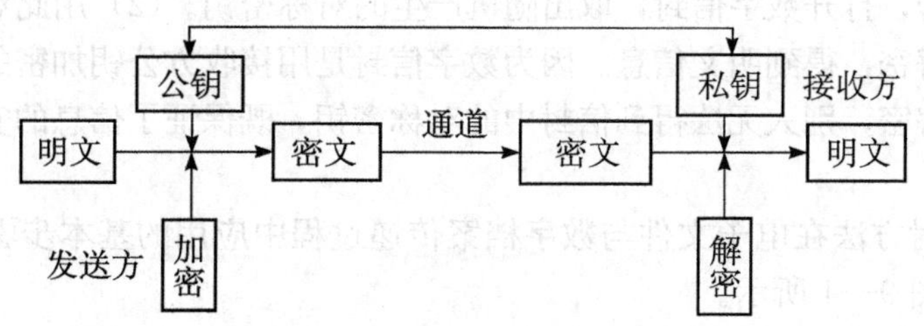

图 9—3 非对称加密体制示意图

要少；缺点是加密和解密的速度慢。常用的公钥密码技术包括 RSA、ELAgamal 和椭圆曲线密码等技术，其中 RSA 是应用最为广泛的一种方法。RSA 加密算法使用了两个非常大的素数来产生公钥和私钥。即使从一个公钥中通过因数分解可以得到私钥，但由于这个运算所包含的计算量是非常巨大的，所以在现实上也是不可行的。可以说，RSA 加密算法的安全性与密钥的长度有关，长度越长越难解密。在 SET 系统中使用的密钥长度为 1 024 位和 2 048 位。

RSA 加密算法速度较慢，这使得使用 RSA 算法加密大量的数据不太可行。为解决非对称加密算法速度较慢的问题，现实中一些加密算法将 RSA 加密算法与运算速度相对较快的对称加密算法结合使用。PGP 算法以及大多数基于 RSA 算法的加密方法的基本步骤是：（1）先用一个快速的对称加密算法来加密数据，这个对称算法的密钥是随机产生的，是保密的，我们称之为数据密钥。（2）再用非对称算法的公钥来加密这个数据密钥。（3）将加密的数据密钥发给接收方。（4）接收方用自己的私钥对数据密钥进行解密。（5）接收方用数据密钥对加密数据进行解密，获得数据原文。

三、数字信封方法

数字信封技术就是将对称加密与非对称加密技术结合起来使用的方法，原理同 PGP 方法很相似。

数字信封方法加密的步骤为：（1）对需传送的信息（如电子合同、支付指令、文件）采用对称密钥进行加密，但密钥不是事先由双方约定，而是在加密前由发送方随机产生。（2）然后将此随机产生的对称密钥用接收方的公开密钥进行加密，发送给接受方。这就好比将要传送的信息用“信封”封装起来，所以称作数字信封。①

数字信封方法解密的步骤为：（1）接收方用自己的私人密钥对所收到的加密

① 参见张述平、杨国明等：《数字加密技术与应用》，载《福建电脑》，2006（7）。

信息进行解密，打开数字信封，取出随机产生的对称密钥。(2) 用此对称密钥对所收到的密文解密，得到明文信息。因为数字信封是用接收方公钥加密的，只能用接收方的私钥解密，别人无法得到信封中的对称密钥，既保证了信息的安全，又提高了速度。

数字信封方法在电子文件与数字档案传递过程中应用的基本步骤可概括为如下过程，如图 9—4 所示。

(1) 数字档案馆（发送方）随机生成一个对称密钥 A，并用此密钥对所要加密的文件进行加密。

(2) 数字档案馆用文件用户的公开密钥 B（公钥 B）对刚才生成的对称密钥 A 进行加密，生成对称密钥 A 的密文。这个过程就仿佛把私有密钥 A 装进了数字信封。

(3) 数字档案馆将加密文件与加密密钥通过网络通道发送给文件用户。

(4) 用户收到加密信息后，用自己的私有密钥（私钥 B）对 A 的密文（数字信封）进行解密，获得密钥 A。

(5) 用户利用密钥 A 对收到的“文件信息”的密文进行解密，得到“文件信息”的明文，完成文件传递。

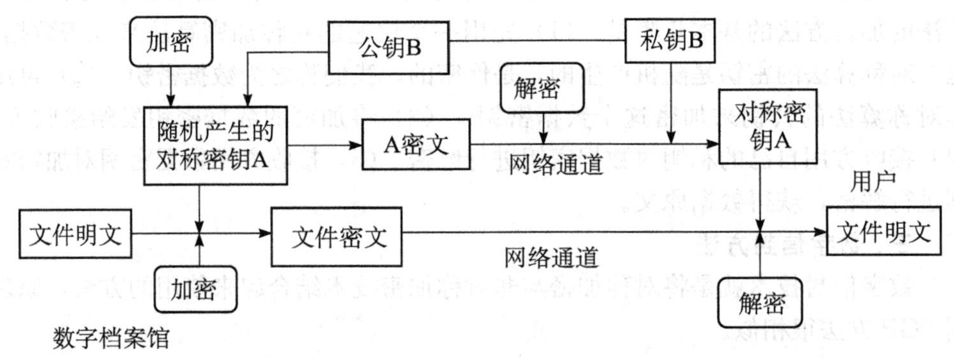

图 9—4　数字信封方法在档案文件传递中的应用

注：A 为数字档案馆和用户的对称密钥；公钥 B 为用户产生的公开密钥；私钥 B 为用户产生的私有密钥；A 密文为对称密钥 A 的密文；文件密文为明文通过对称密钥 A 加密的密文。

数字信封技术在外层使用公开密钥技术，可以充分发挥非对称密钥加密技术安全性高的优势，而内层的对称密钥长度较短，用公开密钥加密长度较小的密钥可以尽量规避非对称密钥技术速度慢的弊端。由于数字信封技术结合了非对称密钥技术和对称密钥技术的优点，同时摒弃了它们的缺点，因而在数字档案馆信息传输中具有很好的应用性。

第四节 数字签名技术

数字签名（Digital Signature）技术对于保证电子文件的真实可靠有着十分重要的意义，是数字档案馆学领域重要的安全技术。《中华人民共和国电子签名法》于 2005 年 4 月 1 日起开始施行，正式确立了电子签名的法律效力。该法第一章第三条规定："当事人约定使用电子签名、数据电文的文书，不得仅因为其采用电子签名、数据电文的形式而否定其法律效力。"

数字签名可以解决否认、伪造、篡改及冒充等问题。数字签名技术主要用于网络传输对象的认证，判定传递信息和文件的真实性。AT&T Government Market 的 Secret Agent 将数字签名的文档作为电子邮件的附件来发表；Regnoc Software 的 Signature 使用 OLE 2.0 可对 Windows 下的任何文本做数字签名；ViaCrypt 的 ViaCrypt PGP 可从传递信息的应用中剪切文本至 Windows 或 Macintosh 裁剪板，在那里对它进行数字签名后将它粘贴到传递信息中。它的电子商务功能之一是：雇员发送或接收的所有密文都能被破译，可设置成在公司密钥下去自动破译所有外发信息，并且要求雇员使用职权范围允许的解密密钥。

在数字签名技术出现之前，曾经出现过一种"数字化签名"技术。这是一种不安全的签名方式，就是将手写签名扫描传输到电子文档中。这种"数字化签名"可以被剪切，然后粘贴到任意文档上，即使文档发生改变也仍然可以进行粘贴，而且文档很容易被复制。而数字签名与"数字化签名"完全不同，数字签名与用户的姓名和手写签名形式毫无关系。

数字签名是通过一个单向函数对要传送的报文进行处理得到的用以认证报文来源并核实报文是否发生变化的一个字母数字串。它的实质是对所要传送的报文进行函数处理后的结果，是签名方对信息内容完整性的一种承诺，它所保护的信息内容可能被破坏，但不会被欺骗。

数字签名和手写签名有相通之处。书面的手写签名是确认文件的一种手段，其作用在于：一是因签名不可否认而能够确认文件已签署的事实；二是因签名难以仿冒而能够确认文件是真的这一事实。与此类似，数字签名也能确认两点：第一，信息是签名者发送的；第二，信息自签发到接收未曾作过任何修改。

二者的不同之处在于：一是手写签名是所签文件的物理组成部分，而数字签名是独立于所签文件的，需要把签名"绑"到所签文件上；二是手写签名是通过和一个真实的手写签名进行比较来验证的，而数字签名则是通过一个公开的验证算法来验证的，而且要通过好的算法来阻止伪造签名的可能性；三是对于不同的文档信息，同一签名者的手写签名是相同的，而同一发送者的数字签名并不相同，而且如果没有私有密钥，任何人都无法完成非法复制。

一、数字签名原理

为保证数字签名的法律效力，对于数字签名的基本要求包括：(1) 签名者事后不能否认自己的签名；(2) 接收者能够验证核实发送的报文签名；(3) 接收者不能伪造发送者的报文签名；(4) 接收者不能对发送者的报文进行部分篡改；(5) 网络中的某一用户不能冒充另一用户作为发送者或接收者；(6) 双方关于签名的真实性有争议时，应由第三方来解决。

实现数字签名的方法有很多，既可以是基于对称加密算法的方法，也可以是基于非对称加密算法的方法。常用的有基于 RSA Date Security 公司的 PKCS (Public Key Cryptography Standards)、Digital Signature Algorithm、x.509、PGP (Pretty Good Privacy) 的系列技术。1994 年美国颁布了数字签名标准 (Data Signature Standard，DSS)，使基于非对称加密算法的公钥加密技术广泛应用。

(一) 基于公钥加密技术的数字签名原理

目前数字签名采用较多的是公钥加密技术，公钥加密系统采用非对称加密算法。所谓非对称加密算法就是使用两个密钥：公开密钥 (Public Key) 和私有密钥 (Private Key)，二者分别用于对数据进行加密和解密。如果用公开密钥对数据进行加密，只有用对应的私有密钥才能进行解密；如果用私有密钥对数据进行加密，则只有用对应的公开密钥才能解密。

基于非对称加密算法的数字签名原理是：(1) 发送方首先用公开的单向函数对报文进行一次变换，得到数字签名，然后利用私有密钥对数字签名进行加密后附在报文之后一同发出。(2) 接收方用发送方的公开密钥对数字签名进行解密变换，得到一个数字签名的明文。发送方的公钥是由一个可信赖的技术管理机构即验证机构 (Certification Authority，CA) 发布的。(3) 接收方将得到的明文通过单向函数进行计算，同样得到一个数字签名，再将两个数字签名进行对比，如果相同，则证明签名有效，否则无效。

数字签名生成的具体步骤是：首先，报文的发送方依据散列函数，从报文文本中生成一个 128 位的散列值 (或报文摘要)；其次，发送方用自己的私有密钥对这个散列值进行加密来形成发送方的数字签名；最后，该数字签名将作为报文的附件和报文一起发送给报文的接收方。

数字签名鉴定的具体步骤是：首先，接收方用发送方的公开密钥对报文附加的数字签名进行解密；其次，接收方从收到的原始报文中计算出128位的散列值；最后，对解密后的签名与计算出的散列值进行比较，如果二者相同，则接收方确认该报文是发送方发出的。否则拒收报文。

这种方法使任何拥有发送方公开密钥的人都可以验证数字签名的正确性。由于发送方私有密钥的保密性，接收方既可以根据验证结果来拒收该报文，也能使接收方无法伪造报文签名及对报文进行修改。原因是数字签名是整个报文的散列函数值，是一组代表报文特征的定长代码，报文一旦发生改变，散列值也随之改变。因此，同一发送者对不同报文的数字签名是不同的。这种方法广泛应用于银行、政府机构、企业等。

（二）基于私钥加密技术的数字签名原理

私钥加密技术用对称加密算法进行加密和解密。对称加密算法所用的加密密钥和解密密钥通常是相同的，即使不同也可以很容易地由其中的任意一个推导出另一个。在此算法中，加、解密双方所用的密钥都要保守秘密。由于计算速度快而广泛应用于对大量数据如文件的加密过程中，具体方法如RD4、DES、AES等。

对称加密算法是基于排列和置换运算的。排列是对数据重新进行安排，置换是将一个数据单元替换为另一个。比如AES是一个迭代的、对称密钥分组的密码，它可以使用128、192和256位密钥，并且用128位（16字节）分组加密和解密数据，加密密钥和解密密钥是相同的。通过分组密码返回的加密数据的位数与输入数据相同。迭代加密使用一个循环结构，在该循环中重复置换（Permutations）和替换（Substitutions）输入数据。

基于对称加密算法的数字签名产生的原理是：发送方选择一组长度是报文的比特数（n）两倍的密钥A。先从报文中随机选择$2n$个数B，用签名密钥A对这$2n$个数B进行一次加密变换，得到另一组$2n$个数C，这是发送方的验证信息C。具体作法是，发送方从报文分组M的第一位开始，依次检查M的第i位，若为0时，取密钥A的第i位，若为1则取密钥A的第$i+1$位，直至报文全部检查完毕。所选取的n个密钥位形成了最后的签名。

基于对称加密算法的数字签名鉴定的原理是：接收方对签名进行验证时，也是首先从第一位开始依次检查报文M，如果M的第i位为0时，它就认为签名中的第I组信息是密钥A的第i位，若为1则为密钥A的第$i+1$位；直至报文全部验证完毕后，就得到了n个密钥。由于接收方具有发送方的验证信息C，所以可以利用得到的n个密钥检验验证信息，从而确认报文是否是由发送方所发送。

基于私钥加密技术的数字签名方法是逐位进行签名的，只要有一位被改动过，接收方就得不到正确的数字签名，因此其安全性较好。其缺点是：签名太长，如果对报文先进行压缩再签名，可以减少签名的长度；签名密钥及相应的验证信息不能重复使用，否则极不安全。

二、几种常用的数字签名方法

数字签名的算法很多，应用最为广泛的三种是：Hash 签名、RSA 签名与 DSS 签名。其中，RSA 和 DSS 基于公钥加密技术。

（一）Hash 签名

Hash 签名由罗恩·里夫斯特（Ron Rivest）设计，是十分常用的数字签名方法，也称为数字摘要法、数字指纹法。Hash 签名发送方采用单向散列函数将需要加密的明文“摘要”成一串密文，又称为数字指纹，然后对数字指纹进行加密。接收方在验证签名时，也是先计算明文的散列值，然后再验证数字签名。Hash 签名将数字签名与要发送的信息紧密结合在一起同时发送。将文件的个体内容与签名结合在一起，比文件和签名分开传递更加可信和安全，所以数字摘要加密方法亦称安全 Hash 编码法。

Hash 签名不属于计算密集型算法，速度较快，可以降低服务器资源的消耗，减轻中央服务器的负荷，应用比较广泛。少量现金付款系统，如 DEC 的 Millicent 和 CyberCash 的 CyberCoin 等很多都使用 Hash 签名。由于 Hash 签名的签名密钥与解密密钥是相同的，接收方与发送方都知道生成签名的密钥，因此较容易攻破，存在伪造签名的可能。

（二）RSA 签名

RSA 是最为流行的一种加密标准，许多产品的内核中都有 RSA 的软件和类库。RSA 既可以用来加密数据，也可以用于身份认证。RSA 签名的基本思想是大整数分解和素数检测，加密和解密的互逆性主要基于 Fermat 定理和 Euler 函数。算法过程如下：

(1) 选取两个大素数 p 和 q，并计算其乘积 $n = pq$ 和 $(p-1)(q-1)$；

(2) 随机选取加密密钥 e，使得 e 与 $(p-1)(q-1)$ 没有公共因子；

(3) 解密密钥 d 可由式 $ed = 1 \bmod (p-1)(q-1)$ 求得；

(4) 密钥 e 和 n 公开，密钥 d 予以保密，p 和 q 丢弃；

(5) 发送方对报文 M 加密时，用冗余度函数 $F(M)$ 产生冗余 Mi，即把 M 分解为比 n 位数小的分组 $Mi(i = 1, 2, \cdots k)$，用密钥 d，根据下式求得对应的加密密文：

$$Ci = \text{Meimod}\, n \ (i = 1, 2, \cdots k)$$

(6) 接收方解密报文时，对每个加密后的分组分别计算：

$Mi = \text{Mdimold}\ n\ (i = 1,2,\cdots k)$

RSA使用非对称加密技术算法，没有密钥分配问题。网络越复杂，用户越多，其优点越明显。RSA的主要缺点是：产生密钥很麻烦，受到素数产生技术的限制，因而难以做到一次一密；分组长度太大，运算速度比对称密码算法慢，运算代价很高。

（三）DSS签名

DSS签名由美国国家标准化研究院和国家安全局共同开发。为了国家利益，美国政府不提倡使用任何削弱政府窃听能力的加密软件。DSS签名主要用于与美国政府有生意往来的公司，其他公司则较少使用。DSS签名为计算和核实数字签名指定了一个数字签名算法（DSA），DSS签名使用FIPSI80-1和安全Hash标准（SHS）来产生和核实数字签名。

第五节　数字档案馆安全管理制度

信息安全技术的应用与信息安全制度的建设是保证数字档案馆安全的两大必要条件。更进一步说，安全技术只有通过制度建设才能真正发挥作用。数字档案安全管理制度的建设包括宏观与微观两个层面，一是数字档案法律、法规与标准的建设；二是数字档案安全管理制度的建设。关于数字档案法律、法规与标准的建设将在第十二章专门介绍，本节主要介绍数字档案馆的安全管理制度。

“三分技术，七分管理”。数字档案馆机房责任重大，除了采取必要的网络安全技术外，还应制定数字档案馆安全管理制度。只有建立了健全的安全管理制度，才能使安全技术与安全设备充分发挥作用。完善的管理制度，应当包括：保密制度、网络安全管理制度、数据安全管理制度、硬件系统安全管理、软件系统安全管理、文档与日志安全管理六个方面。

1. 保密制度

要建立保密制度，首先，应向网络管理人员、系统维护人员、数据管理人员与业务操作人员明确保密的职责范围。将技术过硬、责任心强、职业道德好的人员安排到涉密管理工作岗位。调离人员应签订保密协议，承担保密义务。

其次，应实行责任分散制度。网络安全关键岗位宜实行轮岗制；操作系统管理、数据库系统管理、网络程序设计、网络数据备份等与系统安全和数据安全相关的工作宜由多人承担；涉及网络安全的重要网络操作或实体检修工作应有两人（或多人）参与，并通过注册、记录、签字等方式予以证明。

再次，网络账号采用分组管理并详细登记用户姓名、部门名称、账号名及口令、存取权限、开通时间、网络资源分配情况等。用户账号下的数据属各个用户的私人数据，网络管理员具有管理及备份权限，其他人员均无权访问（账号当事人授权访问情况除外）。网络管理员必须严守职业道德和职业纪律，不得将任何用户的密码、账号等保密信息、个人隐私等资料泄露出去。

最后，应建立严格的机房出入管理制度。机房应实行出入控制，工作人员进入网站机房要佩戴工作卡，外来检修人员、外来公务人员等进入网站机房必须由管理人员始终陪同。并填写好相应的外来人员检修卡、外来人员参观卡。进入网站机房禁止携带与网络操作无关的物品。

2. 网络安全管理制度

首先，应明确网络管理员的职责。这些职责包括：（1）网络设备管理。为主机房网络设备编号；配置、调试及故障维护。（2）网络服务器运行管理。为主机房服务器编号、安装系统、检查网络服务器运行日志；做好故障维护记录、更新服务器安全补丁；升级计算机杀毒软件，并进行杀毒；安装服务器应用软件，做好网络中心机房的安全工作。（3）网站开发及维护。包括主页建设、维护及版面更新，负责组织网上信息资源的开发，协助负责各部门主页建设等。（4）负责网络安全和保密工作；检查网络服务器安全日志，定期检查中心设备安全。

其次，维护网络配置的安全稳定。严禁随意操作、更改机房和网络配置。重大网络操作（如系统升级、系统更换、数据转储等）应事先书面提出报告，采取妥善措施对系统和数据进行保护性备份后，方可实施操作并填写操作记录。

最后，建立完善的网络检修制度。网络检修分为定期检修和临时检修两种。检修的项目涉及服务器、交换机、集线器、中继器、路由器、防火墙、配线架、网线、UPS 电源等公用网络实体。在网络出现异常征兆或故障的情况下可进行网络的临时检修。网络的临时检修包括检查、分析、确定故障设备或故障部位，并进行应急维修。

3. 数据安全管理制度

作为机构与社会的记忆，数字档案的数据安全至关重要。数据安全管理包括日常维护与应急管理两个方面。

对于通过网络传输的档案数据，主要依靠数字档案馆内外网的隔离与数据加密技术的应用来保证数据的安全。同时，也应注重数据安全管理制度的建设，包括：（1）对数据管理与维护人员进行档案专业知识培训，确保档案数据的原始性与真实性，除了使用只读光盘等不可擦写的数据存储设备之外，严格禁止随意对数据进行操作，包括修改、删除等。如确实需要对数据进行重大操作，应组织鉴定小组进行鉴定，报上级部门批准后方可进行。（2）建立完善的备份制度。信息技术发展迅速，软硬件设备升级更新的周期很短，这给需要永久和长期保存的数字档案文件的可读性带来了极大的挑战。因此，应定期对档案数据进行备份，详细记录数据运行的软硬件环境元数据，必要时连同硬件设备与软件系统同时备份，并进行异地安全保管。(3) 对不成功进入、不成功访问、越权存取尝试等进行记录、整理、分析，并提出针对性措施。数据向其他机构输出时，应经主管部门批准。(4) 数据销毁时必须组织鉴定小组进行鉴定分析，经主管部门同意后方可销毁。(5) 为保证数据安全，对于带有无线网卡的电脑，应当限制使用。

数据安全应注重日常管理，以防为主，这是应对灾难的最好办法。一旦发生紧急情况，如误删除、硬盘的误格式化等情况，可以通过数据恢复软件进行数据恢复，常用的软件有 FinalData 和 EasyRecovery 等。对于不可恢复的灾难，如火、水、战争等，则需要从日常管理入手，提高数字档案管理的预见性，提前做好数据的异地备份。

4. 硬件安全管理制度

数字档案馆机房的硬件设施包括网络设施、计算机设备及相关电器设备。比如，保密信息应采用防电磁泄漏的技术；机房应做到防火、防水、控制温湿度、防尘、防盗、防静电；机房器材、配件、软件、工具不应随意外借；UPS 应妥善保养，每三个月放电一次。

在安装服务器（或修改服务器配置）时，网管员应提出申请，并对新安装的或修改的服务器硬件、软件情况进行登记，填写“服务器配置登记（更新）表”。“服务器配置登记表”的内容包括：服务器名称及域名、CPU 类型及数量、内存类型及容量、硬盘类型及容量、网卡类型及速率、操作系统类型及版本、服务器逻辑名及 IP 地址、支撑软件的配置、应用软件的配置、硬件及软件配置的变更情况等。

5. 软件系统安全管理

软件系统的安全管理是数字档案馆建设的重中之重。应妥善保管软件系统的技术文档；定期对操作系统进行漏洞检查；定期对防病毒软件进行升级更新；对于下载、安装新的软件一定要经过病毒查杀并做好日志与技术文档管理；对于操作系统、数据库管理系统与应用系统的更新和升级需要考虑到以往数字档案文件的可读性，由技术人员与档案人员共同进行论证，选择兼容性好的升级版本。

6. 日志与文档管理

良好周密的日志记录以及细致分析是预测攻击、定位攻击以及遭受攻击后追查攻击者的有力武器。应保留所有用户访问站点的日志文件，一般每两个月要对日志文件进行异地备份，备份日志不得更改，刻录光盘保留。应定期（最好是每周）检查各个服务器的日志文件，察觉到网络处于被攻击状态后，网络信息管理员应确定其身份，并对其发出警告，提前制止可能的网络犯罪。若对方不听劝告，在保护系统安全的情况下可做善意阻击并向主管领导汇报。对软硬件设备的升级更新或维护应保留技术文档与日志记录。

【本章小结】

档案文件是关系到国家安全和稳定的特殊的信息资源。信息安全不仅是数字档案馆正常运行的前提，而且也关系到国家安全和社会文化的顺利传承。数字档案馆的安全，涉及电子文件与数字档案在生命运动周期各个阶段的安全保护，包括电子文件的产生、传递、存储、检索、利用等各个环节。由于信息技术在安全上的脆弱性，为保证数字档案馆的信息安全，不仅要充分利用信息安全技术，也要建立严格的安全管理制度。

【本章关键术语中英文对照】

计算机安全	Computer Security
网络隔离	Network Isolation
防火墙	Firewall
计算机病毒	Computer Virus
加密技术	Encrpytion Tachniques
数字签名	Digital Signature
公开密钥	Public key
私有密钥	Private key
验证机构	Certification Authority，CA

【讨论题】

1. 数字档案馆系统的外网、内网与涉密网分别面临哪些安全风险？

2. 网络隔离技术在数字档案馆建设中的应用价值有哪些？

3. 对称加密技术与非对称加密技术的原理各是什么？

4. 数字签名的技术原理是什么？数字签名在数字档案馆建设中有哪些应用？

5. 数字档案馆安全管理制度建设的意义是什么？安全管理制度的建设应包括哪几个方面？

第十章
数字档案的存储

【本章要点】

阐述了数字档案存储的含义与要求；介绍了数字档案存储介质的类型、保管条件与保护标准；分析了数字档案存储的安全风险及其应对技术。

【关键词】

数字档案存储◎存储介质◎光盘◎磁盘◎数据迁移◎仿真◎再生

第一节　数字档案存储的含义与要求

数字档案的存储工作是在计算机网络、多媒体、数据库等技术不断改进，档案的收集、存储、传输和利用日益趋向电子化、数字化的基础上建立起来的。现代信息技术极大地提高了档案信息管理的工作效率，为数字档案的快速、广泛传播奠定了基础。但是对于各级、各类档案馆而言，数字档案带来的不仅仅是方便，也带来了挑战。据报道，美国航空航天局 1976 年发射的“海盗”火星探测器上的计算机中所获数据中有 20%已经丢失，另有4 000卷统计数据因存储格式模糊也处在危险之中，档案保管人员担心无法将数据恢复。由此可见数字档案保存的重要性和紧迫性。

一、数字档案存储的含义

在中文研究文献中，常用的与数字档案存储相关的说法有“数字档案的存储”、“数字档案的保存”、“电子文件的保存”、“电子文件的存储”等说法。在关于“存储技术”、“存储介质”的说法中，也有用“存贮”一词的。从词义上来看，“存储”一词含有“保存备用”之义；而“存贮”意为“贮藏”，有侧重于“存放的外部环境”之义。本章以“数字档案的存储”为题，不仅考虑数字档案的保管与存放，而且关注其长期的保存与利用。

在英文用法中，常用的与电子文件或数字档案的保存、存储相关的词有Storage、Preservation与Protection。其中，Preserve通常是指“保存、保护、维护”。Protect意为“保护、防护”。而Storage则指“贮藏、保管”。在英文研究文献中，关于电子文件与数字档案保存的常用说法有：“Preservation of Electronic Records”、“Electronic Records Storage”、“Digital Archival Storage”、“Digital Archival Preservation”等。电子文件与数字档案的保存或存储（Preservation）包括了保护、管理和贮藏三层含义。“保护”要求保证数字档案的安全性，保持其在保管期限内的真实、完整与可靠；“管理”指使用科学的方法对数字档案进行一定的技术处理，使其易于查找利用；“贮藏”是指储藏，以尽可能地延长其使用寿命，发挥最大的价值。

数字档案的产生改变了档案原有的存储模式。它不仅是传统载体档案数字化的静态结果，而且通过网络设备进行管理和利用，是传统档案的延伸。数字档案存储的含义有以下几点。

（1）海量数据存储。档案部门拥有各单位长期的历史数据，存储对象的类型也非常丰富，有的单位甚至可达TB级，因此数字档案保存的第一层含义就是海量数据的存储。

（2）数据存储格式的多样化。数字档案不但包括大量的文本信息，而且包括大量的图片、音频、视频信息，文件格式非常繁杂多样。仅文本文件而言，就包括ASCII、Text、Html、RTF、PDF等多种格式。

（3）数据的长期保存。作为保存社会记忆的职能部门，档案馆必须保证数字档案的长期保存。良好的存贮环境和通用的逻辑格式是数字档案得以长期保存的保障。

二、数字档案存储的要求

任何数据的存储，首先应根据系统存储量的需求、数据的特点、保存的目的、安全管理的基本要求以及应用访问的速度等因素选择存储介质，其次是选择适合各类数字档案信息的存储系统和访问方式。但是由于档案自身的特性，数字档案的存储有许多特殊的要求。总的来说，要实现数字档案长期、有效的保存，主要应解决好以下两个基本矛盾。

一是数字档案长期保存的需求与载体脆弱性的矛盾。数字档案信息有光学和磁性两种贮存载体。光学载体（光盘）体积小，存储量大，非接触性读写所带来的数据损耗几率较小。磁性载体（磁带、磁盘等）的稳定性较强。另外，不少研究皆肯定磁性载体比光学载体更可靠，再加上磁性载体的市场远比光学载体稳定，产品更新和废弃周期比较长，所以很多档案馆都选择将数字档案存储在磁性载体上。但是，磁性载体仍然不是一种绝对稳定可靠的贮存载体。最新的研究成果显示，在最理想的保管条件下（温度10℃，相对湿度25 %，全新的磁带或磁盘，非经常调用，库房绝对清洁且无阳光直射），磁性载体只可保存10～20年，这对需要长期保存的数字档案来说是远远不够的。

二是数字档案保存的长期性与过快的技术淘汰的矛盾。人们之所以对数字档案的长期保存感到忧心忡忡，很大程度上是源于技术更新的周期太短。在追逐经济利益的强大动因驱使下，电脑硬件、操作系统、应用软件及存储载体等很快被新的产品代替，IT业界真可谓“各领风骚一两年”，IT产品是真正的“短命鬼”。虽然绝大多数新产品承诺向下兼容，但其兼容的“代”数和跨越的时间远远不能满足数字档案长期保存的需求。若干年后，人们精心保存的数字档案就会由于找不到合适的软硬件而无法读取和识别了。

具体地，档案馆在选择数字档案存储系统时应考虑以下几个方面的问题。

1. 存储容量和性能要合适

由于档案提供利用的对象以及档案馆规模的差异，在选择数据存储系统时，应当考虑存储系统的容量和性能能否满足目前和未来可能的应用要求，而不是仅仅停留于简单的系统集成和存储产品的拼凑。不同的应用信息系统对数据传输率的要求会有所不同，在进行规划时应该了解自身信息系统在存储系统容量、数据传输率、数据增长率等方面的要求，合理规划。档案存储系统作为档案管理系统的一部分，在遵循的法规、政策及采取的流程上，应该与整个管理系统相一致。

2. 存储系统的安全性、可扩展性、高性能和兼容性

数字资源即将成为档案馆未来的最大财富，所以保证数字资源的安全是存储系统优先考虑的目标。一旦系统发生问题，存储系统的备份环境、恢复环境必须要产生最优效益，能够及时进行数据备份。应制定合理的数据备份策略和备份计划，应用二级存储介质（如磁带、光盘等），是进行数据容灾的最好方法。由于

数字档案馆系统各个子系统功能的差异以及在实施过程中设备选型的不同，系统还必须具有一定的兼容性，能够实现在不同网络协议和异构操作平台间的文件共享控制。同时，存储系统还应具有可扩展性，为将来数据增长到一定的规模做好准备。最后，系统应最大限度地利用现有数据信息及存储资源，易于升级且运行稳定。

3. 支持数据的长期存取

作为保存社会记忆的职能部门，档案馆必须确保档案信息的长期存取。良好的存储环境和通用的、标准的存储格式是其能够长期存取的保障。合理利用计算机软硬件设备管理海量数据，使得数据不仅在其生命周期内得到最大的利用率，而且能支持其长期存取，是在构筑存储系统时就必须要考虑的重要问题。

4. 技术支持和技术服务

由于存储技术具有较高的技术含量，在寻求存储解决方案的过程中，需要的不仅仅是存储产品本身，更需要的是集成商能够提供可靠的技术服务。例如，新购的存储系统应该能够与现有应用系统很好地兼容，最大限度地利用现有数据信息及存储资源，保护已有投资，实现数据的共享和统一管理；在灾难发生时，能及时、有效地解决问题，使损失达到最小。

5. 便于用户的资源利用

在目前的网络环境下，数字档案需要面向公众提供利用，部分开放档案文件应能够满足用户在任何时间、任何地点的访问需求，这就对数字档案存储系统提出了更高的要求。

第二节　数字档案的存储介质

国内外研究发现，在数字档案漫长的保存过程中，其真实性的最大风险来自于空间变换（如文件在人与人之间、系统之间、应用项目之间传送）和时间推移(数字档案的脱机保存或保存的软硬件环境被修改或更换)。事实上，数字档案在其整个生命周期中被篡改的危害远远小于由于时间、空间转换及策略不当而带来的各种系统性风险。这类风险的恶果不是个别文件被改动而是整体记忆的丧失。人类在尽情享受数字化的同时，也将为数字化付出高昂的代价。所以，为数字档案选择适合其自身特点和发展要求的存储介质就成为关乎档案价值实现的关键性问题。

一、数字档案存储介质的类型及其保管条件

数字档案是一种海量信息资源，其存储介质必须满足容量大、寿命长、稳定

可靠等要求。目前，数字档案的存储载体包括硬盘、光盘、磁盘阵列、磁带等。

（一）硬盘

硬盘（Hard Disk）是数字档案的主要载体之一，它由若干盘片重叠在一起放入一个密封的盒中组成。硬盘的盘片是固定的，盘片结构类似软盘，每个磁盘片都配以一个独立的电磁读写磁头，磁头通过电磁作用将数据存储在磁片上。传统的硬盘盘片是由铝合金制成的，但是现在为了得到越来越高的存储密度和更小的尺寸，许多硬盘采用玻璃作盘片或采用更先进的玻璃陶瓷复合材料。玻璃陶瓷的抗冲击能力比纯玻璃要高。硬盘盘片的磁介质最常用的有氧化介质和薄膜介质两类。薄膜介质与氧化介质相比，更薄，更结实，工艺更好。

硬盘损坏的主要原因是计算机使用不当、电源不稳定、空气污染和环境温度波动过大等，因此在使用过程中应注意采取以下措施延长硬盘的使用寿命。

1. 防止随意关机和频繁启动，每天关停机的次数越少越好

从电子学的角度看，在启动时，300 多瓦的电源一下加到系统上所产生的瞬间电流将导致磁头发射机电信号。如果磁头没有归位，那些碰巧处于磁头下方的数据将会被抹掉。而且，通过系统的强大脉冲也可能损坏计算机内部的芯片。而且，随意关机和频繁启动对驱动器马达损伤也比较大。

2. 保持电源稳定

没有电源，电脑会立即停机。而恶劣的电源则会使机器“生病”，这意味着永久的硬件损坏、数据丢失或暂时的读取错误。当出现电压不足、电压太低、断电、尖峰脉冲时都可能会出现问题。解决问题的最好办法是使用不间断电源(UPS)，它能将电网中的交流电转换成直流电，然后存储于电池中，如果发生负压或断电现象，电池就开始供电。电池中的直流电没有尖峰，因而起到尖峰保护作用。

3. 硬盘的防冻

温度的骤变对硬盘是不利的。在严寒的冬天，如果把长时间处于寒冷而又干燥环境的硬盘突然移至温暖、潮湿、有暖气的室内环境里，由于温度的骤变，一方面可能导致插件脱离插座而使一些元件不能工作；另一方面会导致硬盘盘片产生结露现象，使驱动器不能很好地响应命令。因此应尽量避免温度的骤然变化。

4. 硬盘的防震、防磁

磁头是在盘片上的一层气垫上运动的。由于磁头与盘片间的间隙是相当小的，来回振动可使磁头在盘片上刻出一道凹沟，并将磁头磨短。如果经常这样，凹沟中的数据就会丢失，甚至造成磁头的报废。因此，应尽可能避免主机与外界

振动源靠近，特别是不要将点阵式或菊花轮打印机同主机放在同一张桌子上。因为打印机所发出的任何振动，对电脑来说都是没有好处的。另外，尽可能使硬盘驱动器远离磁场，如音箱、电台、电机等，以避免记录数据遭到破坏。

5. 注意环境温湿度和清洁条件

主轴电机是高速运转的部件，再加上硬盘是密封的，所以周围温度太高，热量散不出去，会导致硬盘变形，产生故障；如果温度太低，又会使硬盘热胀冷缩，影响读写效果。因此要加强对温度的控制。

硬盘工作在一个密闭式结构的密封体中，以带有超精过滤纸的呼吸孔与外界相通，可以在普通无净化装置的室内环境中使用。但是若使用环境灰尘过多或太潮湿，会使呼吸过滤器堵塞，影响空气过滤系统的正常工作，导致硬盘损坏。所以，要减少空气中的含尘量，适时清除印制电路板上及主轴电机转子部分的积尘。

6. 注意防静电

硬盘驱动器的外壳一般都有接地插片，在加电之前就应使其接入微机系统的地线，切不可加电启动后随意插拔。另外，硬盘驱动器中采用了许多微电子器件，对静电均很敏感，同微机系统一样，应注意防止静电的危害。

（二）光盘

光盘（Optical Disk）是指能以标记的形式接收并保留信息在其记录层上的盘片，这些信息能用激光读出。光盘的信号稳定性比磁盘好得多，而且存储容量巨大，可以脱机保存，因而是数字档案的理想载体。光盘的盘体由片基、存储介质和保护层三部分构成。根据结构特点，光盘可以分为单面光盘和双面光盘。

理论上光盘的使用寿命可以达到100年，但是表面划伤、变形等都可能使光盘的部分信息丢失。一张圆形光盘分为数据面和标前面两个面。在使用光盘的过程中不宜用手直接触摸数据面，放置时数据面朝上平放以免弄伤或划伤。标前面不但起着标记的作用，同时也起着激光束读完数据后进行反射的作用，因此也要防止划伤。否则，一张透明的光盘会因为激光束无法反射而读不出任何数据。光盘使用完毕应及时放回保护套或盒中保存并要立放。

具体来说，光盘在使用过程中应采取以下保护措施。

1. 减少使用次数

光盘寿命的长短与光盘累计使用时间的长短息息相关。激光光能对光盘制成材料稳定性的影响，随着光盘累计使用时间的延长而加大。激光在以烧蚀方式记录信息的光盘上扫描，光盘将吸收激光热能，使光盘的材料发生变形、变色、分解、蒸发、升华和降解等现象，从而影响光盘寿命。光盘的记录方式不同，工作时激光扫描对盘片造成的影响也有所不同。比如，对以热磁方式记录信息的磁光盘进行多次读写时，光磁材料将被反复加热到居里温度以上，从而降低光盘的信噪比，使读出信号功率下降，光盘寿命缩短，所以应尽量减少光盘使用次数。

2. 防治空气污染物

在空气污染物的影响下，光盘片基和保护层材料会变色、表面皲裂、被腐蚀或发生水解，结果使它们的光学特性发生波动，引起入射和反射光波场的分布改变，导致信噪比下降，光盘寿命缩短。光盘的塑料片基和保护膜多数易带静电，使光盘表面容易受到灰尘的污染。对光盘影响最大的空气污染物主要是卤化物、氡气、有机溶剂和灰尘等。预防空气污染物最经济有效的方法，是让光盘远离污染源，提高保管环境的密封程度，对空气进行净化处理，做好库房围护结构内表面的防尘处理及库房周围环境的绿化工作。在光盘使用完毕后应立即放回到盘盒，避免灰尘、异物的污染。除此之外，应提高保管环境的密封程度，对空气进行净化处理、搞好环境清洁卫生。

在利用过程中，也很容易使光盘表面染上盐类、油类及其他无机物和有机物。光盘表面附着的污染物，一方面对光盘的片基和保护层有腐蚀作用，加速聚合物保护膜和片基材料的老化，另一方面，这些污染物在激光入射和反射过程中形成吸热中心，致使读出信号能量产生较大衰减。故应采取必要措施防止光盘表面受污染。在每次拿取光盘时，只能接触光盘的内外缘，不能触摸光盘的数据区，以免油渍、汗渍和指纹落在读取面的数据读取区。

3. 调控空气温湿度

对光盘寿命影响最经常、最普遍的因素是空气温湿度。空气温湿度的影响有间接的，也有直接的。间接影响表现在高温会加速有害化学物质对光盘制成材料的破坏。直接影响体现在两个方面，一是使光盘变形，二是使某些光盘制成材料发生水解。这将使读写光点偏离信息道，影响光盘寿命。最适宜光盘长期保存的温湿度环境是低温干燥、恒温恒湿的环境。一般可采用通风、除湿机降湿、吸潮剂除湿等与密闭相结合的方法。

4. 正确使用和存放光盘

当光盘处于工作状态时，应禁止强行按弹出钮，弹出光盘，因为此时光盘正处于高速旋转状态，经常在中途强行停止转动不仅会擦伤光盘，而且在激光扫描光盘时会改变入射光和反射光波声分布而引起误码，并且会加重电机和机械的磨损。光盘从光驱中取出后，最好是保存在质地优良的光盘保护盒中。不能将光盘夹于书页之间存放，因为不光滑的纸面会对光盘造成轻微的划伤。光盘在存放过程中也要注意防光，要避免曝晒，日光的过分照射会造成光盘变形和加速毁坏。

5. 防止标记面的机械损伤

由于光盘上标记面的保护涂层非常薄，即使轻微的划伤也有可能大面积地破坏信息记录坑点，导致原始记录信息发生难以修复的损坏。因此在光盘的存放和使用过程中要避免硬物损伤光盘，以免造成信息记录层不可挽救的损坏。

6. 禁止在光盘上书写或贴标签

用标识笔在光盘表面书写后，标识笔的墨水会渗入盘片的护漆股层而造成盘片的损坏，并且笔尖也会划伤保护层。光盘上不能贴标签。因光盘工作时是高速旋转的，贴在光盘上的标签会使光盘在高速旋转时失去平衡，导致激光点偏离信息道而错误读取数据。

（三）磁盘阵列

磁盘阵列（Redundant Array of Inexpensive Disk，RAID），是当前比较流行也比较成熟的一种存储设备，在大中型档案系统中有相当广泛的应用。磁盘阵列具有容量大、数据传输率高、体积小、便于管理等特点，在数字图书馆项目中有着非常广泛的应用。

RAID与硬盘系统最大的不同在于，它通过一组硬盘，将多个读写请求分散到多个硬盘中来实现，这样既能提高硬盘读写的并发度，也可以设置不同的冗余度将数据写到多个硬盘中，以保证数据安全。磁盘阵列存储系统的优势在于，它通过磁盘的组合能够获得非常可观的存储能力，这种组合方式可以通过可插拔方式来进行扩展，因此能够满足档案系统数据量不断增长的管理需求。用户可以根据自身的实际需求，采用不同的RAID技术获得诸如磁盘镜像、并发读取等功能，而且磁盘阵列在满足大量数据高速传输的需求的基础上，通过数据的冗余存储，能够免除单块硬盘故障带来的灾难性的数据风险。①

（四）磁带

磁带是磁盘的后援，可保存信息量很大的数字档案。磁带主要由带基、磁介质（磁粉）、黏结剂三种材料组成，其中磁介质最重要，磁带的静态特性（电磁转换特性）主要由磁介质决定。对于长期存放不用的磁带要定期绕动，防止磁带粘连与生霉。录制孔应打开以防误操作抹掉信息。磁带保管应注意以下几个方面的问题。

1. 防磁场

与普通磁带相似，影响计算机磁带耐久性的主要因素是磁场。磁带保管应远离磁场源，放入用抗磁介质制成的装具内保存，同时选用矫顽力大的磁介质制成

---

① 参见钱毅：《谈档案数字化工程中的数据存储》，载《档案学通讯》，2003（4）。

的磁带存储数字档案。

2. 控制环境温湿度

磁带具有一定的吸湿性，湿度过高，磁带的胶粘剂会发生水解，磁带容易生霉；湿度过低，易产生静电，吸附灰尘，使磁带发脆。温度过高，会增加复印效应，造成剩磁改变，加速带基老化；温度过低，则湿度难以控制。适宜的温湿度对延长磁带寿命是至关重要的。保存磁带的温度最好在17℃～20℃范围之内，相对湿度保持在35%～45%为宜。

3. 防尘防光

过多的灰尘容易污染磁带，在读取时容易划伤带基，使磁带上的信号失灵。因此，磁带存放应注意避免灰尘的侵蚀。另外，还要注意防光，防空气污染物，防止带体损伤。

4. 定期绕动

对于长期存放不用的磁带要定期绕动，防止磁带粘连与生霉。每年应当定期以正常速度倒带以减轻复印效应。存放时录制孔应当打开以防误操作抹掉信息。

二、数字档案存储介质的保护标准

1981年8月1日，国家标准总局发布了《顶装式单片可换盘式磁盘的机械性能》（GB2308－80）的国家标准，1999年9月2日，国家技术监督局批准了《信息技术、信息交换用130mm可重写盒式光盘》（GB/T16971－1997）。在十几年内，有多项与信息载体有关的国家级技术标准颁布并在全国实施。

（一）磁盘

1. 工作环境

工作温度应为15℃～50℃，其中相对湿度8%～80%，湿球温度读数不应超过26℃。盒式磁盘在运行前，应在与驱动器同一环境条件下加罩放置至少两小时。

2. 存贮环境

（1）未记录的盒式磁盘。存放温度为－40℃～65℃，湿球温度读数不应超过30℃，湿球温度在0.5℃～30℃时，盒式磁盘应能经得起8%～80%的相对湿度。

（2）已经记录的盒式磁盘。存放温度为－40℃～65℃，湿球温度读数不应超过30℃，湿球温度在0.5℃～30℃时，盒式磁盘应能耐受8%～80%得相对湿度。磁盘周围的杂散磁场强度不应超过4 000A/m。

3. 磁层的耐久性

（1）耐化学清洗液的能力。当用91%（按容积）的异丙醇和9%的蒸馏水或去离子水的混合剂清洗时，盘片磁表面应无不良反应。

（2）耐磨性。涂层必须经得起工作性磨损。把磁盘安装在驱动器上，经4 000次正常的磁头加载后，磁盘应能读出预先写入的数据。按ASTMD522－60规定（美国材料试验标准），涂层被剥离的面积不能超过贴压敏胶带的10%（压敏胶带的黏结力为300±50gf，宽度为6.35mm，相当于3M公司的202号带）。夹持压敏带的一端，以约25mm/s的速度和黏结表面呈90°±15°的方向将它撕起，观察分析涂层剥离情况。

（二）130mm磁盘

1. 工作环境

盘片周围空气的工作温度应为15℃～57℃，相对湿度为8%～80%。湿球温度不应超过26℃。盘片周围的空气洁净度应为100级。

2. 存贮环境

存放温度应为－40℃～65℃，其相对湿度为8%～80%。湿球温度不应超过30℃。在任何情况下，盘片上不得结露，应尽量避免在上述极限条件下存放，温度变化率不应超过10℃/小时。为了防止损坏数据，工作环境和存放环境盘片表面周围的杂散磁场强度不应超过4 000A/m。有磁头时，考虑到磁头铁芯的集聚效应，周围环境总的磁场强度还应减小（通常允许的环境磁场强度上限值在300A/m～2 000A/m范围内）。

3. 材料要求

只要符合GB94151－88规定的尺寸、重量及其他功能要求，盘片可以用任何合适的材料制成。

4. 磁层的耐久性

在盘片表面r3和r4之间（注：磁道范围内）的任何一部分都应能承受磁头10 000次起落。即磁头不动，盘片以0r/min～3 600r/min做加、减速旋转，使磁头起落10 000次。0r/min～2 400r/min的加速或减速时间应在6.0±1.0秒以内。

（三）90mm软磁盘

软磁盘是一种在特定的单面或双面上接收并保持磁信号的部件。它用于输入/输出和储存信息。GB/T13719－1992（ISO8860/1－1987）对信息处理和数据交换用90mm改进调频制记录软磁盘做了以下规定。

1. 工作环境

温度：10℃～60℃；相对湿度：8%～80%；湿球温度：低于29℃。建议温度的变化率不要超过20℃/小时。为了可靠地交换信息，建议读出和写入时温度和相对湿度不应分别处在使用条件的两个极值。

2. 存贮环境

温度：4℃～53℃；相对湿度：8%～90%。在软磁盘上或其内部不得附着水分。周围的杂散磁场强度不应超过 4 000A/m。软磁盘存放的温度和湿度超出使用环境时，其性能可能有所降低。这种软磁盘在使用前应在使用环境条件下进行不少于 24 小时的适应处理。

3. 材料要求

（1）外壳：可以用任何合适的材料制成，应满足 GB/T13719－1992 附录 A（补充件）的要求。

（2）里衬：其材料应能阻挡灰尘或碎屑，又不损伤磁盘。

（3）磁盘：可由表面涂有柔性磁性材料的任何合适的材料（如双向拉伸的聚对苯二甲酸乙二酯）制成。

（4）盘毂：可由任何合适的材料（如按照 ISO683/13 要求的 8 型不锈钢）制成。

4. 物理性能

（1）可燃性：制作软磁盘里衬、罩壳的材料，如果用火柴点燃，它不应在静止的二氧化碳气体中继续燃烧。

（2）磁盘的线性热膨胀系数：应为（17±8）$\times 10^{-6}$/℃。

（3）磁盘的线性湿膨胀系数：应为（0～15）$\times 10^{-6}$%RH。

（四）120mmCD-ROM 光盘

1997 年 9 月 21 日颁布，1998 年 4 月 1 日实施的《信息技术只读 120mm 数据光盘（CD-ROM）的数据交换》（GB/T16969－1997）规定，用于信息处理系统之间进行信息交换和用于信息存贮的 CD-ROM120mm 光盘，在交付使用之前，信息已经录制到盘中，而且是只读的，其技术指标要求如下。

1. 工作环境

数据交换用的光盘应在下列条件下工作，这些条件应是光盘装入已供电的驱动器时在光盘外表面测的。暴露在储存条件下的光盘，工作之前必须在工作环境中放置至少两小时。

温度：－25℃～＋70℃；相对湿度：10%～95%；绝对湿度：0.5g・m^{-3}～60.0g・m^{-3}；温度骤变：50℃max；相对湿度骤变：30%max。不允许盘片出现冷凝现象。

2. 存贮环境

存储环境是指在储存时盘片周围的条件，不允许在盘片上出现冷凝水。温度：－20℃～＋50℃；相对湿度：5%～90%；湿球温度：29℃max；大气压力：

75kpa～105kpa。

3. 材料要求

符合标准要求的任何材料。盘片的重量在 14g～33g。

（五）130mm 可重写盒式光盘

可重写光盘（Rewritable Optical Disk）是指在盘上的规定区域，能用激光束进行数据重写的一种光盘。盒式光盘（Optical Disk Cartidge）是一个里面装有光盘的盒体。激光束利用磁光克尔效应来读出、写入、擦除盘上的信息。光盘可单面记录，也可双面记录。

1. 工作环境

用作数据交换的光盘应在满足以下要求的大气环境中工作。温度：10℃～50℃；相对湿度：10％～80％；湿球温度：29℃ max；大气压力：75kpa～105kpa；温度变化率：10℃/h max；相对湿度变化率：10％/h max；磁场：在盒式光盘的工作及非工作过程中，记录层上的磁场强度不能超过 48 000A/m。

使用前，光盘应被置于操作环境中至少 2 小时。操作时，应能承受高达 20℃的热冲击（当它插入驱动器或从驱动器中取出时）。

2. 存储环境

存储环境是指允许存放没有任何保护性掩蔽物的盒式光盘的大气环境。在《信息技术信息交换用 130mm 可重写式光盘》（GB/T16971－1997）中，把不超过连续 14 天时间的定为“短期存储”，超过 14 天的称作“长期存储”。考虑到光盘作为档案永久保存的价值，在此只介绍长期存储。存储期超过 14 天时，光盘的存储环境要求如下。温度：－10℃～＋50℃；相对湿度：10％～90％；湿球温度：29℃max；大气压：75kpa～105kpa；温度变化率：15℃/hmax；相对湿度变化率：10％/h max；磁场：盒式光盘任何部位的磁场强度不应超过 48 000A/m。盒式光盘表面盒内部不应有凝露。

3. 材料要求

包括盘片和盘盒两部分的材料要求。符合标准要求的任何材料均可。盘片的重量要求在 14g～33g，盘盒的重量要求少于 150g。

4. 耐冲击性能

盒式光盘应能承受从 760mm 高处跌落，任何面或角与覆盖了 2mm 厚的乙烯基层的混凝土地面的冲击。盒式光盘应能承受所有类似的冲击而不造成功能损坏。

（六）光盘存储介质保护的美国标准

1996 年美国制定了《CD-ROM 的概率寿命，基于温度与相对湿度的测定方法》，规定了测定CD-ROM的概率寿命的方法。1998年，美国颁布了《成像材料（光盘介质）贮存》（ANSI/PI2MAIT9.25-1998）的国家标准。

ANSI/PIMAIT9.25-1998规定了光盘的储存环境（Storage Environment）标准，包括温度、相对湿度、设施的清洁程度和空气污染物等内容。该标准规定，光盘超长期储存环境的平均相对湿度应保持在20%～50%，温度不宜高于25℃，优选温度低于23℃。相对湿度24小时内的波动不应大于±10%，温湿度最快变化速度不应大于10℃/小时和10%/小时。变化的速度应足够慢，以免水汽凝结。

第三节　数字档案的存储安全

数字档案的保存，归根结底，就是要实现数字档案的安全存储，保证数字档案的长期可读性。数字档案的存储安全是指确保保存在计算机系统中的信息、数据不因意外或恶意原因遭到破坏、更改、泄露，进而实现数字档案的保密性、完整性、可用性、真实性。由于使用数字档案的最终目的是实现其内容信息的有效利用，因此在保证安全存储的同时，还要确保不影响电子文档的可控性。

一、数字档案安全存储所面临的威胁

数字档案的安全存储不仅涉及保管环节，它涉及数字档案管理的各个环节，包括数字档案的合法创建、修改和删除行为的确认；文件流转过程中操作人员的权限控制和安全操作；从电子文件到数字档案的科学归档等。保证数字档案的安全存储首先要保证其内容安全，避免信息丢失，防止非法入侵者通过网络窃取和破坏数据。

数字档案的安全保管面临着人为因素与客观因素两方面的风险。人为因素造成的威胁主要包括冒充、否认、信息泄露、信息丢失、信息破坏、信息窃取等问题，详见第九章相关内容。下面主要介绍存储载体面临的风险。

1. 数字档案存储载体的寿命较短

相对于纸质档案而言，数字档案因其存储量巨大而得到越来越广泛的应用。但是，新型存储载体的寿命却不如纸张。类似宣纸的中性纸可以保存千年以上，而磁带的有效寿命最多只有10多年，光盘在理论上寿命能够达到100年，但生产厂家的承诺却远没有达到这个限度。

2. 数字档案存储载体的损坏不易被发现

纸张的损坏很容易被发现，可以及时采取补救措施，对发生破损的档案进行抢救。但是，数字档案存储载体的有些损坏却不易被发现。无论是光盘还是磁盘，

单从表面上看无法确定它是否可读，读取的准确程度也只能由计算机设备来检验。

3. 数字档案所依赖的计算机软硬件技术更新过快

尽管数字档案存储载体的寿命不长，但是读写它的计算机软硬件技术往往寿命更短。这给数字档案的长期可读带来极大的威胁。

二、数字档案安全存储的目标

数字档案的安全存储应达到以下七个目标。

1. 真实性

真实性指数字档案内容、结构和背景信息经过传输迁移等处理后依然保持不变，与形成时的原始状态一致。真实性是保证数字档案拥有与纸质档案同等行政效益和法律凭证性的基础，是其凭证历史，反映社会实践活动，构成备以查考价值，得以作为社会记忆长久保存的前提。

2. 完整性

完整性包括两个方面的含义，一是作为记录社会活动真实面貌的具有有机联系的数字档案及其他形式的相关档案文件数量齐全；二是每一份数字档案的内容、结构和背景信息没有缺损。

3. 可靠性

可靠性是指数字档案的内容在将来任何时候都不能被修改，不能发生任何变化或者受到其他方式的破坏，以保证数字档案信息内容的原始真实性，防止数字档案信息内容的泄密。

4. 可扩展性

可扩展性是指数字档案应该可以随着系统环境的升级换代而转存为不同的形式，保证其在不同环境下都可以进行成功的迁移。

5. 可读性

可读性是指数字档案经过存储、传输、压缩、加密、媒体转换、迁移等处理后能够以人类可以识读、可以理解的方式输出并保持其内容的真实性。

6. 可识别性

可识别性是指随着技术进步、设备更新和系统升级，数字档案依然能够提供可以被载体所识别的电子信息。

7. 可恢复性

可恢复性是指各个独立的信息对象能够被恢复或显示。

三、数字档案存储的安全控制

对数字档案的安全存储进行控制的职责是防止数字档案的变化、改动和丢失。为实现数字档案的安全存储，应该在数字档案的整个运转过程中引入控制机制，实行前端控制和全过程监控，全方位实施安全控制和环境控制。

1. 设备或软件控制

利用数字档案馆软件控制数字档案被修改或删除的方法包括：(1) 对数字档案的任何修改或删除以及修改或删除的原因和操作者都应该实时由设备或软件自动记录下来。(2) 通过软件或设备对数字档案的访问权限进行控制，对于不同的用户群系统赋予不同的操作权限，以防止对数字档案的不可靠访问和恶意修改。(3) 在修改或删除的同时，所有的操作记录都与数字档案一起作为背景信息存储在不可修改的一次性写入介质上，这样有助于保证数字档案的原始性和凭证价值的实现。

2. 物理访问控制

控制数字档案信息管理系统物理访问的方法包括：(1) 无论是在网络状态下存储的还是脱机保存的数字档案，都只允许具有相应权限的人员接近存储设备。(2) 进出日志记录应该记录进入存储设备人员的进出日期、时间和身份识别，这些也应该与数字档案保存在一起。(3) 当对存储介质进行搬动或转移的时候，应该有专门的记录来说明转移的日期、时间、人员和移动原因。(4) 具有较高监督权限的高级管理人员应该定期检查记录日志，这些记录和日志本身就是保证档案真实、完整、可读的必要条件。

3. 防止丢失

防止数字档案信息丢失的方法包括：(1) 选择安全的存储地点，存储设备应该放置在没有自然危险（例如水、火或地震等）威胁的地方。(2) 建立数字档案存储的配套安全设施，如防火和灭火系统。(3) 对于丢失的档案要设法及时恢复。存储介质的恢复应该按照一定的优先顺序进行。一般来说是按照密级由高到低、形成机构社会地位由高到低、档案本身重要性递减的顺序进行恢复。(4) 防磁。磁性存储设备应该远离大功率的电动机、发电机、变压器和高压线。

4. 安全政策

应当为数字档案安全存储制定安全政策，内容包括：(1) 采用安全可靠的方法进行数字档案的移交。(2) 对数字档案存储载体的访问过程实施控制与检测。(3) 在存储介质的使用过程中，应严格遵守相关的技术标准。(4) 为数字档案的备份拷贝和灾难恢复提供辅助的存储设备。

四、数字档案长期存储的格式

由于软件开发商在设计软件时，主要针对用户的使用需求，很少考虑文件格式的长久保存能力，因此在采集数字档案入藏时，必须对繁多的文件格式进行选择，选取有利于保存的数字档案格式。能够长期保存的数字档案格式应该满足以下几点要求。

1. 系统依赖度低

能在不同语言的操作系统、不同硬件平台上使用，不受硬件、软件平台限制的格式，不仅可减少管理程序与管理费用，便于资源共享，更重要的是有利于减少文件长久保存中数据丢失的风险。以这类格式形成的文件，相对来说迁移率减少，可以降低文件长久保存中因迁移而可能带来的数据丢失的风险。

2. 通用性与标准化

使用已公开的、非专用格式的软件，不仅用户可以从任何位置得到存取该文件的软件，便于用户对该文件信息的获取，同时文件收藏部门也不必专为收藏这类文件而保留其专用的浏览工具，或将该文件转换为通用格式。使用标准格式可以降低文件保存过程中数据丢失的风险。标准化要求各软件厂家提供兼容产品，以保证信息的共享传递。

3. 支持格式转换与迁移

对于数字档案而言，转换与迁移是不可避免的。尤其对于一些专门档案而言，起初可能只能使用专用格式，如地理信息系统等。因此，数据存储选用的格式应能够支持文件数据从专有环境中迁移出来，并且易于从一种媒体向另一种媒体转换，或从一种数字平台向另一种数字平台转换。

4. 广泛的支持性

被业界或用户广泛支持、使用的数据格式，即使暂无标准，也由于它已牢固地占领并主导了市场，使得其他应用系统与信息以它为规范，以求达到与其兼容，实际上这就形成了事实标准。从保存角度看，厂家更乐意或更可能为这样的格式提供迁移路径，最高程度上保证了新旧版本之间的兼容性，从而有利于数字档案的长期保存。

5. 可扩展性、可证明性和可评价性

文件在长久保存过程中，可能会变更某些数据，也可能由于检索要求增加某些元数据。因此，所选用的数据存储格式，在不影响文件内容的真实性和完整性的前提下，应该能够支持与文件相关的信息扩充或变更。所选的文档格式，应该能够出示数据证明该文件内容自从保存以来的合法变动与非法变动情况，并具有提供该文件背景数据的能力，包括文件创建者、何时创建、文件大小、变更记录等。另外，所选的文档格式最好可以提供让用户自我评测文件真实性、完整性的数据或工具，能够出示该文件在何处授权创建、何时曾被转移或者被以何种方法破坏过的记录。

6. 源代码的公开和全面优良的功能特性

通过修改格式的源代码可以改变文件格式的一些功能和特性，这一方面保证了全面优良的功能特性，包括能保存文件的内容，显示文件的格式，保持文件的功能；能为文件的管理、安全、共享提供方便；具有较小的存储空间和较高的读写速度等。另一方面开放了源码的文件具有广泛的可接受性、更小的信息丢失风险、更低的保存费用、强大的技术支持等优点，更有助于文件的长久保存。根据以上的格式要求，可以对已有文件格式进行检查。对于静态文件的长久保存，国际标准 ISO19005 推荐的是 PDF（Portable Document Format）文件格式。

五、数字档案安全存储技术

数字档案的安全存储技术主要解决在数字档案管理过程中面临的问题：一是存储载体的寿命短；二是数字档案所依赖的计算机软硬件技术过时、系统不兼容。目前，理论上有三种解决方法：一是将数字档案的阅读设备和软件保存到某种技术博物馆，这种方法要求定期鉴定并需要惊人的费用支出，但是存储效果最好。二是在纸质或微缩片上制作拷贝，这种方法只适用于结构简单的文档，不适用于地理信息系统 GIS 或其他复杂信息系统，虽可保证信息的永久保存，但避免危险的同时也失去了数字化的优势。三是将数字档案尽可能地转化成中性格式的文档。这种方法运用最多，但是否适用于复杂文档还有争议。

在努力引进先进的电子文件保管思想、制定有效合理的数字档案法律法规的同时，需要依靠先进的信息存储技术实现数字档案的长久保存。下面介绍一些常见的数字档案存储技术。

（一）数据拷贝更新

数据拷贝（Data Copy）更新是指在原来的技术环境下实时重写信息数据，将数据流从旧存储介质转移到新存储介质上，防止由于存储介质物理性能变化而引起信息丢失的方法。这种方法很早就大量应用于磁带、磁盘、光盘的保存上。该技术存在的不足是：(1) 有些数字信息可能要用专用软件才能读取，仅仅更新存储介质是不够的。(2) 有些数字信息虽然可直接转移存储，但可能丢失相关的结构、链接或环境信息；或者没有同时转移相关联的编码、压缩、加密信息，以及没有对信息的结构特性、元数据、检索与展示能力进行维护，因此不能满足用户对信息检索的要求。(3) 目前计算机软硬件技术的发展速度远远超过物理介质质量的恶化速度。即使原始存储介质还完好无损，但是有关软硬件可能早已过时甚至消失。因此，单纯依靠信息更新来保存数字档案文件具有很大的风险。

（二）数据迁移

数据迁移（Data Migration），是一种数据保存方式，是指数据在不同的存储类型、存储格式以及计算机系统间转移的过程。数据迁移通常在程序驱动下自动进行，免除了繁杂的人工作业。当存储设备过时、更新升级数字档案馆软件系统、更换档案数据库厂商、进行新旧系统整合时，都需要进行档案的数据迁移。迁移集中于数据对象本身，是数据的转移，或将旧的存储介质中的数据格式重写至新的介质，一直被认为是数字对象长期保存的可行方法。比如，传统的缩微复制技术也被认为是一种数据迁移方法。数据迁移的目的就是使档案数据在介质过时、技术更新的环境中仍然能够被读取。

为了进行有效的数据迁移，需要将旧的存储系统里的数据与新系统里的数据映射比较。程序化的数据迁移包括多个步骤，其中最为核心的是旧系统的数据抽离（Data Extraction）和新系统的数据载入（Data Loading）。当数据载入新系统后，要进行数据确认（Data Verification）来检查数据是否被准确地翻译，是否完整，是否支持新系统的处理过程。在确认时，可能需要同时运行新旧两个系统来识别数据不一致的地方，并预测数据丢失错误（Data Loss）。

数据迁移包括存储迁移、数据库迁移、应用迁移、商务过程迁移等。存储迁移是将数据的物理块从一个存储介质转移到另一个，并保持数据格式和内容不变。数据库迁移是指在改变数据库厂商时进行的数据转移，或在进行大的数据库软件升级时对底层数据格式的改变。

目前常见的数据迁移有三种类型：

1. 不同介质间的迁移

将电子信息从稳定性低的存储介质迁移到稳定性高的存储介质。这种类型主要针对存储介质的过期或转换问题。当数字档案保存到一定的年限后，其原有的存储介质就会老化，容易造成数据的不可读或者损失，因此需要将数据转移到新的稳定性更好的存储介质上。有时考虑到存储条件的限制，需要将数据转移到不同的介质上去，进行长期保存，比如将磁盘数据转移到光盘或缩微胶片中去等等。

2. 不同格式间的迁移

将档案数据从对软件依赖性强的格式转换成对软件依赖性弱的格式。我国《电子文件归档与管理规范》（GB/T18894－2002）规定，文字型电子文件以 XML、RTF、TXT 为通用格式；扫描型图像电子文件以 JPEG、TIFF 为通用格式；视频和多媒体电子文件以 MPEG、AVI 为通用格式；音频电子文件以 WAV 、MP3 为通用格式。相关内容可参照第十章第三节。

3. 不同系统间的迁移

从旧的计算机软硬件环境（例如旧版本、旧格式）迁移到新计算机环境（新版本、新格式），数字档案在迁移过程中可能会有部分内容丢失，应该建立迁移操作规范和质量控制标准，尽量减少迁移过程中的信息丢失。

系统间的数据迁移可以采取不同的方法进行，归纳起来主要有三种方法，即系统切换前通过工具迁移、系统切换前采用手工录入、系统切换后通过新系统生成。

（1）系统切换前通过工具迁移。在系统切换前，利用 ETL（Extract Transform Load）工具把旧系统中的历史数据抽取、转换并装载到新系统中去。其中 ETL 工具可以购买成熟的产品，比如 BIM 的 MQ II 和国内的 VIISURE。也可以是自主开发的程序。但是技术含量较高，要资深程序员才能完成。这种方法是数据迁移最主要，也是最快捷的方法。其实施的前提是，历史数据可用并且能够映射到新系统中。这种方法尤其适用于数据库的迁移。

程序驱动的数据迁移的步骤包括：分析原始的信息系统；分解原始信息系统的结构；设计目标接口；设计目标应用程序；设计目标数据库；安装并测试目标环境；建立并安装必要的入口；迁移原始的数据库；迁移原始的应用程序；迁移原始的接口。

（2）系统切换前采用手工录入。在系统切换前，组织相关人员把需要的数据手工录入到新系统中。这种方法消耗的人力、物力比较大，同时出错率也比较高。主要是一些无法转换到新系统中的数据和新系统启用时必须而旧系统无法提供的数据采用这种方法，可作为第一种方法的有益补充。

（3）系统切换后通过新系统生成。在系统切换后，通过新系统的相关功能，或为此专门开发的配套程序生成所需要的数据。通常根据已经迁移到新系统中的数据来生成所需的信息。其实施的前提是，这些数据能够通过其他数据产生。这种方法的目的不是为了数据的长期可读，而是注重系统的管理功能，因此不太适合数字档案的存储需要。

结合不同的数据迁移方法，主要有一次迁移、分次迁移、先录后迁、先迁后补等几种迁移策略。迁移工作应注意两个问题：一是迁移到不同操作系统时，在它不能保持原格式外观时，也应优先确保内容真实并维护使用功能；二是对待模拟技术的迁移问题，应首先将模拟信息转换成数字格式（声频与视频都可以转换成数字格式）。因为模拟信息的每次转录，都会造成信息质量的下降。为保证模拟记录转换成数字记录的准确性，应在模拟记录尚未损坏前就进行转换。

数据迁移的不足之处有三点：第一，只注意到存储介质可能过时，但是没有注意到数据操作技术本身也会过时，从而使数据迁移失去价值。第二，数据迁移是一个持续进行的过程，费时费力，每当存储介质过时时就要进行全部数据的迁移。第三，成本高，需要购买额外的数据存储设备进行数据迁移。

出于上述种种缺点，出现了新的代替技术，比如仿真技术。

（三）仿真

仿真（Emulation）是用一个计算机系统模拟另一个计算机系统，使前者的功能完全与后者相同，即前者接收与后者相同的数据，执行与后者相同的程序。它可以使一个计算机系统执行为另一个计算机系统编写的程序，而不必重新编写程序。所以应用这种仿真的计算机系统可以运行过时软硬件。从维护电子信息的可读性角度讲，所谓仿真就是制作一个仿真器，是延迟技术淘汰的一种方法。模仿电子信息生成时的软硬件环境，使电子信息能够以原始状态得以实现。仿真器是一个软件，也可以说是一个升级的软件，它可以使应用程序在非原技术平台上运行。某些软件制造商会在其产品中建立对过时技术的兼容功能，如 Microsoft 的 Office 可以实现对低端版本的兼容。

仿真技术方法主要包括：模仿应用软件；模仿操作系统；模仿硬件平台。数字档案的仿真过程一般包括以下几个部分：（1）建立一种具有普遍适用性的技术，用于描述在将来未知平台上进行的、能够捕捉再现当前和为了数字档案行为所需的各种属性的仿真器。（2）设计一种技术能以人们可读的方式保存、查找、访问和重现数字档案所需的元数据，从而使仿真技术可以用于存储。（3）设计一种技术，将文档、元数据、软件和仿真说明一起封装，从而保证其间的联系，防止丢失。

利用仿真方法挽救过时软硬件技术，从技术看可行，但在实际中它的兼容性非常有限。而且仿真器自身的耐用性也必须要维护。因此，尽管这种方法具有一定的可行性，但也不太可能是一直有效的方法。

（四）再生

这里所说的再生（Regeneration）性保存技术，是指将存储在磁性载体或光盘上的数字档案适时地转移到纸质或缩微胶片上。一般认为，转移到缩微品上会更可靠一些，因为缩微胶片的理论寿命达 500 年之久，不再依靠计算机软硬件技术读取档案信息。再生性保护技术存在的问题是：部分有声信息、多媒体信息无法转移到胶片或纸张上去；由于这两种载体表现形式的局限性，会使数字档案失去原有的优势。但是再生技术也正在取得一些新的突破，比如已经可以在彩色胶片上制作和保存信息，这些信息经过计算机还原处理后能够恢复原有的特色；而且在缩微技术和输入设备大发展的今天，纸或缩微品上记录的模拟信息，能很快地输入计算机信息系统，重新恢复数字档案原有的风格和魅力。

（五）建立计算机软硬件技术档案馆

建立一个计算机软硬件技术档案馆，接收技术过时的计算机软硬件以提供利用，帮助读取那些已经过时的信息。例如，收集过时的磁带驱动器和过时的操作系统。这种方法要求广泛收集、保管过时技术的全套软硬件，还必须保持操作这些过时技术的某些技能。由于设备的老化、软件的落后，原生产厂家和软件开发研究部门不再生产这些设备的备件，加上存储载体也在不断损坏等原因，这种方法代价十分昂贵，不是档案保管部门自己力所能及的方法。即使采取了这种方法，也只能是暂时的措施，很难永久维持下去。

【本章小结】

电子文件经过鉴定归档后进入档案管理部门保存，成为数字档案。电子文件或数字档案的长期保存，是决定数字档案价值发挥的前提条件。从电子文件的产生开始，到鉴定归档，再到最终销毁或永久保存都必须考虑保存问题。

【本章关键术语中英文对照】

保存	Preservation
存储	Storage
保护	Protect
存储介质	Storage Media
硬盘	Hard Disk
光盘	Optical Disk
磁盘阵列	Redundant Array of Inexpensive Disk
数据拷贝	Data Copy
数据备份	Data Backup
数据迁移	Data Migration
仿真技术	Emulation Technology
再生技术	Regeneration Technology

【讨论题】

1. 谈谈数字档案保存的含义。
2. 数字档案的存储应符合什么样的要求？

3. 常用的数字档案存储介质有哪些？各有什么特点？需要什么样的存储环境？

4. 什么是数据迁移？它包括哪些类型？有什么优点和缺点？

5. 谈谈建立计算机软硬件档案馆的可行性。

6. 谈谈你对数字档案长期保存的思考和建议。

第十一章 数字档案馆项目管理

【本章要点】

介绍了项目管理的基础知识；分析了数字档案馆项目的生命周期及其特点；阐述了数字档案馆项目评估的内容、原则和主要程序；分析了数字档案馆项目的组织管理、成本管理、进度管理与验收；最后介绍了深圳市数字档案馆建设及其项目管理情况。

【关键词】

项目管理◯数字档案馆项目的生命周期◯数字档案馆项目评估◯数字档案馆项目的组织管理◯数字档案馆项目的成本管理◯数字档案馆项目的进度管理◯深圳市数字档案馆

第一节　项目管理的基础知识

在学习数字档案馆项目管理的知识之前，先来学习项目和项目管理的一般知识。

一、项目和项目管理

对于项目和项目管理的理解，是学习项目管理知识的基础。

（一）项目及其基本属性

中外学者对于项目这一概念有不同的理解和定义。其中比较具有代表性的有：美国项目管理协会（Project Management Institute，PMI）认为，项目是为创造特定产品或服务的一项有时限的任务。① 其中，"时限"是指每一个项目都有明确的起点和终点；"特定"是指一个项目所形成的产品或服务在关键特性上不同于其他的产品和服务。杰克·吉多认为，项目就是以一套独特而又相互关联的任务为前提，有效利用资源，为实现一个特定的目标所做的努力。② 南开大学教授戚安邦认为，项目是一个组织为实现既定的目标，在一定的时间、人员和其他资源的约束条件下，所开展的一种有一定独特性的、一次性的工作。③ 北京中科项目管理研究所认为，项目是为完成某一独特的产品和服务所做的一次性努力。④

上述关于项目的定义虽然各有侧重，但是整体思路是一致的，即项目是为完成组织的特定目标，有效利用各种资源，在特定的约束条件下开展的一次性、独特性的工作。

项目是人类社会特有的为实现目标的一类社会活动形式，是为创造特定的产品或服务而开展的一次性活动。因此，只要是人类主体创造出特定产品或服务的过程都可以看做一项项目实施的过程。比如说举办奥运会，汶川地区灾后重建等都可以看做项目。同样，数字档案馆的建设也是项目，通过项目的实施来实现数字档案资源的价值。

呈之明与卢有杰在《项目管理引论》一书中对项目的基本属性做了如下描述。⑤

1. 一次性

一次性是项目与其他重复性运行或操作工作最大的区别。项目有明确的起点

---

① See Project Management Institute Standard Committee，*A Guide to The Project Management Body of Knowledge*，PMI，1996.

② See Gido，Jack，James P. Clements，*Successful Project Management*，South-Western College Publishing，1999.

③ 参见戚安邦等编著：《项目管理学》，北京，科学出版社，2007。

④ 参见北京中科项目管理研究所：《现代项目管理知识体系培训》（PPT），2008-12-20，http：//www.managecn.org/Soft/ShowSoft.asp? SoftID=57718。

⑤ 参见呈之明、卢有杰：《项目管理引论》，北京，清华大学出版社，2000。

和终点，没有可以完全照搬的先例，也不会有完全相同的复制。项目的其他属性也是从这一主要的特征衍生出来的。

2. 独特性

每个项目都是独特的。或者其提供的产品或服务有自身的特点；或者其提供的产品或服务与其他项目类似，但完成的起始时间及其地点、内部和外部的环境、自然和社会条件有别于其他项目，因此项目的过程总是独一无二的。

3. 目标的确定性

目标的确定性允许有一个变动的幅度，也就是可以修改。不过一旦项目目标发生实质性变化，它就不再是原来的项目了，而将产生一个新的项目。

4. 活动的整体性

项目中的一切活动都是相互关联的，构成一个整体。多余的活动是不必要的，缺少某些活动必将损害项目目标的实现。

5. 组织的临时性和开放性

在项目的全过程中，人数、成员、职责是在不断变化的。某些项目的成员是借调来的，项目终结时要解散，人员要转移。参与项目的组织往往有多个，它们通过协议或合同以及其他的社会关系组织到一起，在项目的不同时段不同程度地介入项目活动。

6. 成果的不可挽回性

项目的一次性属性决定了项目不同于其他事情可以试做，项目在一定条件下启动，一旦失败就永远失去了重新进行原项目的机会。项目运作有较大的不确定性和风险。

（二）项目管理及其属性

关于现代项目管理的定义，比较具有代表性的是美国项目管理协会和国内学者戚安邦教授给出的定义。

美国项目管理协会突出了项目的创新性特征，认为："项目是一种创新的事业，所以项目管理也可简称为实现创新的管理，或创新管理"[①]。他们还提出了一整套的项目管理知识体系，由集成管理、范围管理、时间（工期）管理、成本（造价）管理、质量管理、人力资源管理、沟通管理、风险管理和采购管理九个部分组成。

戚安邦则认为，项目管理是运用各种知识、技能、方法与工具，为满足或超

① Project Management Institute Standard Committee, *A Guide to The Project Management Body of Knowledge*, PMI, 1996.

越项目有关各方对项目的要求与期望所开展的各种管理活动。项目管理的基本特性主要包括如下几个方面。①

1. 普遍性

项目作为一种创新活动普遍存在于人类的社会、经济和生产活动之中。人们各种创新的想法、建议或提案或迟或早都会转化成项目，并通过项目的方式得以验证或实现，由于项目的这种普遍性，项目管理也具有普遍性。

2. 目的性

一切项目管理活动都是为实现“满足或超越项目有关各方对项目的要求与期望”这一目的服务的。项目管理的目的性在于不但要保证满足或超越那些已经被明确提出并清楚规定的目标，而且要去识别、满足、超越那些尚未明确的潜在期望。

3. 独特性

项目管理既不同于一般生产、服务的运营管理，也不同于常规的行政管理，它有自己独特的管理对象、独特的管理活动和独特的管理方法与工具，是一种完全不同于其他的管理活动。例如，项目计划管理中所使用的关键路径法，工程项目设计管理中的三段的设计法，项目造价管理中的全造价管理方法等，就是独特的管理方法。

4. 集成性

虽然项目管理也有一定的分工要求，但是项目管理要求充分强调对各个专业管理的集成。

5. 创新性

项目管理的创新性包括两层含义，其一是指项目管理对于创新活动的管理，二是指项目管理方法的创新。

二、项目管理的知识体系（Project Management Body of Knowledge，PMBOK）

美国项目管理学会提出项目管理的九大知识领域（集成、范围、时间、成本、质量、人力资源、沟通、风险和采购），主要内容如下。

1. 项目集成管理

项目集成管理是在项目管理过程中，为确保各种项目工作能够很好地协调与配合而开展的一种整体性、综合性的项目管理工作。其目的在于通过综合与协调来管理好项目各方面的工作，以确保整个项目的成功，而不是某个项目阶段或某个项目单项目标的实现。这项管理的主要内容包括：项目集成计划的编制、项目

① 参见戚安邦等编著：《项目管理学》，北京，科学出版社，2007。

集成计划的实施和项目总体变更的管理与控制。

2. 项目范围管理

项目范围管理的目的是通过成功界定和控制项目的工作范围与内容，确保项目的成功。这项管理的主要内容包括：项目起始时间的确定和控制、项目范围的规划、项目范围的界定、项目范围的确认、项目范围变更的控制与项目范围的全面管理和控制。

3. 项目时间管理

项目时间管理是指为确保项目按时完成而开展的项目管理工作。通过做好项目的工期计划和工期控制等工作，确保项目的成功。项目时间管理的内容包括：项目活动的定义、项目活动的排序、项目活动的时间估算、项目工期与排产计划的编制和项目作业计划的管理与控制。

4. 项目成本管理

项目成本管理是为确保项目在不超出预算的情况下完成全部项目工作而开展的项目管理。其目的在于全面管理和控制成本，确保项目成功。主要内容包括：项目资源的规划、项目成本的估算、项目成本的预算和项目成本的管理与控制。

5. 项目质量管理

项目成本管理的目的在于，对项目的工作和产出物进行严格控制和有效管理，以确保项目的成功。其主要内容包括：项目质量规划、项目质量保障和项目质量控制。具体地，包括项目产出物质量和项目工作质量的确定与控制，以及有关项目质量变更程序与活动的全面管理和控制。

6. 项目人力资源管理

开展项目人力资源管理的目的在于，对项目组织和项目所需人力资源进行科学的确定和有效管理，以确保项目的成功。主要内容包括：项目组织的规划、项目人员的获得与配备、项目团队的建设等。

7. 项目信息管理

开展项目信息管理是指为了有效、及时地生成、收集、储存、处理和使用项目信息，合理进行信息沟通而开展的项目管理工作。其目的在于有效管理项目所需信息，促进项目相关利益者之间的沟通，以确保项目的成功。其主要内容包括：项目沟通的规划、项目信息的传送、项目作业信息的报告和项目管理决策等。

8. 项目风险管理

项目风险管理的目的在于对项目所面临的风险进行有效识别、控制和管理，是针对项目的不确定性而开展的降低项目损失的管理。其主要内容包括：项目风险的识别、项目风险的定量分析、项目风险的对策设计和项目风险的应对与控制等。

9. 项目采购管理

项目采购管理是为确保能够从项目组织外部寻求和获得项目所需各种商品与劳务的项目管理工作。其主要内容包括：项目采购计划的管理、项目采购工作的管理、采购询价与采购合同的管理、资源供应来源选择的管理、招投标与合同管理和合同履行的管理等。

第二节　数字档案馆项目的生命周期

现代项目管理特别强调项目管理的过程性和阶段性，将整个项目管理工作看成一个完整的管理过程。根据具体项目所属专业领域的特性，以及项目实现过程中所面临的各种限制条件，将一个项目划分成若干个便于管理的项目阶段，并将这些不同阶段的管理活动进一步划分成一系列的具体管理过程，分阶段、按步骤做好一个项目的管理。这就是项目的生命周期管理方法。现代项目管理的目标是要在生成项目产出物（成果）的过程中，通过项目管理保障项目目标的实现。数字档案馆是一种特殊的信息系统建设项目，它同时具有一般项目生命周期与信息系统生命周期的双重特点。

一、项目生命周期的内容

一个项目从始至终的整个过程构成了项目生命周期。项目的生命周期包括以下内容：

1. 项目的时限

项目生命周期给出了一个具体项目的实施时限，包括起点和终点，以及一个项目各个阶段的起点和终点。

2. 项目的阶段

项目生命周期的另一项主要内容是项目各个阶段的划分，包括一个项目的主要阶段的划分和各个主要阶段中具体阶段的划分。这种阶段划分将一个项目分解成一系列前后接续、便于管理的项目阶段，而每个项目阶段都是由这一阶段的可交付成果所标识的。所谓项目阶段的可交付成果就是一种可见的、能够验证的工作结果。例如，一个工程建设项目通常需要划分成项目的定义阶段、设计计划阶段、工程施工阶段和交付使用阶段，而项目可行性研究报告、项目设计方案、项目实施结果和项目竣工验收报告等都属于项目阶段的可交付成果。

3. 项目的任务

项目生命周期还定义出了项目各阶段的任务，包括各个阶段的主要任务和各主要任务中的主要活动等。如在项目定义阶段，主要任务和主要活动是项目建议书编制、项目可行性研究、项目的初步设计和项目可行性报告的评审等工作。项目生命周期还要定义出究竟哪些任务应该包括在项目范围之中，哪些任务不应该包括在项目范围之中，并按照这种模式将某个项目的范围与项目组织的日常运营活动严格地予以区分。

4. 项目的成果

项目生命周期同时还需要明确给定项目各阶段的可交付成果，包括项目各个阶段中主要活动的成果。如一个工程建设项目的设计计划阶段的成果包括项目的设计图纸、设计说明书、项目预算、项目计划任务书、项目的招标和承包合同等等。通常项目的阶段性成果是在下一个项目阶段开始之前提交的，但是也有一些项目的后序阶段是在项目前序阶段的工作成果尚未交付之前就开始的。这种项目阶段的搭接作业方法通常被称为快速平行作业法，这种做法在多数情况下可能会引发项目阶段性成果最终无法通过验收的风险。

二、项目生命周期的阶段划分与管理

一个典型的项目生命周期可以划分成四个阶段，这四个阶段以及每个阶段需要完成的成果如图 11—1 所示。

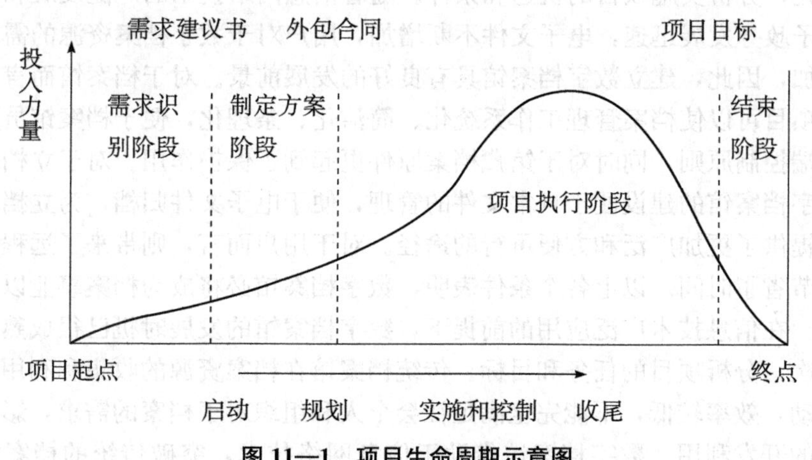

图 11—1　项目生命周期示意图

生命周期的划分能够对数字档案馆项目的实施起到宏观指导作用。在项目实施的不同阶段，需要针对新出现的情况及时调整项目的生命周期，以满足项目整体发展的需要。为此，应在数字档案馆项目开始的阶段进行全面的研究分析，划分出符合项目整体发展目标的生命周期阶段，为项目的顺利实施打下坚实的基础。

与项目的生命周期划分相对应，项目管理包括四个组成部分：项目的定义与决策阶段、项目的计划与设计阶段、项目的实施与控制阶段、项目的完工与交付阶段。这四个阶段承前启后，并有交叉、重叠，共同构成了项目管理的整个过程。项目管理各个阶段的起始点如图 11—2 所示。[①]

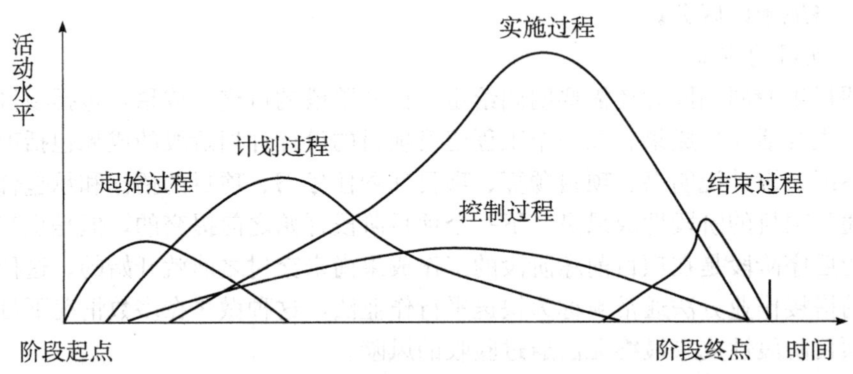

图 11—2 一个项目阶段中管理工作过程交叉、重叠关系图示

1. 项目的定义与决策阶段

首先，分析实施项目的机遇和条件。随着信息网络技术的广泛发展和不断深入，电子政务发展迅速，电子文件不断增加，用户对于数字档案资源的需求也在不断增加，因此，建立数字档案馆具有良好的发展前景。对于档案馆而言，数字档案馆项目可以使档案管理工作系统化、简洁化、条理化，便于档案馆员更好地执行前端控制原则，同时对于馆藏档案原件更起到了保护作用。对于立档单位来说，数字档案馆的建设便于日常文件的管理，便于电子文件归档，为立档单位信息公开提供了更加广泛和方便可行的途径。对于用户而言，则带来了远程查找的便利，节省了时间。以上各个条件表明，数字档案馆必将成为档案事业以后的发展方向。在信息技术广泛应用的前提下，数字档案馆的发展时机已很成熟。

其次，分析项目的任务和目标。传统档案馆在档案资源的收集和利用等环节比较被动，效率较低，不能完全满足社会个人和组织对于档案的需求，影响了档案资源的开发利用。数字档案馆借助于信息网络技术，突破传统的档案管理模式，能够更好地发挥档案机构的主动性，更好地实现档案信息资源的价值。数字

① 根据 PMI：*A Guide to The Project Management Body of Knowledge* 翻译整理。

档案馆建设的目标是开发数字档案馆信息系统，进行传统档案的数字化，实现电子文件的归档，从而达到充分开发利用档案信息资源价值的目的。数字档案馆项目的定义与决策阶段的主要任务是分析数字档案馆建设的价值、目标与限制条件，论证项目的可行性。

最后，形成项目的可行性报告。在分析现有档案管理模式的基础上，结合数字档案馆项目的建设条件以及任务目标，论证数字档案馆建设的必要性和必然趋势，形成数字档案馆项目的可行性报告。

2. 项目的计划与设计阶段

为保证项目的顺利实施，首先需要进行项目的全面规划，分析实施项目的各个阶段和具体步骤，以便对整个项目的工作流程进行控制和监督。同时，还需要明确界定项目的专业或专项工作的内容、范围和时间，提供度量专业或专项工作绩效和项目控制的标准和基准等。

由于技术力量的限制，目前大多数档案馆把数字档案馆系统的开发设计外包给专门的网络技术公司。超过 10 万元以上的项目，需要通过公开招标来选择外包公司。由外包公司提交标书，介绍对于项目的计划安排和经费预算，由档案馆根据本馆的需要和条件选择符合要求的公司。一旦招标完成，外包公司需要和档案馆反复沟通，进行用户需求调查，明确档案馆对系统的需求和期望。在此基础上，确定系统开发的方法、目标、工期、阶段步骤、人员、经费等，提交数字档案馆系统开发的需求调查报告、经费预算报告、进度安排以及软件编写计划。

3. 项目的实施与控制阶段

首先，要制定项目控制标准。项目的建设和实施需要进行各个方面的控制，如项目的成本控制、进度控制、质量控制等，只有把握好各个方面的细节，才能从整体上对项目进行管理。而不同的项目控制又有各自的标准，因此，必须保障各个环节控制标准的才能高质量地完成数字档案馆项目。

其次，对项目进行整体的指挥。数字档案馆项目涉及多个相关主体，如档案技术部门、业务部门、财务部门、外包公司、行政主管部门、立档单位、重要用户等，包括多个方面的工作，如系统分析与设计、项目实施、人员培训、部门调整、系统维护、用户培训等，因此，必须要对各相关主体进行协调管理，对各项工作进行全面指挥与控制，对项目各阶段的任务实施过程进行控制监督，发挥整体优势，才能保证项目的顺利完成。

4. 项目的完工与交付阶段

完工阶段是项目建设的最后阶段，经过之前各个阶段的努力和完善，项目的完工具有里程碑的意义。至于项目能否投入使用，还需要对项目进行验收和测试，必须通过验收，满足项目相关利益者的需求，才能够采用该项目。

项目的验收包括对该项目成本的核算、质量的检测、用户的满意度、可操作性等多方面进行全面评价，评定该项目是否能够投入使用和运行。如果各项功能指标检测通过，那么项目就可以交付使用了。同时，项目的外包业务并不因为项目的交付而结束，而需要根据项目的需要由外包者进行定期的维护和完善，以便更好地提供服务。

三、项目生命周期的特点

项目在生命周期过程中的主要特点如下。

1. 项目投入的特点

在项目开始时费用和人员投入水平较低，随着项目的进展逐渐增加，在项目收尾时又迅速降低。项目的开始阶段主要是进行项目的动员，让更多的人接受项目，所参与的人和影响力处于起始阶段。随着项目的认可和进行，需要涉及更多的部门和外部力量，如技术的外包、上级的指导、用户的建议等，参与的人数和力量越来越多；而随着项目的完工，参与的力量也逐渐减少。

2. 项目风险的特点

在项目开始时，成功完成项目的概率是较低的，风险和不确定性也最高。随着项目的进展，完成项目的概率通常会逐步提高。由于档案馆管理方式相对保守和传统，已经形成了固有的服务方式，数字档案馆要打破传统的服务方式，建立更加自由和开放的服务方式在开始阶段会面临着来自各方的压力和挑战。在这个阶段，数字档案馆项目充满风险和不确定性，需要不断地迎接挑战，但随着项目的展开和来自各方的认可，项目的实施会逐步顺利起来。

3. 项目控制的特点

项目的倡导者和管理者会影响项目费用和项目成果的性能。在项目的提出、实施和指导过程中，项目的倡导者和管理者对整个项目有着最清楚的了解，能够整体把握项目的费用和目标。但随着项目的展开和实施，项目的倡导者和管理者所想不一定与现实的情况相一致，包括技术水平及一些客观条件的约束，所以，项目管理者应做出符合实际情况的调整和改进，以便于项目团队按照规划完成预期任务。

四、数字档案馆项目的生命周期

一般项目生命周期的阶段划分方法适用于数字档案馆项目。但是，同时也要注意到，数字档案馆项目不同于一般的建设工程项目，作为软件信息系统项目，它的生命周期具有一定的特殊性。数字档案馆项目的生命周期包含两个十分重要的任务阶段：一是数字档案馆信息系统的开发阶段，二是数字档案馆项目的实施阶段。这两个阶段的工作性质截然不同，项目管理的侧重点和目标也不尽相同。

1. 数字档案馆软件的开发阶段

软件开发项目比一般产品项目更难监控，具体表现为：(1) 项目需求难以把握，客户的需求往往是不明确的，很难用统一的标准来衡量；(2) 软件开发的任务不易量化，计划可行性差；(3) 任务经常并行进行，进度不易准确把握，过程难以控制；(4) 子项目间可继承性较差，各子项目组彼此独立，有时出现重复开发。因此，软件项目的生命周期较难划分。

软件开发项目生命周期的基本阶段如下。

(1) 系统规划阶段：该阶段的范围是整个业务系统，目的是从整个业务的角度出发确定系统的优先级。

(2) 系统分析阶段：该阶段的主要活动包括可行性分析和需求分析，其范围是列入开发计划的单个信息系统开发项目。目的是分析业务上存在的问题，定义业务需求。

(3) 系统设计阶段：系统设计的目的是设计一个以计算机为基础的技术解决方案以满足用户的业务需求。总体设计的主要任务是构造软件的总体结构；详细设计包括人机界面设计、数据库设计与程序设计。

(4) 系统实施阶段：系统实施的目的是组装信息系统技术部件，并最终使信息系统投入运行。如用户手册等。其包括的活动有编程、测试、用户培训、新旧系统之间的切换等。

(5) 系统运行与维护阶段：目的是对系统进行维护，使之能正常地运作。

2. 数字档案馆项目的实施阶段

数字档案馆项目作为一种规模大、牵涉面广的项目，其实施本身也是一项复杂的工程。实施过程的管理是影响数字档案馆项目成功的关键因素，涉及领导对于数字化项目的认识和支持程度、档案馆组织结构的调整、业务流程的改变、工作人员的接受意愿等多个方面，会面临许多意想不到的困难和阻力。一个大型信息化项目的实施，包括项目准备、业务蓝图、实现、最后的准备和上线与持续改进五个阶段。

(1) 项目准备阶段：在这个阶段，需要一个适当的项目计划和结构化的评价体系，内容包括决策者对项目的确认、清楚的项目目标、有效的决策流程以及愿意接受改变的档案馆文化。

(2) 业务蓝图阶段："业务蓝图"是数字档案业务在将来的可视模型。它会帮助项目小组清楚地确定项目的实施范围。在这个阶段，需要提供一个完备的、预定义好业务流程的工具箱。这个阶段的主要任务是缩小业务范围，定义业务愿景，并且进行业务流程处理技能的培训。

（3）实现阶段：基于“业务蓝图”的结果，首先完成对基线系统的配置，然后配置主要的业务流程。

（4）最后的准备阶段：在这个阶段，应完成系统测试和终端用户的培训，为系统准备和正式上线后业务的正常运行做必要的调整，开始进行二次开发。

（5）上线与持续改进阶段：在这个阶段，需要将数字档案馆系统运行一段时间，并评测系统的运行效果。

第三节　数字档案馆项目的评估

在项目实施之前，需要对项目投资的必要性、建设条件、技术、经济、风险等进行预先评估，帮助决策者做出正确决策。项目评估是一个对现有资源状况进行核实和对实施方案进行考察的阶段。它从正反两方面提出意见，使项目投资人对整个项目的运作有清楚的认识。项目评估应力求做到客观、准确、实事求是，真实反映现有的资源、技术、财务、社会等多方面的数据和资料，为数字档案馆项目的执行和全面检查奠定良好的基础。

一、数字档案馆项目评估的主要内容

（一）项目投资必要性的评估

对于数字档案馆项目投资必要性的评估，应包括以下几个方面的内容。（1）数字档案馆建设是否为档案馆未来的发展方向；（2）对各利益相关者进行调查，分析档案馆员、档案用户、档案行政管理部门的需求状况，以及其他档案馆数字化建设的情况，分析本馆数字档案馆建设的价值；（3）评估数字档案馆建设项目在本馆以及本地区档案事业发展中的作用；（4）分析数字档案馆项目投资的规模，以及将要带来的经济效益与社会效益。

随着信息技术的广泛应用和办公自动化的普及，出现了大量的电子文件与数字档案。从整个档案事业来看，数字档案馆属于档案工作的新兴发展方向，符合我国的档案事业的发展趋势，可以提高档案管理效率，促进档案信息资源利用，方便档案行政管理。作为一项公共服务设施，数字档案馆项目的建设需要投入一定的人力、物力与财力，在短期内投资回报并不明显，但能够带来长期的社会效益与经济效益。比如，大中型企业实施数字档案馆项目，不仅可以有效传承企业文化，而且可以促进企业科技创新，提高企业管理效率，是企业信息化的重要组成部分，从长远来看具有重要的价值。

(二) 建设条件评估

建设条件评估对于数字档案馆项目的顺利进行具有重要价值。项目建设条件的评估内容包括：(1) 数字档案馆项目建设的资源是否具备，比如资金、人力、设备、网络基础设施等，是否得到项目主管部门的审批；(2) 与本项目配套的项目，比如项目的宣传动员、人力资源培训、管理层的认同等是否落实；(3) 对于数字档案馆软件的开发方案是否经过充分的分析比较，比如是进行外包还是进行自主开发等；(4) 如果进行外包开发的话，是否对开发商的资质进行过比较与优选等；(5) 是否熟悉硬软件设备市场的情况，以便选择最优的方案等。

(三) 技术评估

数字档案馆项目技术评估的内容包括：(1) 项目采用的业务流程、开发技术、测评技术、软硬件设备在经济合理条件下是否先进适用；是否符合国家相关的技术发展政策，是否注意能源和原材料的节约以获得最大效益。(2) 购进的技术和硬软件设备是否配套；是否符合投资的实际情况；购进时是否进行过多种方案的比较。(3) 项目所采用的新的技术方法与新设备是否经过科学的试验和鉴定；软件质量测试的手段是否完备。(4) 项目实施方案和资源利用是否合理；工作小组划分、人员调配、进度安排、进展控制方案是否合理。(5) 对技术方案进行综合评价。

(四) 项目经济数据的评估

数字档案馆项目的经济数据的评估主要是对项目的投资进行估算，其中主要包括：软件开发规模和软件产品方案方面的数据、各项技术经济指标、软件开发与实施的成本估算等经济数据。通过对这些数据的估算，可以总体把握项目成本，对项目投资进行合理分配。

在项目经济数据估算的过程中，要进行监督和核算。为保证数据的真实有效，项目投资人一般需要派专门人员对项目投入过程进行监督。对于重大的投资项目，项目经理要与项目出资人进行沟通，保证资金运用的透明度。同时，应对项目的经济数据进行评估，力争降低项目成本，提高资金效率。

(五) 项目风险及对策评估

数字档案馆项目的风险分析主要包括对各种不确定性及风险因素进行预测分析，提出规避风险的对策。常用的方法有敏感性分析、风险分析等。

数字档案馆项目的风险主要表现在五个方面：一是安全风险，在数字化和网络化过程中，可能会造成重要档案文件的泄密；二是操作风险，在对传统载体档案数字化的过程中，可能会造成珍贵档案文件的损坏；三是技术风险，数字档案馆项目一般规模较大，工期较长，在项目进行过程中预先选择的软硬件技术可能会被新的技术所取代；四是人员风险，在项目进行过程中，核心技术人员的离职将会对项目的顺利进行带来损失；五是资金风险，随着项目的深入进行，可能会出现各种未曾预料到的情况，造成预算资金的紧张。

面对上述风险，应提前做好技术和管理两方面的准备，做好应急预案，保证项目按计划完成。

（六）总体评估

在以上各项评估基础上，结合数字档案馆项目建设的政治、经济和社会环境，对项目进行总体评价并做出适当调整，为项目的顺利完成打下坚实的基础。

二、数字档案馆项目评估的基本原则

项目评估对于数字档案馆项目的实施有着重要的指导和完善作用。为保证评估结果的有效性，在项目评估过程中应遵循以下原则。

（一）客观、科学、公正的原则

这是数字档案馆项目评估过程中最基本的原则。项目评估应该实事求是地反映项目状况，使项目的利益相关者了解项目的真实状况，及时做出调整。在评估过程中应该根据数字档案馆项目的特点，比如人力资本的重要性等，运用科学评估方法进行评估，保证评估结果科学有效。公正是指在项目评估过程中，全面考虑项目整体目标，避免过分照顾部分利益相关者的利益，以保证评估结论的可信度。

（二）综合评价、比较择优的原则

对于数字档案馆项目的各项技术与管理方案，应本着全面分析、综合评价、比较择优的原则进行评估，选择出最符合项目建设目标与资源条件的方案。

（三）定量分析与定性分析相结合的原则

在数字档案馆项目的评估过程中，应根据评估需要，灵活地运用科学评估方法，将定量分析与定性分析方法相结合，获得科学的评估结果。比如，数字档案馆项目的短期经济效益并不明显，但是从长远来看却具有重要的社会效益，因此对其投资效益进行评估时，就不能仅仅使用量化评估方法，而且要使用定性分析方法。

（四）技术分析和经济分析相结合的原则

数字档案馆建设在本质上是信息网络技术在档案馆的深入应用，因此，不但要对项目进行经济分析，更要对项目的开发技术、软件平台、硬件设备等进行技术分析，选择既成熟又有发展前途的技术，保证在未来较长时间内数字档案馆系统能够稳定运行。

（五）微观效益分析与宏观效益分析相结合的原则

数字档案馆项目的评估，既要考虑项目在短期内带来的实际好处，也要着眼项目未来的长远价值。只有这样，才能选择出既符合档案馆发展战略目标，又符合数字档案馆行业发展趋势的项目实施方案。

三、数字档案馆项目评估的主要程序

（一）组织安排

为保证项目评估的科学有效，必须做好评估小组的组织安排工作，主要包括评估小组的成员构成、领导机制、任务分工，确定评估范围，制定评估计划等。数字档案馆项目的评估小组，应由项目管理人员、档案业务人员、软件技术人员、财务人员、行政管理人员以及档案用户等共同组成。

（二）收集资料

项目评估是一个收集项目资料信息供决策者使用的过程。这一阶段所收集的资料主要供下一步审查分析以及编制各种调查表和文字说明之用。数字档案馆项目评估进行资料收集的对象应包括：项目背景、行业发展、需求分析报告、可行性分析报告、现有条件、项目规模、人员来源与技能状况、项目实施计划、技术经济指标、财务效益分析、投资效益、社会影响等。

（三）审查分析

在资料收集、加工整理、汇总归类的基础上，需要对项目进行审查分析，主要包括基本情况审查和财务分析两个方面。数字档案馆项目评估中审查分析的具体内容包括：档案馆和项目概况审查、档案用户需求和项目规模分析、档案信息系统软件开发技术分析、成本分析、财务预测、经济与社会效益分析等。

（四）编写报告

根据调查分析结果编写投资评估报告。评估报告要对可行性研究中提出的多种方案加以比较评估，肯定一种最优方案，并提出对投资项目的评估结论。评估报告要按规定程序送交档案馆最高决策机构审批。

项目评估报告是专业评估人员根据项目主办单位提供的项目可行性研究报告，通过对目标项目的全面调查、综合分析和科学判断，确定目标项目是否可行的技术经济文书。它是项目主管部门决定项目取舍的重要依据，是银行向项目主办方提供资金保障的有力凭证，也是项目建设施工过程中必需的指导文件。一般由作为项目评估方的国家项目管理部门或者项目主办方的上级部门，组织有关专家，或者授权委托专业咨询公司为目标项目贷款银行实施项目评估并制作项目评估报告。项目评估报告应具备科学性与客观性。项目评估报告的主要内容包括项目的必要性、技术与经济的可行性、风险以及结论和建议等。

第四节 数字档案馆项目的组织管理

数字档案馆项目是智力密集型工作，项目的团队建设和人力资源管理对于项目的成败具有决定性的影响。

一、数字档案馆项目的利益相关主体

一个项目会涉及许多组织、群体或个人的利益，这些组织、群体或个人都是这一项目的利益相关主体，又称为利益相关者。一般根据人们在项目中所承担的角色来命名和划分项目利益相关主体。数字档案馆项目的主要利益相关主体包括以下几个方面。

（一）档案馆或所属主管部门

项目业主是项目的投资人和所有者。项目业主是一个项目的最终决策者，拥有对于项目的工期、成本、质量和集成管理等方面的最高决策权力。数字档案项目的业主是档案馆或有决策权力的上级主管部门，对于项目的需求、进展、成果质量、评价、验收起着决定性作用。

（二）数字档案用户

项目客户是使用项目成果的个人或组织。数字档案馆项目的客户主要包括两种：一是档案管理人员，承担着数字档案的收集、整理、保管、检索、提供服务等任务，数字档案系统开发人员应和档案业务人员反复沟通，了解他们的需求，以便于项目的准确定位。二是数字档案的利用者，他们分布广泛，需求多样，也应当是系统用户需求调查的重要对象。

（三）项目经理

项目经理是负责管理整个项目的人。项目经理既是一个项目的领导者、组织者、管理者和项目管理决策的制定者，也是重大决策的执行者。项目经理的首要职责是在预算范围内按时优质地领导项目小组完成全部项目工作内容，并使客户满意。为此项目经理必须在一系列的项目计划、组织和控制活动中做好领导工作，从而实现项目目标。随着项目管理工作的专业化，项目经理一般由具有丰富项目管理经验的专业人员承担。数字档案馆的项目经理必须具有较高的综合管理能力、信息系统分析设计和档案管理专业知识，要制定项目阶段性目标和总体控制计划。项目总目标一经确定，项目经理的职责之一就是将总目标分解，划分出主要工作内容和工作量，确定项目阶段性目标的实现标志如形象进度控制点等。项目经理应组织精干的项目管理班子，及时决策，履行合同义务，确保项目目标实现，保证业主满意。

（四）项目团队

项目团队是由一组个体成员，为实现项目的一个或多个目标而协同工作的群体。数字档案馆的团队主要包括：项目经理、档案馆员与软件开发人员。其中软件开发人员的主要职责是进行需求确认、概要设计、详细设计、编码、单元测试、集成测试、系统测试、维护等工作。

二、数字档案馆项目的人力资源管理

项目的人力资源管理是指对项目团队开展的规划、开发、合理配置、准确评估、适当激励、团队建设和能力提高等方面的管理工作。其目的在于充分发挥项目团队各方面的主观能动性，实现既定的项目目标。

（一）项目人力资源管理的内容

项目人力资源管理的基本内容包括如下几个方面。

1. 项目组织规划

项目人力资源管理的首要任务是项目组织的规划。项目组织规划是项目整体人力资源的计划和安排，是按照项目目标通过分析和预测所给出的项目人力资源在数量上、质量上的明确要求、具体安排和打算。项目组织规划包括：项目组织设计、项目组织职务与岗位分析和项目组织工作的设计。其中，项目组织规划主要是根据一个项目的具体任务需要，设计出项目组织的具体组织结构；职务与岗位分析是通过分析研究，确定项目实施的特定职务或岗位，明确各岗位的责权利；项目组织工作的设计是指为了有效地实现项目目标而对各职务和岗位的工作内容、职能和关系等方面的设计。

2. 项目人员的获得与配备

项目人力资源管理的第二项任务是项目人员的获得与配备。由于项目的一次性和项目团队的临时性，项目组织的人员获得与配备和其他组织是不同的。项目组织通过招聘或其他方式获得所需人力资源，并根据所获人力资源的技能、素质、经验、知识等进行工作安排和配备，从而构建成一个项目组织或团队。项目人员的获得主要有两种方式，其一是内部招聘，即通过工作调换或其他方式在项目组织内部获得项目所需的人员；其二是外部招聘，即在人才市场上招聘所需人员。

3. 项目组织成员的开发

项目组织成员的开发包括：项目人员的培训、项目人员的绩效考评、项目人员的激励与项目人员创造性和积极性的发挥等。这一工作的目的是使项目人员的能力得到充分开发和发挥。

4. 项目团队建设

项目团队建设主要包括：项目团队精神建设，团队效率提高，团队工作纠纷、冲突的处理和解决，以及项目团队沟通和协调等。团队建设贯穿项目的全过程，需要针对具体的项目、团队与团队成员开展实际有效的管理工作。

一般来讲，项目团队具有以下特性。

（1）团队性。项目工作的绩效在很大程度上取决于项目团队所具有的团队精神和团队合作模式。

（2）临时性。项目工作是一次性的，所以项目团队在项目完成以后就会解散，团队成员会重新回到原来的工作岗位，或者组成新的项目团队去从事新的项目。

（3）渐进性。一个项目从立项到实施和完成，团队成员是逐渐进入团队并开展工作的。同样，随着项目的实施进展，那些已经完成任务的团队成员会分期退出团队。

（二）数字档案馆项目人员的获得和配备

1. 人员的获得

数字档案馆项目需要复合型和高质量的人才。项目人员主要通过内部招聘和外部招聘的方式来获得，尤其是项目经理职位，需要进行多方面的考察和甄选才能满足数字档案馆项目建设的需求。

首先是内部招聘方式。档案馆内部人员对于实行数字档案馆项目有着特殊的优势，他们熟悉所在档案馆的内部资源和管理结构，并且对于档案馆的发展方向有着明确的了解，便于迅速开展数字档案馆项目，也有利于快速形成数字档案馆建设的项目团队，相互之间形成默契的配合。内部人员对于数字档案馆项目有得天独厚的优势，但也有不利之处。数字档案馆项目的目标是改进传统的档案管理模式，利用全新的信息系统模式来管理档案馆。内部招聘的人员可能思想比较保守，留恋以往的档案管理模式，难以带来新的突破和改进。因此，在内部招聘过程中要充分考虑应聘者对于数字档案馆项目整体框架和创新之处的理解，以评测是否适合项目的开展。

其次是外部招聘方式。对于传统档案馆而言，实施数字档案馆项目的目的是更好地发挥馆藏档案的价值。这个目标的实现必须依赖于先进的技术和综合管理水平。外聘的项目经理，往往具有丰富的项目管理经验和有效的资源渠道，在成本、质量、人力资源管理等方面具有优势，对于数字档案馆项目有着系统的了解，但是对于档案管理的专业知识可能了解不够深入，对于细节的把握往往比较欠缺。所以，外聘的项目经理在项目实施前需要对项目有一段了解的过程，与项目的利益相关者密切沟通，这可能需要一个较长的过程。

对于数字档案馆项目而言，最好是内部招聘与外部招聘相结合，实现人力资源的互补，在专业知识和综合管理水平方面有效地结合，以便于项目的顺利展开和进行。

2. 人员的配备

人力资源的合理配置有利于充分挖掘人力资源的潜力，降低人力资源的成本，改善项目组织的结构，提高项目团队的合作，从而有利于项目目标的实现。数字档案馆项目的人力资源配置，应遵循以下原则。

(1) 人员配备必须以实现项目目标为中心。这是项目组织人员配备的第一原则。

(2) 人员配置必须精简、高效、节约。必须以先进合理的定额标准为依据，确定项目组织的人员配备。在项目组织中特别提倡兼职，因为一个项目团队中的职能工作种类可能很多，但是每项职能工作的工作量可能较小。另外，还需要简化各种职能业务工作的手续，减少项目组织层次，精简项目组织机构，从而降低配备的人员数量，达到精简、高效和节约的目标。

(3) 配备人员时应合理安排各类人员的比例。这些比例包括：直接工作人员和辅助工作人员的比例，尽量减少辅助工作人员的比重；项目管理人员和项目实施人员之间的比例，努力降低项目管理人员的比重。另外，对于数字档案馆项目而言，还需要合理安排档案专业、计算机专业、管理学专业工作人员的比例，实现合理的平衡，减少和消除窝工和人力资源浪费的现象。

(三) 数字档案馆项目的沟通管理

准确、完整、及时、有效的沟通保证了数字档案馆项目实施的质量，提高团队的默契和合作能力，成为数字档案馆项目成功的保障。数字档案馆项目的沟通管理主要涉及两个方面：一是项目团队内部的沟通管理，这是项目沟通的主要方面；二是项目团队与外部的沟通，包括与档案馆主管领导、档案馆其他业务部门、数字档案用户的沟通。

数字档案馆项目内部的沟通主要是项目经理和项目团队成员之间的沟通。就沟通本身而言，可能存在的障碍有：沟通时机选择不当、信息不完备、噪声干扰、虚饰、语言与词汇问题、非言语信号的问题等。要想克服上述沟通障碍，团队成员间需要加强彼此的了解和信任，增加沟通的机会，提高沟通的质量。项目负责人要及时有效地将任务和要求告诉其他项目人员；同时，项目工作人员遇到问题或者困难，应和团队成员及项目经理进行协商来提高效率，避免因沟通不善而带来的不利影响。

数字档案馆的外部沟通，即项目团队与项目外部利益相关者的沟通。在数字档案馆项目生命周期的各个阶段，项目负责人要调动一切有利于项目开展的力量，与不同的群体进行沟通。要求项目负责人具有高超的沟通技巧和谈判能力，做好沟通前的准备、沟通过程中的管理与沟通后的总结和实施。

第五节　数字档案馆项目的成本管理

项目的成本管理是由一些过程组成的，在实际运作这些过程时必须以前期的预算为条件。项目成本管理的框架是：资源计划过程，决定完成项目各项活动需要哪些资源以及每种资源的需要量；成本估计过程，估计完成项目各活动所需每种资源成本的近似值；成本预算过程，制订项目成本控制基线或项目总成本控制基线；成本控制过程，是指在项目的实施过程中，尽量将项目的实际成本控制在项目成本预算范围之内的一项成本管理工作。

数字档案馆项目成本管理的主要内容包括以下几个方面。

一、数字档案馆项目资源计划

项目资源计划是指通过分析、识别和确定项目所需资源的种类（人力、设备、材料、资金等）、多少和投入时间的一种项目管理活动。在项目资源计划工作中最为重要的是确定出能够充分保证项目实施所需各种资源的清单和资源投入的计划安排。下面从人力、设备材料、资金等方面分析数字档案馆项目的资源计划。

（一）数字档案馆项目的人力资源计划

人力资源是其他一切资源的操纵者，决定着其他资源如何应用。因此，人力资源计划在项目的成败方面起着至关重要的作用。因为项目具有一次性的特点，在项目人员计划中应对人员的综合素质和能力进行考评，确保有恰当的人选来保证整个项目有效、正常地进行。对于数字档案馆项目所要投入的人力资源数量，还要根据项目的规模来确定。大型的公共档案馆项目需要投入更多的人力资源，而相对较小的企事业档案馆，投入的人员则相对少一些。同时，还要对项目的专业技术人员进行合理配置，做到优势互补，充分发挥综合优势。

（二）数字档案馆项目的设备资源

数字档案馆项目所需要的设备资源包括网络设备、服务器与终端计算机、操作系统软件、数据库管理软件、声像转化设备、缩微转化设备、扫描设备、存储设备、机房等。

（三）数字档案馆项目的资金资源

不同的数字档案馆项目有着不同的资金来源。公共档案馆的资金来源以政府开支为主；企业档案馆主要来自企业本身；高校档案馆的经费主要来源于高校本身，从根本上讲仍然是政府开支。资金是所有资源中最具有制约性的资源，是其他资源投入的先决条件，也是后面进行成本估算、成本预算、成本控制的基础，所以项目资金必须得到最大价值的利用，这是保证项目节省开支、合理开发的基础。

除上述资源之外，还有信息资源、社会资源、知识资源等，如用户的反馈、上级的意见等都是数字档案馆项目的重要资源。

二、数字档案馆项目的成本估算

项目成本估算是指根据项目资源的需求和计划，以及各种资源的市场价格或预期价格等信息，估算和确定出项目各种活动的成本和整个项目全部成本这样一种项目成本管理工作。项目成本估算最主要的任务是确定用于项目所需人员、材料、设备等成本和费用的概算。对于数字档案馆项目而言，除了一般性的成本估算之外，比较特别的是数字档案馆系统软件开发成本的估算。目前，关于软件开发的成本估算方法比较多，包括自顶向下估算方法、自底向上估算方法、差别估算方法、专家估算法、类推估算法、模型估算方法等。软件开发成本的估算模型有 COCOMO（Constructive Cost Model）模型、Putnam 成本估算经验模型等。

三、数字档案馆项目的成本预算

成本预算是一项制订项目成本控制基线或项目总成本控制基线的项目成本管理工作，根据项目的成本估算为项目各项具体工作分配费用预算，并确定整个项目的总预算。项目成本预算的关键是合理、科学地确定出项目的成本控制基准。

数字档案馆的成本预算主要包括三个方面：一是确定项目总的预算，从宏观上把握项目整体上的费用需求；二是确定项目各项活动的预算，从整体到部分逐步落实每个环节的花费需求；三是确定项目各项活动预算的投入时间，把握好项目生命周期中的每个阶段，并根据项目的进展合理分配经费。

四、数字档案馆项目的成本控制

数字档案馆项目成本控制的原则是：成本最低化原则、全面成本控制原则与目标管理原则。数字档案馆项目成本控制的基础工作包括以下几个方面。

（一）定额制定

在数字档案馆项目的实行过程中，应对投入的人力、物力、财力等进行限定，根据项目的时间要求和整体规划，进行各种资源的调整，使项目满足工程进度的要求，同时为潜在影响项目进度的不利条件准备好定额的资源，以备项目的实施不受影响。定额也是成本预测、决策、核算、分析、分配的主要依据，在项目成本控制过程中具有重要作用。

（二）制度建设

项目组织富有纪律性与规范性是项目运行的基本保障。在数字档案馆项目运行的前期，要做好项目的制度建设。根据项目的需求和自身的特点，通过制度建设来提高项目的质量。同时要充分重视制度的重要性，严格按照制度来处理项目实施过程中发生的问题。

（三）标准化建设

标准化建设是成本控制成功的基本前提。数字档案馆项目的标准化主要包括进度标准化和质量标准化。进度标准化要求数字档案馆项目要按预期的规定有效、稳步地进行。质量是衡量项目成败的根本依据，质量是项目的灵魂，没有质量，再低的成本也是徒劳的，因此必须把握好项目质量的标准化。

第六节　数字档案馆项目的进度管理

工期、费用和质量是项目管理的三大目标。项目具有时限性，只有安排好项目的进度计划，合理控制好时间，才能保证项目的有序进行。

一、数字档案馆项目进度管理的概念

进度管理就是用科学的方法确定进度目标，编制进度计划和资源供应计划，进行进度控制，在质量、费用目标协调的基础上实现工期目标，也就是通俗意义上的“保证按时完成任务”。[①] 数字档案馆项目的进度管理是指对项目资源进行有效规划和安排，在保证项目质量、费用目标的基础上，按时完成数字档案馆项目的建设和实施任务。项目进度管理的两个环节是：制定出符合项目整体发展的计划；通过执行计划来完成预期目标。

数字档案馆项目进度的计划，就是制定出每个不同时期的工作内容和要做事情的先后顺序，把整个项目分成若干个“小项目”，制定出完成这些“小项目”的时间和目标，并定期进行检测和评价，保证每一环节的工作都是有效的。

数字档案馆的项目周期可借鉴其他项目周期的算法，比如根据所有相关的信息，分别估计出项目的乐观工期（To）、悲观工期（Tp）和最可能的工期（Tm），然后利用公式期望工时 $Te=(To+4Tm+Tp)/6$ 得出基准计划的时间。[②] 通过基准计划时间，对数字档案馆项目的执行进行指导。同时，对于有重要影响的阶段要充分重视，保证重要阶段任务的完成。

在数字档案馆项目的具体操作过程中，要充分发挥项目计划的指导作用。同时，数字档案馆项目的执行过程也是一个对项目计划的检测过程。在具体的实施

①② 参见钟军：《IT&PM（1）：项目进度管理》，http：//news.chinabyte.com/171/1732171.shtml，2003-09-26。

过程中，可能会遇到前期未预测到的情况，需要对项目安排进行调整，同时应完善项目计划，保证项目后期工作的顺利进行。

借鉴软件项目的进度安排，可以采取两种方式来安排数字档案馆项目的进度，一是软件开发小组根据提供软件产品的最后期限从后往前安排时间；二是软件项目开发组织根据项目和资源情况制定软件项目开发的初步计划和交付软件产品的日期。项目的进度安排必须妥善处理以下几个问题。

1. 人力资源配置、任务分配、时间分配要与工程进度相协调

作为一项大型的复杂项目，需要来自不同专业的人员协同完成。数字档案馆项目在软件开发、实施的各个阶段，在人力资源配置、任务分配、时间分配上应配合工程进度的要求，保证各阶段的任务顺利完成。

2. 任务分解与并行化

为了缩短工程进度，充分发挥人员的潜力，项目的任务分解应尽力挖掘并行成分，以便采用并行处理方式。

3. 工作量分布

在项目生命周期的各个阶段，工作量的分布是不均衡的，应合理分配工作时间。以数字档案馆软件的开发为例，在软件需求分析和设计阶段占用的工作量达到总工作量的40%～50%，说明软件开发前期的活动多么重要。编码工作只占全部工作量的10%～20%，而软件测试和调试的工作量占到总工作量的30%～40%。因此，在项目计划阶段，要合理分配项目各阶段的工作量。

4. 工程进度安排

目前，程序评估与审查技术（PERT）和关键路径方法（CPM）是两种比较常用的项目进度安排方法。两种方法都生成描述项目进展状态的任务网络图。网络图中按一定的次序列出所有的子任务和任务进展的时间节点，它表示各子任务之间的依赖关系。这些子任务不仅可以用网络图的形式表示，还可以用树型或层次结构图表示。网络图也是作业分解结构（WBS）的发展。20 世纪 70 年代，作业分解结构就已广泛应用于航天、航空、航海、雷达、通信、火控系统等领域。

PERT 和 CPM 方法为项目管理人员提供了定量描述工具，包括：(1) 关键路径。完成关键路径上所有任务时间的总和，即项目开发所需要的最短时间。(2) 用统计模型估算开发每个子任务需要的工作量和时间。(3) 计算各子任务的最早启动时间和最迟启动时间，即确定启动子任务的时间窗口边界。

采用这些工具可以大大减轻数字档案馆项目管理人员在制定项目进度表方面的工作量，并可提高工作质量。

二、数字档案馆项目进度控制中的范围管理

为了更好地进行项目的进度管理，需要进一步了解项目的范围。项目的范围管理是项目进度管理的组成部分，是对一个项目从立项到完结的全过程所涉及的工作的范围进行的管理和控制活动。这里的“项目范围”只包括完成该项目、实现项目目标、获得项目产出物所“必需”的全部工作。

根据美国项目管理协会（PMI）的说法，项目范围管理的主要内容包括以下几点。

1. 项目起始工作

项目起始工作是指项目的业主/客户向某个内部或外部组织授权，委托其开始一个新项目的筹备工作，或者委托其分析与决策是否可以开始一个项目阶段的工作。项目起始工作的主要内容包括：拟定项目（或项目阶段）说明书，分析和决策项目（或项目阶段）是否继续开展，选派合格的项目经理等工作。

2. 界定项目范围

界定项目范围是指根据项目产出物的要求和项目的目标，全面界定一个项目的工作和任务，并将一个项目的任务进一步细分为更为具体和更便于管理的部分。

3. 确认项目范围

确认项目范围是指由项目的业主/客户或者其他项目决策者正式认定项目的任务范围，并将项目的范围和任务编制成正式文件。

4. 编制项目范围计划

编制项目范围计划是指由项目组织编写一个书面的项目范围描述文件。项目的范围计划文件规定了项目的产品范围、工作范围以及相应的计划安排，是未来项目各阶段起始工作的依据。

5. 项目范围变更控制

项目范围变更控制是指对于那些由项目利益相关者提出的项目范围变更所进行的控制与管理工作。这是一项贯穿于整个项目实施过程中的项目范围管理活动。

项目的范围管理对于数字档案馆项目的进程管理有重要影响，进程管理的内容主要是范围管理所涉及的各个方面。因此，在项目进程管理中，要做好项目范围管理的计划和贯彻实施，以保证项目进程按时实现。

第七节 数字档案馆项目的验收

项目验收是加强项目管理、保证项目质量的重要环节。项目验收一般是指按

照国家有关规定，依据相关资料，按照规定的程序，对项目完成情况进行综合审查并做出相应结论的过程。

数字档案馆的项目验收工作一般由档案馆或地方档案管理局指定具体的机构负责。项目验收工作是保证数字档案馆建设质量的重要环节，应坚持严谨求实、客观公正、简便易行、注重质量的原则。下面参照《财政部信息化建设项目验收管理办法》来介绍数字档案馆项目的验收过程。

一、项目验收前期准备

数字档案馆项目开发单位在项目完成后规定的时间内，如一个月内，向验收负责单位提出项目竣工验收申请，并填写《项目竣工验收申请表》。

（一）验收前提

数字档案馆项目验收的前提是：

（1）建设项目确定的网络、应用、信息安全等主体工程和辅助设施已按照设计要求建成，并能满足系统运行的需要；

（2）建设项目包括的网络、应用、安全等主体工程和配套设施经测试和试运行合格；

（3）建设项目涉及的系统运行环境、安全、消防等设施已按照设计与主体工程同时建成并经试运行合格；

（4）建设项目已完成相关的培训工作，并落实了售后服务措施；

（5）各类工程设计、施工和竣工图等档案文件完整、准确；

（6）对于应用系统类项目，应完成系统的试点运行，并由项目需求单位提交系统功能符合业务需要的说明。

（二）验收依据

数字档案馆项目验收的依据是：

（1）有关法律、法规以及相关标准；

（2）项目招标相关资料；

（3）开发单位提交的项目竣工验收申请报告；

（4）相关单位出具的用户报告；

（5）测试单位出具的测试报告；

（6）项目监理单位出具的监理报告；

（7）项目合同或协议；

（8）业务需求说明书；

（9）其他具有法律效力的文件。

二、项目验收内容

（一）检查建设情况

主要检查建设内容、建设规模是否按照批准的建设方案、责任书、合同书等有关文件约定建成，项目建设中发生的重大变更是否获得项目批复机构批准。

（二）检查施工情况

主要检查网络系统、应用系统、安全系统的施工质量。

（三）检查执行法律法规和标准情况

主要检查项目建设和管理是否符合有关法律、法规和财政信息化建设的相关标准。

（四）检查档案资料情况

主要检查项目建设的批复文件及有关档案，单项设计、施工、监理、集成、验收等技术档案，合同档案，各类标准、管理文件及过程控制文件等档案资料。

（五）检查应用系统项目

应用系统项目审查内容如下。

（1）功能检查。对软件功能完整性、正确性进行审查和评价。

（2）项目管理审查。对项目计划、采用标准、需求方案及其执行情况进行审查和评价。

（3）测试结果审查。对测试单位出具的项目测试报告、监理单位出具的监理报告等进行审查。

（4）技术文档检查。对项目开发单位交付的文档资料（纸质文档和电子文档）进行审查。文档资料主要包括：项目计划、需求分析、设计方案、实施方案、代码编写标准、源程序代码（只提供电子文档）、测试方案、测试报告、质量保证计划和质量管理文档、系统和设备的配置参数、系统安装程序（只提供电子文档）、系统及设备运行和维护所必需的原始资料、系统和设备管理维护说明书、用户操作手册、应急方案、项目开发工作总结等。

三、项目验收程序

项目竣工验收申请报告提交后，即进入项目验收程序。项目验收负责单位组织项目验收组进行竣工验收。项目验收组分为专家组和项目组两种。专家组由外聘专家、验收负责单位和档案馆相关人员组成，专家组成员人数为五人以上单数，设组长一名，由组内人员担任。项目组主要由项目验收负责单位和档案馆人员组成，项目组成员人数为三人以上单数，设组长一名，由组内人员担任。财政部规定，合同或协议金额在 200 万元以上（含 200 万元）的项目，由专家组进行验收；合同或协议金额在 200 万元以下的项目，由项目组验收。

项目验收组按照规定的验收内容进行审查。建设规模大、建设内容多的项目，可依据合同分别进行单项验收；有特殊要求的项目，应委托具有相应资质的专业机构进行验收。

项目验收组应根据审查验收情况召开评审论证会，对项目进行综合评价，形成竣工验收报告，并填写《项目竣工验收表》，由验收组全体成员签字，验收组组长根据验收表决情况签署验收意见。

验收负责单位应将通过验收的项目的各种文件资料及最终验收审批报告归类整理并列出清单，按照有关规定归档保存。

四、项目验收结论

竣工验收结论一般为“通过验收”、“需要复议”、“未通过验收”三种。

通过验收的标准是：完成所有建设内容，技术指标达到设计要求，建设标准达到国家或财政信息化相关建设标准，系统运行安全稳定，建设过程符合国家有关规定。

需要复议的标准是：建设内容和技术指标基本达到设计要求，但提供的验收文件资料不齐全，或者对验收结论存在争议。项目需要复议的，由验收负责单位以书面形式通知开发单位，开发单位在一个月内补充有关材料并重新提出验收申请。

建设项目有下列情况之一，不能通过验收：

（1）验收文件、资料、数据不真实；

（2）未达到设计要求；

（3）设计、施工不符合国家或财政信息化建设相关标准要求；

（4）擅自修改设计目标和建设内容；

（5）项目实施过程中出现重大问题，未能解决和做出说明，或存在纠纷尚未解决的。

项目未通过验收的，由验收负责单位以书面形式通知开发单位，限期整改，符合验收条件后，可再次提出验收申请。

第八节　案例：深圳市数字档案馆

深圳市数字档案馆是国家第一个数字档案馆研究开发项目，它的启动开创了数字档案馆建设的先河，它的顺利实施得益于其优越的环境、基础、技术以及政策优势，经过多年的努力，目前的深圳市数字档案馆已经能够通过网站提供相应的查询和阅览服务，发挥数字档案馆的基本功能。

一、深圳市数字档案馆建设情况概述

自改革开放以来，深圳市各项建设就一直处于全国各省市领先地位。随着20世纪信息化的不断发展，深圳逐渐成为我国信息化的示范城市。“九五”期间，深圳在全国率先建立了信息组织领导体系和信息法规框架，建成了宽带IP城域网和双向互动有线电视网。在信息资源开发和利用领域取得了显著的成效。

随着深圳市信息化建设的不断发展，深圳市档案管理现代化建设也初具规模。2004年年底，深圳市90%以上的单位都运用计算机来管理档案。立档单位向档案馆移交档案，同时移交目录数据软盘；用户则可以在深圳市档案馆进行计算机条目式检索。许多单位的公文流转和办公活动都可以通过网络进行，文档管理一体化得到迅速发展。1999年，深圳市成为全国率先实现档案管理现代化的示范城市之一。同年，深圳市档案馆为保证深圳市档案工作与全市国民经济的协调发展，在全国首先提出建立数字档案馆并争取用三到五年的时间，实现档案信息传输网络化、档案管理自动化和档案信息利用在线化，充分发挥档案馆的信息服务功能。①

2000年5月，深圳市档案馆联合国家档案局科研所承担了国家“数字档案馆工程研究与开发”项目，该项目被纳入国家档案局的“十五”规划。2000年12月28日，深圳市数字档案馆项目课题组在项目软件需求分析会上，首次明确了数字档案馆的定义与内涵。项目课题组指出：“数字档案馆是采用现代高新技术所支持的数字档案信息系统，是档案信息组织模式，代表的是一种信息环境和基础设施构建，是超大规模的、便于使用的、没有时空限制的知识信息中心。”②

2002年12月8日，国家档案局在深圳召开了“档案信息化建设现场演示会”。深圳市档案馆向与会代表成功地演示了深圳数字档案馆应用系统的各项主要功能，有关专家高度肯定了深圳数字档案馆一期工程所取得的成绩。原国家档案局局长毛福民说，深圳率先开展的数字档案馆研究，为各地提供了参考经验，加快了档案信息化建设的步伐。这标志着“深圳市数字档案馆工程研究与开发”

① 参见国家档案局档案馆室司综合调研组：《跟上时代发展大潮，提高档案服务质量——深圳市数字档案馆调查报告》，载《中国档案》，2001 (12)。

② 方燕：《数字档案馆的研究与开发》载《档案学通讯》，2001 (5)。

项目已经取得了阶段性成果。

2003年12月，深圳市重点工程“市民中心”工程基本完工。2004年5月31日，“市民中心”正式对外办公，它是一个集行政中心、文化中心和商务中心为一体的办公中心。市政府及其下属的21个政府职能单位已整体搬入。为了促进深圳信息化建设，并达到国家“十五”规划提出的建立“电子政府”的要求，市政府在“市民中心”专门划拨了10 000平方米，用于市档案馆管理政府各部门文件使用。2007年4月，位于市民中心B区红色方塔内的市档案馆新馆开馆，它包括1 650平方米的展览大厅、1 650平方米的文件档案接收利用大厅以及3 300平方米的库房和技术用房，主要用于集中保管市属机关、事业单位办理完毕的文件并对外提供利用，同时作为档案展览场所。原址档案大厦则作为市档案馆、市城建档案馆馆藏档案的保管基地。同时，新馆中的数字档案馆，通过网络与档案大厦连接，成为深圳市档案文件信息的重要保管基地、社会教育基地和档案文件信息服务中心。[①]

二、深圳市数字档案馆建设的优势条件

深圳市数字档案馆之所以成为我国第一个建设数字档案馆的地区之一，在很大程度上得益于深圳市具有建设数字档案馆的良好的社会环境条件。[②] 概言之，深圳市数字档案馆的建设具有以下四大优势。

（一）环境优势

深圳作为我国的沿海开放城市之一，是经国务院批准的我国信息化建设的试点城市，深圳市政府也对信息化建设极为重视，经费投入逐年增加。“九五”期间，深圳率先建立了信息组织领导体系和信息法规框架，初步建成了宽带IP城域网和交互有线电视网；政府各部门普遍开展了信息化建设；多数大中型企业建立了信息系统和200多个各类数据库，信息应用遍及金融、税收、公安、人事、劳动、社保、交通口岸、海关、城管、科技、教育、卫生等20多个重要社会公共领域。

（二）政策优势

深圳市数字档案馆被纳入政务信息化建设中，成为电子政务建设的重要组成部分之一，并作为“十五”期间城市信息化重点建设项目之一；数字档案馆将作为政府信息资源库，成为政府信息资源中心和数据转换站，成为市民查询有关政

① 参见《深圳档案新馆正式开馆 位于市民中心B区》（2007-04-16）http：//news.qq.com/a/20070416/001250.htm。

② 参见宋涌：《我国数字档案馆建设研究》，天津大学硕士论文，2008。

府文件法律法规和政府办公信息的窗口；由深圳市人大常委会审议通过颁发的《深圳经济特区档案与文件收集利用条例》明文规定："市、区政府应当加强档案管理的信息化、现代化建设，支持电子档案、文件网络系统的开发和利用，推动档案文件信息资源共建共享"。这无疑为深圳的档案信息化建设提供了强有力的支持。

（三）基础优势

深圳市市属机关、企事业单位计算机使用普及率高：一半以上市属单位建有办公自动化系统，日常的公文流转和办公活动都可以通过网络进行，光纤线路已连接到市、区政府机关。立档单位向档案馆移交档案时，能够同时移交目录数据软盘，用户可以在馆藏档案管理系统中对档案进行条目式检索。深圳市档案馆内部建有局域网，包括足够数量的各种服务器、工作站、网络骨干交换机等硬件设备，以及"SD2000"档案管理系统、馆藏档案管理系统和办公辅助系统等应用软件系统。

（四）技术优势

深圳市毗邻港澳，作为全国计算机应用技术的重要研发基地，注重吸收和采用国际现代高新技术。目前深圳市政府各部门的网络基础设施构建技术、办公自动化系统应用技术及各类数据库建设技术等都已达到了较高的水平。

上述四大优势为深圳市立档单位建立其电子文件真实性、完整性和有效性的文档管理系统奠定了良好的基础，为深圳市数字档案馆的建设及实现提供了坚实的保障。

三、数字档案馆的投入经费和建设内容

（一）投入经费

建设数字档案馆一般要求具备高速的数字通信设施和支持高速信息通信的宽带公共通信网络，不仅初始投资额大，而且由于技术设备更新快，其后续资金的投入也很大，这对于经济能力将是很大的考验。鉴于此，深圳市数字档案馆的申报投资资金为 2 000 万元，其中 2002 年年底一期工程完成总投资 100 万元，二、三期工程的建设资金将根据实际建设情况灵活处理。①

（二）建设内容及完成情况

深圳市数字档案馆的建设内容涉及广泛，主要包括规划方案的制定、档案信息资源接收范围的确定以及其他具体的建设项目等。深圳市档案馆力争通过这些建设内容，将其建设的数字档案馆打造成为一个真正能够记录历史、服务人民的

① 参见郭义波：《深圳档案局：2 000 万元赌明天》，载《中国计算机报》，2003（35）。

档案馆。

1. 规划方案的制定与完善

2001 年 3 月，完成《深圳数字档案馆总体规划书》（修订稿）、《第一期工程需求分析报告》、《深圳市数字档案馆实施方案书》、《电子公文邮件管理规定》；2002 年 3 月，完成《数字档案馆总体方案》、《数字档案馆应用系统细化需求分析报告》；同年 4 月，完成《电子文件元数据集标准》（征求意见稿）、电子文件生命周期表、通用电子文件保管期限表等，并且在项目建设过程中根据实际情况不断地完善、修补和改进实施方案。①

2. 档案信息资源接收范围的确定

2002 年 3 月，确定了档案信息资源管理（接收）范围，列出了馆藏档案第一期数字化技术处理内容及接收社会公众服务信息范围。确定了市馆馆藏档案数字化内容及范围，接收立档单位档案信息，接收区及专业档案馆目录，接收城市地理、人口普查、高等教育等有档案性质的行业及专题信息资源库和互联网上其他有档案价值的信息，接收专题视频、图像。②

3. 数字档案馆的建设项目

（1）标准规范与法规。根据深圳市档案信息化建设的实际需要，从 2001 年到 2004 年，深圳市档案局先后承担了一个国家标准《基于 XML 格式电子公文归档管理规范》（已完成）和三个国家档案行业标准《公务类电子邮件归档与管理规则》（已完成）、《电子文件元数据标准》（已完成）、《数字档案馆建设与设计规范》的起草编制工作。此外，还结合深圳档案信息化建设的实际，根据轻重缓急的原则，先后起草制定了与档案信息化建设有关的规范性文件一个，档案业务和技术规范九个：《深圳市电子文件归档与管理办法》、《数字档案储存格式与载体标准》、《深圳市档案资料数字化技术规范》、《深圳市档案数字化著录与格式规则》、《深圳市馆藏档案光盘编号规则》、《深圳市归档电子文件存储格式及载体规范》、《深圳市归档电子文件光盘存储规范》、《深圳市归档电子文件整理规则》、《深圳市电子文件鉴定规范》、《深圳市通用电子文件保管期限表》（征求意见稿）；还编印了《电子文档管理手册》一书。在电子公文和档案管理标准化方面进行了较为深入的研究和探索。③

（2）基础设施建设。1998 年深圳市档案局（馆）已经建成内部局域网络，2001 年与市政府专线光纤连接，并对即将搬入市民中心的新馆网络建设进行了

①② 参见朱小怡等编著：《数字档案馆建设理论与实践》，115～116 页。

③ 参见李国庆：《深圳数字档案馆建设目标及实施步骤》，数字档案馆国际研讨会论文，2005。

长远规划。2002 年 3 月，建成了档案数字化技术处理中心，开展了馆藏档案数字化的处理工作，实现部分馆藏档案的数字化，数字化的总容量不低于 400GB。同年，开展了计算机中心设备的更新工作以及网络建设（Intranet、Extranet、Internet）与档案信息的发布。2007 年，市馆迁至“市民中心”大楼，硬件配置与基础设施有了较大扩展，建立了计算机中心机房及网络工作站。基础设施采用大型高速交换机、路由器并行处理的高性能服务器、易扩充的规模型群集系统、网络存储系统，建立了大型数据库、高可靠性的信息安全系统和其他相关系统等。

（3）应用系统的开发。2002 年 9 月，完成应用系统的开发工作，建立了以信息采集、信息管理、信息利用服务、安全保密四个子系统为框架的演示系统，采集部分各种类型的信息数据。该系统于同年 10 月投入试运行，11 月技术测评。在迁至新馆之后，根据新馆的网络布局，进行了相应的应用系统的升级和维护。①

（4）数字档案资源建设。从 2001 年开始，深圳市档案馆就开始对各种载体的档案进行数字化处理，包括文件、资料、语音、视频、图像、图形等各类数字资源。2003 年，随着项目建设的不断发展以及政府网络的建设，实现了对电子文件即时在线接收，增加了档案信息量（可扩展到对文件资料的管理），建立了市、区档案馆数字档案目录中心，同时，继续对馆藏各种载体的档案进行数字化处理以建立一个大规模的资源数据库。

（三）目前运行情况

目前，深圳市数字档案馆已经可以通过网站提供相关的查询与服务，特别是我们可以通过网站目前的结构和功能，了解深圳市数字档案馆的建设情况。

1. 能够为党政机关提供档案文件和其他有关信息的查询和阅览服务

深圳市档案馆把所建的数字档案馆定位于国家综合性数字档案馆，归属于电子政务系统，而档案馆作为政府的一个职能部门，就要适应电子政务的实施带来的工作方式的改变，不断丰富其档案信息资源，实现档案信息资源的共享。因此，深圳市档案馆在构建数字档案馆的过程中就通过网站上的“文件档案查询”链接为深圳市党政机关提供各类现行档案文件及其他有关信息的查寻、阅览服务，以便及时、准确地做出决策，同时也为政府文件的发布提供了一个统一平台，有利于政府信息公开，树立现代化的政府形象。

市民可以通过深圳市档案局网站，点击“政府信息公开”进入深圳政府在

① 参见朱小怡等编著：《数字档案馆建设理论与实践》，116～117 页。

线，点击查看市档案局各项公开目录。同时，还可以在信息公开导航栏中点击市政府各个主要部门的信息公开目录、公开指南、年度报告等，从而实现了与政府部门的即时链接。

2. 不断丰富各类数字信息资源库

深圳市数字档案馆馆藏不仅涵盖了原有的档案信息资源，而且还进一步扩大了领域，包括文件、资料、语音、视频、图形图像等，做到人无我有，人有我优，使进入深圳档案馆网站的利用者通过网络更加直观地了解深圳的发展和历史。例如，利用者可以通过网上展馆，根据系统的指引，利用立体三维的方式，通过各个时期深圳发展的图片，了解深圳的历史；还可以通过在线视频点播，通过直观的视觉感受了解深圳；还可以通过兰台杯摄影大赛获奖展，了解当下社会的精神风貌以及各个国家和地区的自然风光和民族特色，为那些不能亲自到场参观的人们提供了一个良好的平台。

3. 推进整个档案馆业务流程的全面数字化

数字档案馆是在网络上运行的，因此，深圳市数字档案馆工程建设将改变传统的手工收集、整理、利用，充分利用计算机技术实现网络化、自动化处理，实现电子文件的及时归档，通过对各立档单位形成的电子文件实行远程监控，适时接收，用数字化手段对档案业务各流程进行管理，从而真正实现文档一体化管理，促进深圳市档案管理现代化水平的提高。

4. 做好安全保密工作

档案信息对安全保密有严格的要求，数字档案信息也不例外。深圳市数字档案馆在建设过程中就明确提出了档案信息的安全和权限管理措施，提出要通过有效的安全保密系统，利用不同层次的网络，向不同权限的用户提供不同开放程度的信息查寻、阅览服务；积极、主动地开发档案信息资源，向国内外宣传深圳市改革开放的建设成就，成为社会各界了解深圳、了解中国的一个窗口。

从网站的运行情况中可以看出，深圳市数字档案馆的建设重点是：通过与政府信息网的对接，实现政府信息的公开化。这样，政府部门能够通过网络实现信息资源的共享，提高民众对政府公务的认识程度，增加民众对政府公务的参与度，真正做到民主决策、民主管理，进一步加强政府部门科学化、民主化和高效化的管理。目前，深圳市档案馆保存了政府部门大量电子化、数字化的政务信息。这些档案信息资源种类齐全、内容丰富，主要包括行政管理信息、市场信息、服务信息、决策信息等。为企业或个人进行社会考察、市场分析、生产及生活科学安排、资源合理配置等提供了重要的参考与指导。基于档案信息资源的重要性，深圳市档案馆加快了档案信息资源数字化建设的步伐。现在深圳市档案馆网站的总访问量已经达到 3 228 139 人次[①]，这充分表明：

(1)“深圳档案馆”已经成为市民查询政务信息、了解工作动态、更新专业知识、掌握法律法规、进行信息交流的平台；

(2) 公民参与国家政府公务的意识提高；

(3) 深圳市数字档案馆的建设取得了较大的成功。

四、深圳市数字档案馆的创新性

深圳数字档案馆作为我国第一家数字档案馆，其建设具有相当的典型性和代表性，建设过程也体现了一定的创新性，这主要体现在概念创新和技术创新两个层面。[②]

(一) 概念创新

第一，重新定义了“档案信息”的概念，扩大了“档案信息”的内涵。与传统的档案馆相比，数字档案馆内的信息资源不仅要涵盖原来的档案信息资源，包括馆藏档案的数字化、立档单位数字档案的在（离）线接收、专门和专业档案信息收集，还要将信息采集进一步扩大到现行文件、资料、各行业专业数据库、社会公众服务信息、网上相关信息、数字图书馆信息等，载体形式也要包括语音、视频、图形图像等更为广阔的领域。通过对各类信息的整合，形成一个以档案信息为核心内容的社会综合信息资源库，以满足社会各方面对档案信息资源的需求。

第二，扩展了原“数字化档案馆”的内涵和外延，确立了“数字档案馆”的概念及其建设目标。2000 年年底，深圳市档案馆就对“数字化档案馆”与“数字档案馆”两个概念进行了认真的区别和界定，比较了两者的内涵与外延。数字档案馆除了馆藏档案的数字化工作之外，还涉及档案信息的采集、整理、存储、检索、传递、保管、保护、利用、鉴定、统计等全过程，代表的是一种信息环境和基础设施的构建，是一个与软件工程、网络工程、计算机工程、信息组织工程等密切相关的系统工程。而数字化档案馆则主要强调馆藏的数字化，将数字化的档案信息上网提供利用，它仅仅是建设数字档案馆的基础及不可少的前期准备工作，是构成数字档案馆的一部分。[③]

第三，实现了“数字档案馆”由概念原型向实体系统的转变。在很长的一段时间内，我国由于受技术、管理思想、经费、人才等方面的制约，“数字档案馆”

---

① 参见《深圳档案》，http：//www.szdaj.gov.cn/。

② 参见深圳市档案局：《深圳数字档案馆研究开发的思路及实践》，载《办公自动化》，2002 (1)。

③ 参见方燕：《数字档案馆的研究与开发》，载《档案学通讯》，2001 (5)。

仅仅是停留在概念论证的阶段，还没有将其应用到实际操作中去。“深圳数字档案馆”项目的立项和实施，将会建立起中国第一个数字档案馆，为在全国范围内数字档案馆的建设树立一个实体目标系统的应用典范。

（二）技术创新

第一，在数字档案馆工程建设过程中，不仅执行了一些国际性、通用性的技术标准和业务规范，还推广、研制、建立起一套新的技术标准和业务规范。例如：数字档案术语标准、电子文件元数据及对象数据格式标准、数字档案存储格式与载体标准、公文邮件归档管理规范等。这些技术标准和业务规范，在世界上都属于先进水平，具有深远的创新意义。

第二，为了充分利用档案信息、保证档案信息的安全性以及长期可利用性，数字档案馆工程采取了最先进、最有发展前途的计算机技术、信息技术、人工智能技术。例如：数据仓库、数据挖掘、海量数据存储、网络安全、图像分类、智能检索、人工语言向自然语言转换、视频点播、虚拟现实技术等。这些技术在数字档案馆工程项目中的应用，将大大提高数字档案馆项目的技术含量，确保其技术的先进性。

【本章小结】

数字档案馆是一种特殊的项目，既包括信息系统的设计开发，也包括数字档案馆项目的全面实施和维护管理。数字档案馆的项目管理是一个信息系统、人员、设备和资金协同作用的过程。在数字档案馆的建设过程中，应运用项目管理知识，在软件开发、系统实施、维护等各个阶段实行项目管理，以保证项目的顺利进行。

【本章关键术语中英文对照】

项目	Project
项目管理	Project Management
美国项目管理协会	Project Management Institute，PMI
国际项目管理协会	International Project Management Association，IPMA
项目管理的知识体系	Project Management Body of Knowledge，PMBOK

【讨论题】

1. 什么是项目？项目有哪些属性？

2. 什么是项目管理？项目管理包括哪些内容？

3. 项目生命周期一般划分为哪几个阶段？

4. 与一般项目相比，数字档案馆项目有什么特点？

5. 数字档案馆项目有哪些利益相关者？他们在数字档案馆项目实施中各自发挥着什么作用？

6. 项目评估的意义何在？数字档案馆项目评估应包括哪些具体内容？

7. 数字档案馆项目的成本管理应包括哪些内容？

8. 数字档案馆项目的进度管理应注意哪些方面？

9. 数字档案馆项目验收应包括哪些内容？

10. 试分析深圳数字档案馆项目管理的特点。

第十二章 数字档案馆法规与标准

【本章要点】

本章将介绍与数字档案馆建设相关的法规和标准。对于法规，本书将与数字档案馆建设相关的各种法律条款归纳为安全规范、法律凭证、知识产权与隐私权保护、管理利用以及相关技术规范等类别，按照法律、法规、行政规章顺序加以介绍。对于标准，本书采用国家档案局的分类形式，将其分为国家标准和工作标准两类进行介绍。此外，为了使读者了解国际上数字档案馆建设的立法进展，第三、第四节分别对国际组织和主要国家及地区的相关立法情况进行了介绍。

【关键词】

数字档案馆法规○数字档案馆标准○电子文件法规○电子文件标准○国际法规标准○国内法规标准

第一节　我国有关数字档案馆建设的法律、法规与规章

我国的档案法规体系是以《中华人民共和国档案法》（简称《档案法》）为核心，由《中华人民共和国档案法实施办法》等档案行政法规、行政规章组成的相互联系、相互协调的统一体。它主要由档案法律、档案行政法规、档案行政规章及其他规范性文件组成。[①] 这些法律规章从不同角度为数字档案馆建设提供了可供参照执行的约束标准。其中，综合性法律法规以《档案法》为典型代表，为数字档案管理提供了全方位的宏观指导。此外，还有一大批法律法规从特定角度出发，对数字档案管理提出具体规范。我国有关数字档案馆建设的法律、法规和规章大致可归为以下几种类型。

安全规范类：《中华人民共和国保守国家秘密法》（简称《保密法》）及其实施办法是指导电子档案安全管理的最基本规范。此外，《计算机病毒防治管理办法》、《专用网与公用网联网的暂行规定》、《计算机信息系统保密管理暂行规定》、《计算机信息系统国际联网保密管理规定》、《计算机信息网络国际互联网安全保护管理办法》、《中华人民共和国计算机信息系统安全保护条例》等一大批法规文件从物理安全和逻辑安全双方面对数字档案管理细则做出了更加明确的诠释说明。

法律凭证类：在保障档案文件存储的安全可靠的同时，还需要保证载体信息的真实可靠性，也即需要证明电子档案文件具有同纸质档案同等重要的凭证作用。《电子签章条例》、《中华人民共和国电子签名法》（简称《电子签名法》）就是主要针对这一方面而设立的法规，而《档案法》及其实施办法也为数字化载体档案的可信度提供了一定的法律支持。

知识产权类：电子化促使信息扩散速度和范围迅速扩大，为数字档案的知识产权保护带来了客观动力。《中华人民共和国著作权法》（简称《著作权法》）及其实施条例、《关于制作数字化制品的著作权规定》、《计算机软件保护条例》、《信息网络传播权保护条例》等法规为数字档案的版权保护和合法利用提供了规范约束。而对于公民隐私权的保护，目前我国尚缺乏明确的法律支持。

管理利用类：《电子公文归档管理暂行条例》为电子文件的归档与管理提供了指导规范。2008 年 5 月 1 日起正式实施的《中华人民共和国政府信息公开条例》，为促进档案公开与数字档案信息的开发利用提供了新的法律支持。

此外，还有一些涉及技术与建设标准类的规章制度，如《中华人民共和国计

---

① 参见颜海编著：《档案信息资源开发利用》，200～203 页，武汉，武汉大学出版社，2004。

算机信息网络国际联网管理暂行规定》、《中国公用计算机互联网国际联网管理办法》、《档案管理软件功能要求暂行规定》、《县乡村农业科技档案信息工作网络试行办法》等，本书将其归为其他规范指导类，加以关注和分析说明。

下面就围绕数字档案管理，从综合性法规和专门性法规两大方面，分别介绍我国现有的相关法律、法规与行政规章。

一、综合类

档案事业的核心法律《档案法》是主要针对传统载体的档案管理的法律，但是档案管理的基本法律，也同时为数字档案馆建设提供了全面的、基础性的指导规范。而《〈中华人民共和国档案法〉实施办法》（简称《〈档案法〉实施办法》）作为《档案法》的延伸，为数字档案馆建设提供了更加详尽的实施说明。

（一）《中华人民共和国档案法》

1987 年 9 月 5 日，六届全国人民代表大会常务委员会第二十二次会议通过了《档案法》，并于 1988 年 1 月 1 日起开始正式施行。这标志着我国档案事业的建设与发展从此走上了法制化的轨道。此后为适应社会主义市场经济发展变化的需要，第八届全国人民代表大会常务委员会第二十次会议于 1996 年 7 月 5 日通过了《关于修改〈中华人民共和国档案法〉的决定》，对《档案法》做出进一步修订。作为我国档案事业的根本大法，《档案法》为数字档案馆建设提出了最基本的规范和建设意见。

修正后的《档案法》共分六章二十七条，分别就档案机构及其职责、档案的管理、档案利用的职权和公布、法律责任等方面做出了明确的法律规定。

其中第一章总则共五条，分别就《档案法》的立法目的、档案的定义、具有保护档案义务的主体以及档案工作原则等进行了说明。第二条规定“本法所称的档案，是指过去和现在的国家机构、社会组织以及个人从事政治、军事、经济、科学、技术、文化、宗教等活动直接形成的对国家和社会有保存价值的各种文字、图表、声像等不同形式的历史记录”。显然，该定义尚未将“数字档案”明确纳入其中，而如果“不给数字档案在档案法定定义表述中以明确表述，那么不仅会造成数字档案工作无法可依的被动局面，也使数字档案馆的建设陷入困境”[①]。因此，为保障数字档案馆在法律的框架下健康安全运行，将数字档案这一概念明确纳入档案定义的范围之内是今后《档案法》立法修正的内容之一。

第二章至第五章分别针对档案机构及其职责、档案管理、档案利用职权和公布、相关法律责任等做出了具体说明。值得强调的是，作为档案事业的普适性法

---

① 刘东斌：《数字档案馆的档案法律问题》，载《档案管理》，2003（5）。

律，《档案法》为数字档案馆建设构建了基本的法律框架。譬如数字档案具有易删改、可复制性等特点，有关数字档案的复制权、复制件的处理等就需要格外慎重。《档案法》中有多处提及复制问题，如第三章第十条规定“档案复制件的交换、转让和出卖，按照国家规定办理”；该章第十八条“属于国家所有的档案和本法第十六条规定的档案以及这些档案的复制件，禁止私自携运出境”；第五章第二十五条“携运禁止出境的档案或者其复制件出境的，由海关予以没收，可以并处罚款，并将没收的档案或者其复制件移交档案行政管理部门”，“构成犯罪的，依法追究刑事责任”等。对数字档案的复制行为及其复制件的利用等都要遵照上述条款规定来操作执行。

（二）《〈中华人民共和国档案法〉实施办法》

《〈档案法〉实施办法》是针对《档案法》而制定的档案行政法规。鉴于其与《档案法》的密切关系，我们将其与《档案法》同时作为综合类法规加以介绍。

《〈档案法〉实施办法》于1990年11月19日正式实施。此后为适应《档案法》的修订而重新调整，并于1999年6月7日由国家档案局发布施行。该办法共分六章三十一条，针对《档案法》中档案机构及其职责、档案管理、档案的利用和公布以及罚则等方面的相关规定做出了较为具体细致的规范性说明。其中与数字档案馆建设密切相关的有以下几个方面。

1. 关于档案管理、利用与公布的限制

承接《档案法》第三章第十七、十八条，《〈档案法〉实施办法》第三章第十七条规定，对于集体、个人所有或非国家所有但有保存价值、应当保密的档案，其所有者可以“向各级国家档案馆寄存、捐赠或者出卖”；“向各级国家档案馆以外的任何单位或者个人出卖转让或者赠送的，必须报经县级以上人民政府档案行政管理部门批准”；“严禁向外国人和外国组织出卖或者赠送”。第十八条强调“国家所有的档案，任何组织和个人都不得出卖”，但又补充说明当主体为收集、交换散失档案，国际交流以及为适应经济建设、科研成果推广等目的时，经相关职权部门审查批准“可以向国内外的单位或者个人赠送、交换、出卖档案的复制件”。第十九条同时强调“各级国家档案馆馆藏的一级档案严禁出境”，二、三级馆藏及其他相关档案原件和复制件需要出境的必须经过相关权限部门审批检查。第二十二条也明确指出“中华人民共和国公民和组织，持有介绍信或者工作证、身份证等合法证明，可以利用已开放的档案。外国人或者外国组织利用中国已开放的档案，需经中国有关部门介绍以及保存该档案的档案馆同意。”另外，该条款还对档案馆未开放档案以及未移交档案馆档案的利用做出权限限制说明。

从上述规定中可以看到，现阶段我国对档案公布利用的权限管理比较严格，跨国档案利用的申请程序仍旧比较复杂。显然这些规定还不能完全适应数字档案馆的发展要求。建设数字档案馆的优势之一就是能够在更广泛的时空范围内实现档案资源共享，使档案信息资源的价值得以充分发挥，过于烦琐的利用申请程序或是高昂的权限控制费用都将阻碍数字档案馆优势的发挥。因此，在严格遵守不同密级档案处理方式的前提下，放宽对公开数字档案的利用权限控制，简化档案利用的申请手续，促进数字档案的合理利用是《档案法》及其实施办法今后立法修正的一大趋势。

2. 有关知识产权的规定

数字档案的形成有两种形式，一种是由计算机等设备直接生成的电子文件归档而得到的，另一种是由现有档案馆藏数字化所形成的。对于数字化，我国《计算机软件保护条例》第三条第五款明确指出，它是一种复制行为。国际立法趋势也倾向于将作品数字化认定为复制行为，如美国的《知识产权与国家信息基础设施》白皮书（1995 年 9 月）、世界知识产权组织的《关于保护文学和艺术作品若干问题的条约》（1996 年 8 月）等都有类似的规定[①]。那么作为一种复制权，档案馆藏数字化权的归属、内容、行使和限制都需要参照复制权中的相关规定，注重在数字化过程中对知识产权的保护。《〈档案法〉实施办法》第四章第二十六条明确强调“利用、公布档案，不得违反国家有关知识产权保护的法律规定”。有关这方面的进一步探讨将在后面有关《著作权法》的叙述中继续进行。

3. 关于数字档案的法律凭证性

值得注意的是《〈档案法〉实施办法》第二十三条第一、三款分别将“电子出版物发表”、“公共计算机信息网络传播”等形式列入档案公布可采纳的基本形式之一，对电子文件的法律凭证作用给予了肯定。当然，有关数字档案法律凭证性更加全面系统的阐述还需要参考《电子签名法》等相关法律法规，这些将在后面的小节中进行讨论。

二、专门类

在《档案法》及其实施办法等综合类法律法规的基本指导下，还有一大批法律法规针对或者涉及数字档案馆建设的某一方面或某几方面内容，并从不同角度提出了具体的操作规范与建议。本书将这些专门类法律法规与部门规章按照各自的侧重点，大致分为安全保障类、法律凭证类、知识产权保护与隐私权保护以及其他技术规范类五大部分进行介绍，以期能够较为全面地使读者了解涉及数字档案馆建设的各项规章制度。

---

① 参见张东华：《对档案馆藏数字化的法律思考》，载《档案学通讯》，2004（2）。

(一) 安全保障类

安全性历来是档案保护的首要工作，也是数字档案建设十分重要的内容。针对数字档案这一特殊档案形式，国家颁布了一系列法律法规，下面进行简要介绍。

1.《中华人民共和国保守国家秘密法》

《保密法》是一部有关保守国家秘密、维护国家安全利益的法律，它对数字档案的安全管理提出了基本要求。该法施行于 1989 年 5 月 1 日，1951 年 6 月公布的《保守国家机密暂行条例》同时废止。

《保密法》共分五章三十五条，第一章为总则，第二至四章分别阐述了国家秘密的范围和密级、保密制度和法律责任，第六章为附则。本法中与数字档案管理相关的主要内容如下。

第一章第四条明确提出保密工作“施行积极防范、突出重点、既确保国家秘密又便利各项工作的方针”。应该说，“既确保国家秘密又便利各项工作的方针”为数字档案馆信息资源共享建设提供了法律指导。第三章保密制度第十七条则明确指出数字档案保密工作的基本规范：“采用电子信息等技术存取、处理、传递国家机密的办法，由国家保密工作部门会同中央有关机关规定”。此外，在《档案法》相关探讨中所涉及的数字档案复制行为仍要参考《保密法》中的有关规定。如第三章第十八条对绝密级国家秘密文件、资料和其他物品制定保护措施时提到，“非经原确定密级的机关、单位或者其上级批准，不得复制和摘抄”；“经批准复制、摘抄的绝密级的国家秘密文件、资料和其他物品，依照前款规定采取保护措施”等等。另外，有关密级划分、保密制度及法律责任等的规定对数字档案馆档案的管理与利用也具有积极的指导规范作用，详情可参照《档案法》相关条款原文。

2.《〈中华人民共和国保守国家秘密法〉实施办法》

《〈保密法〉实施办法》于 1990 年 4 月 25 日由国家保密局发布实施。该办法共分五章四十一条，针对《保密法》逐条进行了更加细致的规范说明，实施办法会同《保密法》共同规范全国保密工作，具体操作细则可参见原文。

《保密法》及其实施办法，对数字档案馆的安全保密工作提出了最基本的要求。为全面保障数字档案馆建设的安全有序，在具体操作中，还需要参照国家相关部门的其他法律规范，如国务院发布实施的《中华人民共和国计算机信息系统安全保护条例》(1994 年 2 月 18 日生效)，《中华人民共和国计算机信息网络国际联网管理暂行规定》(1996 年 2 月 1 日发布施行，1997 年 5 月 20 日修正)，《中华人民共和国计算机信息网络国际联网管理暂行规定实施办法》(1997 年 12

月 8 日颁布实施），国务院批准、公安部发布的《计算机信息网络国际互联网安全保护管理办法》（1997 年 12 月 30 日发布实施），公安部出台的《计算机病毒防治管理办法》（2000 年 4 月 26 日发布施行），国家保密局制定的《计算机信息系统保密管理暂行规定》（1998 年 2 月 26 日发布施行）、《计算机信息系统国际联网保密管理规定》（2000 年 1 月 1 日起施行），邮电部 1996 年 4 月 3 日颁布执行的《中国公用计算机互联网国际联网管理办法》、同年 7 月 24 日发布的《专用网与公用网联网的暂行规定》等等。

另外，作为调整社会关系的有力保障——《中华人民共和国刑法》在 1997 年 3 月 14 日的第八届全国人民代表大会第五次会议上修订增加了关于计算机网络犯罪方面的内容，对违反上述法律的行为做出追究刑事责任处理的规定，详情请参照《刑法》第二百八十五条和第二百八十六条的相关规定。而对于那些利用计算机网络破坏电子公文或伪造电子公文的，则可以根据《刑法》第二百八十条的有关规定予以毁灭公文罪或伪造公文罪论处。[①] 可以说《刑法》中有关计算机网络方面的规定为保障数字档案馆的安全顺利运行提供了强有力的法律支持。

（二）法律凭证类

受制于数字档案电子化载体的特殊性，数字档案相对于纸质档案的法律凭证性面临着颇多争议和操作疑难。有鉴于此，国家颁布了包括《签名法》、《中华人民共和国电子签章条例》在内的一系列法律法规，以期为电子档案的法律凭证性、电子档案相对于传统纸质档案的法律地位等方面做出权威说明和操作规范。

1.《中华人民共和国电子签章条例》

2002 年 4 月，中国电子信息产业发展研究院接受委托，正式启动了《电子签章条例》（简称《电子签章条例》）的调研和起草。[②]《电子签章条例》自 2003 年 6 月 1 日起生效，它首先确立了电子文件和电子签章的法律效力，为文件和重要信息的网络传输提供了法律依据。该条例包括赋予电子文件和电子签章以法律效力以及保证信息安全的内容，如对认证机构 CA 的管理、电子签章活动中的责任等等。

本条例第一章为总则，对该条例的制定目的、适用范围以及电子签章的管理部门等做出了具体说明。第二章“数据电文与电子签章的效力”，共五条，对具有与书面等形式同等效力的电子电文、电子签章的各种形式做出列举式说明。第

① 参见郑远民、熊静波：《论电子公文安全体系的法律保障》，载《法学杂志》，2002（4）。

② 参见孔德周、王兵、阿拉木斯：《CA 和电子签章的“准生证”——〈电子签章条例〉介绍》，载《中国计算机用户》，2002（32）。

三章“数字签章”对安全数字签章的满足条件（第九条）、数字证书发放条件（第十条）、证书发放时的公告（第十一条），发放后的撤销（第十二条）、中止（第十三条）以及认证机构的职责权限等方面（第十四至十七条）作出规定。第四章则专门针对电子签章使用人的使用规范进行了说明。第五章明确指出电子签章制作使用等过程中经手人的相关法律责任权限。附则对以上各项做出补充说明，明确定义了“数据电文”、“电子签章”、“数字签章”、“数字证书”、“证书库”、“认证服务声明”、“认证机构”、“发证机构”、“中止”及“撤销”等概念在本条例中的具体含义。

作为电子文件与签章方面较早的法律规定，《电子签章条例》首先提出了对电子签章法律效力及安全性等方面的讨论，而次年形成的《中华人民共和国电子签名法》则又向前迈出了一步，针对电子化形式提出了更加明确的法律说明和操作规范，从而使电子文件及电子签章的使用有法可依，促使电子文件管理工作更加规范化。

2.《中华人民共和国电子签名法》

《电子签名法》由第十届全国人民代表大会常务委员会第十一次会议于2004年8月28日通过，自2005年4月1日起施行。《电子签名法》被誉为“我国首部真正意义的信息化法律”，也是我国所制定的确认电子文件法律证据性的第一部法律。①

该法共分五章三十六条，分别对数据电文、电子签名与认证以及法律责任等方面做出了明确规定，它对电子文件法律地位的确立、法律凭证性的确认以及保证电子文件归档齐全、确保电子文件安全可靠的具体操作等做出了积极的规范指导。以下将结合《电子签名法》的主要内容，对有关数字档案管理中的几点突出问题加以说明。

（1）法律凭证性的确认。在确认法律凭证性方面，《电子签名法》中有大量相关说明。其中第一章第二条首先提出定义：“本法所称电子签名，是指数据电文中以电子形式所含、所附用于识别签名人身份并表明签名人认可其中内容的数据。本法所称数据电文，是指以电子、光学、磁或者类似手段生成、发送、接收或者储存的信息。”这里所称“数据电文”也即电子文件。该法第二章第八条和第三章第十三条分别对电子文件的真实性、可靠性做出了详细的规范性说明。此外，《电子签名法》还在多处反复强调电子文件的法律凭证地位，如第一章第三条中提到“（民事活动中）当事人约定使用电子签名、数据电文的文书，不得仅

① 参见王艳明：《〈电子签名法〉对电子文件管理的若干影响》，载《档案学研究》，2006（1）。

因为其采用电子签名、数据电文的形式而否定其法律效力”（但存在某些例外）。第二章第四条进一步规定说明“能够有形地表现所载内容，并可以随时调取查用的数据电文，视为符合法律、法规要求的书面形式”。

值得注意的是，以上所分析的仅是电子文件的法律凭证性，现实中必须将其与电子文件的法律效力区分开来。数字档案应该和纸质档案一样具有法律凭证性，这样才能维持数字档案馆的建设发展。但数字档案的法律凭证性并不能保证其一定具有法律效力。“只有具有法律效力、法律上的效力或法律认可的效力内容的档案文件才是具有法律效力的档案文件。一般的不具备法律约束力或契约的档案文件，如报告、总结、讲话、记录、图纸、信件、手稿、照片等则没有法律效力，但可作为一种法律凭据在社会活动中起到其他材料无法替代的凭证或依据。”[①] 也就是说只有一部分数字档案在特定条件之下才可能具有法律效力，而我们关心的是作为一种新型介质，电子文件在支持数字档案馆建设中法定地位的认可情况。因此，在将电子文件法律效力与法律凭证性相区分的同时，有关电子文件法律效力的形成条件等方面暂不列入本章的讨论范围。

（2）归档保存的说明。实际上，《电子签名法》在提出规范约束的同时亦为电子文件的形成、归档、保存，电子数据的安全性保障措施的设计等提供了一些解决方案，并列出了注意事项。

本法第二章第五条、六条对满足法律、法规规定的原件形式要求、文件保存要求等做出了具体规定。第九条到第十二条对电子文件的形成过程进行了明确说明，包括电子文件发送人的验证、收讫确认、发送时间、发送地点等，对电子文件进馆前的处理工作提出了严格要求。进馆前的规范约束保证了数字档案的真实可靠性，为其法律地位的确立提供了支持。

第三章则提出电子签名的安全保障制度。其中有关电子认证服务的相关说明为确保“可靠的电子签名与手写签名或者盖章具有同等的法律效力”（第十四条）做出了具有可操作性的规范指导，即通过依靠国家许可的从事电子认证服务的第三方认证来确保电子签名的法律地位。本章对电子签名人和电子认证服务提供者双方都提出了明确要求。一方面对于电子签名人，该法要求其“妥善保管电子签名制作数据”，“知悉电子签名制作数据已经失密或者可能已经失密时，应当及时告知有关各方，并终止使用该电子签名制作数据”（第十五条）；向认证机构申请证明身份的电子证书时“应当提供真实、完整和准确的信息”（第二十条）。对于认证机构，该法要求“认证服务提供者应当制定、公布符合国家有关规定的电子

① 张世林：《档案具有法律效力吗？——兼与刘家真李军商榷》，载《档案学通讯》，2001（2）。

认证业务规则，并向国务院信息产业主管部门备案”（第十九条）；“应当保证电子签名认证证书内容在有效期内完整、准确，并保证电子签名依赖方能够证实或者了解电子签名认证证书所载内容及其他有关事项”（第二十二条）。此外，“电子认证服务提供者应当妥善保存与认证相关的信息，信息保存期限至少为电子签名认证证书失效后五年”（第二十四条）等。这些安全保障制度为电子文件的信息与实体安全提供了全面保障，也为电子文件的顺利归档提供了强有力的支持。①

第四章明确了电子签名、电子文件当事人的法律责任。

第五章附则中对该法涉及的用语以及施行时间等进行了解释说明。值得注意的是，相关用语定义的说明集合，从另一个角度来看，也是在强调要保障电子文件的法律证据性必须要归档与保存好相关法律属性的结构与背景信息。该法中涉及的以下信息作为法律元数据应该加以妥善保存：（1）电子签名认证证书（三十四条第三款：“是指可证实电子签名人与电子签名制作数据有联系的数据电文或者其他电子记录”）；（2）电子签名制作数据（三十四条第四款：“是指在电子签名过程中使用的，将电子签名与电子签名人可靠地联系起来的字符、编码等数据”）；（3）电子签名验证数据（第三十四条第五款：“是指用于验证电子签名的数据，包括代码、口令、算法或者公钥等”②）。

本章中所强调的对相关法律属性的结构与背景信息的保存，对电子文件元数据集合的科学归档与保存无疑起到了积极的促进作用。

（3）适用范围及作用。《电子签名法》的制定初衷主要是为电子商务领域服务，但实际上它的适用范围却不仅限于此。本法第五章第三十五条规定“国务院或者国务院规定的部门可以依据本法制定政务活动和其他社会活动中使用电子签名、数据电文的具体办法。”这就是说，除了民商事领域外，电子签名完全可以适用于电子政务和电子医务等其他领域，只是有关具体的电子签名法规则，有待国务院或者有关部门进一步制定和明确。③实际上，《电子签名法》的相关规定对于规范电子文件、建设数字档案馆起到了很大的支撑作用。同时本法也为后面将要提到的《电子文件归档与管理规范》这一标准的顺利执行提供了有力的法律保障。

---

① 参见刘国华、韩宏庆、杨福军：《电子签名法对电子文件管理的影响》，载《档案学通讯》，2005(6)。

② 王艳明：《〈电子签名法〉对电子文件管理的若干影响》，载《档案学研究》，2006(1)。

③ 参见邓杰：《论电子签名的法律功能与法律效力》，载《武汉大学学报》（哲学社会科学版），2006(2)。

3. 其他相关法律法规说明

实际上，除了《电子签名法》这样系统论证和规范电子文件法律凭证性的法规以外，其他法律中也含有类似的说明。比如，三大诉讼法中就有这方面的专门表述：1990 年 10 月 1 日起实施的《中华人民共和国行政诉讼法》五章三十一条第三款将“视听资料”归为可采用的证据形式之一，并将计算机产生和存储的数据、文件归入此类证据之中；1991 年 4 月 9 日颁布的《中华人民共和国民事诉讼法》六章第六十三条以及 1996 年 3 月 17 日修订的《中华人民共和国行政诉讼法》五章第四十二条中也有类似规定。[①] 可以说，三大诉讼法的相关规定为电子文件法律凭证地位的确立提供了有力支持。此外，1999 年我国新《合同法》中规定：“书面形式是指合同书、信件与数据电文（包括电报、电传、传真数据交换和电子邮件）等可以有形地表现所载内容的形式（《合同法》第十一条）”[②]等。这些法律法规条文使电子文件获得了与书面文件相当的法律地位，电子文件的法律凭证性作用得到肯定。

（三）知识产权保护类

在数字档案的长期存取、公布利用过程中，信息传递更加方便快捷，用户的利用权限控制难度加大，有关知识产权保护等的问题也更加突出。主要包括在数字化、软件使用、数据库建设等方面涉及的知识产权保护以及数字档案馆建设域名保护、网页内容版权等方面。为保障相关各方的合法权益，《中华人民共和国著作权法》（简称《著作权法》）及其相关条例规范首先提出了基础性解释说明。

1.《中华人民共和国著作权法》

1990 年 9 月 7 日第七届全国人民代表大会常务委员会第十五次会议通过《著作权法》并于 1991 年 6 月 1 日起正式实施。该法于 2001 年进行了修正，修正后的《著作权法》分六章六十条，分别对著作权，著作权许可使用和转让合同，出版、表演、录音录像、播放，法律责任和执法措施等方面进行了规范说明。

本法中与数字档案馆建设紧密相关的内容主要包括馆藏数字化权，数据库、计算机软件保护及网络信息传播等方面，以下就将针对这些方面展开讨论。

首先，馆藏数字化行为中有关数字化权的行使值得注意。作为复制权中的一种，《著作权法》对数字化权的具体操作做出了一些说明。方丽等[③]根据《著作权法》的相关条款，将档案馆对档案的数字化行为归纳为以下两种情况：

---

① 参见冯惠玲主编：《政府电子文件管理》，49 页，北京，中国人民大学出版社，2004。

② 祝亚明：《试论电子文件的法律地位》，载《情报科学》，2003（11）。

③ 参见方丽：《论数字化档案馆的若干版权问题》，载《档案天地》，2005（6）。

一是不经版权人许可直接进行数字化的档案，包括：（1）超过版权保护期进入公有领域的档案。（2）不受版权保护的档案，如“法律、法规，国家机关的决议、决定、命令和其他具有立法、行政、司法性质的文件，及其官方正式译文以及时事新闻、历法、通用数表、通用表格和公式”（《著作权法》第一章第五条）。（3）所有权和著作权都归档案馆所有的档案。（4）档案馆“为陈列或者保存版本的需要，复制本馆收藏的作品”（第二章第四节二十二条第八款）等。

二是经版权人许可，并向版权人支付一定的报酬后才可进行档案的数字化。包括：（1）对于捐赠、征购的档案，与权利人签订合同，明确权利范围和义务，对于著作权未转让的档案进行数字化时要经权利人许可，并支付一定的报酬（有关使用和转让合同的相关事宜可参见本法第三章有关条款具体说明）。（2）如果数字档案超出合理使用范围，不仅仅是“为陈列或保存版本的需要”而是具有一定的盈利目的，则需要向权利人支付一定的报酬。

另外，为有效实施著作权法，理顺著作权人、数字化制品经营单位和社会公众的法律关系，国家版权局根据《著作权法》制定的《关于制作数字化制品的著作权规定》是为档案馆藏数字化权执行的又一参考规范。该规定于 2000 年 3 月 1 日起施行，具体内容可参考原文。

值得注意的是，刘东斌、戴定丽、张东华等人指出，作为受著作权保护的档案具有作品和档案双重身份，同时受制于《著作权法》和《档案法》的有关规定。[①] 然而由于没有对档案所有权和著作权做明晰界定，二者关系混淆不清，导致现行《档案法》和《著作权法》在档案开放和公布、利用方面的规定中存在冲突。比如，《著作权法》规定：发表权属于著作权人（第二章第一节第九条第一款），但《档案法》同时规定“属于国家所有的档案，由国家授权的档案馆或者有关机关公布；未经档案馆或者有关机关同意，任何组织和个人无权公布”（第四章第二十二条）。对于上交档案馆而未发生著作权转移的那部分档案而言，它们的公布权利到底是归著作权人所有还是由档案馆掌控就存在一定的矛盾状况。又如，《档案法》第十九条规定：“中华人民共和国公民和组织持有合法证明，可以利用已经开放的档案”，如果是仍处于著作权保护期限内的作品，那么它同时要受到著作权人的利用限制，对于这部分档案的利用活动的具体操作存在一定的麻烦（“注：档案馆对档案作品的‘开放’并不意味着权利人同意‘发表’该档案作品”）。总之，“《档案法》和《著作权法》的交叉和互补衔接的矛盾，需要研究解决，尤其是在数字档案馆环境下，数字档案

---

① 参见刘东斌：《数字档案馆的档案法律问题》，载《档案管理》，2003（5）。

的开放与公布很难区别，如何解决这个问题对于数字档案馆建设无疑有着十分重要的意义”[①]。在这里，首先要区别出版发表与公布的含义，事实上档案的公布或开放并不完全等同于发表，当档案利用者需要编撰发表受到《著作权法》保护的作品和数据时，应当遵守《著作权法》的相关规定。档案馆进行档案公开时，可以参考国外的做法，政府信息公开应当首先保护公民的知识产权与隐私权。对于受到《著作权法》保护的档案文件，档案馆与档案利用者不应当在未经著作权人授权的情况下进行发表、发行、改编与汇编等活动。

《著作权法》规定，数据库建设、使用中的“修改权、复制权、发行权、改编权、汇编权”等相关权利归著作权人所有，未经允许不得擅自行使。《著作权法》同时规定“改编、翻译、注释、整理已有作品而产生的作品，其著作权由改编、翻译、注释、整理人享有，但行使著作权时不得侵犯原作品的著作权”（第二章第二节第十二条）；“汇编若干作品、作品的片段或者不构成作品的数据或者其他材料，对其内容的选择或者编排体现独创性的作品，为汇编作品，其著作权由汇编人享有，但行使著作权时，不得侵犯原作品的著作权”（第二章第二节第十四条）。对于数字档案馆而言，档案数据库归国家所有的，应当遵守《档案法》的相关规定。对于档案数据库中有著作权保护的数据，档案馆不应擅自行使出版权利，而应在征得著作权人同意的条件下进行数字化发表。进一步的规定详见下文的《信息网络传播权保护条例》。

2.《著作权法实施条例》

为配合新版《著作权法》的顺利实施，《著作权法实施条例》于 2002 年 9 月 15 日重新出台，国家版权局 1991 年发布的《著作权法实施条例》同时废止。该管理条例对《著作权法》中的一些概念做出详细解释，并就有关方面的权利与责任进行了更加明晰的剖析，具体内容可参照《中华人民共和国著作权法实施条例》2002 年新版原文。

此外，《著作权法》第六章附则中第五十八条明确指出：“计算机软件、信息网络传播权的保护办法由国务院另行规定”。鉴于计算机软件与信息网络传播著作权管理的特殊性与典型性，以下就结合《著作权法》及其相关条例，对涉及计算机软件、信息网络传播等方面的专门的法律条例进行介绍。

3.《计算机软件保护条例》

“为了保护计算机软件著作权人的权益，调整计算机软件在开发、传播和使用中发生的利益关系，鼓励计算机软件的开发与应用，促进软件产业和国民经济

① 戴定丽：《试论数字档案馆建设中的版权问题》，载《档案》，2003（3）。

信息化的发展”，根据《中华人民共和国著作权法》制定《计算机软件保护条例》（第一章第一条）。该条例由国务院第339号令公布，自2002年1月1日起实施，1991年6月4日国务院发布的《计算机软件保护条例》同时废止（第五章第三十三条）。

计算机软件既是数字档案馆的支撑条件，也是一种计算机科技类的数字档案，所以也受到数字档案馆相关法律法规的约束。

数字档案馆软件有三种来源，一是自行研发而成，二是购买由软件公司开发的软件，三是将开发业务外包给软件公司。对于自行研发的软件，“如果符合专利条件的，应及时申请专利，进行软件登记，以保护自己的合法权益，避免日后产生侵权纠纷问题”①。值得强调的是，该条例第二章第十四条指出，对于法人或者其他组织的软件著作权，如“软件自开发完成之日起50年内未发表的，本条例不再保护”。档案馆自行研发的软件著作权多数情况下归属于“法人或其他组织”，鉴于此，相关责任人有必要在软件研发工作后期及时申请专利以便有效保护本馆的合法权益。不过该项条款的制定也有其客观合理性：由于软件更新速度高、翻新率大，50年的权限控制在一般情况下足够维护集体组织的软件著作权。历经50年，绝大多数情况下即使已经申请专利保护的软件也会因为技术更新换代而失效，不再具有专利保护的价值，也不会受到专利侵害。但是法人及其他组织的软件著作权问题还是应该在合理的范围内得到一定的关注和重视。而当数字档案馆所使用的软件为外购而来也即著作权属于他人时，要遵照合理使用的原则，对于这类软件行使软件著作权、专有行使软件著作权或转让软件著作权时，当事人应当订立书面合同（见第三章第十八、十九、二十条）。

在数字档案馆中计算机软件存在的另一种形式是作为档案本身而非支撑软件的存在。它可能是软件企业的产品档案，也可能是科技部门的科技档案。档案馆在对计算机软件档案进行开放或提供利用时，应遵循《版权法》或《计算机软件保护条例》的相关规定，对于计算机软件的版权进行保护，或通过元数据和其他方式加以标注，向档案利用者明确使用权限。

4.《信息网络传播权保护条例》

《著作权法》中明确规定：“信息网络传播权，即以有线或者无线方式向公众提供作品，使公众可以在其个人选定的时间和地点获得作品的权利”（第二章第一节第九条第十二款）。“为保护著作权人、表演者、录音录像制作者的信息网络

---

① 吕元智：《数字档案馆的法律问题》，载《档案管理》，2002（2）。

传播权”，根据《著作权法》，国务院第135次常务会议通过《信息网络传播保护条例》，并于2006年7月1日起施行。

数字档案信息的公布利用需要依靠网络的传输，因此必然会涉及“信息网络传播权”的问题。《信息网络传播权保护条例》和《著作权法》中的有关条款对信息网络传播问题做出了规范说明。

《信息网络传播权保护条例》第七条规定：“图书馆、档案馆、纪念馆、博物馆、美术馆等可以不经著作权人许可，通过信息网络向本馆馆内服务对象提供本馆收藏的合法出版的数字作品和依法为陈列或者保存版本的需要以数字化形式复制的作品，不向其支付报酬，但不得直接或者间接获得经济利益。当事人另有约定的除外。”显然该款为数字档案馆的信息开发利用提供了很大的便利，但该条款同时进一步强调“为陈列或者保存版本需要以数字化形式复制的作品，应当是已经损毁或者濒临损毁、丢失或者失窃，或者其存储格式已经过时，并且在市场上无法购买或者只能以明显高于标定的价格购买的作品”。可见，实际上数字档案馆馆藏档案信息的网络传播权在很大程度上还是要受到数字档案著作权人的限制。数字档案馆管理、利用中涉及的著作权问题，尤其是对于著作权不属于档案馆的数字档案必须征得著作权人的允许，方能合理利用。方丽等将取得版权人权利许可、获得档案信息网络传播权可采用的具体操作总结为以下三种途径：一是“由档案馆与版权人直接签订合同，征得同意，并支付一定报酬”；二是“由政府同意向版权人支付费用”；三是“设置档案版权集体管理组织，一切交由集体管理组织来处理权利许可及付费等问题”。三种途径各有利弊，可以根据实际情况灵活选择。①

5.《中国互联网络域名注册暂行管理办法》及实施细则

数字档案馆本身的知识产权保护还包括域名资源等的所有权。1997年5月30日颁布实施的《中国互联网域名注册暂行管理办法》以及同年6月提出的《中国互联网域名注册实施细则》可供数字档案馆建设域名资源管理与维权参考。借鉴朱小怡②等对数字图书馆域名建设的意见，数字档案馆也应该注册多个域名，既保证用户的多途径访问又有效应对突发安全事件，保证信息传递利用的持续稳定性。鉴于数字档案馆信息存取的特殊地位，一旦发生域名恶意抢注事件，也可以利用上述《管理办法》及其实施细则有效应对，以维护数字档案馆的合法权益。

① 参见方丽：《论数字化档案馆的若干版权问题》，载《档案天地》，2005（6）。

② 参见朱小怡等编著：《数字档案馆建设理论与实践》，90～94页。

（四）隐私权保护类

实际上，除了著作权以外，数字档案在公布、开放时还会涉及公民隐私权以及企业商业秘密的问题。现阶段，尽管我国有关隐私权方面的档案立法尚不完善，但是可以参照《中华人民共和国刑法》、《中华人民共和国民法通则》、《中华人民共和国行政诉讼法》等其他部门法中的相关规定。《中华人民共和国政府信息公开条例》（简称《信息公开条例》）于 2007 年 1 月 17 日国务院第 165 次常务会议通过，自 2008 年 5 月 1 日起施行，对于在政府信息公开中涉及的公民隐私权与企业商业秘密有明文规定。《信息公开条例》第十四条规定，“行政机关在公开政府信息前，应当依照《中华人民共和国保守国家秘密法》以及其他法律、法规和国家有关规定对拟公开的政府信息进行审查。行政机关对政府信息不能确定是否可以公开时，应当依照法律、法规和国家有关规定报有关主管部门或者同级保密工作部门确定。行政机关不得公开涉及国家秘密、商业秘密、个人隐私的政府信息。但是，经权利人同意公开或者行政机关认为不公开可能对公共利益造成重大影响的涉及商业秘密、个人隐私的政府信息，可以予以公开。”行政文书档案是政府信息的一种特殊形式，数字档案馆在数字档案开放与利用活动中应当依据《信息公开条例》规定，保护公民隐私权和企业的商业秘密，维护相关权益人的合法权益。

（五）管理利用类

除了《档案法》及其实施办法的宏观指导外，还有一些专门的法规、规章对数字档案管理与开发利用进行了指导规范。

1.《电子公文归档管理暂行办法》

根据《档案法》及其实施办法和《国家行政机关公文处理办法》制定的《电子公文归档管理暂行办法》（简称《暂行办法》）于 2003 年 9 月 1 日起正式施行。作为电子文件管理的规章，该办法旨在有效维护电子公文的真实性、完整性、安全性和可识别性。《暂行办法》主要是针对公文类电子档案提出规范要求，但实际上，它对于包括各种数字文件在内的档案管理过程都有重要的指导意义。

《暂行办法》第二条提出电子公文的定义：“各地区、各部门通过由国务院办公厅统一配置的电子公文传输系统处理后形成的具有规范格式的公文的电子数据”。办法第三条与第四条明确了电子公文形成单位、机关档案部门以及副省级以上档案行政管理部门对档案管理的职责权限，并明确了电子公文真实、完整、安全和可识别性在电子公文全生命周期的负责单位。第五至十九条则对电子文件形成、归档、存储、利用等一系列过程中涉及的时间限制、内容规范、组织方式、移交形式、存储方式及保护等方面做出了具体要求。而第十、十一、十六、十八条对保障电子公文的完整安全性做出了较多说明，第十二条、第十三条和第十五条则主要针对真实可识别性提出了相应的规范约束。

值得指出的是，第十七条明确提出，归档电子公文保存形式为一式三套，一套封存保管，一套异地保管，一套提供利用。三套制管理较好地克服了电子文件的机读依赖性、系统不稳定性等缺点，使电子信息能够像纸质文献一样通过信息固化而长期保存。其安全理念值得数字档案馆建设中的各类型电子文件管理建设借鉴。

2.《中华人民共和国政府信息公开条例》

档案管理的最终目的是保存历史记忆便于开发利用与信息增值开发。在开发利用方面，《档案法》及其实施办法对档案利用职权归属、公布时间、方式，利用方式、权限以及相关法律责任明晰等方面进行了基本规范。而安全保障类、法律凭证类、知识产权保护类以及隐私权保护等专门法规也从不同侧面为数字档案的开发利用提出了相应的约束规范。自 2008 年 5 月 1 日起实施的《中华人民共和国政府信息公开条例》对档案信息的公开利用也产生了重大影响。

《中华人民共和国政府信息公开条例》第二章对政府信息公开范围进行了规范说明；第三章公开方式和程序中，尤其指出国家档案馆在政府信息公开利用方面的相关职责，也为数字档案馆建设提供了参考规范。值得一提的是，为配合条例的具体操作，国家档案局相继制定了《国家档案局政府信息公开工作管理办法（试行）》、《国家档案局政府信息公开指南》，专门对政府档案信息的开发利用提出了具体说明。[①] 其中《国家档案局政府信息公开工作管理办法（试行）》针对政府档案信息公开的范围、公开方式和程序、监督保障等方面展开讨论，并且以附件形式提供国家档案局政府信息工作领导小组名单以及国家档案局新闻发言人名单和其政府信息公开工作的流程示意图，从责权利等方面提出了可行性规范。而《国家档案局政府信息公开指南》为落实《中华人民共和国政府信息公开条例》，对国家档案局政府信息的公开范围、方式、申请获取政府信息的程序及收费等信息公开利用环节一一做出详尽说明。此外，国家档案局网站还专门开辟“政务信息公开”专栏，为公民提供获取档案管理政务信息的平台和沟通交流渠道。

（六）其他技术类规范

除了以上几类法律规范外，还有许多其他技术类规范值得注意。如在档案材料归档的齐全完整性方面，2006 年国家档案局第八号令发布施行的《机关文件

① 参见中华人民共和国国家档案局：《政府信息公开》（2008-06-20），http：//www. saac. gov. cn/govopen/。

材料归档范围和文书档案保管期限规定》第十条明确提出要求："机关应对电子文件的元数据、背景信息等进行相应归档"，从一个侧面反映出近年来国家对数字档案建设的高度重视。国家档案局 2001 年 6 月 5 号发布施行的《档案管理软件功能要求暂行规定》则对档案管理软件系统提出了可供操作的参照标准，对于包括数字档案管理在内的现代化管理过程提出了明确要求。

第二节　我国与数字档案馆建设相关的标准介绍

档案工作标准是以档案工作领域中的重复性的事物和概念为对象而制定或修订的各种标准的总称，它是档案工作中有关单位和个人应当遵守的共同准则和依据。就本质而言，档案工作标准是一种"统一规定"，是各有关方面需要"共同遵守"的行为准则和依据。目前，我国众多档案工作标准中，已经建立了一部分专门针对数字档案与电子文件的工作标准。按照标准的使用范围，可以将其划分为国际标准、区域性标准、国家标准、专业或行业标准、企业标准等。[①] 本节将按照标准出台的时间顺序，重点介绍专门针对数字档案、电子文件管理工作的国家标准和行业标准。

一、国家标准

（一）《CAD电子文件光盘存储、归档与档案管理要求》（GB/T 17678－1999）

《CAD 电子文件光盘存储、归档与档案管理要求》由国家质量技术监督局批准，于 1999 年 10 月 1 日起实施。该标准包含"电子文件归档与档案管理"和"光盘信息组织结构"两部分。其中，第一部分：电子文件归档与档案管理主要适用于"光盘存储 CAD 产生的电子文件及电子档案"，"已归档的纸质文件、图纸输入光盘的情况不属本标准范围，但可参照本标准中的规定"（见第一条）。

"电子文件归档与档案管理"部分对 CAD 电子文件的收集、积累、整理、鉴定与归档，以及电子档案的管理等具体细则做出了规范性说明。其中第三条明确提出电子档案、CAD 电子文件以及电子档案的定义，将电子文件、支持软件和软硬件说明三部分纳入数字档案归档范围。第四条到第七条则对 CAD 电子文件归档的全过程管理提出了具体的操作要求，有关细则可以参照原文，这里不再做详细介绍。此外，该标准附录中还包括三张表格，分别为"CAD 电子文件积累登记表"、"电子档案登记表"和"电子文件使用权限保护登记表"等，可供实践工作参考。

---

① 参见冯惠玲、张辑哲主编：《档案学概论》，二版，141～145 页，北京，中国人民大学出版社，2006。

第二部分主要介绍以光盘为存储介质的CAD电子文件光盘档案系统，详见标准原文。

（二）《CAD电子文件光盘存储归档一致性测试》（GB/T 17679－1999）

《CAD电子文件光盘存储归档一致性测试》（简称《一致性测试》）全篇共七条，该标准规定了CAD电子文件光盘存储归档一致性测试的基本框架和测试方法，主要适用于CAD电子文件光盘存储格式的一致性测试，也适用于CAD电子文件光盘存储、归档与档案管理系统的一致性测试，但不涉及CAD电子文件以外的光盘存储和归档管理测试（见第一条）。该标准的使用者可以是软件测试人员及开发人员。第二至七条分别对制定该标准的引用标准、相关术语的定义及缩略语、一致性测试的基本方法以及CAD电子文件光盘存储归档的一致性要求、一致性测试套件、一致性测试服务制度等作出规定。另外附录中还包括"测试与认证过程概况"、"测试套件开发过程概况"、"协议实现的一致性声明（PICS）问卷"、"协议实现的补充测试资料（PIXIT）"以及"CAD电子文件光盘存储归档一致性测试报告"等，对与标准制定的相关细则做出了详细说明。

（三）《电子文件归档与管理规范》（GB/T 18894－2002）

《电子文件归档与管理规范》（简称《规范》）于2002年12月4日起发布，并于2003年5月1日起正式实施。该标准对我国电子文件归档与管理做出了统一规范，使数字档案馆建设的具体操作有了较为详尽的参考标准。

该标准适用于"党政机关产生的电子文件的归档与管理"。邱晓威等撰文强调"《规范》中所指的电子文件主要是公务活动中产生的电子文件及公文类电子文件。其中不包括艺术类和科技电子文件，当然更不包括图书等类型的电子文件"①。但标准同时指出"其他社会组织的电子文件管理可参照本标准"。

第二条列出制定本标准涉及的规范性引用文件。第三条则给出适用于本标准的一些术语和定义。第四条概括性地提出各项工作的目标要求，包括为保持电子文件的真实、完整、有效性，保证归档电子文件质量及内容、说明及描述上的一致性，归档完整性，法律凭证性而应该采取的相应措施。第五至九条则针对总则提出对各方面的具体规范。其中第五条在全过程管理中为确保电子文件的真实性、完整性和有效性提出了具体要求。第六至九条具体针对电子文件的收集、积累、归档、整理和移交、接受及保管提出了更细致的规范说明，为电子文件全过程管理的实践操作提出了参考指南。

值得强调的是，必须全面地看待《规范》。它是适应电子文件管理工作的需

---

① 邱晓威：《关于〈电子文件归档与规范〉的若干说明》，载《档案学研究》，2004（4）。

要而产生的，但是发展迅速的电子文件管理过程涉及的问题多样而复杂，而且变化不断，这些并不是2002年制定的《规范》所能完全包容和解决的，譬如对术语的定义存在一定争议，“不能恰当揭示事物本质，增加了实践中的差异性”①等等，但是这并不妨碍《规范》对预期约束范围内的管理对象进行有效指导。因此，一方面我们可以参照《规范》来指导电子文件管理的实践工作，另一方面还要用发展的眼光来看待《规范》，只有在实践中不断地完善补充与修正《规范》，才能够适应不断发展的电子文件管理需要。

二、行业标准

（一）《磁性载体档案管理与保护规范》（DA/T 15－1995）

国家档案局于1996年2月26日发布《磁性载体档案管理与保护规范》，并于1996年10月1日起正式实施。作为较早的标准文件，该标准根据当时的技术发展水平对磁性载体文件在归档前、归档时、归档后的一系列过程提出管理要求，其主要内容如下。

第一条规定“本标准适用于机关、团体、企事业单位的磁性载体文件和磁性载体档案的管理和保护；不适用于计算机光盘、激光视盘和激光唱盘”。第二条列出制定该标准所引用的其他规范文件。第三条对“磁性载体文件”、“磁性载体档案”等五个专有术语做出定义。第四至七条则对磁性载体档案的整个管理流程做出详细规范，包括对归档前磁性载体文件的积累、管理工作，归档要求，以及归档后磁性载体档案的管理、贮存与保护等方面。文后还列出了“磁性载体文件目录清单”及“磁性载体档案检测、保养卡”两张表格。此外附录中还包括“筛选劣质磁带的实验”、“磁性载体档案遭受高温、水泡后的处理方法”及“工作间要求”等三部分。

从上述介绍中不难看出，作为较早制定的标准，《磁性载体档案管理与保护规范》已经开始关注包括计算机生成信息（计算机磁带）与计算机软件的管理工作，并提出了技术操作规范。但是由于标准制定时期的技术水平所限，它还不能完全满足数字档案管理的实际需要。

（二）《纸质档案数字化技术规范》（DA/T 31－2005）

“数字档案馆的（档案）来源有两种形式：一种是传统档案数字化。另一种是电子文件直接进馆。由于我国发展计算机的起步较晚，存在着大量的传统纸质档案，因而组建数字档案馆就需首先将90％的传统档案数字化。”②《纸质档案数

① 肖英、陈亮：《对〈电子文件归档与管理规范〉中术语定义的几点建议》，载《档案学研究》，2004（2）。

② 方丽：《论数字化档案馆的若干版权问题》，载《档案天地》，2005（6）。

字化技术规范》就是应此需要而制定，并于2005年9月1日开始正式实施。

该标准"规定了纸质档案数字化的主要技术要求，适用于采用各种设备对纸质档案的数字化加工处理及数字化成果的管理"。其援引规范性文件包括《信息技术 连续色调静态图像的数字压缩及编码》和《电子文件归档与管理规范》等，并对相关术语做出了定义说明。

该标准在提出纸质档案数字化基本要求的前提下，对纸质档案数字化前期处理，数字化过程中的档案扫描、图像处理，以及数字化成果的存储、目录建库，数据的挂接、验收、备份，数字化成果管理等问题做出了详尽的技术操作规范，可供数字化工作者参考执行。

（三）《公务电子邮件归档与管理规则》（DA/T32-2005）

国家档案局于2005年4月30日发布行业标准《公务电子邮件归档与管理规则》（简称《规则》），并于2005年9月1日起实施。《规则》适用于"公务电子邮件的归档与管理"，所辖范围具体包括"国家机关、团体、企事业单位和其他社会组织的公务邮件"。

《规则》援引包括《电子文件归档与管理规范》等在内的七部规范性文件条款，对公务电子邮件的撰写、传递、鉴定、归档、整理与保管等规范化程序与管理规则做出说明，在维护其真实性、完整性和长期可读性的基础上，为公务电子邮件的安全保管和有效开发利用提供了依据。

此外，《规则》的附录中包括五个规范性表格，分别为"公务电子邮件收发文登记表"（包括收、发文两个子表）、"公务电子邮件存储格式"、"公务电子邮件存储载体"、"公务电子邮件移交登记表"（含首页和续页两部分）以及"公务电子邮件移交检验登记表"等，为公务电子邮件归档管理工作的规范性提供了一定的帮助。

（四）《中国档案机读目录格式》GB/T 20163-2006

《中国档案机读目录格式》是指导数字档案馆建设最为重要的标准之一，对于档案目录数据库的建设具有重要作用。本书第六章第二节曾经介绍过该标准与数字档案元数据之间的关系。该标准由国家档案局提出，根据国际标准化组织ISO2709：1996《信息与文献 信息交换格式》编写。该标准的执行格式是根据国际图书馆协会和机构联合会制定的《国际机读目录格式》和国际档案理事会制定的《国际标准档案著录规则（总则）》并结合我国档案机读目录著录的实际编写的，于2006年正式颁布。标准规定了与国际和国家相关标准互相兼容的档案计算机机读目录格式，适用于档案目录数据库的建立和档案目录数据的处理与交换。

（五）《档案目录通用数据元规范》（征求意见稿）

《档案目录通用数据元规范（征求意见稿）》（简称《规范（征求意见稿）》）是国家档案局联合各相关部门仍在制定之中的行业标准之一。2009 年 3 月 19 日，国家档案局在上海召开国家档案行业标准专家评审会，与会专家对上海市档案局研究编制的《规范（征求意见稿）》进行审议并提出了修改意见。本标准规范了档案目录管理业务中对于最核心和通用部分的数据最小单元及其描述；明确了档案目录管理业务中各个业务模块需要的最核心和通用部分的最小数据单元。它适用于档案管理信息系统的建设与维护，以及档案目录中最核心和通用部分的数据交换（《规范（征求意见稿）》第一条）。该《规范（征求意见稿）》制定出了档案目录通用数据元编制的详细规则，为档案尤其是多媒体、数字化档案归档的齐全完整提出了可执行的操作标准。

（六）《电子文件元数据标准》（征求意见稿）

国家档案局中央档案馆办公室于 2008 年 3 月公开征集全国各相关部门对该标准的反馈意见。该意见稿以各级机关、团体、企事业单位和社会组织的电子文件核心元数据（包括原生电子文件与数字化文件）为研究对象，对数字档案馆建设设计的通用术语和专有概念进行了定义说明，并对元数据建设过程中所涉及的概念模型、元数据集、元数据元素定义方法、定义及其描述等进行了详细规范。文后还包括“电子文件元数据标准应用指南”、“信息总体封装格式”、“电子文件元数据相关编码体系”、“电子文件元数据与都柏林核心元数据（Dublin core）的映射关系”及文件类型方案四大附录，对标准的具体实施提供了详尽说明，从一个方面体现出该标准的中国特色及其国际通用性，是为数字档案馆标准化建设所做的积极尝试。

（七）《电子文件管理细则》（征求意见稿）

随“电子文件元数据标准”同时征求意见反馈的还包括“电子文件管理细则”。该标准包括“文书电子文件元数据方案”、“电子文件长期保存格式需求”和“基于 XML 的电子文件封装规范”三个部分。第一部分对电子文件形成、交换、归档、移交、保管、利用等全过程元数据设计、捕捉、著录提出了一般要求；第二部分则关注于电子文件长期保存格式的需求，为数字档案的长期存取提供了技术规范参考和选择标准；第三部分规定了基于 XML 的电子文件封装格式和要求，其中封装对象主要包括文本文件和静态图像文件等。

（八）其他的机读档案目录交换格式

除了《中国档案机读目录格式》之外，还有一些针对某一特定历史时期数字档案的目录交换标准，如 1999 年 10 月 1 日正式实施的《革命历史档案机读目录软磁盘数据交换格式》（DA/T 17.5－1995）、1999年12月1日开始实施的《民国档案机读目录软磁盘数据交换格式》（DA/T 20.4－1999）、2005年9月1日实施的《明清档案目录中心数据采集标准 明清档案机读目录数据交换格式》（DA/T 33－2005）等。这些标准针对特定历史档案的数字版本管理提出了一定的规范指导，可作为专门类别数字档案管理的依据。

三、数字档案馆相关标准制定的发展动态

数字档案馆建设的不断深入需要相关标准的支撑和规范。为此，国家陆续拟制定一系列相关标准来适应电子文件与数字档案管理的快速发展。其中国家档案局自2002年发布的《全国档案信息化建设实施纲要》中以附件的形式罗列出拟制定的档案相关标准和规章，是近年来制定数字档案相关标准的主要动力和宏观规划，如表12—1所示。

表12—1 《全国档案信息化建设实施纲要》拟制定的档案信息化标准和规章（2002）

名称	研发制作承担单位	计划完成时间	完成情况
《中国档案机读目录格式》（国家标准）	上海市档案局、解放军南京政治学院上海分院	2003	GB/T 20163－2006
《电子文件名词术语》	国家档案局档案科技研究所、国家档案局外事办公室	2003	—
《电子公文归档管理暂行办法》	国家档案局政策法规研究司	2002	国家档案局令（第6号）
《电子文件归档与管理规范》（国家标准）	国家档案局科技研究所	2002	GB/T 18894－2002
《电子文件归档细则》	上海市档案局	2003	—
《电子邮件类公文归档程序与规则》	深圳市档案局	2003	—
《网站资源归档与管理规范》	青岛市档案局	2004	—
《归档电子文件真实性鉴定规程》	国家档案局档案科技研究所	2005	—
《电子档案管理办法》	国家档案局政策法规研究司、国家档案局档案科技研究所	2005	—
《档案管理软件功能要求暂行规定》	国家档案局技术部、档案科学技术研究所、政策法规研究司	2001	2001年6月5日国家档案局、中央档案馆发布
《档案网站管理办法》	国家档案局政策法规研究司、福建省档案局	2003	—

续前表

名称	研发制作承担单位	计划完成时间	完成情况
《纸质档案数字化技术规范》、《缩微影像数字化转换技术规范》	中央档案馆技术部	2003	DA/T 31－2005
《照片档案数字化技术规范》、《录音档案数字化技术规范》、《录像档案数字化技术规范》	中央档案馆技术部	2004	—
《数字档案馆设计与建设规范》	深圳市档案局	2005	—
《档案管理网络安全测试规程》	江苏省档案局	2004	—

注："—"代表该项标准尚未完成。

对照上两小节中现阶段我国已出台的国家标准和行业标准可以看出，2002年纲要里的一些拟制定标准法规尚未完全按原计划时间内完成，有些仍处于研发之中，有些则存在搁浅现象。例如，2007年在南京召开的全国档案工作标准化技术委员会第十五次年会（2007年4月21日至22日）上就指出，鉴于2007年申请立项的有关档案信息化项目存在标准研制定位不准确以及内容部分重复的现象，《中央国家机关电子档案数据移交技术规范》、《电子文件中心系统运行规范》、《电子公文归档服务共享规范》、《电子公文归档交换数据结构规范》和《OA与档案系统数据接口格式规范制定及程序开发》五个项目暂缓立项。此外，本次会议还决定向国家档案局提出制定电子文件管理战略规划的建议，并由国家档案局法规司、中国人民大学信息资源管理学院、解放军南京政治学院上海分院共同研制《档案信息化标准体系》，于下次年会前完成，作为今后档案信息化方面标准制定的立项指南。

上述现象与数字档案馆这一前沿性领域复杂多变的实际发展情况密不可分。但从另一个侧面也可以看到，数字档案馆建设过程并非一日之功，有关法律法规和标准等的制定也必须通过不断修正扩充来适应变化着的社会需求和实践要求。整体规划需要不断的实践检验和可行性支撑，必须动态地修改完善和实现计划，切忌盲目贪多求快，抑或停滞不前。只有贴近现实的实践才能保证标准化的顺利推广，才能为数字档案馆的建设提供真正的指南。2008年3月公开征求反馈意见的"电子文件元数据标准"和"电子文件管理细则"结合2007年征求意见稿"档案目录通用数据元规范"，不失为这方面的有效尝试。越来越细化、实用化、全面化成为数字档案馆标准制定的发展趋势。

第三节 国际组织制定的相关法律法规及标准

对于数字化信息的管理，许多国际组织出于各自的建设宗旨，从不同角度提出了规范和建议。尽管许多法律标准的制定初衷并不是专门为数字档案馆建设服务的，但是其中有关数字信息管理、利用、传播、法律凭证性的确认，有关信息安全、数字信息知识产权的保护，网络建设等的规定都可供数字档案馆建设的相关方面参考执行。这些法律法规的共同特点是适应性与灵活性强，对组织内部的各个成员国都具有一定的约束与规范作用。这些文件以推荐性标准为主，可供各国数字档案管理工作参照执行。

一、《世界知识产权组织版权条约》

2002年3月6日起正式生效的《世界知识产权组织版权条约》[①]（简称WCT），是为解决国际互联网络环境下应用数字技术而产生的版权保护新问题而制定的一项国际公约。该条约由世界知识产权组织于1996年12月在日内瓦主持召开的“版权及邻接权若干问题外交会议”上讨论通过，大约有120个国家出席会议参与了制定该项条约的讨论。[②] 随着我国加入世贸组织步伐的加快以及知识产权保护的客观要求，WCT自2007年7月起在我国生效。[③]

WCT作为《伯尔尼公约》的补充与发展，对保护客体、权利与义务等做出了规范说明。它主要由开篇序言和25条规定组成，其中第一至十四条为实体条款，十五至二十五条为行政管理条款。此外还有9条“议定声明”，对条约中可能发生歧义的问题作进一步解释。它主要包括以下内容。

（1）保护客体。包括计算机程序和数据库，WCT中第四条和第五条分别对两类客体进行了限定定义。

（2）权利。WCT针对发行权（第六条）、出租权（第七条）、向公众传播的权利（第八条）等进行了讨论，并对权利的行使做出进一步规范（第十四条）。其中，向公众传播的权利规范了文学和艺术作品作者在遵守《伯尔尼公约》相应条款的前提下，享有作品专有权，以授权将其作品以有线或无线方式向公众传

---

① 参见《世界知识产权组织版权条约》，http：//www.wipo.int/treaties/zh/ip/wct/wct.htm#P156_3825，2007-01-16。

② 参见吴汉东：《知识产权法》，修订版，367页，北京，中国政法大学出版社，2002。

③ 参见庹祖海：《互联网时代的文化管理》，http：//www.ccnt.gov.cn/xwzx/whbzhxw/t20070828_44297.htm，2007-01-16。

播，包括将其作品向公众提供，使公众中的成员在七个特定的地点和时间可获得这些作品。

实际上，WCT 中有关网络环境下的知识产权保护活动，主要是针对文学和艺术作品作者而展开的，但是数字档案馆在接收、购进相应档案作品及软硬件产品时仍然需要遵守原作者所拥有的专有权，在妥善协商的基础之上，才能保证数字档案利用的合理合法。

(3) 义务。主要包括“技术措施的义务”、“权利管理的义务”等。第十一条规定“缔约各方应规定适当的法律保护和有效的法律补救办法，制止规避由作者为行使本条约或《伯尔尼公约》所规定的权利而使用的、对就其作品进行未经该有关作者许可或未由法律准许的行为加以约束的有效技术措施”。第十二条则针对“权利管理信息的义务”进行规范，第一款指出“未经许可去除或改变任何权力管理的电子信息”以及“未经许可发行、为发行目的进口、广播、或向公众传播明知已被未经许可去除或改变权利管理电子信息的作品或作品的复制品”两种行为应该得以有效规避。数字档案馆在利用、管理馆藏档案时，尤其是针对那些著作权尚未发生移交的数字档案时，要注意杜绝上述两种情况的发生。

二、《贸易法委员会电子签字示范法》

2001 年 3 月 23 日，联合国国际贸易法委员会通过了《贸易法委员会电子签字示范法》(简称《电子签字示范法》)，这是联合国国际贸易委员会继《贸易法委员会电子商业示范法》(简称《电子商业示范法》) 后又一部专门针对电子商务的示范法。[①] 该法对电子文件凭证性的确立提供了明确的法律保障。

1.《电子签字示范法》的立法背景

在介绍《电子签字示范法》之前，首先简要介绍一下与其关系紧密的《电子商业示范法》。

1996 年 6 月制定的《电子商业示范法》是对电子文件原始性认定问题最早做出认定的法律之一。[②] 该法第二章“对数据电文使用法律要求”部分对电子文件的法律地位加以肯定，并对其管理做出规范性约束。其中第五条明确指出，不得仅仅以某项信息采用数据电文形式为理由而否定其法律效力、有效性或可执行性。第九条则通过列举方式进一步说明数据电文的可接受性和证据力。第六条和第七条则分别对数据电文具有法律效力的书面形式及签字的适用条件及例外作出规定。第八条则对电子文件符合原件要求的具体形式及例外情况做出明确说明。

---

① 参见杨坚争：《联合国〈电子签字示范法〉立法思路与立法框架》，载《法学》，2001 (9)。

② 参见王少辉：《电子文件法律证据问题新探》，载《档案学研究》，2003 (1)。

作为适用于在商业活动方面使用的法律，《电子商业示范法》对数据电文形式信息的法律地位给予了积极的肯定，确定了电子文件的原始性和真实性。联合国贸易法委员会在起草《贸易法委员会电子签字统一规则草案》时，曾经提出扩大《电子商业示范法》，将新的电子签字条文纳入其中。但是考虑到增补新版的《电子商业示范法》可能会对已通过该法的国家造成管理混乱等问题，委员会最后仍然决定将电子签字部分以《电子签字示范法》的形式编拟成单独的法律文件而颁布。[①] 但是独立的《电子签字示范法》仍与《电子商业示范法》保持着紧密的联系，它建立在《电子商业示范法》第七条关于在电子环境中履行签字功能的基本原则上。可以说《电子签字示范法》是对《电子商业示范法》的有效补充，在衡量电子签字技术可靠性的实际标准的制定以及技术可靠性与特定电子签字的法律效力等方面做出了明确规范。

2.《电子签字示范法》的主要内容

《电子签字示范法》共 12 条，其主要内容如下。

该法案第一条规定“本规则适用于商务活动过程中电子签字的使用，并不凌驾于旨在保护消费者的任何法律规则之上”。第二条给出“电子签字”、“证书”、“数据电文”、“签字人”、“验证服务商”及“依赖方”六个定义。其中电子签字“系指在数据电文中，以电子形式所含、所附或在逻辑上与数据电文有联系的数据，它可用于鉴别与数据电文相关的签字人和表明签字人认可数据电文所含信息”。数据电文则是“经由电子手段、光学手段或类似手段生产、发送、接收或储存的信息，这些手段包括但不限于电子数据交换、电子邮件、电报、电传或传真”。《电子签字示范法颁布指南》中指出，“电子签字”的定义意在包括具有法律效力的手写签字的所有传统用途以使其功能上等同于传统的手写签字。“数据电文”的定义则取自《电子商业示范法》第二条，采用宽泛定义的形式为适用未来新技术发展以及应对本法撤销、修订等情况留有余地。第三条提出非歧视的原则，所有签字方法无论是否满足第六条要求都予以平等对待。第四条和第五条则对本法解释及协议变更等事宜作出规定。《电子签字示范法颁布指南》指出，第六条“符合签字要求”，是示范法的核心条款之一，五款条文内容为《电子商业示范法》第七条第 1（b）款规定的可靠性检验标准提供了指南。《示范法》第七条则是对前一条款的补充说明。第八条指出生成具有法律效力的签字时签字人行为应满足的条件。第九条和第十条则对验证服务提供商的行为及其可信赖性进行讨论说明。第十一条规定了依赖电子签字的当事方对其未能做到而需承担法律后

① 参见杨坚争：《联合国〈电子签字示范法〉立法思路与立法框架》，载《法学》，2001（9）。

果的两种情况。《电子签字示范法》最后一条则通过对外国证书和电子签字的承认，再次突出本法案非歧视性的一般规则，将可能具有法律效力的电子签字及其应该具备的条件形式以更加完备的方式加以阐述。更详细的规范说明可参照《电子签字示范法》及《示范法颁布指南》原文。[①]

《电子商业示范法》和《电子签名示范法》在国际范围内为电子文件的真实可靠性、法律地位的确立提供了指南，实际上早于上述法律，其他一些国际规则中也包含有类似的规范说明，如联合国的《国际复合运输条约》(1980)、《汉堡规则》(1978)、《国际贸易术语解释通则》(1990)、《第五次信用证统一规则》(1993) 等等，各国家、地区立法也基本上都对电子签名的法律效力予以承认。[②]

三、ISO TC46/SC11 的文件管理标准

国际标准化组织自 2001 年起到 2009 年为止，陆续制定了五项比较重要的文件管理标准。这几部标准相互补充，各有侧重。其中《ISO15489》的通用原则和技术报告两部分从综合的角度提出对文件管理的诸方面要求；《ISO/TR 18492：2005》为电子文件的长期保存提供了方法论指导；《ISO23081》对文件管理元数据进行了详细的分析说明；《ISO22310》针对文件管理需求标准的描述展开讨论；《ISO/TR 15801：2009》则对文件管理系统进行了规范。这五项标准制定时间较近，对当前各国的数字档案馆建设具有重要的指导意义和参考价值。

(一)《信息和文献：文件管理》(ISO15489) (Information and Documentation：Record Management)

国际标准化组织内信息与文献技术委员会 (ISO/TC46) 下设的档案/文件管理分委员会 (SCII) 以澳大利亚的 AS4390 为基础草拟初稿，经分委员会成员国投票表决最终于 2001 年 9 月 15 日正式颁布国际标准《信息和文献：文件管理》(ISO15489)。

ISO15489 综合了世界范围内不同国家文件管理实践的实际情况，具有普适性。焦红艳、安小米等在总结 ISO15489 特点时指出，尽管该标准旨在适用于一切文件，但其文件管理的主要针对对象是电子文件，[③] 从第一部分对迁移、文件系统的定义，第二部分针对文件系统设计与实施的详尽讨论就可见一斑。因此该

---

① 参见《贸易法委员会电子商务示范法及立法指南》，http：//www. uncitral. org/uncitral/zh/uncitral _ texts/electronic _ commerce/1996Model. html，2007－01－16。

② 参见邓杰：《论电子签名的法律功能与法律效力》，载《武汉大学学报》(哲学社会科学版)，2006 (2)。

③ 参见焦红艳、安小米：《文件管理国际标准 ISO15489 的内容及特点》，载《中国档案》，2002 (12)。

标准对于电子文件管理具有很高的参考价值。

该标准由两部分组成：通用原则 ISO15489－1 和技术报告 ISO/TR15489－2。其中 ISO15489－1 详细描述了文件最优化管理的总体原则和具体要求，具有国际普适性。这一部分致力于为内外部用户（包括公共用户和私人用户）提供文件管理指南，它适用于任何公共机构或私人机构在进行活动过程中形成或收到的所有格式或载体的文件的管理，也适用于个人文件的形成和管理。该标准引用了当前有效的三部国际标准，并对文中涉及的相关术语做出定义。标准第四条提出文件管理的意义。第五条、第六条则对文件形成管理活动的规章制度环境及方针、职责等做出说明。从第七条开始，标准着重提出文件管理要求，分析了文件和系统的设计实施（第八条），文件管理的过程控制（第九条）以及文件系统的监控审核（第十条）。本部分最后一条则对相关人员的文件管理培训事宜做出规划。

ISO/TR15489－2 则提供了一些符合该标准的可供选择的具体方法和工具，是非强制性的，各个国家和机构可以根据实际情况有针对性地选用。

值得一提的是，ISO 规定其标准推出后三到五年必须进行审查，确保标准的有效性和技术更新。ISO 自 2004 年开始审查该标准，新版本有望于今年推出。[①] 此外，作为 ISO15489 的制定基础，澳大利亚的电子文件管理标准也在不断完善之中，维多利亚州档案馆于 2003 年 7 月颁布了 PROS99/007《电子文件管理标准》第二版（PROS99/007 Standard for the Management of Electronic Records 〈version2〉），[②] 在全球的影响正在逐步扩大。据最新报道，中国标准化管理委员会已将采纳 ISO15489 这一国际标准作为我国国家标准的研究工作列入 2007 年度国家标准计划项目的建议表，并计划 2008 年完成采标工作。

（二）《ISO/TR 18492：2005 电子文件信息的长期保存》（Long-term Preservation of Electronic Document-based Information）

该标准为在电子文件信息的保存期限超过了生产和保存信息的软硬件技术的生命的情况下长期可信地存储和检索文件信息提供了实际的方法论指导。该标准考虑了中立技术标准在支持长期信息存取过程中所起的作用，同时承认了 IT 专家、文献与文件管理者以及档案工作者在保证电子文件信息长期真实可靠过程中的价值。该标准不包括真实性电子文件信息的产生、捕获与分类过程。该标准也可应用于所有格式的、由信息系统产生并用作商业交易活动证据的信息。

---

① 参见程研研：《ISO 文件管理标准研究进展》，载《档案与建设》，2006（8）。

② 参见冯惠玲主编：《政府电子文件管理》，47 页，北京，中国人民大学出版社，2004。

（三）《ISO/PDTR23081－1：2006 信息和文献—文件管理流程—文件元数据—原则》（Information and Documentation-Records Management Processes-Metadata for Records-Part 1：Principles）

ISO 23081 于 2004 年发布，对文件管理标准的重要领域之一元数据标准进行了规范性探讨，提供了"创建、管理和使用文件管理元数据的框架及原则"，对于数字档案的著录、管理无疑具有重大的指导意义。

该标准在 ISO15489 的框架内对元数据的理解、实施和适用提供了指导，阐述了元数据在文件管理中的各种功能，业务流程中文件管理元数据及其在文件管理中发挥的不同功能等（第一条）。其主要内容有：概述文件管理元数据（第四条），剖析文件管理元数据的作用（第五条）及其管理工作中各人员的角色和职责（第六条），对比分析了文件管理元数据与其他元数据集之间的关系，有关保管元数据迁移、转换、长久可利用性问题以及电子商务、电子政务元数据、权限管理元数据等方面的规范，对于电子文件的管理具有较为直接的引导作用。另外，该标准还包括对元数据的管理要求并针对支持 ISO15489 国际标准所需的元数据类型做出进一步探讨。

可以说，该标准通过对电子文件元数据的组织管理达到了对电子文件真实可靠性的技术支持。有关元数据的捕捉为确立电子文件的法律地位提供了可靠保证。

此外，该标准的"第二部分仍在起草中，将着眼于具体实施问题，详细解释元数据在业务背景下的重要性以及确认相关政策和责任"；"第三部分将提供评估方法，支持机构评估现有的元数据标准是否符合第一部分提出的文件管理元数据原则"，并将"调整 InterPares 开发的评估分析方法，将其称为 ISO 技术报告"①。

（四）《ISO22310：2006 信息和文献—描述文件管理需求标准指南》（Information and Documentation-Guidelines for Standards Drafters for Stating Records Management Requirements in Standards）

该标准正式发布实施于 2006 年 4 月 15 日，旨在"以标准的方式描述文件管理需求，以满足一致性和互操作性需求"②。它适用于遵循 ISO 标准的组织制定文件管理相关标准的需要，也可供非 ISO 标准体系国际或地区、组织等建立文件管理强制性或推荐性标准时参考（第一条）。该标准援引包括 ISO15489、ISO/IEC 指导 2 等在内的六部分规范文件的相关条文，其术语定义亦源自于 ISO15489 和 ISO/IEC 指导 2 两部文件。该标准对文件管理通用标准进行了规范，提出了文件管理通用标准发展与框架的建设指南，分析了文件管理需求的一

①② 程研研：《ISO 文件管理标准研究进展》，载《档案与建设》，2006（8）。

般组成元素，对元数据管理提供了实质性的指导要求。“文件管理需求标准指南”中大量引用 ISO15489 的相关条款，作为对 ISO15489 的继续补充，为更好地执行文件管理工作提供了指南。

（五）《ISO/TR 15801：2009 文件管理—信息电子化存储—真实性与可靠性保障建议》（Document Management-Information Stored Electronically-Recommendations for Trustworthiness and Reliability）

该标准描述了以可靠方式存储电子信息的系统的实施与操作，适用于任何使用文件管理系统长期存储电子信息并要求真实、可靠、可用/可读的组织。这样的系统包括政策、程序、技术与监督要求，以保证电子信息在存储期间的完整性。该标准不包括对信息在存储或输入系统之前进行真实性评价的过程。但是，它可用于证明，一旦信息被存储，系统的输出结果将真实准确地忠实于原始记录。

以上标准是国际标准化组织于近几年制定的在文件管理领域影响较大的五部规范性文件。各馆在电子文件管理与数字档案馆建设过程中可以结合以上五部参考标准，制定适合本馆实际需要的管理标准和实施方法。

有关国际立法方面还有一些，譬如经济合作与发展组织针对网络安全而制定的《经济合作与发展组织信息系统与网络安全准则》（2002）等；区域性组织如欧盟制定了《电子签名指令》（2000），《欧洲网络与信息安全机构设置规则》（2004）等。[①] 而各种专项标准的制定如针对术语定义、检索等的实践还有一些，囿于篇幅等的限制，这里不再介绍。

第四节　其他国家的相关法律、法规与标准概况

从世界范围内横向比较来看，国外的许多相关立法实践对我国电子文件管理相关法律法规及标准等的制定具有很大的借鉴参考价值。例如英国国家数字档案馆的建设，澳大利亚发起并组织的 InterPares 项目对制定电子档案管理相关标准的实践探索等，都有助于我国数字档案管理的建设实践。下面将对世界有关数字档案管理方面典型的法律法规及标准进行简要介绍，以期对我国电子文件管理的法规建设与标准制定起到参考与借鉴作用。

国外在数字档案馆建设过程中的立法情况与我国大体相似，都是随着实践过程的不断深入激发相关立法需求再到立法及其完善修正。各国立法的成文时间、

① 参见部分国际组织、国家和地区信息政策法规目录，http：//www.chinaeclaw.com/News/2006-04-03/5922.html，2007-01-16。

适用范围、实施细则等方面也会有地区差异。归结起来，这些国家用以规范数字档案馆建设的法律大体上还是由普适性法律和专有法律两部分组成。其中，专门针对数字档案馆建设的法律法规数量相对而言仍旧较少，很多立法实践仍在进行当中。总结起来，这些专门性法律法规主要分别从电子文件凭证性、安全性、知识产权、隐私权等方面为数字档案管理做出了明确规范与说明，此外还有一些综合性的管理准则。以下就从法律凭证性、安全性、知识产权与隐私权保护等方面入手，就其中较为典型的一些法律法规及标准等进行简要介绍，希望为我国数字档案馆建设领域的立法建设提供一些借鉴参考资料。

一、法律凭证类

电子文件法律地位的确立是电子文件管理与利用的前提，也是各国相关立法的焦点之一。

早在1968年英国的《民事诉讼法》中就规定，可以采纳计算机输出的文件作为证据（第五条）。1983年，南非通过了世界上最早的关于电子文件证据性的单行法规——《计算机证据法》，分别从计算机打印和输出的鉴证、业经鉴证的计算机打印输出的可采性、证据力等方面对电子文件的法律地位作了规定。①

1998年加拿大的《统一电子证据法》也对电子文件的证据能力做出说明。该法共九条，其中第二条“运用”中指出“在适用与记录采信有关的任何普通法或制定法规规则是，法庭可以考虑根据本法举证”。第四条“最佳证据规则的适用”第二款规定：“任何诉讼中，以打印输出形式表现的电子记录，如果是明确地、连续的行为依据或作为打印输出记录或存储的信息记录，则即是最佳证据规则意义上的记录。”第五条“完整性假定”则对电子记录系统的完整性作出规定。可以说这些条款为电子证据的可用性、电子文件法律地位的确立起到了积极的支持作用。②

此外，“2001年非律宾的《电子证据规则》以及1992年爱尔兰的《刑事证据法》、1995年澳大利亚的《证据法》、1999年印度的《信息技术法》和美国的《统一电子交易法》等法律”③ 都含有对电子文件证据性的相关立法条文。

值得补充的是各国有关电子交易的法律条文中也包括大量对电子文件法律凭证性确认的条文，尤其体现在电子签名法的相关规定之中。表12—2为国际上部

---

① 参见祝亚明：《试论电子文件的法律地位》，载《情报科学》，2003（11）。

② See UNIFORM ELECTRONIC EVIDENCE ACT，http：//www.ulcc.ca/en/us/index.cfm？sec＝1&sub=1u2，2007-01-16.

③ 祝亚明：《试论电子文件的法律地位》，载《情报科学》，2003（11）。

分国家和地区有关数字签名的相关法律。这些法律无疑为数字档案的安全可靠性带来了技术操作与管理等方面的规范支撑。

表 12—2　　国际组织、主要国家或地区数字签名相关法规一览表

国际组织、国家或地区	法律名称
俄罗斯	《俄罗斯联邦信息法》(1995)
美国	《犹他州数字签名法》(1995)
德国	《联邦数字签名法》(1997)
德国	《信息与通用服务法》(1997)
韩国	《电子商务基本法》(1997)
马来西亚	《数字签名法》(1997)
意大利	《数字签名法》(1997)
新加坡	《新加坡电子交易法》(1998)
印度	《电子商务支持法》(1998)
澳大利亚	《数字签名法》(1999)
加拿大	《统一电子商务法》(1999)
美国	《统一电子交易法》(1999)
欧盟	《电子签名指令》(1999)
西班牙	《电子签名法》(1999)
法国	《电子签名法》(2000)
菲律宾	《电子商务法》(2000)
美国	《电子签名法案》(2000)
日本	《电子署名及认证业务法》(2000)
中国香港	《电子交易条例》(2000)
韩国	《电子签名法》(2001)
联合国贸易法委员会	《贸易法委员会电子签字示范法》(2001)
中国台湾	《电子签章法》(2001)
阿根廷	《数字签名法》(2002)
俄罗斯	《电子数字签名法》(2002)
智利	《电子签名法》(2002)
芬兰	《电子签名法》(2003)
瑞士	《电子签名法》(2003)
中国	《中华人民共和国电子签名法》(2004)

资料来源：作者整理(2008)。

二、数字档案安全类

数字档案馆建设的安全性主要体现在网络安全、信息安全等方面。由于安全技术的迅速发展，各国有关电子信息安全性的法律相对而言较为完善，对数字档

案馆安全建设起到了积极的促进作用。

美国的《计算机安全法》(1987)、《网络安全研究和发展法》(2002)、《联邦信息安全管理法》(2002),德国的《联邦数据保护法》(1990),俄罗斯的《联邦信息、信息化和信息保护法》(1995),英国的《数据保护法》(1998),日本的《禁止计算机不正当接入法》(2000)等都对数字档案信息的安全管理与运用提出了规范。

三、知识产权与隐私权保护类

为保障数字信息传播中著作权人的合法权利,各国立法实践做出了相关细则规定。

在保护知识产权方面,瑞典的《数据库法》(1973),美国的《知识产权与国家信息基础设施》(1995),印度的《版权法》(1999),韩国的《计算机程序保护法》(2002)等相关法律中有关信息、数据库、计算机软件等的知识产权保护值得数字档案馆建设参考。

在隐私权的保护方面,各国也进行了相关立法规定,如美国的《隐私法》(1974)、《电子通信隐私法》(1986)、《个人隐私权保护法》(1988)、《个人数据隐私与安全法》(2005),加拿大的《隐私权法》(1983),德国的《个人数据保护法》(2000),英国的《隐私和电子通信规则》(2003),韩国的《通信隐私保护法》(2004)等法律中对于隐私权的规定,对于数字档案馆数字化权限的控制,数字信息的公开、利用等提出了规范性约束。

此外,还有一些电子文件综合管理的法律法规及政策标准等,如澳大利亚新南威尔士的《作为文件的电子信息政策》(1996),英国的《电子文件管理指南》,美国国家档案和文件管理署(NARA)1994年发布的电子文件管理规范等。[①]

以上针对世界范围内数字档案管理的相关法律做了概述,但是仅仅知道国外数字档案管理的立法概况是不够的,只有接触到具体的立法细则,才能更好地体会相关立法的国际发展情况。本章附表中对一些国家的数字档案管理主要法律法规进行了汇总,可以根据需要查考。通过了解相关立法可以看出,数字档案馆的法律环境仍然不够完善,配套标准的制定难题仍是国际上的关注焦点。尽管专门针对数字档案馆各方面建设的法律逐年增加,但仍然不能完全满足现有建设的实际需要。现有通用性法律规定的模糊性、不确定性等也给现有的数字档案馆建设带来了一定的困难。因此,在数字档案馆建设的未来一段时间内,加强数字档案专门立法及各方面管理与技术标准的制定仍然是今后保障数字档案馆可持续发展

① 参见颜海:《关于电子文件法律证据效力的研究》,载《图书情报知识》,2001(1)。

不可或缺的一环。而作为数字档案的管理者，了解和实践相关法律标准既是现有工作规范性的必然要求，也是数字档案管理相关法规继续进步的基础和动力来源。

附录 1　相关法律法规及规章标准目录

《中华人民共和国档案法》

《〈中华人民共和国档案法〉实施办法》

《中华人民共和国保守国家秘密法》

《〈中华人民共和国保守国家秘密法〉实施办法》

《中华人民共和国电子签名法》

《中华人民共和国著作权法》

《中华人民共和国著作权法实施条例》

《关于制作数字化制品的著作权规定》

《计算机软件保护条例》

《信息网络传播权保护条例》

《中华人民共和国计算机信息系统安全保护条例》

《中华人民共和国计算机信息网络国际联网管理暂行规定》

《计算机信息网络国际互联网安全保护管理办法》

《计算机病毒防治管理办法》

《计算机信息系统保密管理暂行规定》

《计算机信息系统国际联网保密管理规定》

《中国公用计算机互联网国际联网管理办法》

《专用网与公用网联网的暂行规定》

《CAD 电子文件光盘存储、归档与档案管理要求》(GB/T 17678－1999)

《电子文件归档与管理规范》(GB/T 18894－2002)

《磁性载体档案管理与保护规范》(DA/T 15－1995)

《纸质档案数字化技术规范》(DA/T 31－2005)

《公务电子邮件归档与管理规则》(DA/T32－2005)

《档案管理软件功能要求暂行规定》

《中国互联网络域名注册实施细则》

《中国互联网络域名注册暂行管理办法》

《贸易法委员会电子商业示范法》(UNCITRAL Model Law on Electronic Commerce)

《信息和文献：文件管理》（ISO15489）（Information and Documentation: Record Management）

《信息和文献：文件管理流程—文件元数据—原则》（ISO/PDTR 23081 - 1：2006）（Information and Documentation—Records Management Processes—Metadata for Records）

《信息和文献：描述文件管理需求标准指南》（ISO 22310：2006）（Information and Documentation—Guidelines for Standards Drafters for Stating Records Management Requirements in Standards）

《电子文件信息的长期保存》（ISO/TR 18492：2005）（Long-term Preservation of Electronic Document-based Information）

《文件管理—信息电子化存储—真实性与可靠性保障建议》（ISO/TR 15801：2009）（Document Management-Information Stored Electronically-Recommendations for Trustworthiness and Reliability）

附录 2　部分国家数字档案馆建设相关法规中英文对照表

国别	法规名称	英文名称
美国	反域名抢注消费者保护法	Anti-cyber squatting Consumer Protection Act
	儿童在线保护法	Child Online Protection Act
	儿童在线隐私保护法	Children's Online Privacy Protection Act
	信息收集反盗版法	Collections of Information Anti-piracy Act
	计算机欺诈和滥用	Computer Fraud and Abuse Act
	计算机安全法	Computer Security Act
	禁止垃圾邮件法	Controlling the Assault of Non-solicited Pornography and Marketing Act
	网络空间安全强化法	Cyber Security Enhancement Act
	网络安全研究和发展法	Cyber Security Research and Development Act
	数字千年版权法	Digital Millennium Copyright Act
	电子政府法	E-Government Act
	电子通信隐私法	Electronic Communications Privacy Act
	电子信息自由法	Electronic Freedom of Information Act
	电子基金转账法	Electronic Fund Transfer Act
	国际与国内商务电子签章法	Electronic Signatures in Global and National Commerce Act
	公平信用交易法	Fair and Accurate Credit Transactions Act
	联邦信息资源管理法	Federal Information Resource Management Act

续前表

国别	法规名称	英文名称
美国	联邦信息安全管理法	Federal Information Security Management Act
	信息自由法	Freedom of Information Act
	阳光政府法	Government in the Sunshine Act
	政府文书无纸化法	Government Paperwork Elimination Act
	高性能计算法	High-Performance Computing Act
	国土安全法	Homeland Security Enhancement Act
	信息技术管理改革法	Information Technology Management Reform Act
	互联网税务暂缓征收法	Internet Tax Moratorium and Equity Act
	陆地遥感政策法	Land Remote Sensing Policy Act
	反电子盗窃法	No Electronic Theft (NET) Act
	个人数据隐私与安全法	Personal Date Privacy and Security Act
	个人隐私权保护法	Personal Privacy Protection Act
	隐私权法	Privacy Act
	小企业文书无纸化法	Small Business Paperwork Relief Act
	加强电信互联法	Telecommunications Accessibility Enhancement Act
	统一计算机信息交易法	Uniform Computer Information Transaction Act
	统一电子交易法	Uniform Electronic Transaction Act
	美国爱国者法	USA Patriot Act
	犹他州数字签名法	Utah Digital Signature Act
加拿大	信息获取法	Access to Information Act
	加拿大计算机存储系统规则	Canadian Computer Reservation Systems Regulations
	电子信息与文书法	Electronic Information and Document Act
	电子支付规则	Electronic Payments Regulations
	个人信息保护与电子文件法	Personal Information Protection and Electronic Documents Act
	隐私权法	Privacy Act
	统一电子商务法	Uniform Electronic Commerce Act
	统一电子证据法	Uniform Electronic Evidence Act
英国	滥用计算机法	Computer Misuse Act
	数据保护法	Data Protection Act
	电子通信法	Electronic Communications Act
	信息环境规章	Environmental Information Regulations
	信息自由法	Freedom of Information Act
	隐私和电子通信规则	Privacy and Electronic Communications Regulations

续前表

国别	法规名称	英文名称
英国	文件与档案管理推荐法案（讨论稿）	Proposed Records Management and Archives Legislation
	公共记录法案	Public Records Act
	公共部门信息再利用规则	Re-use of Public Sector Information Regulations
法国	电子签名法	Decree on E-Signatures
	知识产权法典	Intellectual Property Act
	通信自由法	Law on Freedom of Communication
德国	联邦数据保护法	Federal Data Protection Act
	联邦数字签名法	Federal Digital Signature Act
	信息与通信服务法	Information and Communication Services Act
	个人数据保护法	Personal Data Protection Act
澳大利亚	数字签名法	Act on Digital Signatures
	电子交易法	Electronic Transaction Act
日本	高度信息网络社会形成基本法	Basic Law on the Formation of an Advanced Information and Telecommunication Network Society
	电子商务准则	Interpretative Guideline on Electronic Commerce
	行政机关信息公开法	Law Concerning Access to Information Held by Administrative Organs
	电子署名及认证业务法	Law Concerning Electronic Signatures and Certification Service
	电子消费者合同及电子承诺通知的民法特例法	Law Concerning Exceptions of the Civil Code Related to Electronic Consumer Contracts and Electronic Notices of Acceptance
	特定电信服务提供者损害赔偿责任限制及发信人信息披露法（网络服务商责任法）	Law concerning Limitation of Damages to Specific Telecommunications Service Provider and Disclosure of Sender Information
	日本电信电话株式会社法	Law Concerning Nippon Telegraph and Telephone Corporation
	发射特定电子邮件管制法	Law on Regulation of Transmission of Specified E-mail
	个人信息保护法	Personal Data Protection Law
	无线电法	Radio Law
	电信事业法实施细则	Regulations for Enforcement of the Telecommunications Business Law
	科学技术基本法	Science and Technology Basic Law
	电信事业法	Telecommunication Business Law
	禁止计算机不正当接入法	Unauthorized Computer Access Law

续前表

国别	法规名称	英文名称
韩国	政府信息公开法	Act on Disclosure of Information by Public Agencies
	网络域名资源法	Act on Internet Domains Resources
	知识与信息资源管理法	Act on Management of Knowledge Information Resources
	促进信息和通信网络利用及信息保护法	Act on the Promotion of Information and Communications Network Utilization and Information Protection
	信息通信基础设施保护法	Base of Information and Communication Protection Act
	电子商务基本法	Basic Act on E-Commerce
	计算机程序保护法	Computer Programs Protection Act
	电子教育发展法	E-Learning Industry Development Act
	电子签名法	Electronic Signature Act
	信息化促进框架法	Framework Act on Informationalization Promotion
	电信框架法	Framework Act on Telecommunications
	信息和通信设施建设法	Information and Communication Work Business Act
	政务电子化促进法	Materialization of E-Government
	在线数字内容产业发展法	On-line Digital Contents Industry Development Act
	通信隐私保护法	Protection of Communications Secrets Act
	无线电法	Radio Waves Act
	软件产业促进法	Software Industry Promotion Act
	信用信息利用及保护法	Use and Protection of Credit Information Act
	信息网络利用促进法	Utilization of Information Networks

【本章小结】

数字档案馆的健康持续发展需要相关法律法规的支持和规范。然而，与传统档案管理相对稳定成熟的模式相比，数字档案馆建设仍处于上升和变化时期，许多专门针对数字档案、电子文件的法律、标准尚在制定之中。当前对数字档案馆建设起到规范作用的各种法律法规仍旧比较特殊，除了具有国家立法的权威性、强制性之外，分散性、不配套性、间接性和模糊性等仍是这些法律法规的突出特点。[①] 对数字档案馆建设起到实质性约束指导作用的规范条文散见于各种法律法规标准之中，尚未形成完整的法律体系。

---

① 参见冯惠玲主编：《政府电子文件管理》，47 页。

【讨论题】

1. 结合数字档案馆建设的实际需求，简述《档案法》亟待完善的方面。
2. 试分析在数字档案管理安全保障方面我国的主要立法实践。
3. 结合国际立法实践，谈谈数字档案馆建设中的法律凭证性问题。
4. 数字档案馆建设中知识产权保护的相关法律法规主要包括哪些？
5. 基于我国隐私权保护现状，为数字档案馆建设的相关立法提供合理化建议。
6. 简述国际标准 ISO15489－1 的文件优化管理思想。

第十三章 国外数字档案馆进展

【本章要点】

介绍了美国、英国、加拿大、澳大利亚、日本数字档案馆的发展进程，以期对我国数字档案馆建设与发展提供有益借鉴。

【关键词】

数字档案馆◯电子文件中心◯美国◯英国◯加拿大◯澳大利亚◯日本

第一节 美国数字档案馆的发展

美国作为全球信息化强国，积极迎接挑战，数字档案馆的建设成为其档案工作和研究中的重要环节，并且在数字档案馆建设的理论研究和应用实践上都取得了很大的成果，提出了开拓性的思想和操作方法，提供了可供借鉴的经验。

一、美国数字档案馆的发展概况

美国的信息技术、政府信息公开程度、档案公开程度、数字档案馆建设居全世界之首，研究美国的数字档案馆建设对于我国十分重要。美国数字档案馆的发展历程可以分为以下阶段。

（一）电子文件的接收与管理阶段（1970—1991 年）

随着计算机技术的广泛应用，在如何保管和利用这些电子文件的问题上，美国经历了逐步探索、理论研究和付诸实践的过程。数字档案馆的产生不是一蹴而就的，它是为应对数字时代对档案和档案工作的挑战应运而生的，它的出现与电子文件的管理不断发展有密切关系。因此电子文件的接收与管理可以说是研究数字档案馆的前提与基础。

“1970 年，美国国家档案和文件管理署（NARA）接收了第一批电子文件”[①]。NARA 接收档案的类型发生了变化。整个社会环境对电子文件的接收与管理有很大影响。美国政府和 NARA 积极迎接数字时代的挑战，不断颁发信息政策、法规，制定标准来更好地接受和管理电子文件。《美利坚合众国联邦文件管理法》（1976 年 10 月 21 日颁布）授权 NARA 具有管理联邦机构的现行文件和档案的法定职能，这为 NARA 对联邦政府电子文件进行管理提供了制度保障。1980 年，美国国会制定并通过《文书削减法》，并首次在成文法中提出“信息资源管理”的概念，规定了文件管理的对象和内容需要扩展，政府还必须注重对信息资源的管理和利用。这为美国档案部门参与电子文件的接受与管理，制定电子文件管理的有关政策和指南，确保电子文件的真实性、完整性和有效性，提供了有效的法律保障。1988 年 NARA 建立了电子文件中心，以收藏具有永久保存价值的联邦电子文件，负责对已经移交到 NARA 的电子文件进行鉴定、著录、保存、保护并提供利用，这促使了档案部门对电子文件的全程管理工作。电子文件中心项目的工作人员还编制了一个基本的检索工具，即《文件名目录：国家档案及文件管理部数据文档基本选目》。与传统的卡片目录或书本式目录相比，机检目录大大提高了文件检索效率。网络技术和信息技术在档案部门的应用使传统档案馆在馆藏内容和管理方式方面开始发生了转型，为数字档案馆的建设奠定了一定的基础。

（二）数字档案馆初步发展的阶段（1992—1996 年）

从 20 世纪 90 年代初起，美国政府相继制定和实施了一系列信息化建设的相关计划，推动本国并带动全球走上了信息化的发展道路。如 1993 年美国率先提出了“信息高速公路计划”，并制定了“国家信息基础设施行动计划”，1995 年提出了“全球信息基础设施计划”，信息化进程的加快和互联网的发展为建设数字档案馆、提供网络服务提供了机遇和平台。

随着电子文件数量的不断增加，软硬件平台不断升级，新的电子文件格式不

① 廖凯：《国际上 100 家数字档案馆分析与研究》，载《北京档案》，2004（8）。

断产生，许多电子文件不能被读取、不能永久保存，加之公众日益扩大的档案需求等问题，美国档案馆面对着巨大挑战。这些问题也促使了美国档案界的思考，理论研究为数字档案馆的建设提供了理论基础。在国际方面的研究，1994 年 1 月，Margaret Hedstrom 在第二届国际人文大会上提交了《电子档案馆——网络环境的集成与利用》（*Electonic Archives*：*Integrity and Access in the Network Environment*）一文，率先提出了“电子档案”（Electronec Archives）的概念。[①] 美国数字档案的特别工作组——Task Force，成立于 1994 年 12 月，是由美国研究图书馆团体与 NARA 的保存与收集委员会合作成立的。成员有来自密歇根大学、加利福尼亚大学、耶鲁大学等美国名校的教授，国会图书馆的管理人员以及 IBM 研究中心和贝尔通信研究中心的计算机技术研究人员。经过两年多的时间，1996 年，这个特别工作组出台了一份关于数字档案的最终报告及建议，这个报告设想建设一个国家数字档案馆。在 1996 年举行的第 13 届国家档案大会上，美国学者戴维·比尔曼发表了《虚拟档案》的报告，提出了虚拟档案馆的概念，对“数字档案馆”进行了理论研究。[②] 数字档案馆和数字图书馆都是应用计算机、通信和多媒体等现代信息处理技术对档案和图书信息进行数字化或采集数字化的档案、图书信息，通过网络传播，实现信息共享的最大限度的利用，数字图书馆的发展也给数字档案馆的发展提供了借鉴经验。

美国的一些机构也开始了数字档案馆的分散探究和初步建设。1992 年出现的杰斐逊数字档案馆（Jefferson Digital Archives），是由弗吉尼亚大学图书馆的电子文件中心组织建设的，它主要收藏了记载美国第三任总统托马斯·杰斐逊总统历史活动的文本信息。[③] 该数字档案馆将馆藏档案按内容和时间进行了分类，可以搜索到杰斐逊观点的总汇、传记、信件、稿件等内容，许多都是来自弗吉尼亚大学的特藏。[④]

（三）数字档案馆快速发展阶段（1997—2004 年）

进入 20 世纪 90 年代中期，美国数字档案馆快速发展，这时期美国数字档案馆涌现，并出现了几个部门间的联合共建的数字档案馆。建设数字档案馆的机构多集中在大学、图书馆、档案馆、联邦政府、企业等机构以及它们之间合作组成的联盟。

在 2001 年春季，加利福尼亚大学历史数字档案馆（The UC History Digital

---

①② 参见朱小怡等编著：《数字档案馆建设理论与实践》，124～125 页，

③ See University of Virginia Library. About the Etext Center (2009-10-03)，http：//www2. lib. virginia. edu/etext/history. html.

④ See University of Virginia Library. Jefferson Digital Archive (2009-10-03)，http：//etext. virginia. edu/jefferson/.

Archives，UCHDA）的工作人员做过需求调查，了解用户的需求和系统的功能。起初此项目建立在高等教育研究中心的基础上。2005年，UCHDA项目转由大学档案馆负责领导。UCHDA提供关于加利福尼亚大学十个校区大学历史的有关资料，包括文本文件、图片、音频、视频等形式。收藏的历史内容包括历史发展线索、人物等多方面的内容，为学者和普通公众提供资源。[①] 马里兰人文技术学院（The Maryland Institute for Technology in the Humanities，MITH）为早期美国数字档案馆（Early Americas Digital Archive，EADA）的建立提供了技术支持和服务。EADA旨在收集1492—1820年期间反映美国文化、历史等各方面的原始资料，鼓励各行各业的学者上传收藏的资料以建成电子文件数据库，供用户研究和教学。[②] 奥斯汀历史中心（Austin History Center，AHC）发挥着奥斯汀市城市记录中心的作用，进入21世纪，便实施了建设数字档案馆项目计划，此项目旨在能够保存和提供长期可靠的、持续可用的、有序的、易理解的、组织化的、安全的记录奥斯汀市历史面貌的数字资源，通过信息技术最大限度地扩大传输范围和服务面，最大限度地利于市民，不仅为现在的用户服务，更要为未来着想，使今天和昨天产生的电子档案能够流传下去。

联机计算机图书馆中心（Online Computer Library Center，OCLC）是世界上最大的提供文献信息服务的机构之一，数字图书数量不断增长，保存原件的重要性也随之增加，这需要一个用于获取和管理主文件的服务系统，为此，自2001年起OCLC提供数字档案服务。OCLC的数字档案服务系统为来自图书馆的数字化馆藏提供长期保存、保护的服务，提供了一个安全的储存库的环境，便于管理人员轻松地管理和监控数字原件，保证电子文件的真实可靠。多个机构合作共建的项目还有西北数字档案馆，具体情况见案例2：美国西北数字档案馆（The Northwest Digital Archives，NWDA）。

为满足读者的个性要求，提供个性化和针对性服务，建设专门馆藏的档案信息库，专题性质的数字档案馆有所发展。比较典型的是“9・11”数字档案馆，是由美国国会图书馆发起，专门为纪念“9・11”事件而设立的，收集与“9・11”事件有关的个人经历、感受等相关内容，包含2001年9月11日当时和事后的电子文件。档案馆包含了150 000多个数字文件，40 000多个一手资料和15 000多个数字

---

① See Project Research Design and Web Site Standards（2009-10-03），http：//sunsite. berkeley. edu/uchistory.

② See Early Americans Digital Archive. Introduction to the Archive（2009-10-03），http：//www. mith2. umd. edu/eada/intro. php.

图片，在2003年9月国会把这些档案纳入其馆藏。[①] "9·11"数字档案馆实现了与用户互动，公众也可以通过互联网上载一些自己的感受、经历、图片、文件等信息。

（四）数字档案馆顶层规划阶段（2005年至今）

就像冯惠玲教授、钱毅教授在《关于电子文件管理顶层设计的若干设想》中提到的那样，美国等国家经历了一个从自发研究、分散探索到国家规划、集中控制的发展阶段。

顶层规划是一种自上而下的设计，是以国家层面为起点，进行整体设计、统一规划、战略部署，构建总体框架，确定国家数字档案馆的发展方向、基本格局和推进步骤，提供数字档案馆建设的基本指针和发展蓝图，从而指导具体问题的研究和实施。美国重视电子文件管理的应用平台建设，在2005年9月，NARA最终选择了美国著名的军工企业洛克希德·马丁（Lockheed Marti）计算机公司来建造和操作美国电子文件档案馆（Electronic Records Archives，ERA）项目，ERA项目正式启动。此项目是NARA于1998年提出的，1999年7月，正式被NARA立项，经过六年之久的基础研究阶段后进入为期六年的系统研发阶段。美国投入了3.08亿美元的资金保证。ERA项目的宗旨是确保电子文件至少在50年至100年内都可以长期保存和使用，保证电子文件的真实性、凭证性，确保每一个公民都有平等使用数字信息的能力和权利，促进电子政府建设，建立一个"未来的档案馆"[②]。

ERA项目是以国家档案馆为中心，构建涵盖全国范围的电子文件管理网络体系，逐步完善顶层设计的内容框架，确定系统的九大功能需求，制定统一的标准，拟定基本的研究指南和进度安排，通过招投标、委托、寻求合作或课题申报等方式开展了各项基础研究和方案设计，在协调全国电子文件管理系统的互联互通方面发挥着核心和枢纽作用，对各州政府电子文件的管理将产生全面的示范效应。ERA系统可以使NARA负责对接收进馆的需永久保存的电子文件进行接受、迁移、保存、管理、检索、提供利用，它将被NARA应用到对现存档案生命周期的各个阶段的管理中，覆盖NARA档案工作职能的各个方面，NARA总体负责资源共享活动的组织和协调，监督和指导数字档案馆系统资源共享活动的开展，促进馆际合作和交流。

二、美国数字档案馆发展的特点

美国数字档案馆的建设取得了一些重要成果，其发展有自己的显著特点，总

① See The September 11 Digital Archive（2009-10-03），http：//911digitalarchive. org/.

② The Nationa Archines and Records Administration of the United States. What is ERA? 2009-10-03，http：//www. archives. gov/era/about/faqs. html.

结主要有以下几点。

（一）不断完善法律、政策与标准

1. 法律、政策不断颁布与修订

建设数字档案馆是国家数字化建设的一项复杂的系统工程，它需要政府进行宏观调控，健全、完善的法制环境是数字档案馆健康运作和发展的重要保证。美国档案信息化的法律、政策的不断修订和完善，促进了数字档案馆的快速发展。

《联邦登记法》（1935 年颁布）授权美国国家档案馆设立联邦登记处（后改名为联邦登记办公室），专门负责出版《联邦登记日报》（1936 年 3 月 14 日开始运作）。在日报中集中公布联邦机构的法规条例和政府公告等政务信息，此法促进了信息公开，保障了公民的知情权。从 1994 年开始，《联邦登记日报》的内容可以通过网上获取，从 2003 年开始公众可以进入 Regulations. gov 网站获得《联邦登记日报》的电子版本[①]，可以更好地获取、利用和评论法律法规，促进了政府信息的公开。

《信息自由法》于 1967 年 7 月 6 日施行，是美国有关公民知情权的一项重要法律制度。该法规定，美国公民享有从政府的档案馆、图书馆、报刊、杂志、电台、电视台、情报所、科研所获得信息，并利用信息的权利。[②] 该法促进了美国公民的档案意识的不断提高，也影响着档案工作及档案理论的发展。《信息自由法》经过 1974 年、1976 年、1986 年、1996 年四次修订。1996 年修订的《信息自由法》称为《电子信息公开法》，对电子信息的检索、公开等问题进行了规范，以推进政府信息电子化和解决政府信息公开所带来的问题。该法适用于联邦政府的所有行政机构。包括各个行政部门、军事部门及政府控制的企业、政府部门所属的其他机构等。

1994 年 3 月，由 NARA 颁布了《电子文件管理规范》，对电子信息的检索、公开等问题进行了规范，以解决政府信息化和政府对信息请求反应迟缓给政府信息公开带来的问题。根据这个修正案，包括国家档案馆在内的各联邦机构有义务提供联机目录和联机信息，使公众能够通过 Internet 检索信息，或者可以通过发 E-mail、打电话、网上留言等方式申请获得联机数据库中没有但已公开的信息。

在 2000 年 6 月，克林顿总统以电子签名和传统签名的方式签署了美国的《电子签名商务法案》，制定法律来确定电子文件证据的法律地位。

---

① See Wikipedia. FederalRegister. 2009-10-05，http：//en. wikipedia. org/wiki/Federal _ Register.

② See The Freedom of Information Act（FOIA），2009-10-03，http：//www. archives. gov/legal/foia. html.

2002 年 12 月 17 日，美国总统布什签署《电子政府法》，以便于提高电子政府服务的管理，促进电子政府服务与流程，提高公众对政府信息与服务的获取，确保政府信息安全。

2. 标准的建立与完善

数字档案馆建设需要制定统一的标准，才能使合作机构协同工作与交互，避免重复建设，降低消耗，最大限度地实现信息资源共享。美国有关电子文件管理的各项标准在不断建立与完善，推动了数字档案馆的建设。

美国数字档案馆建设采用编码档案著录标准（EAD)。1993 年，加利福尼亚州伯克利大学图书馆的 Daniel Pitti 和他的同事们在标准通用结构置标语言（SGML）的基础上，研究制定了 EAD 初始标准。在 1995 年 9 月美国档案工作者协会和国会图书馆宣布 EAD 标准产生。[①] EAD 标准是用来描述数字档案的内容、结构及背景特征的，它有助于保证信息资源的凭证价值、长期保存和联机检索。

美国数字档案馆建设是基于开放文档信息系统参考模型（Reference Model for an Open Archival Information System，OAIS)。该模型是在 1995 年 5 月，由美国宇航局（National Aeronautics and Space Administration，NASA）的空间数据系统咨询委员会（Consultative Committee for Space Data Systems，CCSDS）推出的一种致力于数字信息长期保存和利用的基本框架体系，即 OAIS 参考模型。这一参考模型经过扩充修改后以新的 OAIS 参考模型于 2001 年 7 月正式发布。OAIS 参照模型为数字档案馆系统建设提供了理论依据，任何致力于数字信息长期保存活动的系统和组织都可以在其基础上构建自己的长期保存系统框架。[②]

注重信息安全，在安全方面需要保证信息安全、网络安全、数据库的安全、知识产权的保护、防止黑客侵袭、计算机病毒感染等。美国安全政策文件《使用高级加密算法保护国家安全系统和安全信息的政策》(National Policy on the Use of the Advanced Encryption Standard（AES）to Protect National Security Systems and National Security Information)，由美国国家安全系统委员会颁布，在 2002 年成为正式的联邦加密算法标准。[③]

---

① See OAC History（2009-10-15)，http：//www.cdlib.org/inside/projects/oac/history.html.

② 参见金更达：《基于 OAIS 的数字档案馆系统框架研究》，载《浙江档案》，2007（4）。

③ 参见张建：《解读美国安全政策文件（使用高级加密算法保护国家安全系统和安全信息的政策）——谈对我国电子文件信息安全研究的借鉴意义》，载《浙江档案》，2008（10）。

美国国防部于1997年颁布出台DoD5015.2-STD《电子文件管理应用软件设计评价标准》，此标准在2002年、2006年6月进行了修订，2007年4月25日再次发布新版。该标准为电子文件真实、安全、完整和可读提供了重要保证，对电子文件的元数据及元数据管理的设定非常详细，规范了电子文件管理系统的功能需求，保证电子文件的证据作用。①

为了保证电子文件有效管理，2002年NARA提出了“电子政府下电子文件管理倡议”，它包括24个子规范，其中主要包括“企业范围内的电子文件管理”、“电子信息管理标准”、“NARA永久性电子文件移交倡议”、“电子文件管理服务”四个体系，这四个方面下还有具体的标准。②

2005年国家档案和文件管理局在基于联邦机构统一架构下制定了一项文件管理政策———“美国联邦机构文件管理框架”（Federal Enterprise Architecture Records Manage-ment Profile，RMP），该框架首次将电子文件管理延伸到了文件生命周期管理的最前端——形成阶段，将文件管理活动与机构的业务活动结合在一起，初步实现了电子文件前端控制的管理。③

（二）互联互通，注重资源共享

实现档案信息资源的共享是建设数字档案馆的重要目标之一。通过对数字档案馆档案信息资源的合理组织、优化配置、集中管理，建立起跨平台、跨数据库、跨系统的档案信息资源体系，并使其具有集成检索功能，可以实现数字档案馆与其他档案信息机构、用户之间的普遍联系，使用户范围突破本馆限制而遍布全球各地，促进档案信息资源的充分利用和效益增值，实现信息资源共享。

美国数字档案馆以开放式的Web服务模式，利用Web服务技术的思想实现信息资源共享的目的，建立起档案馆网站，通过Internet向社会公众开放其所收藏的资料。用户可以通过计算机终端提出需求，由数字档案馆系统完成查找和调阅档案信息，实现档案信息资源跨时空的检索和利用，远程获取所需信息。有些数字档案馆在信息资源共享建设方面还考虑到了信息资源共享和利用方面的评价指标，介绍了本馆信息资源的总量、输出量、共享率等方面的资料。例如华盛顿州数字档案馆网站中介绍了到2009年10月止，其保存在网络中的文件共达

---

① See Swartz，Nikki. Revising DoD 5015.2，the de facto RM software standard：the latest revision of DoD 5015.2-STD now includes requirements for records management application（RMA）-to-RMA interoperability. Information Management Journal. 2008，Jul. 1.

② See NARA. Electronic Records Management Initiative（2009-10-13），http：//www.archives.gov/records-mgmt/initiatives/erm-overview.html.

③ 参见张宁：《走向前端：美国联邦机构文件管理框架概述》，载《兰台世界》，2007（8）。

84 668 535篇，在线可以查看的文件共有 67 676 899 篇。[①]

美国数字档案馆的建设与图书馆、博物馆、大学等机构有着紧密联系。在美国也出现了多个机构通过遵循共同协议，实现信息的互联互通、资源共享的案例。较为典型的是伊利诺伊数字档案馆。该数字档案馆主要是由该州的图书馆和行政部门联合建设和维护，有 15 个参与机构，除了伊利诺伊州档案馆之外，还包括两所学校，一个历史研究会和一个博物馆。此项目的主要目的是在互联网上为用户提供有关该州历史和现状的信息，同时为参与机构向伊利诺伊数字档案馆上传数据提供工具。[②]

（三）方便用户使用

美国数字档案馆的用户可以是政府、企业、研究者及广大公众，美国的数字档案馆建设的目的是为政府和公众提供更好、更简单、更快捷的“一站式”文件查阅服务，让用户不论在什么地方、什么时间都可以找到自己所需要的档案信息。数字档案馆的强大的数据库、便捷的检索系统、简易的检索工具、多渠道的检索途径吸引了越来越多的公众通过网上获得所需信息。在 20 世纪 90 年代中期美国就建成了档案信息导航系统（NAIL），该系统拥有全国各种档案馆馆藏信息的联网数据库，实现了全国数字化档案资源的网上集成化查询、检索和利用。2002 年，NARA 在此基础上推出了档案目录检索系统（ARC），其功能与 NAIL 相比更加强大，ARC 可检索到 63%的美国档案条目信息和部分数字化全文图像档案。[③]

美国的数字档案馆为用户提供网页链接和检索途径，可以实现目录检索和全文检索。用户可以通过档案馆提供的链接进行有选择地浏览，还可以通过检索窗口输入检索词进行检索查询。华盛顿州数字档案馆工作者注重用户需求分析，按用户需求将馆藏内容进行了详细分类，用户可以在检索项的下列菜单中选择，提供了协议和合同，出生情况的文件，人口普查文件，电子出版物，关于土地、婚姻、军事、移民、营业执照等涉及生活各方面的文件。提供了人物查询、关键词查询和详细查询，并提供了检索帮助以使资源得到充分共享。人物查询提供了基于以名字为简易检索对象而组成的数据库的信息检索；使用关键词检索可从下拉菜单中设定文件的类型和所属类别，输入关键词即可；详细查询提供了更为精确的查询设置方法，限定搜索范围，更快更精确地获取资源，可以设定国家、标

---

① See Washington Digita Archives（2009-09-25），http：//www. digitalarchives. wa. gov/content. aspx?txt=about _ search.

② 参见于丽娟：《国外数字档案馆建设概况》，载《中国档案》，2003（3）。

③ 参见王立清：《美国 NARA 在线档案信息资源检索现状分析及启示》，2009-10-19，http：//www. daxtx. cn/? action-viewnews-itemid-5169。

题、年代等项目[1]，在搜索结果中找到所需档案信息。

大部分数字档案馆还提供用户反馈渠道，用户可通过打电话、发E-mail、发传真、参与论坛讨论等方式提出自己的意见和建议。数字档案馆开展多种形式的网络咨询服务，提供实时在线服务、疑难解答、读者信箱等服务，旨在帮助读者更有效地利用档案信息资源。

（四）注重合作

建设数字档案馆是一项复杂的系统工程，涉及计算机科学、工程学、传播学、信息学和档案学等领域的基本问题，仅凭单个档案馆或企事业单位是很难建成和运作的。美国数字档案馆的建设从前期研究到系统规划到实施都注重多方面的合作，不仅与美国联邦政府机构、州政府、IT 界、学术机构、图书馆界、私人企业合作，还加强对外合作与交流，与其他国家的相关机构、国际组织进行了通力合作。美国电子文件档案馆（Electronic Records Archins，ERA）六个核心项目的建设便得益于国内外的广泛的合作。有关电子文件管理的一系列标准规范、政策和指南也是美国档案部门与国际标准化组织、科研机构、联邦机构、谷歌、知名 IT 公司广泛合作而制定的。

三、案例 1：美国电子文件档案馆（ERA）

建立电子文件档案馆是 NARA 为应对数字时代的挑战而提出的，是国外数字档案馆建设项目中的重大项目之一，值得探究与学习。笔者将从以下方面进行分析。

（一）ERA 的建设背景

美国国家档案馆的数字档案问题非常突出，收藏的电子文件档案数量巨大，保存价值大，但是电子文件的来源广泛，标准不一，类型多种多样并不断出现新的文件格式，如网页形式、数据库文件、计算机辅助设计（CAD）制图、地理图标、绘制模型、计算机程序文件、多媒体文件、超文本文件等，而且软硬件平台不断升级，文件无法在现有平台上打开的现象较为普遍。此形势紧迫，如果不及时采取措施，后果将难以预料。为应对挑战，NARA 于 1998 年提出了建设电子文件档案馆（ERA）。ERA 能够更有效地保证电子文件的真实性、可靠性和凭证性，应对电子文件快速发展所带来的日益严峻的挑战，为美国电子政务建设提供可靠的保障。

（二）ERA 的功能

为了更好地理解所遇到的和可能会遇到的困难，在开始启动 ERA 的头三年

---

① See Washington Digita Archives（2009-10-15），http：//www. digitalarchives. wa. gov/default. aspx.

主要任务是调查研究，以发现电子文件管理的现实问题，并提出可能解决的方案，而并未立即着手进行软、硬件的建设。1998 年提出方案，1999 年在理论上证明保存电子文件具有可能性；2000 年成立 ERA 项目管理办公室；2001 年参议院文件保存研究取得成果；2002 年研发出 ERA 系统的九大功能需求；2003 年建成虚拟档案馆实验室，提出了设计及原型需求建议。[①] ERA 设计了三个虚拟的工作区，分别承担数据摄取、保管和查询的功能；2004 年选定在 Harris 和 Lockheed Martin 两家承包商间进行设计方案竞标，两家公司分别进行系统的详尽设计架构和系统工程计划。2005 年，最终选择了洛克希德·马丁公司来建造和操作这个系统；2005 年确定承包商，由洛克希德·马丁计算机公司承担开发 ERA 系统。至此 ERA 项目正式启动。2007 年 9 月系统的一期工程启动，主要实现文件的在线创建、依据时间表向 NARA 进行文件的提交等功能，逐步使电子文件能够向国家档案馆进行在线移交。2008 年 6 月开始系统初运行。在 2008 年 6 月 27 日发布了 ERA 系统的最初官方版本，6 月 30 日此系统将用于 NARA 业务管理。在初始时期，新系统帮助决定联邦政府的文件保存多长时间，并决定这些文件是否需要移交到 NARA 以保存。[②] ERA 的主要功能如下。

1. 永久保存联邦政府电子文件

ERA 项目建设通过把技术层面与系统运转层面相结合，谨慎设计，采用文件异地备份，使用非专有界面系统，防止文件被个别软件提供商所控制，存储有足够份的副本，有针对不同利用方式转存不同存储格式的足够的电子文件副本的方式起到永久保存联邦政府电子文件的作用。

2. 保证电子文件的真实性、凭证性、完整性

ERA 系统能够捕获证明电子文件真实性和凭证性的元数据，以便将来更好地理解该文件。运用“保障电子文件真实性国际研究计划（InterPARES）项目”的研究成果，如采用前端控制、跟踪记录和事后审核等过程性措施，要能够最大限度地保存那些用于加工和处理原始文件的软件和相关工作流程的信息，保证完整性。针对现行文件、半现行文件和非现行文件的阶段性采取不同措施。对电子文件的基本构成要素（载体、内容、物理和智能格式、活动、人员、档案链、背景）利用元数据技术集中管理、有机结合，以保证真实性、凭证性。[③] EAR 系

① 参见冯惠玲、王键、张正强等：《电子文件风险管理》，234 页，北京，中国人民大学出版社，2008。

② See The Nationa Archines and Records Administration of the United States. ERA Status (2009-10-03), http: //www. archives. gov/era/about/.

③ 参见冯慧玲主编：《政府电子文件管理》，28～29 页。

统具有动态性、扩展性，能够无限期地保存任何类型的电子文件，以使电子文件不因时间的移转、技术的改变而无法持续长久地存取。

3. 保障电子文件的安全

通过系统入侵监测和系统入侵拦截，使 ERA 免受黑客和恐怖分子的干扰，保障系统安全。制定关于数据迁移、访问控制和安全审核等方面的规范。对电子文件的密级要进行重新核定，明确有密级的电子文件可被利用的用户权限级别，授权用户必须经过严格的授权审查之后，才有利用电子文件的权力，使用电子签名技术，保障系统服务安全、馆藏资源的安全。

4. 方便用户利用

ERA 以 NAIL 为核心，发展了一个更大的电子查询系统（Electronic Access Project，EAP），通过此系统建立一个全国馆藏档案的在线目录，提升 NARA 的公开查询服务功能。并且关注用户需求与反馈，不断扩大馆藏，改进服务，实现资源充分共享。

美国《电子文件档案馆功能需求文件》提出的 ERA 的九大功能需求，即电子文件管理功能需求、电子文件接收功能需求、电子文件档案存储功能需求、电子文件利用功能需求、电子文件安全功能需求、电子文件保护功能需求、电子文件用户接口功能需求、电子文件系统管理功能需求和电子文件系统特殊服务功能需求。①

（三）ERA 的核心项目

ERA 项目有六个核心的项目②，其具体内容如下。

1. OAIS 参考模型

该模型包括收集、档案存储、数据管理、保存规划、访问、系统管理六大功能实体，为 ERA 系统的功能、结构、管理行为提供了整体上的框架。

2. 永久保障电子文件真实性国际研究计划（InterPARES）

该项目的合作机构涵盖了美国、加拿大、荷兰、瑞典、芬兰、法国等 30 多个国家和地区的大学、档案机构和企业。该国际项目研究了鉴定永久保存电子文件的标准和方法，研究保证电子文件真实性的策略、标准、程序、制度、规则等内容。

3. 分布式目标计算平台（DOCT）

此项目是由圣地亚哥巨型机中心（SDAC）领导，美国国防部远景研究计划

---

① 参见杜晓宇：《美国国家电子文件档案馆建设的功能需求研究及其启示》，载《档案》，2006（6）。

② 参见江涛：《美国电子文件档案馆（ERA）对我国电子文件保存的借鉴意义》，载《兰台世界》，2006（5）。

机构与美国专利与商标局合作的项目，该测试平台主要为保存电子文件的高级技术提供一项试验场所，主要关注电子文件在高性能计算机环境中的长期保存、创建、交流和管理。

4. 全国合作的高级计算机基础设施建设（NPACI）

该项目由美国国家科学基金资助，主要研究和开发了确保需要永久保存的电子文件的真实可靠性的方法。

5. 总统电子文件操作系统（PERPOS）

它是由 NARA 与美国陆军研究工作实验室和佐治亚工学院研究所合作开发的该项目，是为了探讨、评估和开发可运用到总统电子文件档案处理中的先进的信息技术，并为电子文件档案馆其他研究成果提供试验性范例。

6. 档案工作平台（Archivist's Workbenchproject）

该项目由圣地亚哥超级计算机中心进行研究，重点解决州、大学档案馆等一些小型机构的电子文件的保护、保管问题。

（四）ERA 的集成保管与服务模式

ERA 系统采用集成保管与服务模式，通过电子文件信息的集成管理和集成服务，实现电子文件信息的一站式服务和综合利用，提高机构电子文件管理和业务管理的效率，达到用户满意、管理过程经济高效和管理结果的最大价值实现。

鉴于 NARA 所接收的电子文件来源不同，格式结构各异，给检索利用带来了一些问题，美国研究人员提出采用集中保管模式，强调将各联邦政府具有长远保存价值的电子文件全部按规定移交 NARA 集中保存，构建涵盖全国范围的电子文件管理网络体系。集中保管模式即在电子文件尚未失去现行效用时，由文件的生成机构负责保护文件的可靠性和真实性，失去现行使用价值后，由档案馆负责整理、著录、编目、长期保管、提供利用，集中管理能为电子文件的安全提供全面保障。ERA 可以使 NARA 具有获取、保存、描述、检索和恰当地处理政府电子文件的技术能力，使 NARA 在档案中心系统中就能够有效地管理联邦机构的电子文件，加强对电子文件信息资源的控制能力与管理能力，整合文件生命周期内的管理，这样可以保持电子文件的完整、齐全、相互关联。ERA 系统建成后，用户可以通过关键词在 NARA 网页范围内进行查询，实现一站式服务。

（五）ERA 的应用

美国国家档案馆档案库（ADD），是在 ERA 项目的支持下发展起来的第一个公开性可利用的应用系统，用于检索 NARA 所保管的 20 多个美国联邦机构所产生的近 500 万份电子文件。在 2008 年 7 月，美国国家档案馆开始向电子文件档案馆移交 350 万份电子文件。这些具有历史价值的电子文件的范围是从第二次世界大战期间士兵的数据库文件到国家外交事务文件，这些文件最终将通过电子文件档案馆提供网上利用。[①] 到 2009 年 10 月该系统用户限制在系统内部人员以及与其合作的四个机构，即美国商务部专利商标局（The Department of Commerce's U. S. Patent and Trademark Office，USPTO）、海军部国家海洋厅（The Department of the Navy's National Oceanographic Office，NAVO）、能源部国家核安全管理局（The Department of Energy's National Nuclear Security Administration，NNSA/Kansas City Plant）、劳工部劳工统计局（The Department of Labor's Bureau of Labor Statistics，BLS）[②]，以及美国国内政府机构等。四个联邦政府机构共同参与 ERA 系统的开发、测试和人员培训等工作。但是，ERA 承诺会逐步扩大用户面，将电子文件档案馆提供给公众使用。

四、案例 2：美国西北数字档案馆（NWDA）

美国西北数字档案馆（The Northwest Digital Archives，NWDA）是多个机构共同完成的合作项目，参与此项目的机构有阿拉斯加州图书馆、西雅图市档案馆、西华盛顿州大学等高校和历史协会，涵盖华盛顿州、俄勒冈州、爱达荷州、阿拉斯加州、蒙大拿州的 15 个档案馆和 13 个机构的馆藏室。[③] NWDA 项目的组织联盟计划用一个为期两年的工程，用标准通用结构置标语言（SGML）编码的档案著录方式来置标 2 300 个检索工具，并将其装入一个可以在 Internet 上搜索的数据库。

（一）NWDA 的建设背景

NWDA 建于 2002 年年初，该项目是由美国国家人文基金会（National Endowment for the Humanities，NEH）批准和资助的。NEH 在 2002 年 7 月到 2004 年 12 月和 2005 年 7 月到 2007 年 9 月两个阶段对 NWDA 的建设进行资助，在资金保障的情况下俄勒冈州立大学负责项目管理，华盛顿州立大学提供技术支持并主管 NWDA 数据库。在起初建设阶段，一些合作机构就意识到联合建设 NWDA 需要重新进行馆藏资源的流程处理，需要为检索工具增加新的信息，需要统一的标准，因此八个合作机构联合成立了西北档案流程处理（Northwest Archives Processing Initiative，NWAPI）联盟，并成功获得了全国史料和档案

---

① See The Nationa Archines and Records Administration of the United States. ERA Status，2009-10-03，http：//www. archives. gov/era/about/.

② 参见谭幸：《美国 ERA 系统的建设及其最新进展》，2009-09-26，http：//www. lunwenshop. com/daixieshuoshilunwen/2084 _ 2. html。

③ See The Northwest Digital Archives. About us，2009-10-09，http：//nwda. wsulibs. wsu. edu/about. shtml.

委员会（National Historical Publications and Records Committee，NHPRC）的两笔赠款。在第一资助期间内，NWAPI 聘用 Brad Cole 作为顾问，帮助 NWAPI 开发了可以在合作机构中通用的档案内容著录标准（Describing Archives：A Content Standard，DACS）。NWAPI 还聘用了 Mark Greene 作为顾问，采用"更多的产出，更少的步骤"方法用于过程重组。① 合作机构在相互协作与不断探索中开始了 NWDA 的建设之路。

（二）NWDA 的功能

在 NWDA 早期计划阶段，NWDA 没有能够满足需求的数据库。在 2003 年，自从有了一个商业性的评估结果和开放资源 EAD 传送软件项目后，IXIA-SOFT TEXTML 被选定以解决 NWDA 的数据库问题。TEXTML 有强大的索引功能，曾在英国联合王国获取档案馆项目中，成功支撑了档案检索工具的检索功能的发挥。2004 年，建成了提供基本检索功能的初级站点。2006 年春季，由华盛顿州立大学图书馆的技术人员开发的功能更强大的搜索应用程序服务器（Active Server Pages. NET，ASP. NET）发布。加利福尼亚数字图书馆的工作人员开发了档案资源关键规范（Archival Resource Key（ARK）specification），用于规范 NWDA 档案资源保管系统，以使档案资源得以长期、持续地保存和利用。为了使 NWDA 资源得到广泛传播和利用，使广大用户能够方便查找，为了支持 NWDA 资源的整合信息进入其他信息库，一个用于元数据获取的开放档案协议（Open Archives Initiative-Protocol for Metadata Harvesting，OAI - PMH）的数据提供应用程序得到了开发。NWDA 的工作人员通过技术研发，用户可以通过 Google 搜索引擎获得 NEDA 的检索工具和检索结果，突破了 NWDA 门户网站为主要检索途径的限制，方便了用户检索。NWDA 进一步解决 b 检索工具与数字内容的整合，促进了用户的数量和信息资源使用量的大幅提升。②

NWDA 通过多个机构的协作共建，能够避免重复建设，降低成本，促进合作州的档案馆、图书馆、博物馆等合作机构共享档案资源和联机设施。NWDA 具有广泛多样的服务对象，包括在历史学、人类学、少数民族研究、妇女研究、政治学、文学、考古学、法学和环境学等方面的学术研究人员、老师、学生，还有成员机构的内部人员均可自由享用。NWDA 建设的目标在于：在档案归档、著录、编码过程中指定标准和提供培训；开发、维护和评估档案检索工具，在合

①② See Cornish，A. K，Bond，T. J. Developing and Sustaining the Northwest Digital Archives. Journal of Digital Information，2008，Vol. 9，No. 2，pp. 1-8.

作机构内部提供有效的检索查询；进一步培养和保持美国西北部地区的档案馆、图书馆、博物馆间的合作关系，参与者能够团结一致，共同迎接挑战并且建立起强有力的区域特征；进一步扩大合作规模，寻找其他州、地区和国际上的合作伙伴。①

（三）NWDA 的服务流程

NWDA 的工作流程首先是创建检索工具：参与机构按照美国机读目录格式的指导方针来负责各自全宗的编目、编码和著录，创建新的美国机读目录，或者修改现有美国机读目录中的 856 字段，形成档案编码著录元数据（EAD）的目录全文检索工具和机读目录检索工具。所有的检索工具将按照都柏林核心元数据的要求来编写，要含有文件创建者、标题、描述、格式、出版时间等元素。然后是传递检索目录：在编写好 EAD 检索工具机读目录记录之后，NWDA 的成员将其检索工具通过一个匿名 FTP 服务器或其他协议递交到一个公共服务器上，在这里它们将被整合进 NWDA 网站，通过机读目录的 856 字段与 EAD 检索工具连接，可以为公众提供利用服务。西北数字档案馆使用 ANSI/NISO Z39.50 标准（美国国家标准信息检索应用软件服务定义和协议规范）来实现网络环境下的信息检索。②

（四）NWDA 建设中采用的标准

统一的标准对于多个机构顺利合作至关重要，它关系到系统能否兼容，能否实现资源共享，完成组织目标。NWDA 建设中采用的标准由以下几个：ARK 持久标识方案（The ARK Persistent Identifier Scheme）；档案著录内容标准（Describing Archives：A Content Standard，DACS）；编码档案著录标准（Encoded Archival Description，2002）；可扩展性置标语言 1.0（Extensive Markup Language，XML）；谷歌网站地图协议（Google Sitemap Protocol，Version 0.9）；开放文档项目——元数据收割协议（The Open Archives Initiative-Protocol for Metadata Harvesting，OAI - PMH，Version 2.0）；扩展性置标路径语言（XML Path Language，XPath，Version 1.0）。③

（五）NWDA 的应用

NWDA 便于解决档案信息资源的分散性与用户需求的集中性之间的矛盾，

---

① See The Northwest Digital Archives. About us，2009-10-09，http：//nwda. wsulibs. wsu. edu/about. shtml.

② 参见王萍、宋雪雁：《电子档案管理基础》，252～253 页，北京，清华大学出版社，2006。

③ See Cornish，A. K，Bond，T. J. Developing and Sustaining the Northwest Digital Archives. Journal of Digital Information，2008，Vol. 9，No. 2，pp. 1-8.

消除档案“信息孤岛”现象，实现合作机构档案信息资源的广泛共享。NWDA网站中的搜索功能下列出了可供人们查询的检索途径和方式，提供了初级检索和高级检索项并有检索帮助。比较有特色的一点是，其提供了方便详细设定检索项的四个检索项目，即类别目录（把所藏资源按类别划分组成目录）、材料类型（地图、图片、日记、电子文件、建筑图纸、动态图片、口述历史、音频、剪贴簿）、资源馆藏机构（NWDA 的 29 个合作机构）、按标题检索。NWDA 检索页面如图 13—1 所示。

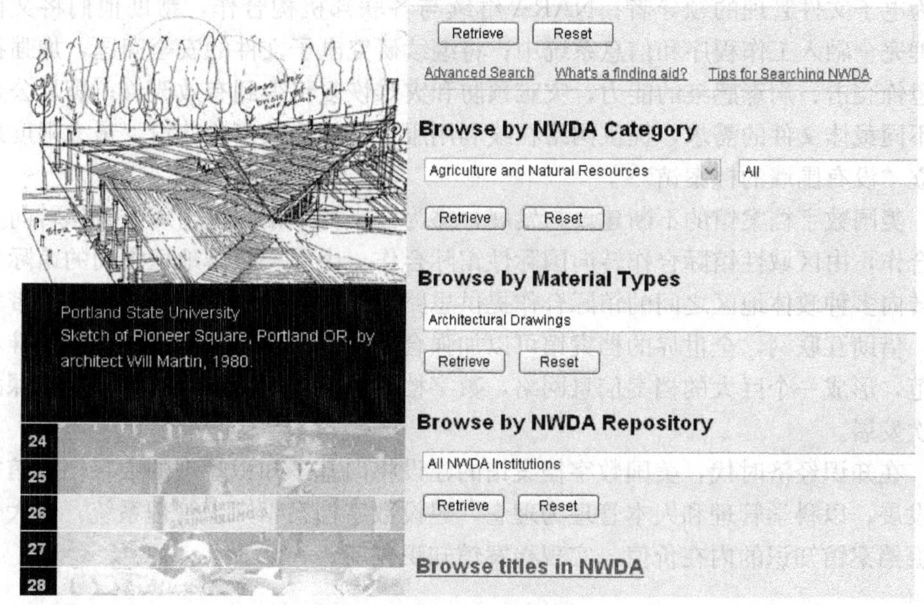

图 13—1　NWDA 检索页面

NWDA 还提供了四个类似的在线档案查询站点的链接，包括落基山在线档案（Rocky Mountain Online Archive）；得克萨斯州档案资源在线（Texas Archival Resources Online）；加利福尼亚州档案在线（Online Archive of California）；亚利桑那州档案在线（Arizona Archives Online），可以通过链接直接到达检索界面，方便用户使用。①

NWDA 的合作机构将不断增加新的成员，将继续与其他地区的 EAD 提供者发展一个全国范围内的档案网络。NWDA 项目的发展为合作机构联合共建数

① See The Northwest Digital Archives. About us. (2009-10-09), http://nwda.wsulibs.wsu.edu/about.shtml.

字档案馆提供了借鉴经验。

五、美国数字档案馆建设展望

ERA 的建设将针对 NARA 的各种需求而不断地调整，它将帮助确保快速增长的大量极具历史价值的电子文件的永久保存和持续利用，确保人们可以对这些丰富的文献遗产进行持续的开发、学习、利用。《美国国家档案与文件署 2007—2017 年战略规划》为未来美国档案信息资源的整合建设指明了方向。NARA 在未来十年的使命是：NARA 从一个管理传统文件（主要是纸质文件）的机构转变为电子文件管理的领导者；NARA 继续与各联邦机构合作，帮助他们将文件管理完全融入工作程序和信息系统中；将继续研究电子文件的安全问题，加强抵御恐怖袭击、病毒感染的能力，灾难预防和灾难恢复将得到有效改善；满足公众对不同载体文件的需求，提供网络在线利用服务，加强数字化建设，最大限度地建立"没有围墙的档案馆"①。

美国数字档案馆的不断建设与发展，将为数字档案馆建设由双方合作转向多边合作，由区域性馆际合作转向国际性馆际合作，由同一政体地区之间的馆际合作转向多种政体地区之间的馆际合作提供思路和经验，在美国等先进国家的带领下，借助互联网，全世界的档案馆可以加强合作，遵循协议，制定统一的标准和规范，形成一个巨大的档案信息网络，数字档案馆建设将向更广的范围、更深的层次发展。

在知识经济时代，美国数字档案馆的建设将向基于知识管理的数字档案馆方向发展，以科学管理和人本管理为理念，建设数字档案馆知识管理系统，最大化挖掘档案馆知识的内在价值，实现档案馆知识创新。

第二节 英国数字档案馆发展介绍

随着信息技术的深入应用和电子文件的不断增多，英国在政府信息公开、个人数据保护方面相继出台了新的法律，这些法律的出台为数字档案馆的发展提供了条件，加快了档案开放的步伐，促进了英国档案信息资源的开发利用。

一、英国数字档案馆发展历程

公元 1017 年，英国就有了书面文件及其相应的保存场所。1302 年，建立了国王档案馆，1838 年为了更好地保存中央政府和法院的档案，根据《公共档案

① 丁枫：《美国国家档案与文件署 2007—2017 年战略规划》，2009-10-20，http：//www.chinaarchives.cn/lanmu_view.asp? id=1474。

法》成立了公共档案馆，这是英国国家级综合性档案馆，同时也是最高的官方档案机构。1977 年，公共档案馆分为旧馆和新馆两部分，旧馆建于 1851 年，主要保管司法档案和 19 世纪前的政府档案；新馆建于 1977 年，主要保管 19 世纪后的政府档案，新馆还安装了当时比较先进的电子计算机检索系统。英国公共档案馆主要是对政府部门形成的包括电子文件在内的各种介质的有保存价值的档案进行收集、整理、保管以及提供利用。随着政府电子文件的增多，电子档案将逐步成为馆藏档案的重要组成部分。为此，英国公共档案馆曾专门对政府部门产生的电子文件的管理问题进行过研究和调查，调查发现电子文件数量正在迅速增长，制定电子文件管理政策迫在眉睫。

20 世纪 90 年代，为了更好地对电子文件进行保管和提供利用，英国公共档案馆实施了两项计划。其中一项是针对政府正在引进的办公网络生成文件的计划即电子文件办公系统（Electronic Records Office System，EROS）计划，该项计划主要是为了更好地保护在政府公务活动中产生的具有长期保存价值的电子文件以提供长期的存取，在该项计划实施前英国公共档案馆进行了一次调查，通过该次调查发现电子文件的应用不断增多，并且许多部门都准备引入新的文件管理机制，因此，该项计划的主要任务是制定电子文件管理指南、迁移和获取策略以及规范文件处理程序等。另一项则是针对结构数据集的英国国有数字档案馆（United Kingdom National Digital Archive datasets，UKNDA）计划，1995 年英国公共档案馆和伦敦大学签订合同实施 UKNDA 计划，由伦敦大学计算机中心负责数据存储，而伦敦大学图书馆则提供档案专业技术，UKNDA 主要是通过提供电子查询帮助系统、在线获取数字集合系统以及在线咨询服务系统等技术来更好地保存和利用结构数据集，该计划侧重数字馆藏的信息服务，数据种类主要是单一的结构化数据。[①] 2002 年 12 月，英国政府为了更好地适应电子文件数量迅速增长的现状而完成了“数字档案”研究课题，该课题为博物馆、图书馆和档案馆理事会（简称 MLA）收集和提供了更多的电子文档。

2003 年 4 月 2 日，英国建立了英国国家档案馆（British National Archives），它是英国首相府下属的一个行政机构，同时也对政府部门的公共文件进行保管并提供利用，此外还提供一些与英国历史有关的私人档案信息。英国国家档案馆的前身公共档案馆所接收的文件中有相当大的部分最初是以电子文件的形式出现的，为了更好地保护国家记忆并满足公众对电子文件的利用需求，英国公共档案馆（British Public Archives）和皇家历史手稿委员会（Royal Commission on

---

① 参见李因：《英国国家数字档案馆》，载《中国档案》，2000（7）。

Historical Manuscripts）合并成立了英国国家档案馆。在这一时期，英国国家档案馆建立了自己的网站，早期公共档案馆、皇家历史手稿协会以及苏格兰国家档案馆（National Archives of Scotland）的网站建设为其提供了经验。原公共档案馆的网站设有主页、搜索、站点帮助、反馈等导航链接，新的国家档案馆网站添加了更多的链接，如联系我们、科研、专项服务、新闻和在线购买等。英国国家档案馆的网站已经部分实现了数字档案馆的功能，2007 年英国国家档案馆将过去 1 000 年来的文档实现了网络化，用户可以通过网络对馆藏档案目录和数据库进行查询并订购档案副本。英国是较早拥有国家档案馆网站和开展电子档案研究及远程利用电子档案的国家之一。[①] 由 UKNDA 计划建立了英国国家数字档案馆（National Digital Archive of Datasets，NDAD），关于 NDAD 的情况将在下文中进行详细介绍。

二、英国数字档案馆相关法律法规

1838 年 8 月 14 日，英国议会通过了《公共档案法》（The Public Records Act 1938），该法规定档案由管卷大臣主管并将计划建立一个公共档案馆。1958 年，英国制定了新的《公共档案法》（The Public Records Act 1958），公共档案馆改由大法官领导，并且对公共档案做了明确的规定。1967 年《公共档案法》（The Public Records Act 1967）进行了第二次修订，修改后公共档案由原来的从形成之日算起 50 年后开放缩短为 30 年后开放。新的《公共档案法》中规定："公共档案馆的馆藏公共档案不同于那些向公共档案馆移交之前可由公务人员借阅的公共档案，新建公共档案馆的档案如果不满 30 年（从案卷产生的下一年 1 月 1 日算起）或不到大法官规定的其他期限，则不得对公众开放。在征得有关大臣或其他官员同意后，或者根据这些人的要求，大法官可对某类公共档案做出开放的期限规定。"[②] 这些规定在数字档案馆出现后显然已经不太适用。

1984 年英国制定了《数据保护法》，该法规定："在收集个人信息时必须征得有关个人的同意，在提供数据时必须采取措施以防个人数据未经许可而被扩散、更改。"在附件一中，《数据保护法》补充规定："仅仅为历史、统计及研究目的而存储的个人档案，可以无限期保存；其获取方式是否'公平'，也可以用较宽的标准去衡量。"1998 年修订后形成新的《数据保护法》（The Data Protection Act 1998），2000 年 3 月 1 日生效，该法律适用于所有信息包括某些特定结

---

① 参见《英国国家档案馆的建设》，2009-10-04，http：//www.80075.com/danganguanli/200807/25-224853.shtml。

② 黄萧羽：《外国档案管理学》，246～248 页，北京，中国人民大学出版社，2008。

构化信息记录及计算机化个人数据。个人数据在该法中被定义为：包含关于一个活着的人的信息，通过该信息可以识别出该人，该信息包括对有关该个人的评价，但不包括对该个人数据用户表示的意图。1998 年的《数据保护法》所保护的电子档案必须符合信息准确、可靠并具有永久保存价值的要求，是一部能确保电子档案保管期限的法规。在数字档案馆所藏的档案中有大量包含个人数据的电子档案，因此数字档案馆有责任采取安全有效的技术与非技术的各种措施保证这些数据不被窃取、破坏。该法在取得、持有、使用或揭露有关个人数据处理过程等方面也做出了相应的规定："在取得个人数据时必须有特定且合法的目的，对个人数据进行利用时不应超过目的范围之外，出版行为不得损害档案资料当事人的利益，还对用于历史编纂和研究目的的豁免条款进行了解释。"①

1997 年英国提出《信息自由法》白皮书，2000 年经过议会批准正式通过了《信息自由法》(The Freedom of Information Act 2000)，2005 年 1 月 1 日实施。《数据保护法》的主要目的是保护个人隐私权，而《信息自由法》则主要是保护公民获得公共机构所藏信息的权利。该法肯定了公民有依法获得政府信息的权利，规定了任何人包括自然人和法人，无论是否具有英国国籍都有权利了解中央和地方各级政府部门、警察和其他各公共机构的信息，公众的知情权得到了肯定。英国《信息自由法》所指信息是包括以任何形式记录的信息，公众可以向相关机构提出咨询，该机构则必须在 20 个工作日内给予答复。原则上公共机构拥有的信息都是应该公开的，但有一些例外信息是不能公开的，包括涉及国家安全或对公众利益造成威胁的信息，这样做更有利于平衡公众知情权和公共利益间的关系。此外，该法还推荐了适合英国上议院的档案管理体制，并鼓励地方政府对档案进行管理，上院议长监督和管理档案的保存、管理和销毁，并且对有关公共机构对档案的保存、管理和销毁进行指导，这在一定程度上促进了数字档案馆的进一步发展，保证了公众获取电子档案的权利。该法对所有相关机构包括档案馆贯彻《信息自由法》提出强制性要求，按照该法的要求档案馆公开了一部分原本要 30 年后才能解密的政府档案。②

三、英国数字档案馆从业人员情况

随着英国档案事业的发展，档案工作对档案工作人员的专业水平要求越来越高。20 世纪 40 年代，英国开始了档案专业研究生教育，在当时由一些资深的专业档案人员担任教师，以使学生能够胜任档案馆工作。70 年代时，大学课程的

---

① 《英国数据保护法简介》，2009-10-04，http：//www. 21cnci. com/index. php/news/view/id/11。

② 参见肖永英：《英国〈信息自由法〉的主要内容及其影响初探》，载《情报杂志》，2003 (9)。

设置与现实需求严重脱节。英国档案工作者协会成立于20世纪40年代，80年代开始了对大学课程的认证，该资格认证每五年进行一次。1984年，有五所大学通过了第一次的资格认证，到1995年第三次时，“资格认证”改为“资格鉴定”，第五轮资格鉴定始于2006年，目前仍在进行之中。虽然这种资格鉴定可以规范大学的档案专业课程的设置，但是英国大学的课程主要培养的是学生的档案管理理念，而不是交给他们专业技能，这在很大程度上决定了其毕业的学生不能很快地适应档案工作实践。

电子文件的出现，使对档案馆工作人员进行相应的教育和培训受到了更多的重视。大学的档案专业课程里缺乏电子档案方面的课程设置，传统档案教育模式不再适应数字化时代。数字档案馆的工作人员要求具备广泛的电子收集、保存及通过网络更好地提供利用的技能，因此如何培养出满足数字化时代要求的档案馆工作人员成为英国档案工作者协会当前的研究重点。为了使档案工作者更好地适应时代的发展，英国档案工作者协会经常举办一些培训活动，例如：2007年3月16日，英国档案工作者协会举办了主题为“数字和立法时代信息管理”的培训活动，这次培训活动由档案学者 Hugh Jaques 主持，主要介绍档案数字化存储的基本概念、数字档案馆建设的近期发展概况、数字技术和相关管理如何引入地方政府实践，以及包括《信息自由法》在内的多项相关立法对档案工作的影响。①

四、英国数字档案馆技术发展情况

英国于20世纪70年代初开始使用计算机对馆藏档案进行管理，1977年英国公共档案馆联合英国档案工作者协会共同创建了计算机系统，此后英国档案馆网络化建设开始快速发展，其中一些档案馆建立了自己的档案馆网站，如英国公共档案馆网站、苏格兰国家档案馆网站等，部分实现了数字档案馆的功能。20世纪90年代，电子文件数量增长迅速，为了更安全地保管和更好地提供利用电子文件，英国国家档案馆开展了针对政府正在引进的办公网络生成文件的计划即EROS计划。该项计划制定了《电子文件管理指南》以及电子文件鉴定等各项管理办法以供各部委借鉴使用，为了积累更多管理电子文件的经验，还开展了对内阁办公室诺兰委员会和贸易工业部历任部长的日记等两个卷宗的电子文件进行模拟管理研究的项目。在数字文件保存方面，英国开展了CEDARS项目，该项目主要研究如何有效地保存数字资源。这一阶段的档案馆主要通过建立计算机辅助档案管理系统完成接收办公自动化系统中的电子文件和业务系统数据库文件备份

---

① 参见王红敏译：《超越资格鉴定：档案资格鉴定在英国的未来发展》，2009-10-06，http：//www.archives.org.cn/news.aspx? id=406。

的功能，同时公共档案馆还在不断探索利用网络为用户提供远程在线利用服务的技术方法等。

NDAD在保存和利用结构数据集方面做了很大的努力，其技术方面主要由伦敦大学图书馆提供。为了规范各部门向国家档案馆移交电子文件的格式，英国国家档案馆电子文件研究项目小组制定了一项通用标准，规定可接收的电子文件格式只有PostScript，TIFF，SGML，PDF和界定的文件格式，并且推荐使用WORM技术的CD-ROM和CDR、4mm的数字音频、DVD驱动器、ZIP驱动器、软磁盘等几种方式来保存需长期保存的电子文件。随着技术的发展和用户需求的进一步提高，英国国家档案委员会提出了建立英联合王国网络档案馆的计划，该项计划以英国国家档案馆为中心建立联机目录以实现档案信息一体化网络，并且通过网络实时传送档案目录数据以方便用户通过网络对入网档案馆的馆藏资源进行查询。

五、英国数字档案馆的用户服务

传统的利用方式要求用户亲自到档案馆对实体档案进行利用，而数字档案馆的出现改变了这种利用模式。英国数字档案馆建立了以用户为中心的网络服务模式，1998年英国就提出要建立英联合王国网络档案馆的计划，该计划主要由国家总网和各子网络组成，总网由英国皇家历史手稿委员会负责，子网则由英格兰档案网络与苏格兰、威尔士及高教系统等组成，主要提供英联合王国的档案目录。英联合王国网络档案馆的计划采取联机目录方式实现档案信息一体化，通过制定统一的著录规则和数据交换格式来规范所有入网提供档案信息机构提交的档案信息，并对这些信息进行统一编目，实现档案目录的共享和形成逻辑上的数据库，方便用户利用。2004年，英国国家档案馆和多家机构合作开展了旨在为更多用户创造全新的、革命性的资源共享机会的“手拉手”项目，该项目将分散的档案资源进行整合后放到网络上以实现资源共享。通过这些网络服务，用户可以在任何时间、任何地点利用网络对其馆藏资源进行查询、利用，这种提供利用方式符合档案馆要最大限度地满足用户的利用需求及最大限度地进行资源共享的原则。英国数字档案馆近些年来一直致力于数字馆藏的信息服务，大多数具有多种查询功能，可以根据检索项进行组合查询，满足不同用户的需要，且网站界面友好，方便用户利用。

英国数字档案馆在参考咨询方面还提供了电子邮件咨询服务，用户可以通过电子邮箱获得帮助，还可以接受数字档案馆提供的其他信息服务。有的数字档案馆还开通了交互式咨询平台，使用户可以实时地进行相关问题的咨询，极大地方便了用户，节省了用户的时间。[1]

六、案例：英国国家数字档案馆（NDAD）

英国国家数字档案馆是英国少数几个数字档案馆之一，由伦敦大学计算机中心和伦敦大学图书馆共同建设和维护，负责收集、保管政府部门产生的具有永久保存价值的数据并向用户提供利用。

（一）NADA 的背景介绍

1958 年英国制定的新的《公共档案法》并未对公共档案的载体进行具体界定，政府部门形成的具有永久保存价值的电子文件也被认为是公共档案的范畴，如何对其进行安全的保管和有效的利用成为当时档案馆关注的焦点。因此，在 20 世纪 90 年代，英国公共档案馆实施了两项计划，一项是针对政府正在引进的电子文件办公系统（EROS）的计划，另一项则是针对英国国家数字档案数据库 UKNDA（United Kingdom National Digital Archive Datasets）的计划。1995 年，英国公共档案馆为实现 UKNDA 计划而与伦敦大学合作开始建立英国国家数字档案馆[2]，并于 1998 年 3 月将其作为一项服务向社会推荐。

（二）NADA 的馆藏范围

NDAD 保存来自中央政府各个部门和机构所产生的数据集，包括一些农业人口普查、犯罪统计等，并且这些数据集已经经过鉴定被保存在国家档案馆中，而一些类似于出生证明类的文件则不在馆藏范围，但是这些资料可以在 NDAD 与其他部门的相关链接中找到。NDAD 中主要保存并提供利用中央政府的文件和数据，馆藏的文件和数据跨度近 40 年，最早的甚至可以追溯到 1963 年。

这些数据和文件由英国国家档案馆的数据保存部门和中央政府部门文件办公室以及其他相关机构合作选择并传送到 NDAD。虽然这些数据和文件数量巨大，但伦敦计算机中心所提供的高容量数据仓库足以存储这些数据。[3]

（三）NARA 的技术特点

NDAD 的具体运作和技术提供主要由伦敦大学计算机中心和伦敦大学图书馆共同承担，伦敦大学计算机中心负责数据的存储，而伦敦大学图书馆则负责提供档案专业技术。伦敦大学计算机中心在管理和存储大量电子数据方面有超过 25 年的经验，特别是在等级存储管理系统方面、在网络服务方面也有丰富的经验。同时，伦敦大学计算机中心还管理着一个国家数据仓库，这个数据仓库提供

---

① 参见王进平：《数字档案馆参考咨询服务模式探究》，载《档案》，2008（2）。

② 参见朱小怡等编著：《数字档案馆建设理论与实践》，151～154 页。

③ See NADA，2009-10-06，http：//www. ndad. nationalarchives. gov. uk.

对大量数据的快速存取。

NDAD 创建了一些查询工具，这些查询工具可以说明馆藏数据形成的用途、过程以及形成的时间，它们在每一层次上分等级排列，对数据的著录主要基于 ISAD（G）和国际档案著录标准。NDAD 将存储的数据用目录、索引等方法划分成多个系统，每个系统是一系列具体的数据库例子。这些数据库被整理成系列存放，每一个系列都有自己的系列目录和文件目录，以及档案文件的联合目录，可以通过网页方便公众获取，同时还提供其他与该数据有关的数字化的纸质文件的内容。

（四）NADA 的提供利用

NDAD 主要侧重于数字馆藏的信息服务，是基于服务信息化的数字档案馆。NDAD 通过建立 Web 页用互联网向用户提供服务，用户可以远程访问并利用数字档案馆中的资源。用户不需要熟悉档案术语和计算机理论，只要对网页浏览有所熟悉就可以使用 NDAD，一些所需的档案术语可以在 NDAD 网页中的帮助菜单中的术语表中找到。NDAD 适用于所有现代的 Web 浏览器。NDAD 的主页面如图 13—2 所示。

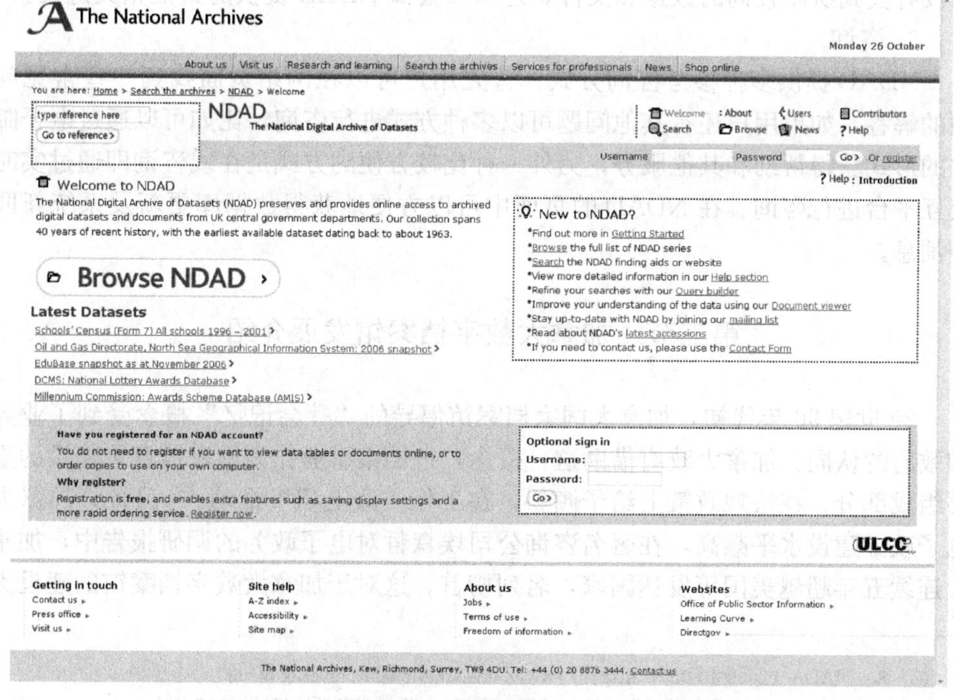

图 13—2　英国国家数字档案馆（NDAD）的主页

现将 NDAD 的使用方法介绍如下。

1. 注册

所有用户都可以利用 NDAD，但注册用户和非注册用户的使用权限有所区别。非注册用户可以浏览数据表格和在线提供的电子文件，还可以在自己的计算机上利用 NDAD 馆藏的拷贝件，而注册用户则可以获得其他更多额外的服务，订购速度相对也要快些。用户注册是完全免费的，注册后 NDAD 会将密码通过电子邮箱发送给用户，还可以通过电话或信件的方式进行注册，NDAD 保证用户的个人信息不会泄露给第三方。①

2. 检索

所有的用户都可以浏览馆藏目录，选择不同等级并选择不同的部门和系列，从列表中发现自己感兴趣的方面并进一步获得详细的信息。用户也可以直接在站内检索自己所需要的资源，NDAD 提供相应的检索工具。在 NDAD 中可以通过自由文本检索、同义词数据库的主题检索以及人名、地名检索等多种方式进行查找。注册用户和非注册用户所能检索的范围则有所不同，非注册用户的检索范围限定在公共文件里，一些收费的服务只有注册用户才可以获得。如果在 NDAD 中没有找到所需查询的数据和文件，还可以尝试 NDAD 提供的其他相关链接。

3. 咨询

NDAD 提供多种参考咨询方式，首先用户可以在网站页面找到一些常见问题的解答，如果用户还有其他问题可以多种方式进行咨询，比如可以通过电子邮件的形式获得帮助和其他服务，另外一种比较方便的方式是在线咨询即通过实时交互平台进行咨询。在 NDAD 的页面中可以方便地获得数据库更新及系统新闻等消息。

第三节　加拿大数字档案馆发展介绍

20 世纪 90 年代初，加拿大国家档案馆倡导的“社会记忆”概念受到了业界和政府的认同。加拿大政府借助这一概念，把档案事业作为国家信息化建设的重要组成部分，在法规政策上给予倾斜，在工作实践上积极推动。② 另外，加拿大电子政务建设水平颇高，在著名咨询公司埃森哲对电子政务的调研报告中，加拿大连续五年超越美国等发达国家，名列榜首。这对于加拿大数字档案馆的建设无

① See NADA (2009-10-06), http://www.ndad.nationalarchives.gov.uk.

② 参见黄霄羽：《加拿大温哥华访学的感思与启示》，载《档案学通讯》，2007 (4)。

疑具有良好的推进作用。加拿大档案工作逐渐跃居世界一流行列。加拿大政府凭借良好的数字信息环境和一系列信息政策的支持，在推动档案信息数字化建设，促进档案信息资源共享共建方面，取得了一系列成果，值得借鉴。

一、加拿大数字档案馆发展历程

加拿大于 1867 年 7 月 1 日建国，国家历史比较短，大部分档案只有 200 多年的历史。1869 年，加拿大第一个档案馆——档案保管所正式成立，这是国家最古老的文化机构之一。1872 年，加拿大公共档案馆成立，它集中保存了大批历史档案，其中包括 40 多万份英国殖民当局档案文件。政府产生的现行文件则由国务秘书部中的"文件管理官"负责。1897 年国会山西部发生大火灾后，加拿大政府认识到了把政府中保存的文件移交到公共档案馆保存的必要性，决定把政府各机关的档案移交给公共档案馆保管。从 1904 年起，公共档案馆接收和保存文件的范围扩大到包括政府各部门所保存的文件。1906 年在首都渥太华建立了永久保存档案的库房大楼，大大改善了档案的保管条件。1903—1920 年间各省的档案工作也得到了进一步发展。1948—1967 年间加拿大政府为公共档案馆增加了人口编制和经费，授予公共档案馆参与现行文件管理和筹建文件中心的权利和任务。加拿大和其他欧美国家一样重视文件中心的建立和管理，1956 年渥太华文件中心的建立，为加拿大档案文件工作的开展开辟了新的途径。

数字档案馆的发展与一个国家的社会背景、政府相关的法规政策以及信息技术的普及程度密切相关，在充分考虑这些相关因素作用的前提下，将加拿大数字档案馆的发展历程大致划分为以下几个阶段。

（一）数字档案馆的起步阶段——传统档案馆的业务自动化

在这一阶段，计算机技术开始引入档案馆，传统档案馆的业务逐步实现自动化，开始了对机读档案和电子文件的保管。数字档案信息资源大量产生。1968 年以来，加拿大政府提高了档案管理现代化水平，公共档案馆和一半以上的省档案馆都采用了档案自动化保管系统。

20 世纪 70 年代，开始设立机读档案部（Machine-Readable Archives Division，MRA）以保管机读档案。MRA 制定了一整套接收和处理电子文件的政策，这些政策现在仍然有效。但这些政策建立在旧的档案管理理念的基础上，并且由没有任何电子文件专业背景的档案工作者来管理。档案工作者只关注文本文件，而对视听、音频和电子文件等则放弃控制。[①] 面对数字时代公共管理的挑战

---

① 参见［加］Johanna Smith：《建立信任：加拿大政府的电子文件管理》，载《档案学通讯》，2009 (5)。

及计算机通信技术的发展，加拿大政府的文件管理一度出现危机。

在1980年出版的一份研究报告中，加拿大档案工作者指出：因缺乏统一的著录和编目方法，在国家一级建立档案信息系统受到了严重阻碍。① 1983年11月，加拿大档案人员管理局（Bureau of Canadian Archivists，BCA）建立了一个工作小组，负责研究与制定档案著录规则。该小组于1985年12月发表了一篇题为《面向著录标准》（*Toward Descriptive Standards*）的报告。在此报告的基础上，加拿大档案人员管理局成立了专门的“著录标准规划委员会”（Planning Committee on Descriptive Standards，PCDS），负责规划与协调加拿大档案著录标准的研究和制定，并研究提供查检档案所需的各种工具。② 该委员会的成员主要来自加拿大档案工作者协会（Association of Canadian Archivists，ACA）、魁北克省档案工作者协会、加拿大档案人员管理局秘书长以及加拿大国家档案馆观察员等。

1986年，加拿大国家档案馆通过《长期信息技术和系统规划》，确定了一系列优先项目，其中最为重要的是档案馆馆藏系统开发项目。主要目的就是将各种不兼容系统综合成一个新系统，从而实现加拿大国家档案馆更广泛的信息共享和信息通信。③

建立自动化档案信息系统的重要基础之一是统一的档案著录标准。1993年，PCDS完成了加拿大的档案著录规则（Rules for Archival Description，RAD）。该规则主要由四部分组成，分别是一般著录规则（General Rules for Description）；多媒体全宗（Multiple Media Fonds）；文本文件（Textual Records）；图形数据（Graphic Materials）。RAD主要应用多层级著录的原则来著录档案。④

（二）数字档案馆的发展——档案信息网络化建设

数字档案馆的存在和发展在很大程度上依赖于网络。网络中丰富的信息资源，为数字档案馆通过各种搜索引擎、专业指引库、专门性门户网站采集相关信息，从而为丰富自己的虚拟馆藏提供了极大的便利。这一阶段的主要目的是，借助互联网的作用，实现数字档案信息资源的共享共建。

加拿大档案网站的建设起步较早，早在1990年，加拿大国家档案馆就建立

---

① 参见沈丽华：《档案馆自动化战略技术——加拿大塞弗里德访华讲学部分内容综述》，载《档案学通讯》，1992（3）。

② 参见黄霄羽：《外国档案管理学》，160～161页。

③ 参见沈丽华：《档案馆自动化战略技术——加拿大塞弗里德访华讲学部分内容综述》，载《档案学通讯》，1992（3）。

④ 参见黄霄羽：《外国档案管理学》，160～161页。

了自己的网站，并且成立了在线服务部，负责档案网站工作。继美国之后，加拿大成为北美第二个着手实施将国内所有档案信息网站连成一体的国家。

1996年，加拿大工业部正式公布了题为《建设档案信息社会：加拿大迈向21世纪》的关于建设“档案信息高速公路”的政策和行动计划，以促进加拿大向档案信息社会和知识经济的转变。1996年5月，加拿大档案委员会在渥太华召开了“档案信息高速公路”圆桌会议。与会者提出了电子档案信息的共享问题；同时还讨论了该委员会在建设与发展“加拿大档案信息网路”（简称CAIN）方面可能发挥的作用。1998年11月，加拿大档案委员会执行计划委员会正式提出了“加拿大档案信息网络”（CAIN）发展规划。该规划指出，要借鉴加拿大已有的三个省级档案信息网络的经验，同时以加拿大国家档案馆网站为总依托，创立自动化联机检索工具，通过它可检索到加拿大国家档案馆所创建的一系列数据库及自动化系统中的大量信息，并有望将国内现存的所有分散性档案信息网站联网。[①]

2001年10月20日，加拿大档案理事会创办了加拿大档案信息网，其目的是将保存在国内800多家档案机构的档案提供在线利用。网站最初命名为CAIN，后改为archivescanada.ca（现在与图书馆合并）。网站提供了在线检索工具，通过它可以从加拿大的各种档案数据库及自动化系统中查找到大量信息。

该网站的建立得到了国内各级政府的支持。加拿大历史协会、各省及地区档案理事会和各档案工作者协会普遍认为，该网站的建立是加拿大档案历史上最重要的一项工作。[②] 通过CAIN计划，加拿大在原有的三个省级档案信息网络的基础之上构建起CAIN的主体框架，并与国内原有的分散性档案信息网络联网，在全国范围内初步实现了档案信息资源共享。

在CAIN计划的具体实践过程中，加拿大采取了原型法和渐进法相结合的做法。在充分参考各省档案联合网络发展案例的基础上开展这项计划，增强其可行性。采取的由省级到国家级、由分散到集中的渐进型发展模式，既符合档案事业发展的客观规律，又兼顾了各地网络化发展不平衡的实际。

档案信息网络一体化的建立极大地方便了档案信息的提供利用，是实现档案信息资源共享的物质基础，也是实现更大范围内档案信息资源共享的必然趋势，是档案工作现代化的重要步骤。更加重要的是，这是建设与发展数字档案馆的“前奏”。[③]

---

① 参见王萍、张卫东、李丹：《国内外网上档案资源建设评析》，载《情报科学》，2007（3）。

② 参见《加拿大档案信息网简介》，2010-01-19，http：//www.jlyjda.com/xxjl/show.asp? id＝1004。

③ 参见段荣婷：《论国际档案界档案信息网络一体化发展趋势》，载《档案学研究》，2001（5）。

（三）数字档案馆发展前瞻——加拿大数字信息战略

在图书馆和档案馆合并之后，加拿大在保护本国数字信息资源方面进行了一系列的探索和努力。其中比较重要的、涉及范围较广的是“加拿大数字信息战略”。2006 年 1 月，加拿大国家图书馆与档案馆（Library and Archives of Canada，LAC）发布研究报告“Toward a Canadian Digital Information Strategy：Mapping the Current Situation in Canada”，对当前加拿大数字信息发展状况进行了详细的调查。研究结果表明，加拿大在数字信息资源的规模方面不如欧洲其他国家；加拿大在全球数字信息研发中没有充分发挥力量；目前尚无完善的机制从国家、跨部门的高度来关注数字信息资源相关问题。①

针对这些问题，加拿大国家图书档案馆做出了积极的应对。2006 年 4—5 月，LAC 召开了四次跨部门协作会议，每次会议邀请有限领域的专家参加，并且每次会议的主题都是围绕着国家数字信息战略的一个关键问题进行研讨。参加会议的专家包括：数字信息的创造、生产、发布者，科研团体，数字存储部门（图书馆、档案馆、博物馆等），数字版权管理机构，大学和教育机构等。这四次会议分别形成了国家数字信息资源战略的三个体系：数字信息内容的生产（第一次和第二次会议）、数字信息资源的保存（第三次会议）、数字信息资源的利用（第四次会议）。② 随后，LAC 将这几次会议的结果向公众发布，形成一个最终的战略讨论报告。

2006 年 6 月，加拿大国家图书档案协会发布了《加拿大数字信息战略》（Canadian Digital Information Strategy），其中提到加拿大国家数字信息资源的战略使命是：数字信息的产生、存储和存取过程中面临了许多挑战，为了迎接挑战必须从国家高度制定数字信息战略，帮助加拿大成为世界上信息资源最为丰富的国家之一。加拿大将跻身于数字资产认证、评估、保存的成功国家之列，成为为公众提供普遍而公平的信息存取的领导者。③ 在 LAC 官方网站上公布的《加拿大数字信息战略（2007 版草案）》中，指出此战略的目标是：不管是现在还是将来，为了社会和经济的利益，使更多加拿大丰富的文化遗产被管理、可以获得和为人所知、所用，这些遗产包括科学信息、研究数据以及源自于政府的主体信

---

① See Towards a Canadian Digital Information Strategy：Mapping the Current Situation in Canada（2009-11-30），http：//www. collectionscanada. gc. ca/cdis/012033-2200-e. html.

② 参见柯青：《数字信息资源战略规划——基于“我国学术数字信息资源公共存取战略”的分析》，52～55 页，南京，东南大学出版社，2008。

③ See Library and Archives Canada-Discussion Report ＃4，May 2006（2006-09-15），http：//collectionscanada. ca/cdis.

息，所有这些信息都可以被很快地数字化。[①]

此次数字信息战略计划得以在国家高度讨论和进行，其涉及多个部门和领域，档案馆作为数字资源的主要存储部门，是此次数字信息战略的重要组成部分。虽然这个战略规划还在探索之中，但是从已经正式发布的研究报告来看，其数字化的广度和深度都是空前的。一旦形成正式法案在全国范围内施行，必将对加拿大保存和发展数字资产、优化数字环境、促进知识共享、保障数字资源产业的健康发展起到推进作用。数字档案馆的建设也面临着一个较好的发展机遇。

二、加拿大数字档案馆相关法律法规

从总体上看，加拿大没有设立针对电子文件管理的专门法律，加拿大政府立法管理政府信息，其中包括电子文件和档案。电子文件管理被纳入电子证据管理法律体系和信息管理框架。根据相关法律法规的内容特点及其各自在数字档案管理中的目标和角色定位，可以分以下三个方面来介绍加拿大数字档案馆的法律法规。

（一）电子文件证据力保障

保障电子文件证据力的关键是实施《统一电子证据法》（Uniform Electronic Evidence Act）。[②] 该法案由加拿大统一州法委员会于1998年颁布，是世界上第一部单独为电子证据制定的法规，也是加拿大《证据法》在数字化时代的递延和发展。它独立于加拿大《证据法》，以单行法规的形式出现，体现了加拿大立法者对电子证据这一新的证明方法的重视。该法案直接以"电子文件"（Electronic Record）和"电子文件系统"来界定电子证据。1999年修订完成的《统一电子商务法》（Uniform Electronic Commerce Act）和2000年颁布的《个人信息保护与电子文件法》（Personal Information Protection and Electronic Document Act）中对电子证据的内容及外部适用条件做了相应规定，可以作为辅助立法适用。属于英美法系立法体例的加拿大，大胆突破传统证据规则在电子技术发展方面的局限，对其他国家的相关立法有较强的借鉴价值。

值得一提的是，加拿大在决定制定《统一电子证据法》之前，进行了长达五年的专家论证及相关调查。在电子证据的界定上，没有被传统的证据分类所束缚，而是以"电子文件"和"电子文件系统"来界定电子证据，突破了传统最佳证据规则对"原件"的要求，并对证据的可采性、证明力、原件形式、书面形

① See Draft October 2007 Canadian Digital Information Strategy (2009-11-30), http://www.collectionscanada.ca/cdis/012033-1000-e.html.

② 参见安小米等：《国外电子文件管理机制及借鉴研究》，载《档案学研究》，2008（2）。

式、鉴证等问题一一做了回应。其立法目的在于为那些生成或存储在计算机中的电子文件，或者那些须借助计算机帮助才能读取的电子文件提供规则。①

（二）电子文件服务力保障

电子文件服务力保障机制的关键是实施《信息获取法》（Access to Information Act）。该法案于1982年由加拿大财政委员会颁布，类似于美国的《信息自由法》。它不仅赋予加拿大公民及其他个人和社会组织获取联邦政府信息资源的权利，还规定设立“信息专员”（Information Commissioner，由议会批准任命，相当于副部长级）一职，以帮助法院处理信息获取中的纠纷。该法案所指的有权获取的政府信息资源包括信件、存档报告、照片、电影、缩微品、计划、图片、图表、地图、音频和视频记录、机读数据以及计算机文件。它规定政府信息不包括公开出版物或其他公众可以得到的档案资料，档案馆、图书馆、博物馆中供读者查阅或供展示的档案资料，以及由非政府机构或人员存放或以他们的名义存放在公共档案馆、国家图书馆及国家博物馆中的档案资料，这些信息或资料不适用于此法，成为该法适用的“例外”情况。

《隐私法》（Privacy Act）于1983年7月生效。作为《信息获取法》的补充，它的宗旨是：确保个人信息披露及公开的安全，避免滥用个人信息而构成侵权。该法规定，政府机构可以向个人提供有关查询者本人的个人信息。两部法律的共同实施，可以保证加拿大公民在利用全部政府信息（但有一些例外）的同时，由政府保存的公民私人信息不被泄露。

除了上述两部法律外，加拿大政府还针对电脑病毒、档案信息侵权和网络犯罪等非法获取档案信息的行为制定了一些政策法规，如《数据库保护法》、《数字媒体法》、《数字签名认证法》、《计算机犯罪法》，以及《计算机安全监管法》等数字化社会正常运作所需的配套法规。② 这些法律有效保证了网络环境下数字档案信息资源的安全和真实性，为用户利用提供了保障。

（三）电子文件控制力保障

控制力保障机制的关键是实施《政府信息管理政策》（2007）（Policy on the Management of Government Information）与《加拿大政府信息管理框架》（2004）（Framework for the Management of Information in the Government of Canada，FMI）。③《政府信息管理政策》中规定政府信息管理包括文件管理，所

---

① 参见刘颖、李静：《加拿大电子证据法对英美传统证据规则的突破》，载《河北法学》，2006（1）。

② 参见刘维荣、吴德正：《档案信息安全与加拿大政府的对策》，载《上海档案》，2002（4）。

③ 参见安小米等：《国外电子文件管理机制及借鉴研究》，载《档案学研究》，2008（2）。

有员工对信息管理原则、政策与标准的事实负有责任。加拿大信息政策所涉及的范围比较广泛，其信息政策的目标不仅着眼于加拿大在世界信息领域的地位，更着眼于保护加拿大特有的文化特色，采取相应措施加大资金投入，从而使加拿大的互联网环境处于世界领先行列。尽管信息政策处于不断发展变化之中，但加拿大联邦政府信息政策的一个重点始终放在如何有效地推进加拿大数据库产业的发展，从而带动国家文化、政治、商业的全面腾飞上。[①]

加拿大国家档案馆作为联邦信息政策体制中的一个重要组成部分，在参与制定信息政策整体框架，支持整个政府和具体部门的文件生命周期管理活动方面发挥着重要的作用。特别是在和图书馆合并之后，各类数字信息资源的整合趋势更加突出，整体功能的优势也愈加明显。

三、加拿大数字档案馆技术发展情况

数字化环境中档案信息的安全面临着诸多威胁，信息技术是保证档案信息在存储、传输和提供利用过程中不受破坏的重要措施。1995 年，加拿大联邦政府通过三个授权委员会（即自然科学和能源委员会、医学研究委员会和社会科学与人文科学研究委员会）来开展档案信息政策的技术方面的具体研究，主要包括通信安全技术和计算机安全技术两个方面，二者共同维护着档案信息安全。

（一）通信安全技术

通信安全技术主要包括以下几个方面。

1. 档案信息加密技术，它是保障档案信息安全最核心的技术措施和理论基础。档案信息加密过程是由形形色色的加密算法来具体实施的，它以较小的代价获得较大的安全保护。

2. 档案信息确认技术，它通过严格限定档案信息的共享范围来达到防止档案信息被非法伪造、篡改和假冒的目的。加拿大政府认为，一方面应该努力使每一个家庭都充分享受档案信息服务，另一方面要保证合法的接收者能够验证他收到的档案信息是否真实。档案信息确认系统可分为档案信息确认、身份确认和数字签名三个方面。

3. 档案信息网络控制技术。包括防火墙技术、审计技术、访问控制技术和安全协议四个方面。访问控制技术允许用户对其常用的档案信息库进行适当权限的访问，限制用户随意删除、修改或拷贝档案信息文件，及时发现并拒绝“黑客”的入侵。在安全协议方面，加拿大政府鼓励档案信息高速公路的“安全协议”及相关管理技术的开发、应用和服务。还通过加拿大广播、电视和电信委员

---

① 参见罗曼：《信息政策》，85～86 页，北京，科学出版社，2005。

会制定具体政策和管理办法。

（二）计算机安全技术

在计算机安全技术方面，加拿大政府的具体技术措施可概括如下。

(1) 加强工作站的认证，实行芯片卡制度。芯片卡实际上是一个由密码保护的微处理器，它带有使用者标识符，使用时可提供具有携带者个人特别编号识别芯片卡。

(2) 在DOS、Windows NT等平台上增设安全性软件，同时，工作站的硬盘入口必须受到监控或予以加密，以杜绝通过计算机存储器盗窃档案数据的可能性。

(3) 确保网上PC服务器的安全。要保障Norell、LanManager、Banyan等服务器的网上PC服务器的安全，就必须确保认证时的连续性，保证传输期间的秘密安全，以加密的方式来存储档案数据，防止被阻断。

(4) 在许多大的场所设立二级档案管理系统，即UNIX计算机工作站或服务器，以弥补档案信息管理中心常常无法控制工作站的不足。

(5) 为使网络接入达到最大安全性，访问数据应当经存储卡检查后方能接入PC系统，数据转移应以加密方式进行，并在访问数据库时由数据库端口的软件重新识别，审核存储器卡中的授权是否有效。

加拿大政府对于国内普遍使用微软的操作系统，类似Intel芯片奔腾Ⅲ的序列号问题、视窗系统的"NSA密钥"等可能带来对本国档案信息安全的负面影响十分重视，工业部制定了发展档案信息产品的战略计划，加大资金投入，加快软件和计算机服务业的发展。政府自己规定了在发展档案信息产业中作为协调者和组织者的角色，努力调动企业、行业团体和学术界等方方面面的积极性，创造出一个有利于档案信息安全利用与发展的环境。①

四、案例：加拿大国家图书档案馆（LAC）

加拿大国家图书馆与档案馆（Library and Archives Canada，LAC）的创建为图书和档案工作引进了新的理念，它将印刷和非印刷的文件材料一律视为加拿大的文献遗产，并对这些文献遗产进行统一保管。从而使加拿大政府的记忆得以延续，同时也使政府的权力和结构更集中，有利于政府对信息的统一管理。LAC注重信息资源的联合开发，是一个创新型的知识机构，其目标是向所有加拿大人提供对文本、传记及其他文献的简便的"一站式"存取。

（一）LAC背景及其网站介绍

伴随着图书、档案一体化的趋势，为了更好地保存国家的文献遗产、推动知

① 参见刘维荣、吴德正：《档案信息安全与加拿大政府的对策》，载《上海档案》，2002（4）。

识的利用，2003 年 10 月 2 日，加拿大国家图书档案馆正式成立，并于 2004 年 5 月 21 日经国家立法通过后创建。LAC 是目前世界上唯一的图书馆和档案馆合二为一的国家级机构，它的前身分别是加拿大国家图书馆和加拿大国家档案馆两个独立机构。创建 LAC 的战略意图是希望在加拿大建立一个具有主导作用的新型的学术机构。LAC 所保管的档案文献是加拿大和加拿大人历史和经历的唯一记录，它是关于加拿大的信息和知识的源泉。

LAC 有权通过展览（虚拟的或网上的）、出版物、演出以及所有加拿大图书和档案馆未曾涉及的技术和网络工作，了解或翻译加拿大的文献遗产。它也有权收集和保管任何载体的文献遗产，有权要求移交联邦政府所存有的有保管风险的任何文件。它保护所有形式的寄存文件和档案，包括网上出版物。它的网站是加拿大最具权威性的典范，网站主页如图 13—3 所示。[①] 由于历史原因，加拿大的档案多采用英、法两种语言，所以网站也采用英、法两种文字版本。其中的内容分为图书和档案两部分，分别提供与此相关的不同网站、数据库、目录、研究工具等。用户对图书馆和档案馆的资料可以进行综合查询，也可以单独检索。

网站的主要栏目包括：关于 LAC、站内馆藏资源、新闻事件、LAC 现代化建设、公众服务、政府服务、出版物、展览等。读者可以借助于“档案网”这一在线研究工具，从加拿大国家档案馆的各种数据库及自动化系统中查询各类档案信息；通过“公众服务”栏目可以了解档案咨询、查询、借阅等方面的规定与限制信息。

LAC 的大部分馆藏尚未实现数字化，对档案原件只提供实体形式的利用，用户可以在“Search”一栏检索到相关目录信息，既可以单独检索图书、档案或网站资源，也可以进行综合检索。对于已经实现数字化的馆藏和展览项目，在“On our website”一栏，用户可以按不同方式（如主题、介质、产品类型等）检索，并且进行在线观看、阅读。检索方式如图 13—4 所示。[②]

（二）LAC 的馆藏

LAC 的馆藏很丰富，有超过 71 000 小时的胶片、纪录片、有声和无声电影，其中最早的可追溯到 1897 年；有 250 多万张建筑图纸、地图，其中有的产生于 16 世纪初；有大约 318 万字节的电子信息，包括 26 000 本加拿大在线期刊和书籍；数以百万计的各种语言的书籍；有最早产生于 1850 年的 2 000 多万幅摄影作品；有联邦政府、各省、地区以及外国政府的原始文件记录和出版物；有超过 343 000 幅的艺术作品，如水彩画、素描、油画等；有加拿大邮政档案；有

① See LAC（2009-01-13），http：//www. collectionscanada. gc. ca/index-e. html.

② See LAC，On Our Website（2010-01-25），http：//www. collectionscanada. gc. ca/website/index-e. html.

图 13—3 加拿大国家图书档案馆（LAC）的主页

On Our Website

Library and Archives Canada is committed to making available online as much of its collection as possible. In this section, you will find links to many of the digital collections and exhibitions.

- Introduction
- Browse Alphabetically
- Browse by Topic
- Browse by Media
- Browse by Product Type

图 13—4 LAC 数字资源检索首页

期刊、缩微胶片、报纸、手稿和论文；有超过100万的加拿大人的肖像画（最早产生于1689年）等等。①

LAC电子馆藏包括日益增长的加拿大互联网公布的材料。它由私人和政府发表的3万多条标题组成。所有这些被认为是LAC的一部分永久收藏的出版物。电子资源中的互联网出版物和网站的存档确保可以长期获取这些资源，并保证在线内容的完整性和真实性。

（三）LAC特色功能

在LAC网站主页左侧，家谱中心、网上学习中心以及加拿大肖像馆的标志颇为醒目，这也是该网站最具特色的功能。信息管理中心和网络工作中心的功能主要体现在LAC机构内部。

（1）加拿大家谱中心（Canadian Genealogy Center）

它主要是为业余和专业的研究者研究家族历史和起源提供家谱名录、咨询、查询以及其他服务。鼓励使用家谱资源，方便加拿大人了解自己的家族历史。家谱中心与家谱学会、大学、图书馆、私人企业和志愿者协会等组织密切合作，以网络为基础，分享这些组织所保管的档案文献资料信息，并提供给研究者。②

（2）网上学习中心（The Learning Center）

网上学习中心是专门为师生了解馆藏、教学计划和其他关于加拿大的教学资料而开设。学生可以通过网上学习中心了解馆藏资料，丰富他们的学习内容。其中“证据网”上的资料是学习中心从LAC馆藏中精心挑选的档案原件（包括部分照片、信件、日记、艺术著作、报纸、音乐等）作为学生的补充课本。他们可以通过这些档案原件直接感受历史上的真实事件。4万篇论文、6 000幅照片以及地图、声像资料、动画、游戏、音乐使网上学习中心成为一个巨大的信息中心。③

（3）加拿大肖像馆（Portrait Gallery of Canada）

它以全体加拿大人为展示对象，反映了一个多世纪以来，一代又一代为加拿大国家的发展做出贡献的加拿大人形象。他们不仅可以是名人，更可以是普通人，只要他们有着与众不同的故事，就能成为肖像馆中的明星。

---

① See LAC，In Our Collection-Overview（2010-01-26），http：//www. collectionscanada. gc. ca/collection/003-300-e. html.

② See LAC，Canadian Genealogy Center-About the Center（2010-01-26），http：//www. collectionscanada. gc. ca/genealogy/022-200-e. html.

③ See Introduction-Learning Center—Library and Archives of Canada（2009-01-26），http：//www. collectionscanada. gc. ca/education/index-e. html.

(4) 信息管理中心

在加拿大政府，管理各种形式的信息是每一位工作人员的义务和责任。LAC是政府授权可以对政府各部门进行信息管理工作指导的控制机构。它关注信息管理的整个生命周期，提出专业性的建议、指导，还提供包括寄存在内的各种服务。

(5) 网络工作中心

网络工作中心为加拿大21 000个图书馆和超过700个档案馆网络工作的开展提供技术支持，它在有序地建立与政府、国家以及世界的联系中起主导作用。①

(四) LAC的技术特点

2004年4月22日，LAC得到皇室的许可，收集和保存加拿大有代表性的网站。为了完成这项任务，LAC于2005年12月开始收集加拿大联邦政府网站资源。收集的网站数据保存在LAC"加拿大政府网络归档项目（GCWA）"网站服务器上。对于GCWA内容的利用，用户可以通过关键词、机构名称和URL地址查询全文本内容，也可以对特定类型格式文件进行查询，如.pdf文件。截至2007年秋，大约已经保存了10亿数字对象（约4TB）的联邦政府网站数据，这些资源通过LAC网站提供利用。2007年11月20日，LAC正式通过官方网站提供政府网络归档项目的查询服务。该网站是：www.collectionscanada.gc.ca/webarchives。这项有意义的网络归档项目的具体实现是通过国际互联网保存联盟组织（www.netpreserve.org，LAC也是其成员）开发的开放源代码软件。② 开放源代码软件（Open Source Software）是指允许任何人使用、拷贝、修改、分发（免费或少许收费）的软件，软件对任何人都是开放的，用户不仅可以得到这些程序，而且还可以读或修改它的源代码，甚至可以把修改过的版本以收费或免费的方式再次发布。开放源代码软件的目标是实现软件开发者与用户协作、共享和共存。

LAC的声像档案保护技术在国际上处于领先地位，该馆采用了国家标准化组织（ISO）开放档案信息系统（Open Archival Information System，OAIS）模型。OAIS是一个由人和系统组成的档案馆，它的核心是数字信息保存。

目前，加拿大图书档案馆正在建立可信数字仓储（Trusted Digital Repository，TDR）存放其数字文件汇集。LAC TDR建立在开放档案信息系统（OAIS）

---

① 参见忻思佳编译：《新型的学术机构和信息中心——加拿大国家图书和档案馆》，载《上海档案》，2007（1）。

② See LAC's Government of Canada Web Archive（2010-01-27），http：//www.collectionscanada.gc.ca/whats-new/013-315-e.html.

参考模型的基础上，并使用可信赖仓储审计与认证（Trustworthy Repository Audit and Certification，TRAC）清单进行验证。该仓储采取大量举措使其信息资产得以长期保存和利用。[①]

五、小结

回顾世界主要发达国家的数字档案信息资源开发历程，一般走的是先建立档案网站（包括门户和独立网站），再建立档案信息资源库（包括建设目录数据库和全文数据库两个阶段），最后发展数字档案馆的道路。从宏观整体发展水平来看，英国、美国处于领先位置，它们不仅有统一的目录数据库和各个主题的全文数据库，同时正努力向数字档案馆跃进，如英国的NDAD项目、美国的ERA项目，可以被看做数字档案馆的雏形[②]；而加拿大目前正处于档案信息资源库建设阶段，它既提供统一的在线馆藏目录库，也提供全文数据库检索。信息资源开发的主要特点表现在加拿大图书馆与档案馆（LAC）的成立，并建立统一的网站对加拿大包括档案、图书在内的信息资源联合开发，开发内容具有很强的综合性。

加拿大目前正为数字档案馆的发展做出努力，在《加拿大国家图书档案馆2008—2011年战略计划》中可以看到：为了更好地获取和保存加拿大数字文化遗产，LAC将鼓励合作伙伴建立一个国家网络范围内托管的机构知识库。初期，将建立一个“虚拟码头”以保存数字出版物及文档。LAC正在准备有关国家数据库网络项目（包括全国联合目录及加拿大国家档案馆）的战略计划及行动，并将与其合作伙伴及利益攸关者合作实施该计划……在政府信息管理方面，LAC将继续致力于政府的信息管理，并为联邦政府的档案管理设计新的存储模式。[③]

第四节　澳大利亚数字档案馆的发展

对于数字档案馆，关于美英两国的研究比较集中，而加拿大、澳大利亚、荷兰等国家虽然对美英两国数字档案馆中的某些项目内容也有深入研究，但却相对分散，而且较少使用“数字档案馆”这样的概念。通过对澳大利亚国家档案馆历史，澳大利亚国家档案馆网站的研究，可以看出澳大利亚国家档案馆的数字档案馆建设已经达到了一定的水平。

---

① 参见［加］Johanna Smith：《建立信任：加拿大政府的电子文件管理》，载《档案学通讯》，2009（5）。

② 参见章燕华、徐浩宇：《国外档案信息资源开发现状及特点分析》，载《浙江档案》，2006（2）。

③ 参见加拿大国家图书档案馆著，叶兰编译：《加拿大国家图书档案馆2008—2011年战略计划》，载《图书情报工作动态》，2008（7）。

一、澳大利亚数字档案馆发展过程

在前期发展过程中，澳大利亚的档案机构一直依附于图书馆。1961 年，澳大利亚颁布《国家图书馆法》，档案机构脱离国家图书馆而独立，正式成立了国家档案馆。① 澳大利亚国家档案馆自 1992 年开展电子文件项目以来，逐渐发展起功能完善的数字档案馆服务体系，并且引领着各州档案馆的发展。

(一) 澳大利亚国家档案馆数字化进程

1983 年的《档案法》明确规定了国家档案馆的成立、功能及权利，其中国家档案馆的功能涉及 12 个方面的内容，例如，国家档案馆负责保管联邦政府形成的档案并提供利用，保存和澳大利亚相关的档案资源，国家档案馆在管理和保存档案记录及其他档案材料方面进行研究，提供建议。② 在 1984—1994 年的 10 年间，澳大利亚国家档案馆一直引领着澳大利亚档案学理论和实践的发展，并致力于探索应对电子文件管理的措施。③

1992 年国家档案馆开展了电子文件项目（Electronic Records Project），这一项目的核心目标是起草一份电子文件指南（Draft a Det of Electronic Records）。1994 年 11 月，澳大利亚国家档案馆主办了主题为“电子文件管理”（Playing for keepers）的会议。在诸多文献中都提到了这次意义非凡的会议。这次会议使澳大利亚国家档案馆因为它的创新性观点和综合的档案管理方法在世界范围内的档案团体中建立了良好的声誉。④ 会议上来自世界许多国家的专家，档案管理及国家相关部门的政要分享和讨论了美国、加拿大和欧洲的电子文件管理案例，并探讨了电子文件管理的若干问题。在接下来的 10 年里，澳大利亚国家档案馆的角色逐步发生变化。1998 年澳大利亚档案馆（Australian Archives）正式更名为澳大利亚国家档案馆（National Archives of Australia）。2000 年，国家档案馆开展了数字保存项目，这一工作的成果以 2002 年的数字保存绿皮书 *An Approach to the Preservation of Digital Records* 中提到的“essential performance model”展示出来。2001 年，针对远程用户的需求，澳大利亚国家档案馆引进了档案数字化服务，这一服务逐渐发展为由一个独立的程序系统来支持。⑤ 从

---

① See National Archives. About us. (2010-01-20), http: //ourhistory. naa. gov. au/.

② See Archives Act 1983 No. 79 of 1983 (2010-01-20), http: //ourhistory. naa. gov. au/library/archives _ act. html.

③ See National Archives. About us. (2010-01-20), http: //ourhistory. naa. gov. au/.

④ See George Nichols Official Welcome to Delegates and the Minister “Playing for keepers” Conference 1994.

⑤ See Hilary Golder Changes and Choices 1994 to 2004 (2010-01-20), http: //ourhistory. naa. gov. au/library/changes _ choices. html.

澳大利亚国家档案馆网站可以查到在 2007 年数字化的系列项目有 23 个，2006 年数字化的系列项目有 16 个。

在澳大利亚国家档案馆发展电子文件保护的过程中，起到推动作用的关键因素有两个：一是国家档案馆早期对有关石油开发记录保存时积累的经验；另一个是澳大利亚国家档案馆以长远目光和实用性方法为特征的组织文化。国家档案馆在电子文件管理方面开展的长远务实工作成为其他档案机构开展电子文件项目的标杆，国家档案馆的许多成果在澳大利亚和世界范围内被引用。

（二）澳大利亚国家档案馆网站

澳大利亚国家档案馆目前使用的国家档案馆网站（http：//www. naa. gov. au/index. aspx/）版本发布于 2007 年 8 月，更好地发挥和延伸了国家档案馆的服务，推动了澳大利亚数字档案馆事业的发展。网站主页如图 13—5 所示。国家档案馆网站从网站建立之初就吸引了距离档案馆较远的研究人员（Remote Research-

图 13—5 澳大利亚国家档案馆主页

ers）和访问者（Virtual Visitors）。网站除介绍国家档案馆的基本情况及服务外，还具有在线展览功能，用户可以在线浏览档案馆一些非常有趣的馆藏，大部分档案资源可以通过馆藏数据或者档案检索（Record Search）查到。展览内容更新及时，涉及 Faces of Australia，Pic of the Week，Find of the Month，Showcases，Feature Exhibits 等许多方面。

国家档案馆的另一个功能是，用户可以在网上购买档案馆的相关资料、书籍、卡片、明信片等，相关资料包括有关档案馆馆藏资源的研究指南，展览目录。网上商店页面如图 13—6 所示。另外有档案馆还收藏有关家族史、澳大利亚移民和公民身份等方面的书籍。其他资料所涉主题包括澳大利亚总理、联邦、堪培拉的早期历史、军事历史、巴布亚新几内亚等许多方面。

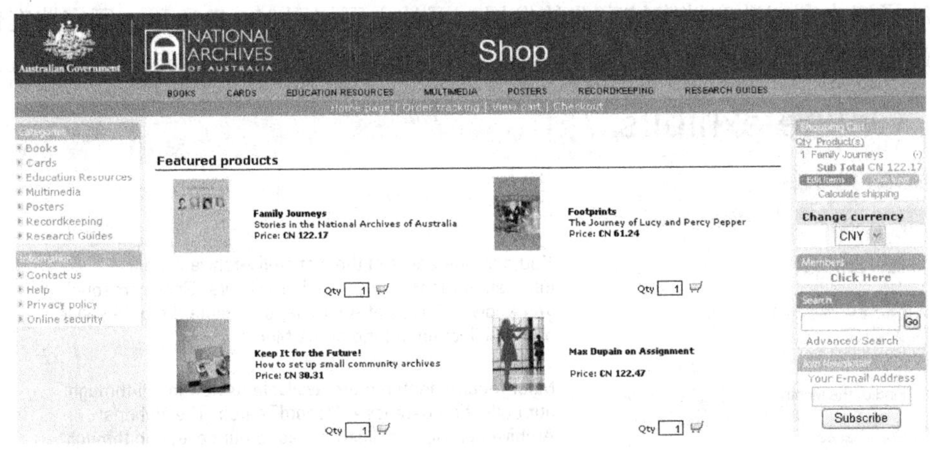

图 13—6　网上商店页面

除以上具体介绍的两个功能之外，澳大利亚国家档案馆还提供在线查询、在线资料获取等许多服务。

二、澳大利亚数字档案馆发展的特点

澳大利亚在电子文件研究上独树一帜，取得了世界瞩目的成就，却较少提到以“数字档案馆”为主题的研究和项目。在澳大利亚存在诸如“维多利亚电子文件中心”，“国家档案馆数字保存服务”这样的电子文件服务中心，这些机构或者服务中心在澳大利亚的档案实践中开展了电子文件保存利用、档案数字化、数字档案馆研究等许多项目，并与美国、英国等国家的数字档案馆合作开展项目，事实上扮演着数字档案馆的角色，围绕着电子文件项目的开展和数字保存的服务等，有实无名地发展着。澳大利亚电子文件中心的两个主要特点如下所述。

(一) 与政府管理活动紧密联系

澳大利亚的档案事业管理体制是一种以档案馆为主体，没有档案行政管理机构，分散中有集中，分散与集中相结合的体制。① 虽然没有专属的档案行政机构，但是澳大利亚的档案馆始终与政府管理活动紧密联系，从为政府提供“证据”、“建议”等出发，将电子文件管理纳入政府管理体系当中，为政府提供数字解决方案，使得电子文件管理获得长足的发展。例如，20 世纪 90 年代中期，国家档案馆出台了大量的文件帮助政府机构改善文件保存状况，迎接电子文件带来的挑战。② 维多利亚州政府行政官员对电子文件管理给予了高度评价。副总理 Thwaites 曾评价数字档案化是不但节省保存空间，而且也防止电子文件在信息黑洞中丢失的有效措施，为维多利亚未来公共信息的发展提供了安全的平台。同时，澳大利亚电子文件管理的发展受到了政府机构的高度重视，在政策、资金、技术等方面得到了政府机构的大力支持。例如，从 2001 年开始，政府对国家档案馆划拨文件保存专项基金以充分发挥档案文件的作用。在 2002—2003 年期间，这一专项基金已经达到 1.53 亿美元。

(二) 电子文件管理政策与规范不断完善

在电子文件管理的政策规范方面，比较有影响力的文件管理标准 AS4390 (1996) 是澳大利亚第一个有关文件管理的国家标准，1996 年 12 月获得通过。大卫·罗伯特曾指出：“这项标准对电子文件管理已像对传统的物理文件一样做了阐述，而那时的电子文件并未离我们如此之近从而成为一种特殊的文件类型要求特殊的对待。它们应被当做主流，正如现在通过电子方式进行公务活动已成为主流一样。”2000 年国家档案馆颁布的 *Custody Policy for Commonwealth Records* 向人们传达了一个重要信息：国家馆在原则上将承担起对所有具有档案价值的电子文件的保管责任，不管其形式。2004 年，澳大利亚国家档案馆颁布了《数字文件管理指南》，为澳大利亚政府机构在形成管理和保存电子文件方面提供了全面指导，有助于负责电子文件和信息管理的人员对电子文件随时随地进行管理。澳大利亚电子文件管理规范和标准随着档案事业和社会的发展不断调整，为世界各国的档案事业，尤其是电子文件管理提供了有益的借鉴。

三、澳大利亚数字档案馆人员

澳大利亚档案事业的发展与澳大利亚档案事业领导者和档案管理者的努力与

---

① 参见海淀档案馆：国际“兰台”(2009-11-15)，http：//www.hdda.gov.cn/gjlt/adly.asp。

② See Simon Davis Looking Back to the Future：30 Years of Keeping Electronic Recordsin the National Archives of Australia，http：//ourhistory.naa.gov.au/library/looking _ back _ to _ future.html.

合作密切相关。关注澳大利亚档案事业的除了档案界的学者、研究人员外，也包括有关部门的领导。1943 年国家档案馆招聘了澳大利亚档案历史上第一位专职档案管理员。1973 年加拿大自治领档案馆前馆长 W·基恩·兰姆博士对澳大利亚国家档案馆访问时建议澳大利亚档案馆要外向型发展，与专业的档案管理者或者其他感兴趣的社会团体，比如历史学家，在理论和实践上进行研究和讨论。国家档案馆工作人员参与了世界上第一个文件管理标准 AS4390（1996）的制定。1998 年国家档案馆开展了世界上首次全国档案机构培训运动，国家档案馆为政府部门的所有档案人员开展了为期一年的现代文件管理专业发展项目。在维多利亚电子文件战略实施期间，维多利亚州政府两年间为基建部门提供了 480 万美元，以支持其引入"电子文件战略"体系；同时，开展了"公共部门雇员保存电子文件的重要性"的培训项目，以基建部门雇员为培训对象，使人才培训与技术创新在同一平台进行。当时这一项目也有被引入其他政府部门的意向，目的是提高公务员对电子文件保存的重要性的认识，并使之成为职业道德与习惯。

澳大利亚档案工作者协会（The Australian Society of Archivists Inc.）成立于 1975 年，作为澳大利亚档案专业的一个学术性团体，在澳大利亚档案界具有很大的影响力。协会由理事会、8 个分支机构、10 个专门兴趣团体组成。理事会负责协会的日常运转和发展规划。分支机构则经常举行各种会议，交流档案工作经验，进行学术讨论。专门兴趣团体主要针对档案领域某一专题设立，如电子文件兴趣团体、大学档案兴趣团体等。①

四、澳大利亚数字档案馆的读者利用

澳大利亚在做好档案开放工作的同时，还努力做好服务工作。如当馆库在郊区时，仍把公众利用部设在市区，采用预约的形式方便利用者，并在提供利用手段上采取多种多样的形式。② 以澳大利亚昆士兰州档案馆为例，到馆查阅利用档案的人员并不多，一般每周约 20 人次。但是，每天在互联网上和通过电子邮件提出利用要求的用户数以百计。③ 有些档案虽然不是每天用，利用的次数却也相当频繁。此类档案若正式移交给档案馆，查询起来就相当麻烦，所以一般会申请国家档案馆的自助式存储服务。这种自助式存储服务通常也要签署正式协议，且只是具有永久和长期价值的档案才有资格接受免费的自助式存储服务。

五、案例 1：澳大利亚国家档案馆数字档案服务

随着电子文件的增多，国家档案馆于 2000 年开展了数字保存项目，逐步开

---

①② 参见海淀档案馆：国际"兰台"（2009-11-15），http：//www.hdda.gov.cn/gjlt/adly.asp。

③ 参见周必良、高仕海：《澳大利亚档案工作考察报告》，载《湖北档案》，2003（12）。

展了数字档案服务，使馆藏资源得到了充分利用。截至 2009 年年底，国家档案馆已经数字化了约 2 000 万页的档案记录，其中一些作为备查档案，也是档案馆数字档案服务的一个组成部分，另一些作为储存档案，是档案馆的预备数字化项目。档案馆提供预定档案副本服务。数字档案服务的内容如下。

1. 在线文件存取（Online Access to Records on Request）

澳大利亚国家档案馆通过网上数字档案服务在全国范围内提供档案查询服务，档案馆网站提供了安全的付费功能，用户可以在网站上查询所需档案并付费。假如用户所需档案还没有对公众开放，档案馆会通过用户留下的 E-mail 通知他们该档案可以开放利用的时间。一般情况下，用户的档案利用请求会在一个月内得到答复。国家档案馆对订购范围内的纸质档案、图像档案的收费标准都有明确规定。

2. 全系列档案上网服务（Making Whole Series Available Online）

国家档案馆每年都会选出一系列的档案进行数字化，并在其网站上开放，这项工作也有利于保存原始档案记录。国家档案馆欢迎用户提出一些需要数字化的档案记录，档案馆会对被提出来的系列档案进行筛选和审查，以保证这些档案具有较高的价值且可以被高效地利用，那些原始载体存在危险的档案会优先被数字化。2006 年和 2007 年国家档案馆在其网站上提供的数字化档案系列共有 39 项，公众通过链接可免费查询和利用。图 13—7 为该网页的部分截图。

Series digitised in 2007		
Alien registration documents	1939–64	D4878
Commonwealth Railways staff record of service cards	1912–61	MP992/4
Names of aliens who made an application to be naturalised	1860–64	A6549
Allied Works Council, Queensland – minutes of meetings	1942–45	BP1/1
British migrant case files	1946–51	BP23/1
Correspondence files of the Collector of Customs, Brisbane	1900–50	J2614
Policy files of the Collector of Customs, Brisbane	1955–73	J2615

图 13—7　网页截图

3. 数字档案服务的具体内容

从2001年开始，国家档案馆网站开始引进档案数字化服务。2007年2月，国家档案馆推出了全国范围内的数字档案服务。国家档案馆的档案数字化服务具体包括：应需服务（On-demand Services）、预数字化服务（Proactive Digitisation Service）、图片打印（Printing Images）、数字化标准服务（Digitisation Standards）等。国家档案馆提供以下几种档案文件的副本，包括纸质档案、数字文件、缩微档案、声像档案及声音档案，这些档案资源服务均需用户按照相关标准付费。档案数字化服务使国家档案馆的档案文件随时随地可用，最重要的是，数字化减少了保存过程中对档案的处理，有利于档案的长期保存与提供利用。

六、案例2："维多利亚电子文件保存战略（VERS）"项目

1995年，澳大利亚维多利亚公共文件办公室（Public Record Office Victoria，PROV）启动了"维多利亚电子文件战略"（Victorian Electronic Records Strategy，VERS）项目，开始了地方电子文件管理方案的探索。

（一）项目的前期进展

在项目启动初期，主要开展了VERS的理论研究。1996年项目组发布了研究报告《永久保存电子文件》（*Keeping Electronic Records Forever*），这一报告了明确了数字保存方法的优势，并且提出电子文件在形成初期就应该被捕获，为VERS项目定下了基调。1998年，维多利亚州档案馆依照《永久保存电子文件》的建议开始实施VERS原型项目。项目组通过详细描述典型的政府处理过程，以及调查研究州档案馆的档案管理过程，明确了在形成一份电子文件时需要捕获的信息。基于此，项目组开发了一个包括文件捕获、文件存储、文件发现三个组成部分的原型系统。这样，VERS从对电子文件归档与管理的理论分析转入对一个可执行的解决办法的实际演示。1999年4月，维多利亚州档案馆发布了《VERS最终报告》。①

（二）项目的成果与实施

项目的理论研究和在实践中的经验促成了VERS标准的制定。2000年4月维多利亚州电子文件管理标准（亦称VERS标准）出台。2003年7月推出了2.0版本。VERS标准的实施以澳大利亚国家档案馆和维多利亚州陆续出台的相关标准规范为后盾。2004年8月，维多利亚州开始在整个政府内实施VERS，这将需要一个较长的时期。

---

① 参见胡雨、刘越男：《澳大利亚维多利亚州电子文件策略及其启示》，载《山西档案》，2007（4）。

数字档案馆项目是VERS推广中心项目的一部分，于2004年1月正式开始实施，2005年年底完成。该项目旨在为后代保存维多利亚州的数字遗产，其存储数字对象包括两类：维多利亚州政府产生的符合VERS要求的电子文件，以及维多利亚州档案馆所收集的纸质文件的数字拷贝。

（三）项目的意义

VERS项目以永久保存数字遗产为目标，在严谨的论证之后得出的成果在电子文件长期保存中起到了重要的作用。作为维多利亚电子政务行动的一部分，保存电子记录并提供利用，支持了电子政务的发展。在技术和使用方面，VERS可操作性强，与机构正在使用的文件管理系统结合起来，形成满足它要求的电子文件归档与管理系统，既避免了更换系统带来的浪费和其他问题，也有利于它的推广。VERS项目的研究成果及其后期的推广实施，对澳大利亚以及各国的电子文件管理都提供了很好的借鉴作用。

第五节　日本数字档案馆的发展

日本是亚洲经济最发达的国家。日本的档案事业虽然起步较晚，发展速度却很快，全国的档案馆建设与管理已步入现代化，数字档案馆建设也达到世界先进水平。[①]

一、日本档案事业发展概况

日本的档案事业历史悠久，早在公元6—7世纪，日本就出现了类似于档案馆的官方文件保管库房。[②] 第二次世界大战后，随着档案研究工作的不断发展，政府逐步认识到档案公开的必要性和加强基础设施建设的重要性，着手国家档案馆和档案管理法规的建设。1959年11月日本学术会议向内阁总理大臣提出建设国家档案馆的建议，政府这时也认识到，为防止档案遗失，应该建立国家档案馆。政府向各部门强调加强档案管理工作，要学习外国的档案管理经验，还制定了使用档案的一系列管理办法和政策。1971年7月，日本正式成立了国家档案馆。之后，地方政府陆续建立公文书馆或相同的机构。为了推动地方和各部门的档案管理工作，日本1988年6月开始实施档案馆法。[③] 至此，日本档案事业形成了一套较为完整的管理体系。

① 参见王海欧：《日本档案管理与数字档案馆建设》，载《四川档案》，2008（1）。

② 参见丁海斌、赵彦昌、江楠：《亚洲历史档案资源概述（二）》，载《兰台世界》，2005（11）。

③ 参见羡永宽：《日本国家档案管理状况简介》，载《档案学研究》，2001（1）。

在日本，人们通常将“档案”称为“公文书”，归入情报资料类，对于情报机构的管理和利用，在日本任何一个机构和部门都受到了足够的重视。结合文献调研结果，就几个主要的数字档案馆系统介绍如下。

二、日本数字档案馆项目简介

（一）国立公文书馆①

日本国立公文书馆数字档案（National Archives of Japan Digital Archive）网站于2005年4月正式开始运行，该网站提供日文和英文两种语言供用户使用，它所拥有的资源主要包括两部分，即数字典藏系统（Digital Archive System）和数字体验馆（Digital Gallery）。

该网站的首页主要包括了四个部分：入门、信息提供、最新动态和帮助。

（1）入门：该部分主要介绍了三个问题，即什么是日本国立公文书馆数字典藏系统、通过该网站你可以做些什么、什么是日本国立公文书馆数字体验馆。其中指出日本国立公文书馆数字典藏系统通过利用先进的信息技术，提供关于日本国立公文书馆历史记录的描述和数字化图像。无论何时何地，都可以通过互联网搜索该馆保存的具有历史价值的历史记录的描述和浏览数字化图像。可以通过使用关键词搜索和分层搜索，查看由日本国立公文书馆保存的历史记录的详细描述和数字化图像；根据使用互联网的环境，可以以JPEG2000、PDF或者JPEG等不同格式查看数字化图像；也可以通过运行于全世界广泛的数据库相连接的跨库文件检索，分享广泛的信息和知识；这个系统现在还提供有关内阁会议中关于战后改革记录的数字化图像，例如日本宪法的制定等。

该部分中关于数字体验馆的介绍主要包括：日本国立公文书馆数字体验馆使你能够查看一些清晰的数字化材料，这些材料或者是由日本国立公文书馆保存的被指定为重要文化财产的资料，或者是在阅读室不方便查看的大型的或者彩色的资料。可以通过区域或分类去搜索它们，并且通过放大或缩小你可以获得这些数字化图像的详细的或者全面的信息，在JPEG2000或JPEG的格式下都可以。它在线提供了一个精美原始资料的清晰视界。该数字体验馆现在还提供日本宪法的数字化图像，以及其他一些省份地图等珍贵资料。

（2）信息提供：该部分主要介绍了日本国立公文书馆数字典藏系统和数字体验馆所能提供的内容。其中通过数字典藏系统可以搜索由日本国立公文书馆保存的记录的数字化图像和详细描述，主要是政府记录和内阁图书馆的资料，其中大

---

① See National Archives of Japan Digital Archive (2009-10-15), http: //www. digital. archives. go. jp/index _ e. html.

概有67万卷关于记录的描述数据，这些记录来自日本各部委和各机构，而且还包括了48万卷的日本和中国的图书。还有数字化的资料，如日本宪法，第二次世界大战后的行政改革等相关资料。

(3) 最新动态：该部分主要介绍了日本国立公文书馆的建设状况和收录资料的情况。该网站于2005年4月正式运行，之后每年都对该网站内容进行一次更新，充实数字典藏系统和数字体验馆的内容，其所包含的公文信息不断增长，提供更多的信息资源供用户使用。

(4) 帮助：该部分主要是一些常见问题解答，通过对一些常见问题的解答，帮助用户更好地使用该网站。

(二) 亚洲历史资料中心

1994年8月31日，为纪念战后50周年，日本首相村山富士发表了关于《和平友好交流计划》，在该计划中首次提到了设立亚洲历史资料中心的必要性。1995年6月30日，由日本政府成立的学术研究论证组织向内阁官房长官提出了由政府拨款建立一个数字档案馆——亚洲历史资料中心的建议。直到1999年11月30日，在内阁会议上才做出了“关于推进整理和公开亚洲历史资料事业”的决定，开设了“亚洲历史资料中心”。又经过两年的筹备，亚洲历史资料中心作为国立公文书馆的一个部门，于2001年11月30日正式成立。

亚洲历史资料中心就是通过灵活使用最尖端的技术，争取打破日本的近代和现代史资料所处的现状，使“任何人”在“任何时候”和“任何地点”都能“免费”阅读和打印历史资料，下载图像数据。它是一个数字化档案馆，它的主要功能是将日本公文书以及其他记录中有关与亚洲各邻国之间关系的历史资料制作成数据库，通过互联网提供日本国立公文书馆、外务省外交史料馆、防卫厅防卫研究所图书馆三家机构的电子资料。

亚洲历史资料中心隶属于日本国立公文书馆，该中心以19世纪中叶日本明治维新前后至20世纪中叶太平洋战争结束的资料为收集重点。根据内阁会议决定，对外务省外教史料馆、防卫厅防卫研究所图书馆、国立公文书馆的亚洲历史资料进行数字化处理，并依次用图像信息的形式予以公开。公开的资料是在没有进行加工和修改的情况下提供的，是内容原封不动的政府所保存的原有文件，并在互联网上提供“全天候地免费使用”①。

截至2008年1月，亚洲历史资料中心已将国立公文书馆、外务省外交史料馆、防卫厅防卫研究所图书馆所收藏并公开的“亚洲历史资料”进行了数字化，

① 王海欧：《日本档案管理与数字档案馆建设》，载《四川档案》，2008 (1)。

并提供了1 430万个图像、103万件的目录数据库，今后将随时增加提供的资料。因此，亚洲历史资料中心真正成为通过互联网提供被电子化的资料图像和目录数据库的大规模数字档案馆，成为历史研究专家、普通国民以及海外研究人员通过互联网使用亚洲历史资料数据库的最好场所。①

（三）日本关西数字档案馆

关西数字档案馆是由日本关西信息系统研究所负责开发实现的，关西数字档案馆网页建成于1996年，是一个专题性的数字档案馆，充满了浓郁的历史氛围，记录了日本关西地区乃至整个日本历史发展的过程，为人类留下了宝贵的历史财富，扩大了数字档案馆的利用率，为数字档案馆的发展提供了一种新的思路。

为了用数字形式记录有形的和无形的文化财产，关西数字档案馆将其以数据库的形式存储下来，以便随时使用这些信息。该数字档案馆主要收集了关西地区6个区域18个城市的具有相当文化背景的建筑、历史遗迹等有关情况的介绍，资料均来自于各市的政府机构。关西数字档案馆并不是将所有资料杂乱无章地提供给公众，而是通过设计一条围绕关西地区历史文化的线路，向公众提供资源，以方便公众浏览和查询有关资料。②

【本章小结】

电子文件飞速增长，成为人类社会的重要记录形式与重要的信息资源。档案工作在信息化浪潮中发生了革命性的变化，在新形势下如何长期保存、有效管理、充分开发电子文件资源，对于国家政治、经济、文化等各方面建设都具有重要而深远的意义，同时也是摆在各国档案工作者面前的一项重大课题。在信息化时代，世界主要发达国家的数字档案馆建设基本上站在同一起跑线上，基本上经过了试验—立法—普及的发展过程。但是，由于受到本国档案管理制度与传统档案管理方式的影响，各国的数字档案馆发展又具有各自不同的特点。

【本章关键术语中英文对照】

电子档案	Electronic Archives
美国杰斐逊数字档案馆	Jefferson Digital Archives
加利福尼亚大学历史数字档案馆	The UC History Digital Archives，UCHDA

① 参见亚洲历史资料中心（2009-10-30），http：//www.jacar.go.jp/chinese/center/center.html。

② 参见朱小怡等编著：《数字档案馆建设理论与实践》。

联机计算机图书馆中心	Online Computer Library Center，OCLC
美国西北数字档案馆	The Northwest Digital Archives，NWDA
美国电子文件档案馆	Electronic Records Archives，ERA
开放文档信息系统参考模型	Reference Model for an Open Archival Information System，OAIS
电子查询系统	Electronic Access Project，EAP
美国国家人文基金会	National Endowment for the Humanities，NEH
西北档案流程处理联盟	Northwest Archives Processing Initiative，NWAPI
全国史料和档案委员会	National Historical Publications and Records Committee，NHPRC
档案内容著录标准	Describing Archives：A Content Standard，DACS
开放文档项目元数据获取协议	Open Archives Initiative-Protocol for Metadata Harvesting，OAI-PMH
落基山在线档案	Rocky Mountain Online Archive
得州档案资源在线	Texas Archival Resources Online
加利福尼亚州档案在线	Online Archive of California
亚利桑那州档案在线	Arizona Archives Online
英国国家数字档案馆	United Kingdom National Digital Archive datasets，UKNDA
电子文件办公系统	Electronic Records Office System，EROS
英国国家档案馆	British National Archives
英国公共档案馆	British Public Archives
英国皇家历史手稿委员会	Royal Commission on Historical Manuscripts
英国国家数字档案馆	National Digital Archive of Datasets，NDAD
《英国公共档案法》	The Public Records Act 1938
《英国数据保护法》	The Data Protection Act 1998
《英国信息自由法》	The Freedom of Information Act 2000
加拿大档案人员管理局	Bureau of Canadian Archivists，BCA
加拿大档案工作者协会	Association of Canadian Archivists，ACA
加拿大档案著录规则	Rules for Archival Description，RAD

加拿大国家图书馆档案馆	Library and Archives of Canada，LAC
加拿大《统一电子商务法》	Uniform Electronic Commerce Act
加拿大《个人信息保护与电子文件法》	Personal Information Protection and Electronic Document Act
加拿大《信息获取法》	Access to Information Act
加拿大《隐私法》	Privacy Act
加拿大《政府信息管理政策》	Policy on the Management of Government Information
《加拿大政府信息管理框架》	Framework for the Management of Information in the Government of Canada，FMI
加拿大家谱中心	Canadian Genealogy Center
加拿大肖像馆	Portrait Gallery of Canada
澳大利亚国家档案馆	National Archives of Australia
澳大利亚档案工作者协会	The Australian Society of Archivists Inc.
澳大利亚维多利亚公共文件办公室	Public Record Office Victoria，PROV
维多利亚电子文件战略	Victorian Electronic Records Strategy，VER
日本国立公文书馆数字档案	National Archives of Japan Digital Archive
日本数字典藏系统	Digital Archive System
日本数字体验馆	Digital Gallery

【讨论题】

1. 美国数字档案馆的发展进程有什么特点？有什么值得我国借鉴的经验或教训？

2. 英国数字档案馆的发展进程有什么特点？有什么值得我国借鉴的经验或教训？

3. 加拿大数字档案馆的发展进程有什么特点？有什么值得我国借鉴的经验或教训？

4. 澳大利亚数字档案馆的发展进程有什么特点？有什么值得我国借鉴的经验或教训？

5. 日本数字档案馆的发展进程有什么特点？有什么值得我国借鉴的经验或教训？

参考文献

1. 傅荣校．档案鉴定理论与实践透视——基于效益和效率思路的研究．北京：中国档案出版社，2007

2. 安小米．ISO15489 文件管理国际标准中外研究比较．档案学通讯，2007（3）

3. 朱小怡等编著．数字档案馆建设理论与实践．上海：华东师范大学出版社，2007

4. 薛四新，杨艳，黄存勋．现代档案管理基础．北京：机械工业出版社，2006

5. 程研研．ISO 文件管理标准研究进展．档案与建设，2006（8）

6. 邓杰．论电子签名的法律功能与法律效力．武汉大学学报（哲学社会科学版），2006（2）

7. 冯惠玲，张辑哲主编．档案学概论．2 版．北京：中国人民大学出版社，2006

8. 傅荣校，叶建英．我们能理解与解决电子文件管理问题吗．浙江档案，2006（8）

9. 金凡．试析我国数字档案信息资源建设．前沿，2006（8）

10. 潘连根．论数字档案馆建设的社会人文环境条件．兰台世界，2006（5）

11. 谭远宏，刘健华．网络环境下电子文档信息安全保障体系的建立．科技情报开发与经济，2006（6）

12. 王艳明．《电子签名法》对电子文件管理的若干影响．档案学研究，2006（1）

13. 方丽．论数字化档案馆的若干版权问题．档案天地，2005（6）

14. 龚涛．电子文件与电子档案的法律效力问题．湖北警官学院学报，2005（4）

15. 李广乾．电子政务相关法律法规的评价分析．信息化建设，2005（4）

16. 刘芳雄．电子签名法律效力探析．经济论坛，2005（11）

17. 刘国华，韩宏庆，杨福军．《电子签名法》对电子文件管理的影响．档案学通讯，2005（6）

18. 麻新纯．电子文件对中国档案事业生态环境的影响．广西民族学院学报（哲学社会科学版），2005（4）

19. 马洪亮．电子文件长期存取中的版权问题研究．河北公安警察职业学院学报，2005（1）

20. 马绪超．电子文件及归档后的法律效力研究．科技档案，2005（2）

21. 徐新华编译．美国信息自由法案，http：//www. usdoj. gov/oip/index. html，2005-04-01

22. 薛四新，王建明，王玉．解读《电子签名法》思考电子文件归档．档案学研究，2005（3）

23. 尤原庆．ISO2308 文件管理流程中信息与文献文件元数据原则评价．浙江档案，2005（12）

24. 张华．对《电子文件归档与管理规范》中部分条款的探讨．档案学通讯，2005（1）

25. 张鹏．电子文档管理面临的问题及对策．烟台教育学院学报，2005（3）

26. 邓君，孙福强．数字档案馆与人文环境的优化．情报科学，2004（22）

27. 冯惠玲主编．政府电子文件管理．北京：中国人民大学出版社，2004

28. 邱晓威．关于《电子文件归档与规范》的若干说明．档案学研究，2004（4）

29. 肖英，陈亮．对《电子文件归档与管理规范》中术语定义的几点建议．档案学研究，2004（2）

30. 颜海编著．档案信息资源开发利用．武汉：武汉大学出版社，2004

31. 张东华．对档案馆藏数字化的法律思考．档案学通讯，2004（2）

32. 张正强．论中国电子档案著录标准化的发展方向．图书情报知识，2004（5）

33. 戴定丽．试论数字档案馆建设中的版权问题．档案，2003（3）

34. 金文，楚渔．对电子文件法律效力确认的一种思考．山西档案，2003（6）

35. 刘东斌．数字档案馆的档案法律问题．档案管理，2003（5）

36. 刘家真主编．电子文件管理理论与实践．北京：科学出版社，2003

37. 王少辉．电子文件法律证据问题新探．档案学研究，2003（1）

38. 王少辉．论电子文件法律证据效力的影响因素和保障对策．档案学研究，2003（4）

39. 祝亚明．试论电子文件的法律地位．情报科学，2003（11）

40. 郑远民，熊静波．论电子公文安全体系的法律保障．法学杂志，2002（4）

41. 陈洪远．如何为确立电子文件的法律凭证作用提供保障．湖北档案，2002（12）

42. 焦红艳，安小米．文件管理国际标准 ISO15489 的内容及特点．中国档案，2002（12）

43. 孔德周，王兵，阿拉木斯．CA 和电子签章的“准生证”——《电子签章条例介绍》．中国计算机用户，2002（32）

44. 吕元智．数字档案馆的法律问题．档案管理，2002（2）

45. 王欢喜．论数字档案馆数字资源的标准化建设．档案管理，2002（6）

46. 吴汉东主编．知识产权法．修订版.北京：中国政法大学出版社，2002

47. 徐振杰．中外关于电子文件证据的法律法规．湖南档案，2002（10）

48. 赵雪．电子文件法律效力认识的几个误区．湖北档案，2002（12）

49. ［美］Sara J. Piasecki. 关于电子文件作为合法证据的法律可采性．山西档案，2001（2）

50. 杨坚争．联合国《电子签字示范法》立法思路与立法框架．法学，2001（9）

51. 张世林．档案具有法律效力吗——兼与刘家真李军商榷．档案学通讯，2001（2）

52. 颜海．关于电子文件法律证据效力的研究．图书情报知识，2001（1）

图书在版编目（CIP）数据

数字档案馆学/王芳主编.
北京：中国人民大学出版社，2010
（21 世纪档案学系列教材）
ISBN 978-7-300-11966-3

Ⅰ.①数…
Ⅱ.①王…
Ⅲ.①数字技术-应用-档案馆-高等学校-教材
Ⅳ.①G270.7

中国版本图书馆 CIP 数据核字（2010）第 203598 号

21 世纪档案学系列教材
数字档案馆学
王芳 主编
Shuzi Danganguanxue

出版发行	中国人民大学出版社		
社　　址	北京中关村大街 31 号	**邮政编码**	100080
电　　话	010－62511242（总编室）		010－62511770（质管部）
	010－82501766（邮购部）		010－62514148（门市部）
	010－62515195（发行公司）		010－62515275（盗版举报）
网　　址	http：//www.crup.com.cn		
经　　销	新华书店		
印　　刷	固安县铭成印刷有限公司		
开　　本	720 mm×1000 mm　1/16	**版　　次**	2010 年 11 月第 1 版
印　　张	28	**印　　次**	2023 年 8 月第 4 次印刷
字　　数	509 000	**定　　价**	69.00 元

中国人民大学出版社　管理分社

教师教学服务说明

中国人民大学出版社管理分社以出版工商管理和公共管理类精品图书为宗旨。为更好地服务一线教师，我们着力建设了一批数字化、立体化的网络教学资源。教师可以通过以下方式获得免费下载教学资源的权限：

- 在中国人民大学出版社网站 www.crup.com.cn 进行注册，注册后进入“会员中心”，在左侧点击“我的教师认证”，填写相关信息，提交后等待审核。我们将在一个工作日内为您开通相关资源的下载权限。
- 如您急需教学资源或需要其他帮助，请加入教师 QQ 群或在工作时间与我们联络。

中国人民大学出版社　管理分社

教师 QQ 群：648333426(工商管理)　114970332(财会)
648117133(公共管理)
教师群仅限教师加入，入群请备注(学校+姓名)

联系电话：010-62515735，62515987，62515782，82501048，62514760

电子邮箱：glcbfs@crup.com.cn

通讯地址：北京市海淀区中关村大街甲 59 号文化大厦 1501 室（100872）

管理书社

人大社财会

公共管理与政治学悦读坊